广 视 角 · 全 方 位 · 多 品 种

权威·前沿·原创

经济信息绿皮书

# GREEN BOOK
## OF ECONOMIC INFORMATION

# 中国与世界经济发展报告
# （2011）

主　编／王长胜

副主编／范剑平　步德迎　阎娟荣　祝宝良

ANNUAL REPORT ON CHINA
AND THE WORLD ECONOMIC DEVELOPMENT(2011)

社会科学文献出版社
SOCIAL SCIENCES ACADEMIC PRESS (CHINA)

# 法律声明

“皮书系列”（含蓝皮书、绿皮书、黄皮书）为社会科学文献出版社按年份出版的品牌图书。社会科学文献出版社拥有该系列图书的专有出版权和网络传播权，其LOGO（▨）与“经济蓝皮书”、“社会蓝皮书”等皮书名称已在中华人民共和国工商行政管理总局商标局登记注册，社会科学文献出版社合法拥有其商标专用权，任何复制、模仿或以其他方式侵害（▨）和“经济蓝皮书”、“社会蓝皮书”等皮书名称商标专有权及其外观设计的行为均属于侵权行为，社会科学文献出版社将采取法律手段追究其法律责任，维护合法权益。

欢迎社会各界人士对侵犯社会科学文献出版社上述权利的违法行为进行举报。电话：010 - 59367121。

社会科学文献出版社

法律顾问：北京市大成律师事务所

# 经济信息绿皮书编委会

# 主要编撰者简介

**主　编**

**王长胜**　男，吉林长春市人，首都经贸大学理学学士；国家信息中心常务副主任、学术委员会主任、博士后管委会主任，教授；中国信息协会副会长，中国科学院预测科学研究中心学术委员会副主任；主要从事宏观经济和信息化发展战略研究，主持过"863"科研项目《国家发改委投资管理系统试点示范工程》、国家软科学研究项目《走新型工业化道路的科技需求》、自然科学基金项目《SARS对国民经济的影响》、"十一五"规划战略研究课题《充分发挥我国经济潜在增长能力》和《加快推进信息化的思考与对策》等30多个国内外重要研究项目，多次获得国家信息中心、国家发改委和国务院信息办优秀研究成果奖。主编出版主要著作有《经济景气分析预警系统的应用研究》、《中国经济展望》(1994～2003年)、《中国汽车市场展望》(1994～2003年)、《经济信息绿皮书：中国与世界经济发展报告》(2004～2007年)、《中国信息年鉴》(2003～2007年)、《电子政务蓝皮书》(2004～2007年)。

**副主编**

**范剑平**　男，江苏无锡市人，中国人民大学经济学硕士；国家信息中心经济预测部主任，研究员，教授；主要从事宏观经济、消费经济和收入分配研究；《中国中长期粮食供求问题》获国家计委宏观经济研究院优秀科研成果一等奖、国家计委科技进步二等奖，《中国城乡居民消费结构变动趋势》和《居民消费结构变动对国民经济发展的影响》获国家计委宏观经济研究院优秀科研成果二等奖、国家计委科技进步三等奖等。主要著作有《居民消费与中国经济发展》、《中国城乡居民消费结构的变化趋势》、《我国消费需求发展趋势和消费政策研究》等。

**步德迎**　男，山东邹县人，国家信息中心经济预测部副主任，高级经济师，中国人民大学经济学学士。曾任新疆维吾尔自治区发改委副主任（分管能源、交通、工业、法规和信息中心）。曾主编国家信息中心《经济预测分析》杂志和国家计委内部刊物《经济消息（快报）》，1989～1993年主持全国工业和市场监测系统工作，按月出版全国工业生产和消费市场月度分析预测报告，参与社科基金项目"经济周期波动分析预警系统研究"课题，担任1998～2001年《中国经济展望》副主编。研究领域涉及投资、消费、物价、就业、工业、农业、金融、外汇等，在内部刊物和权威公开报刊上发表经济研究论文60余篇，其中多篇获中央领导同志批示。

**阎娟荣**　女，河北衡水市人，国家信息中心经济预测部副主任，高级工程师，清华大学自动化系本科毕业。从事宏观经济数量方法及应用系统研究，主持并参加《中国多部门宏观经济模型》、《亚洲地区国际投入产出模型》、《中国区域间投入产出模型编制与应用》、《世界主要国家宏观经济跟踪与分析系统》、国家电子政务工程——《宏观经济信息管理系统》等多项国内外研究项目，获国家发改委机关、国家信息中心优秀研究成果奖。

**祝宝良**　男，山东青岛市人，国家信息中心经济预测部副主任，研究员，华东师范大学硕士。从事宏观经济和数量经济研究，主持20多个国内外研究项目，获国家重大科技成果进步奖一次，发改委科技进步三等奖两次。在《宏观经济研究》、《金融研究》、《国际贸易》、《世界经济研究》、《数量经济与技术经济》、《预测》、《人民日报》、《经济日报》、《中国经济时报》、《中国证券报》等报刊上发表文章150余篇。出版《欧盟经济概况》、《欧盟地区经济政策》、《中国宏观经济运行定量分析》专著三本。

# 中文摘要

《中国与世界经济发展报告（2011）》由国家信息中心组织专家队伍编撰，对 2011 年国内外经济发展环境、宏观经济发展趋势、经济运行中的主要矛盾、产业经济和区域经济热点、宏观调控政策取向进行了系统的分析与预测，内容涵盖了 11 大宏观经济领域、7 大重点行业、6 大经济地区、4 大世界经济体，目的是为各级政府部门、企业、科研院所和大专院校开展经济形势分析与预测和政策解析提供较为系统全面的决策参考资料。

国家信息中心专家认为，由于全球金融危机，世界经济格局正在发生着重要的变化，新兴市场经济体率先复苏，迅速走出危机的阴影，而发达经济体的复苏过程则一波三折，面临二次探底的风险，不得不依靠量化宽松货币政策的支持。新兴经济体和发达经济体经济发展一快一慢、在世界经济中的比重一升一降的趋势将长期存在。

报告认为，2011 年中国经济将继续保持快速增长，但增长速度将有所放慢，结构调整的力度将加大，因此，增长质量将明显提高。2011 年中国经济面临的最大外部不确定性是以美国为首的西方国家对人民币升值的联合施压和对中国出口商品贸易调查的程度及影响。综合多种因素预测，2011 年中国经济增长 9.5%，投资和净出口增速将有所回落，消费保持稳定快速增长，三驾马车的作用更加协调。居民消费价格上涨 4% 左右，城镇登记失业率由 4.1% 降至 4% 以下。

报告建议，2011 年我国宏观调控政策应继续加大经济结构的战略性调整，实行积极的财政政策和稳健的货币政策，坚决遏制通货膨胀的扩大和蔓延，扎实推进战略性新兴产业的发展，促进产业转移和地区经济协调发展，加快建立住房保障制度，让改善民生的工作全面登上新台阶，为"十二五"规划开好头起好步。

# Abstract

*Annual Report on China and the World Economic Development* (2011), written by an expert team organized by the State Information Center, conducts systematic analysis and forecast on the domestic and international environment for economic development, the trend of macro-economic development, major problems in the economy, hot topics in industrial and regional economy, the orientation of future macroeconomic control. The Report covers 11 major macroeconomic areas, 7 major industries, 6 major economic regions, and 4 major economies in the world. The Report provides systematic and comprehensive materials and references for decision-making to government agencies at various levels, enterprises, research institutions and universities in their analysis of the economy and macro policies.

Experts from the State Information Center believe that due to the global financial crisis, the world economic structure is witnessing significant changes, with economies of emerging markets taking the lead in the reviving process and stepping out of the shadow of crisis, while developed economies are experiencing twists and turns in the reviving process with the risk of a double dip, thus the economic authorities have to resort to currency policies such as the so-called "quantitative easing" policy. With the development of emerging economies striding ahead compared with developed economies, the increase of their shares in the world economy will be a long lasting phenomenon.

The Report believes that in 2011, the Chinese economy will keep steady growth, although the growth rate may slow down a bit, combined with intensified structural adjustment. As a result, the quality of economic growth will be significantly improved. The pressures for RMB appreciation from the west, led by the US, as well as the trade investigation into China's exports, are the biggest uncertainties that the Chinese economy will face in 2011. Taken the various factors into consideration, the Report forecasts that in 2011, growth of the Chinese economy will reach 9.5%, with the growth rate for investment and net export slightly falling back; while consumption will keep rapid growth, making the contributions of the three forces more coordinated. The Consumer Price Index (CPI) will rise about 4%, and urban registered unemployment rate will drop from 4.1% to below 4%.

The Report suggests that in 2011, China should continue to intensify its strategic adjustment in economic structure, adopt a pro-active fiscal policy and a prudent monetary policy, push forward the development of strategic emerging industries, promote industry relocation and coordinated development of regional economies, and expedite the establishment of housing security system, in an effort to improve the living standard of people, and make a good start for the twelfth "Five-year Plan".

# 目 录

# Ⅲ 国际经济篇

# Ⅳ 产业发展篇

# Ⅴ 区域经济篇

皮书数据库阅读 **使用指南**

# CONTENTS

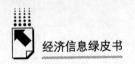
# G Ⅲ　International Economic Environment

# G Ⅳ　Industrial Development

# ᏀV   Regional Economies

# 序

2010 年，在国内外政治经济环境错综复杂、国内自然灾害频发的严峻形势下，我国宏观调控政策始终遵循着保持经济平稳较快发展、调整经济结构和管理通胀预期的原则，坚持实施应对国际金融危机的一揽子计划，加快推进经济发展方式转变，准确把握宏观调控的重点、力度和节奏，国民经济继续朝着宏观调控预期方向发展，进一步巩固了经济社会发展的良好态势，为我国"十二五"规划的顺利起步创造了较好条件。

展望 2011 年，中国经济既有机遇，也有挑战。机遇主要表现在：2011 年是"十二五"规划的开局之年，战略性新兴产业规划正式实施，一批符合国家产业政策的重点项目即将开工，保障性住房建设将大规模展开，将给我国社会经济发展注入新的活力；收入分配制度改革、户籍制度改革、城镇化推进、新农村建设都会带来新的发展空间，将形成一批新的经济增长点；多数国家已经从金融危机中走出，经济发展逐步进入加快发展的轨道，世界经济发展环境有望进一步改善。面临的主要挑战有：国内方面，转变发展方式进入攻坚阶段，节能减排压力巨大，过剩产能亟待消化吸收，产业升级和产业转移任务艰巨，国外投机热钱管理困难，物价上涨压力明显增大，房地产泡沫仍需继续挤压。国际方面，发达国家经济发展的不确定性进一步增加，针对中国的贸易保护不断加强，对人民币汇率升值的压力会更大；美国实行进一步量化宽松的货币政策，引发国际通货膨胀，将加大我国的输入性通胀压力。由此可见，国际国内环境错综复杂的局面在 2011 年不会明显改观，虽然金融危机最困难的阶段已经过去，但宏观调控的任务仍十分复杂而艰巨，新的形势和新的挑战对我国宏观调控提出了新的更高的要求。

在 2011 年即将开始的时候，国家信息中心组织有关专家编撰了《中国与世界经济发展报告（2011）》。围绕 2011 年国内外经济发展环境、宏观经济发展趋势及调控政策取向、产业经济和区域经济热点、经济运行中的主要矛盾等进

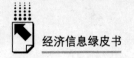
行了系统的分析与预测，力求突出定性与定量相结合、预测与对策研究相结合的特点，期望对各级政府部门、各类企业和投资机构制定战略决策有所裨益。错漏之处，敬请指正。

王长胜

2010 年 11 月

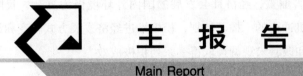

# 主 报 告
## Main Report

**G.1**

# 2011 年经济形势展望和
# 调控政策建议

王长胜　范剑平*

**摘　要**：2010 年，我国应对国际金融危机一揽子计划的政策效果充分显现，实现了经济较快增长、结构逐步优化、就业持续改善、物价基本稳定的良好局面。展望 2011 年，"十二五"规划的实施将给经济注入新活力，战略性新兴产业规划的启动、居民消费升级和城镇化进一步加快都蕴涵着巨大的市场需求和发展空间。但也存在着世界经济复苏乏力、我国经济内生增长动力尚未全面恢复、刺激政策边际效应递减等矛盾和问题。综合考虑各方面因素的影响，经模型测算，预计我国经济增长速度略低于 2010 年，GDP 实际增长 9.5% 左右，CPI 涨幅有可能控制在 4% 左右。

**关键词**：经济预测　宏观调控　经济复苏

＊ 王长胜，国家信息中心常务副主任，教授，主要从事宏观经济和信息化发展研究；范剑平，国家信息中心首席经济师兼经济预测部主任，研究员，主要宏观经济、消费经济和收入分配研究。

# 一 2010 年宏观调控政策效果评价和全年经济走势

2010 年，自然灾害偏重，经济社会发展的国内外环境极为复杂，我国继续实施应对国际金融危机冲击的一揽子计划，积极推进经济发展方式转变和结构调整，有针对性地加强和改善宏观调控取得一系列积极成效。

## （一）经济由加速回升向稳定增长转变，总体保持平稳较快增长态势

应对国际金融危机冲击一揽子计划的政策效应得到充分发挥，工业生产回升势头强劲，前三季度规模以上工业增加值同比增长 16.3%，比上年同期加快 7.6 个百分点。其中，规模以上工业出口交货值同比增长 27.4%，而上年同期为下降 14.7%。工业生产从内需到外需、从重工业到轻工业已经基本恢复到较为正常的运行状态，企业效益全面恢复。1～8 月份，全国规模以上工业企业实现利润 26005 亿元，同比增长 55%。针对经济回升过程中出现的新情况、新问题，国家出台了节能减排、稳定房价和规范地方政府投融资平台等调控措施，并强调政策稳定和"有扶有控"。在政策引导下，全年经济呈前高后稳走势。第一季度我国经济高位开局，增速达到实施一揽子计划后的最高点（11.9%），从第二季度开始，受上年基数抬高和新出台的针对性调控政策影响，经济转向稳定增长，第二季度增速比第一季度回落 1.6 个百分点（上年第二季度比第一季度增速提高 0.9 个百分点）。下半年，经济走势进一步趋稳，第三季度 GDP 同比增长 9.6%，增速比第二季度回落 0.7 个百分点（上年第三季度比第二季度增速提高 0.7 个百分点）。规模以上工业增加值第一季度增长 19.6%，第二季度增长 15.9%，第三季度增长 13.5%。6、7、8、9 月 4 个月工业增加值增长速度基本上都是在 13%～14% 之间，增速向近三年的平均增速收敛。8、9 月份 PMI 指数和第三季度企业信心指数已经回升。预计全年 GDP 实际增长 10% 左右，比上年提高 0.9 个百分点，接近 1978～2009 年 9.9% 的长期增长趋势线，总体保持平稳较快增长态势。受自然灾害影响，预计 2010 年第一产业增加值增长 3.8%，比上年增速回落 0.4 个百分点；工业和建筑业恢复性增长最为明显，预计全年规模以上工业增加值增长 14.9%，第二产业增加值增长 11.7%，比上年增速提高 1.8 个百分点；第三

产业继续保持稳定增长，全年增长 9.4%，比上年增速提高 0.1 个百分点。无论从产业结构还是从需求结构看，2010 年经济增长的结构协调性都比上年明显改善。

## （二）鼓励民间投资政策效果初现，政府投资新开工项目得到控制

2010 年，四万亿政府投资的工作重点主要放在落实地方和社会配套资金、确保建设进度和工程质量以及加大保障性住房等民生工程投资等方面，扩大内需的投资项目进展顺利，保障房建设进度明显快于往年。在落实好政府投资项目的同时，出台了《国务院关于鼓励和引导民间投资健康发展的若干意见》和《国务院办公厅关于鼓励和引导民间投资健康发展重点工作分工的通知》，着力推进从政府投资临危受命向民间投资全面跟进的转变，这是培育经济自主增长能力的关键举措。1～9 月份全社会固定资产投资同比增长 24.0%，增速同比回落 9.4 个百分点；城镇固定资产投资同比增长 24.5%，增速同比回落 8.8 个百分点。控制政府投资新开工项目的政策取得预期效果，1～9 月份，新开工项目计划总投资增速从上年同期的 83% 回落到 24.5%，回落 58.5 个百分点。受此影响，政府投资比重和增幅明显回落，1～9 月份，国有及国有控股投资增长 19.5%，增速同比回落 19.3 个百分点；民间投资增速相对平稳，私营企业投资增长 33.8%，快于国有投资。预计全年全社会固定资产投资名义增速约为 22.5%，比 2009 年下降 7.6 个百分点；城镇固定资产投资同比增长 23%，比 2009 年下降 7.5 个百分点。投资增速已经回落到改革开放以来的平均增长速度附近，国有投资与民间投资的比重也在常态化。

## （三）城乡就业和居民收入稳定增加，消费品市场繁荣稳定

2010 年，我国经济回升向好带动城乡就业机会持续增加。1～9 月新增就业931 万人，比上年同期增长 9.4%，完成全年计划新增 900 万人目标的 103%。城乡居民收入继续增加。前三季度，城镇居民人均可支配收入同比增长 10.5%，扣除价格因素，实际增长 7.5%，增速同比回落 3 个百分点；农村居民人均现金收入增长 13.1%，扣除价格因素，实际增长 9.7%，增速同比加快 0.6 个百分点。城乡居民收入持续增加和政府的消费刺激政策对消费品市场起到重要支撑作用，但农产品价格较快上涨削弱了城乡居民实际购买力。受各种因素综合影响，

1～9月份，社会消费品零售总额同比增长18.3%，名义增速比上年同期加快3.2个百分点，扣除价格因素，实际增长15.2%左右，增幅同比下降1.7个百分点。预计全年社会消费品零售总额同比增长18.3%，扣除价格因素，实际增长15%左右，大体处于近三年平均水平。消费需求已经成为拉动内需的稳定因素，投资消费增长趋于协调。

### （四）外贸恢复性增长好于预期，出口结构有所调整优化

2010年，我国稳定外贸政策和国际市场库存回补的短期需求共同推动我国外贸恢复性增长。1～9月我国进出口总值21486.8亿美元，比上年同期增长37.9%。其中出口11346.4亿美元，增长34%；进口10140.4亿美元，增长42.4%；贸易顺差为1206亿美元，同比减少10.5%。由于我国经济回升势头明显比世界其他经济体强劲，我国一般贸易进口增长45.4%，高于同期全国进口总体增速3个百分点。一般贸易项下出现贸易逆差364.1亿美元，较2009年同期增长8.8倍。强劲的进口需求为世界经济复苏作出了贡献。上半年，出口钢材2358万吨，同比增长1.5倍，其他高载能产品出口也出现过快增长，出口结构不利于节能减排。为了抑制出口带动的能耗过快上升势头，国家从7月15日起取消了406种高载能产品的出口退税，对改善出口结构起到微调作用。8月份我国钢材出口280万吨，环比减少175万吨；同月粗钢产量5164万吨，同比下降1.1%，年内首次出现负增长。受近期国际市场库存回补需求减弱和基数抬高等因素影响，2010年后几个月进出口同比增幅将呈小幅回落之势。预计全年出口15200亿美元，同比增长27%左右；进口13500亿美元，同比增长45%左右；贸易顺差为1750亿美元，同比减少10.8%。

### （五）物价总水平基本稳定，农产品价格上涨明显

2010年以来，我国将管理通货膨胀预期作为宏观调控的主要任务之一。货币政策实际执行情况基本符合适度宽松政策要求，9月末，广义货币（M2）余额同比增长19.0%，增幅比上年末低8.7个百分点；狭义货币（M1）余额同比增长20.9%，增幅比上年末低11.5个百分点。货币供应量增速减缓将有利于抑制后期物价总水平上升。受自然灾害比常年偏重和国际市场变化等因素的影响，食品等农产品价格上涨明显，1～9月份，食品价格上涨6.1%，其中粮食价格上

涨 10.9%，鲜菜价格上涨 20.2%。前三季度，居民消费价格同比上涨 2.9%。针对物价变化新动向，国务院专门就"菜篮子"工程和农产品流通等领域稳定农产品价格作出工作部署。后几个月，上年物价上涨翘尾因素有所减弱，稳定物价的政策措施进一步发挥作用，同时国内外经济增速也显现减缓迹象，这些因素都有利于实现社会总供求基本平衡和农产品价格趋稳。2010 年中国主要宏观经济指标预测见表 1。

表 1　2010 年中国主要宏观经济指标预测

| 指　标 | 2009 年 | | 2010 年 1～9 月 | | 2010 年 | |
| | 实　际 | | | | 预　测 | |
| | 绝对值（亿元） | 增速（%） | 绝对值（亿元） | 增速（%） | 绝对值（亿元） | 增速（%） |
|---|---|---|---|---|---|---|
| GDP | 340507 | 9.1 | 268660 | 10.6 | 393815 | 10.0 |
| 　一产 | 35226 | 4.2 | 25600 | 4.0 | 40631 | 3.8 |
| 　二产 | 157639 | 9.9 | 129325 | 12.6 | 185225 | 11.7 |
| 　三产 | 147642 | 9.3 | 113735 | 9.5 | 167959 | 9.4 |
| 规模以上工业增加值 | — | 11.0 | — | 16.3 | | 14.9 |
| 　轻工业 | | 9.7 | — | 13.6 | | 12.6 |
| 　重工业 | — | 11.5 | — | 17.5 | | 15.9 |
| 全社会固定资产投资 | 224846 | 30.1 | 192228 | 24.0 | 275436 | 22.5 |
| 　城镇固定资产投资 | 194139 | 30.5 | 165850 | 24.5 | 238791 | 23.0 |
| 　　房地产投资 | 36232 | 16.1 | 33511 | 36.4 | 47645 | 31.5 |
| 社会消费品零售额 | 132678 | 15.5 | 111029 | 18.3 | 156959 | 18.3 |
| 出口（亿美元） | 12017 | -16.0 | 11346 | 34.0 | 15285 | 27.2 |
| 进口（亿美元） | 10056 | -11.2 | 10140 | 42.4 | 13535 | 34.6 |
| 外贸顺差（亿美元） | 1961 | -34.2 | 1206 | -10.5 | 1750 | -10.8 |
| 居民消费价格指数 | 99.3 | -0.7 | 102.9 | 2.9 | 103.0 | 3.0 |
| 工业品出厂价格指数 | 94.6 | -5.4 | 105.5 | 5.5 | 105.0 | 5.0 |
| 能源消费总量（亿吨标煤） | 30.66 | 5.2 | 14.8 | 11.2 | 32.4 | 5.5 |
| 万元 GDP 能耗（吨标煤，GDP 为 2005 年价） | 1.077 | -3.6 | 1.078 | 0.09 | 1.033 | -4.1 |

注：能耗 2010 年实际数为上半年数据。

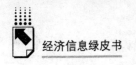

## 二 经济运行中值得重点关注的突出问题

### （一）转变发展方式面临诸多体制性结构性深层次障碍

2010年，各地区各部门深入贯彻落实科学发展观，积极推进经济发展方式转变和结构调整，取得一定成效。但也必须看到，转方式调结构面临财税体制、资源价格管制、政府过度介入投融资领域等体制性障碍，也受到高耗能行业产能总规模过大等结构性限制。第一季度出现能耗强度反弹现象，充分暴露出我国过多依靠能源资源投入支撑经济增长的粗放型发展方式没有根本性转变，节能减排的体制性保障尚未建立健全，相关配套改革亟待破题和推进。不少地方和企业对资源密集型高能耗项目投资热情不减。1~9月份有色金属、非金属等行业从采矿到冶炼压延加工业的固定资产投资增速达29.3%~37%不等，均高于城镇固定资产投资平均速度。有些沿海省份计划在临港工业区大力发展重化工业的"大进大出"国际大循环，钢铁、石化等行业仍是投资热点。这些新增产能项目如果真的变成事实，现阶段的投资结构将固化未来几十年的产业结构，对我国顺利实现2020年比2005年单位GDP二氧化碳减排40%~45%的目标十分不利。

### （二）各地投资冲动强烈，财政金融系统性风险加大

一方面，应对危机中地方政府融资平台规模不断膨胀。截至2010年6月末，地方政府融资平台贷款余额达7.66万亿元，其中，划分为风险级别的贷款占23%。这意味着融资平台贷款的风险敞口约在1.8万亿元，已超过了目前整个银行业约1.3万亿元的拨备水平。另一方面，各地投资冲动依然强烈，纷纷公布天文数字的投资计划，而投资内容不少是产能严重过剩的重化工业"高碳"项目。如果世界经济根本好转，主要经济体可能全面推出"碳税"和"碳关税"政策，这些新增"高碳"产能无法出口，同时国内也难以消化，结果将有一批企业倒闭，一些投资项目损失惨重，由此造成商业银行的不良贷款率上升，地方政府融资平台的金融风险必然传导为财政风险，将给我国财政和金融系统带来系统性风险。这种无视后危机时代国际经济调整基本动向的"高碳"投资行为，充分暴露出我国投融资体制改革滞后的隐患。

### （三）农业基础薄弱，农产品供求脆弱平衡关系将长期危及我国物价稳定大局

2010 年，农产品价格上涨成为物价上涨的主要推手。表面看，农产品价格上涨直接诱因是自然灾害偏重。2010 年入春以来，我国先后经历了西南五省市大旱、中东部地区持续低温、全国大面积洪涝等灾害性天气的影响，蔬菜、粮食、鸡蛋等农产品生产、供应受到较大影响。但进一步分析，食品价格的上涨凸显我国农业基础地位的脆弱性。近年来，我国基础建设资金在城乡、工农之间投入极不平衡，农业生产的水利、农田、流通设施等建设落后，加上房地产热、城市扩张热挤占了不少农田，农村青壮年劳动力大量进城打工，农业生产发展所需的各种要素资源供给与快速城市化对农产品商品量需求之间维持十分脆弱的紧平衡关系，稍有天灾就矛盾突出。农业比较利益低不利于吸引资金流向农业，如果政府不加大农业保护政策力度，增加对农业基础设施投资，农产品价格波动将会长期危及我国物价稳定大局。

### （四）房价与居民收入之间、保障房建设与需求之间矛盾依然突出

2010 年以来，随着房地产市场的升温，部分城市出现房价、地价上涨过快和投机性购房活跃等问题，社会反映强烈。国务院连续出台了一系列遏制房价过快上涨的政策措施，并加大对保障性安居工程建设的支持力度。房地产调控措施出台半年来，房价快速上涨的势头得到了遏制，市场预期有所改善，住房成交面积总体回落，政策短期效果初步显现。但是，部分城市房价水平居高不下，房价与居民收入之间矛盾较大。虽然中央建立考核问责机制，明确住房保障工作实行省级人民政府负总责、城市人民政府抓落实的工作责任制，要求确保 2010 年完成建设保障性住房 300 万套、各类棚户区改造住房 280 万套的工作任务。但是，保障房供给与中低收入家庭住房需求之间的矛盾不可能迅速得到根本缓解。8 ~ 9 月份，在房地产价格尚未出现明显调整的情况下住房成交面积呈回升态势。9 月份，90 个重点监测城市中，有 61 个新建住房成交面积环比上升。90 个重点监测城市新建住房价格同比上涨 11.3%，环比上涨 0.5%，表明成交面积回升已经带动房价环比回升。市场在预期房价难以深幅调整的情况下，刚性需求在沉寂了几个月后大批入市。部分城市成交量回升推动房价回升，将明显加大下一阶段房地产市场调控的难度和压力。

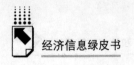

# 三 2011年经济发展的国内外环境

## （一）世界经济复苏乏力，国际环境不确定性增强

2011年，世界经济总体有望延续复苏态势，但国际金融危机的深层次影响还没有完全消除，世界经济还没有进入稳定增长的良性循环，系统性和结构性风险仍然比较突出，我国经济发展的国际环境依然极为复杂。

**1. 全球经济正处于"短、中、长"几种经济周期下行的叠加期，经济增长的内生动力不足**

从短周期看，回补存货周期带动下的全球经济快速回升已于2010年第一、二季度见顶，在政策刺激效应递减、库存回补结束的影响下，2010年第二季度开始主要经济体先后出现增速回落趋势。从设备更新周期看，因缺乏新的经济增长点，投资回报率较低，企业大规模设备更新尚未开始，处在"产业换挡"调整期。从房地产周期看，目前欧美等发达经济体房地产市场依然极度低迷，仍处于深度调整期。从技术创新长周期看，目前全球正孕育着新能源、低碳技术革命，但尚未出现重大技术突破。同时，发达国家清理金融"有毒资产"工作进展缓慢。据IMF估计，2007~2010年全球金融机构累计出现的有毒资产规模可能达到4万亿美元，目前仅核销了一半左右，其中欧洲较为滞后。坏账和不良资产的大量存在使金融机构的融资功能和市场流动性都受到严重制约，金融体系功能完全恢复还有待时日，金融机构还没有做好推动实体经济进入新周期的准备。因此，当前世界经济仍面临着较大的周期性调整压力，短期内无法进入下一轮经济上升期。

**2. 发达国家的"滞"和新兴市场国家的"胀"为各自的主要矛盾，世界各国经济表现和经济政策将明显分化**

主要发达国家失业率居高难下。目前，美国、欧元区和日本的失业率分别维持在9.6%、10.0%和5.2%的高位，表明各国的经济复苏只是从低谷恢复性反弹，并未带动就业增长，是一种无就业复苏。IMF预计，2011年发达国家失业率仍将处于9%左右的高位，这将对世界经济复苏产生严重影响。高失业将制约消费需求这一经济复苏的内在动力，尤其是欧美国家的周期性失业可能转化为结构性失业，对其长期潜在增长造成负面影响；持续高失业率有可能引发罢工等社会动荡，各国贸易政策将更趋保守，甚至出现货币战争、贸易战争。2011 年发达国家难有好的经济表现，多数国际机构预测，主要发达国家经济增速 2011 年普遍低于 2010 年，陷入低速增长的"停滞"状态。发达国家已着手采用"二次政策刺激"来对冲"二次衰退风险"，这将严重影响各国宽松货币政策退出的节奏，2010 年初曾被广泛预期的全球刺激政策"退出"将被搁置，全球流动性将会进一步宽松，新兴市场国家受到国际"热钱"的追捧，物价和资产价格上行压力较大。为了应对国际"热钱"流入，巴西不得不将限制外资流入的"托宾税"率由 2% 提高到 4%，由于通货膨胀率不断上升，巴西央行连续三次加息，基准利率已经升至 10.75%。印度、越南等亚洲国家粮食价格上涨明显，通货膨胀压力较大，印度年内连续五次加息，基准利率升至 5.5%。全球性货币超发正给发展中国家带来输入性通胀压力。在美国经济真正好转之前，美联储将继续推行宽松的货币政策，美元大量放出，涌入大宗商品市场，加上国际投机资本的借机炒作，推高大宗商品价格。9 月份，芝加哥小麦、玉米和大豆期货价格比 6 月底分别上涨了 56.7%、37.8% 和 13.9%。国际粮食价格短时间内出现暴涨对发展中国家的物价影响比对发达国家的影响要大得多。2011 年新兴市场国家和发达国家的经济表现进一步分化，发达国家宏观政策将基本维持宽松取向甚至进一步加大宽松力度，但新兴市场国家宏观政策必须考虑通货膨胀压力，有的甚至转向中性或紧缩取向。

2011 年世界经济将面临众多不稳定因素，复苏的复杂性、曲折性将进一步显现和放大，预计世界经济在底部徘徊的时间将延长。世界经济复苏放缓将对我国外需、物价和汇率等产生一系列不利影响。

## （二）"十二五"规划注入发展新活力，国内环境进一步好转

2011 年，我国继续保持经济平稳较快发展具有不少有利条件。"十二五"规划的公布实施将极大地增强全国人民全面建设小康社会的信心和动力。在党中央"十二五"规划建议指导下，我国将进一步加快发展方式转变，推进经济结构战略性调整。节能环保、新一代信息技术、生物、高端装备制造、新能源、新材料和新能源汽车等七个战略性新兴产业发展规划的全面启动将带来一大批产业升级投资项目的开工，催生一批新的产业增长点，我国将走在世界"产业换挡"的

前列。中央关于区域经济协调发展的新布局是支持经济增长的重要因素。2009～2010 年中央密集出台了一系列促进区域经济协调发展的政策，批复了包括长三角、珠三角、北部湾、环渤海、海峡西岸、东北三省、黄三角等多个区域经济发展规划，再加上深化西部大开发战略等政策措施，我国新的区域经济协调发展和城市群协调发展规划在区域主体功能区规划指导下全面启动，必将带动各地区经济实现较快增长，并推动区域经济结构不断优化，形成区域轮动的新格局。随着"新非公 36 条"政策不断细化和落实，民间投资领域逐步拓宽，投资环境不断优化，有利于激发经济增长内生动力。"十二五"规划的实施和收入分配改革启动将使居民收入增长有了体制性保障。劳动力市场供求状况也有利于劳动者报酬水平的稳步提高。随着国民收入分配改革的不断推进，收入分配格局不断向有利于居民、劳动者的方向调整，将推动消费品市场继续保持繁荣活跃局面。

推进经济结构战略性调整的政策要求、产能严重过剩的客观环境、欧盟开始征收碳关税等国际动向都将对我国传统产业形成较大的调整压力。为完成 2020 年单位国内生产总值二氧化碳排放比 2005 年下降 40%～45% 的目标，2011 年将启动"十二五"新一轮节能减排工作目标分解任务，淘汰落后产能并严格控制产能过剩行业的新增产能投资项目将对部分行业和地区增长速度有所抑制。房地产调控政策的进一步落实一定程度上将影响房地产开发投资的短期增速。清理整顿地方政府融资平台政策规范和限制了地方政府的融资能力扩张。2011 年是"十二五"开局之年，项目开工比较集中，地方政府投资需求与融资能力的矛盾将显得较为突出。

总体上，我国仍处于工业化、城市化加速发展阶段，也处于全面建设小康社会的关键阶段，综合考虑国内外有利因素和不利因素，2011 年我国仍具备保持平稳较快发展的基本环境，有利于加快经济结构的调整。

## 四 2011 年不同国际环境和国内政策背景下的中国经济增长情景预测

2011 年，我国继续向自主增长主导的稳定增长期过渡。既要看到应对国际金融危机一揽子计划带来的积极变化和国内外有利条件，进一步增强信心，也要充分估计国际经济形势的复杂性和国内自主增长动力尚未全面恢复的复苏脆弱性。宏观调控必须在保持政策连续性和稳定性的同时，更加灵活审慎地把握政策的力度和节奏，抓住各种有利时机加大体制改革力度，更多运用经济手段推进经济结构的战略性调整。要准备多种预案以防国内外环境的复杂变化。我们将国际经济环境分为二次探底、缓慢复苏、强劲复苏三种可能情景和三种不同力度的国内宏观调控总量和结构政策组合，模拟预测了三种可能情景下的中国经济走势（见表2）。

表 2　2011 年三种经济增长情景预测

| 指　标 | 2011 年预测 | | | | | |
|---|---|---|---|---|---|---|
| | 高方案 | | 中方案 | | 低方案 | |
| | 绝对值（亿元） | 增速（％） | 绝对值（亿元） | 增速（％） | 绝对值（亿元） | 增速（％） |
| GDP | 463505 | 10.5 | 453419 | 9.5 | 442099 | 8.5 |
| 　一产 | 45404 | 4.0 | 44817 | 3.6 | 43843 | 3.2 |
| 　二产 | 221528 | 12.3 | 215491 | 10.8 | 209120 | 9.4 |
| 　三产 | 196573 | 10.1 | 193111 | 9.5 | 189136 | 8.8 |
| 规模以上工业增加值 | — | 15.8 | — | 13.8 | | 12.1 |
| 　轻工业 | — | 13.5 | | 12.2 | | 11.2 |
| 　重工业 | — | 16.8 | | 14.5 | | 12.5 |
| 全社会固定资产投资 | 341541 | 24.0 | 330524 | 20.0 | 319506 | 16.0 |
| 城镇固定资产投资 | 297534 | 24.6 | 287743 | 20.5 | 278191 | 16.5 |
| 　房地产投资 | 59556 | 25.0 | 57174 | 20.0 | 55745 | 17.0 |
| 社会消费品零售额 | 188350 | 20.0 | 185996 | 19.0 | 182072 | 18.0 |
| 出口（亿美元） | 17700 | 15.8 | 17119 | 12.0 | 16508 | 8.0 |
| 进口（亿美元） | 16175 | 19.5 | 15701 | 16.0 | 15160 | 12.0 |
| 外贸顺差（亿美元） | 1526 | −12.8 | 1418 | −18.9 | 1348 | −22.9 |
| 居民消费价格指数 | 105.0 | 5.0 | 104.0 | 4.0 | 103.0 | 3.0 |
| 工业品出厂价格指数 | 107.0 | 7.0 | 105.0 | 5.0 | 103.0 | 3.0 |
| 能源消费总量（亿吨标煤） | 34.4 | 6.3 | 34.0 | 5.1 | 33.6 | 3.9 |
| 万元 GDP 能耗（吨标煤,GDP 为2005 年价） | 0.994 | −3.8 | 0.992 | −4.0 | 0.990 | −4.2 |

## （一）GDP 增长 9.5％左右的平稳较快增长基准情景

如果主要经济体既不出台大力度的金融二次刺激政策，同时也不强力紧缩财政，基本维持政策现状，2011 年世界经济延续复苏态势的可能性较大，主要经济体经济增速虽然略低于 2010 年但不会出现衰退，国际环境好坏参半。同时，我国宏观调控政策以保持经济平稳较快发展、加快经济结构战略性调整和防止通货膨胀为主要任务，继续实行积极的财政政策，财政赤字占 GDP 的比重有所下降，但仍保持一定的增量调控能力；通过数量型工具和价格型工具并用，坚守稳健的货币政策取向，广义货币供应量（M2）余额同比增长 15% 左右，新增贷款规模全年保持 7.5 万亿元左右，企业从证券市场股权融资和债权融资规模大于 2010 年，全社会资金宽松有度。固定资产投资政策进一步突出产业结构和区域结构战略性调整的政策导向，为战略性新兴产业、区域经济增长点、民生工程、民间投资等鼓励性投资方向和投资主体创造相对宽松的政策环境，同时，坚决抑制产能过剩行业投资项目的新开工，严格把好政府新开工投资项目质量关。在这一国际环境和政策假设情景下，经模型测算，我国经济可望在结构调整中保持平稳较快增长态势，GDP 增长 9.5% 左右。总量上供求平衡是经济运行的基本特征，工业品价格受产能过剩影响有一定下行压力，农产品价格涨幅受自然气候影响有较大不确定性，服务业价格受劳动力成本上升等因素推动有一定上涨压力，政府主动推出的资源能源类产品价格和环保类收费改革对物价水平也有一定影响。经过精心调控，妥善应对输入性通货膨胀压力，可以将居民消费价格上涨幅度控制在 4% 左右。城镇新增就业需求与上年大体相当，国际收支状况将进一步好转。

由于 2011 年是"十二五"开局之年，一大批"十二五"规划重点建设项目集中开工，加上前两年大规模开工的项目投资增长惯性较强，政府加大保障性住房建设的力度仍然较大，固定资产投资保持合理规模的有利条件较多；但对部分传统行业的新增产能投资的限制、房地产商可能出现观望徘徊而放缓投资进度、地方政府融资能力受到规范性要求的约束等因素将影响 2011 年的固定资产投资增速，特别是新兴产业尚未发展到企业开始大规模产业更替型固定设备更新投资阶段，民间投资自主增长意愿不强，预计 2011 年全社会固定资产投资名义增速为 20% 左右，比 2010 年回落 2~3 个百分点。

2011 年消费保持平稳增长具备诸多有利因素，近年来就业形势和工资水平提高为扩大消费增强了后劲，社会保障制度建设有助于减轻居民消费的后顾之忧，储蓄消费型增长模式使我国消费有较强稳定性，但房价、物价上涨对部分城乡居民消费能力和消费意愿有较大负面影响，家电下乡、家电和汽车摩托车以旧换新等扩大消费政策出现效应递减现象，综合考虑各种因素，预计 2011 年社会消费品零售总额名义增长 19%，实际增长 15% 左右，与 2010 年持平。

外贸出口增长面临诸多不确定性。发达国家高失业率使居民消费增长疲弱，将在一定程度上影响对中国商品的需求；贸易保护主义进一步加剧，贸易摩擦明显增多。我国经济结构调整将减弱对原材料进口的新增需求，人民币一定幅度的升值对贸易结构调整有较大影响，我国产业结构升级将带动出口贸易结构升级，技术含量较高的资本品出口增长快于传统优势产品，我国对新兴市场国家的出口可望继续保持较快增长。预计 2011 年我国外贸进出口增速将比 2010 年有所回落。初步预测，外贸出口同比增长 12% 左右，进口增长 16% 左右，顺差 1400 亿美元，同比下降 19% 左右。

2011 年，以政策稳定维护经济稳定，为大力推进结构调整和体制改革创造有利环境，将有利于经济可持续发展，这是最值得争取的情景。在此情景下，单位 GDP 能耗有望下降 4%。

## （二）GDP 增长 10.5% 以上的强劲复苏情景

如果对 2011 年经济预期较差，为促进经济加速复苏，继日本后，美国也正式批准和实施 6000 亿美元的二次经济刺激方案，欧盟紧缩财政力度较小，多数国家财政政策和货币政策继续保持宽松取向，贸易保护主义有所抑制，全球贸易进一步活跃，世界经济和贸易全面回升。同时，人民币汇率保持基本稳定，前期出台的刺激外贸政策基本不变，经模型测算，在乐观情景下，我国外贸出口增速可能达到 16%，进口增速达到 19.2%，外贸顺差达到 1600 亿美元以上，出口对我国经济的拉动作用较大。

国内将保持经济平稳较快发展作为宏观调控的首要目标，继续实行积极的财政政策，财政赤字占 GDP 的比重仍接近 3%；继续实行适度宽松的货币政策，广义货币供应量（M2）余额同比增长率 17% 左右，新增贷款规模全年控制在 8.5 万亿元左右，价格型工具使用较少，企业从证券市场股权融资和债权融资规模明显大于 2010 年，全社会资金十分宽裕，资金主要流向实体经济投资领域，固定资产投资名义增速和实际增速均高于 2010 年。在此国际和政策情景下，企业设备利用率和企业盈利水平快速回升，就业状况明显好转，工资水平提高较多，城乡居民收入增速提高，城乡消费品市场繁荣活跃；在房价基本稳定的情况下，房地产市场成交量恢复到正常水平以上，带动相关行业景气度上升。国民经济出现强劲增长态势，GDP 增速超过 10.5%。但世界经济加速复苏可能使我国输入性涨价因素增多，居民消费价格和工业品出厂价格回升较快，分别上涨 5% 和 7% 以上。国内外流动性过分充裕局面会为未来通货膨胀留下隐患。由于经济增速回升快，经济结构调整不充分，产能过剩矛盾进一步加剧，不利于经济可持续发展。相比基准情景，单位 GDP 能耗下降较少（-3.8%）。

## （三）GDP 增长 8.5% 以下的减速调整情景

如果对 2011 年经济预期较好，主要经济体刺激政策退出加快，强力紧缩财政，多数国家调整财政政策和货币政策方向，则世界经济可能出现复苏受挫，部分发达国家甚至再次出现季度负增长状况，世界产业结构进一步展开深度调整，企业设备利用率和就业率再次下滑；世界经济景气水平严重下挫将导致贸易和投资保护主义盛行，汇率战、贸易战打乱国际贸易正常环境，跨国投资也陷入停滞。在这一情景下，世界经济增长率明显低于 2010 年，我国对外贸易和利用外资的国际环境恶化，出口增速仅为 8%，进口增速 12%，外贸顺差比上年下降 23% 左右，净出口成为 GDP 增长的负拉动因素。

如果由于对 2011 年经济前景判断乐观，国内将防止通货膨胀放在宏观调控的首要位置，财政赤字占 GDP 的比重明显下降；货币政策转向适度从紧，连续运用加息、升值等价格型工具，广义货币供应量（M2）余额同比增长率 13% 左右，新增贷款规模全年控制在 6.5 万亿元以内，证券市场交投不活跃，企业直接融资规模小于 2010 年，全社会资金面比 2010 年明显收紧；国内产能过剩局面进一步加剧，影响企业开工水平和吸收就业意愿，企业设备利用率重新走低，就业困难较大，房地产投资增速明显下滑，固定资产投资和社会消费品零售总额实际增速均低于 2010 年。国际环境恶化和国内政策收紧两碰头，会导致经济出现明显减速调整态势，GDP 增速低于 8.5%。由于经济实际增速低于长期潜在增长率，总量供过于求矛盾突出，几乎没有新涨价因素，CPI 和 PPI 的上涨主要是翘尾因素影响，预计居民消费价格涨幅和工业品出厂价格涨幅都在 3% 以内。这一情景可借助世界性产业结构深度调整来淘汰国内一批落后企业和落后产能，也有利于防止通货膨胀；相比基准情景，单位 GDP 能耗下降较多（－4.2%）；但就业压力增大，企业经营困难增多。

## 五 对 2011 年宏观调控政策的几点建议

保持经济平稳较快发展、加快发展方式转变，确保"十二五"规划开好局、起好步，是 2011 年宏观经济政策的基本取向。宏观调控要注重把短期调控政策和长期发展政策有机结合起来，通过深化改革开放和科技创新来大力促进经济自主性增长动力的恢复和强化，通过实施"十二五"规划重点项目和新兴产业发展规划来推进经济结构战略性调整，增强我国经济发展的可持续性，为促进世界经济强劲可持续平衡增长作出贡献。主要政策建议如下。

### （一）维持适当的财政赤字规模，保持相应的增量调控能力

2011 年，随着经济增速和价格水平回落，税收增速将有所回落；但财政支出方面压力较大，完成在建项目需要后续资金，加强"三农"、教育、科技、社会保障和就业、医疗卫生、保障性住房、节能减排等经济社会发展关键环节，以及对民族地区、边疆地区的支持，也需要进一步加大财政投入。在经济转向稳定增长的关键时期，继续实施积极的财政政策，维持适当规模的财政赤字，保持一定的增量调控能力，有利于主动应对国内外各种复杂形势，有利于保持经济社会的持续稳定发展和经济结构的调整。建议 2011 年中央财政赤字规模从 2010 年的8500 亿元下调为 7500 亿元，考虑到地方政府融资能力和实际事权之间的矛盾，由中央政府代发的地方债券保持 2000 亿元规模。全国财政赤字 9500 亿元，占 GDP 的比重有所下降。

### （二）加大对农业的投入，防止农产品价格过快上涨

加大对农村水利、交通、流通、农田等基础设施的建设投入。2010 年全国各地频发的旱涝等自然灾害，暴露出农村水利等基础设施的诸多问题，2011 年要加强大中型水利枢纽工程、大中型灌区、中小河道治理、小型水库除险加固、田间工程等项目建设，同时加快建材下乡支持政策的出台，加大对农村公路升级

改造和农村新型社区建设的支持力度。要综合动用国家储备政策、主要农产品价格稳定机制、农产品运输绿色通道政策和进出口调节政策，保证农产品供给稳定和价格基本稳定。进一步落实好大中城市"菜篮子"政策，各级财政要确保各城市一定面积的蔬菜自给基地建设所需资金。

### （三）货币政策趋向稳健，加大对民间企业的金融支持力度

在有保有压、优化贷款结构、确保贷款投向实体经济的前提下，货币政策要为经济的持续复苏和经济结构战略性调整提供合理宽松的资金条件。根据经济增长速度预测，建议 2011 年新增贷款规模控制在 7.5 万亿元左右，M2 增速控制在 15% 左右。根据对 CPI 的趋势预测，建议适当提高利率水平，这是提高居民财产性收入、控制通胀预期的重要举措。要综合动用数量型和价格型工具坚守稳健的货币政策目标，保持人民币币值对内对外基本稳定。我国国有企业和民营企业事实上存在融资可得性和便利性的差距，尤其是小型民营企业融资难的矛盾十分突出。为了进一步鼓励民间投资和民营企业发展，尽快恢复自主增长能力，早日摆脱对政府刺激政策的依赖，金融领域必须在落实《国务院关于鼓励和引导民间投资健康发展的若干意见》和《国务院办公厅关于鼓励和引导民间投资健康发展重点工作分工的通知》方面迈出实质性步伐。2011 年金融体制改革要以此为重点，出台和落实金融领域鼓励和引导民间投资健康发展的工作细则，不仅要提高大中型银行对民间投资和小型企业的信贷比重，更要大力发展面向中小企业的"草根"金融服务专营机构，支持民间资本以入股方式参与商业银行增资扩股、城乡信用社改制，鼓励和支持民间资本发起或参与设立中小金融机构如村镇银行、社区银行、小额贷款公司和农村资金互助社等。资本市场要进一步做好中小板和创业板工作，为民营企业和中小科技企业上市合规融资创造便利条件，支持民营企业技术创新和应用，加强对民营企业上市公司的指导，鼓励民营企业增加研发投入，加快实施促进科技成果转化的鼓励政策，重点支持战略性新兴产业民营企业上市融资和再融资。

### （四）房地产调控要转向构建促进健康发展的长效机制

国务院对于商品住房价格过高、上涨过快、供应紧张的地区遏制投机性需求的政策必须坚持，不能让调控前功尽弃。同时，要高度重视税收、法制改革等长

效机制的建设，尽量避免行政手段对房地产市场短期造成过强的冲击。要充分考虑普通居民的生活成本和居住成本，重点增加 90 平方米以下的普通商品房和保障房的合理供给。供需两方面工作并重，坚持几年就可建立起有利于房价长期稳定的供需关系。2011 年要制定各城市保障性住房五年规划，加大投入力度，加快建设进度，将房产税的一定比重作为保障房建设的主要资金来源，土地出让金作为补充。房产税率作为调控市场供求的杠杆，对遏制投机性住房需求也有重要作用。

## （五）加快节能减排相关体制改革，减少对行政性手段的依赖

2011 年我国面临较大能耗反弹压力，必须加快节能减排相关领域的体制改革和法制建设，构建控制温室气体排放的长效机制，避免 2020 年前再次出现计划期末"临时抱佛脚"的被动局面。为了加大结构性节能的政策导向作用，可考虑依据产业政策导向调整中央地方不同产业税收分成比例，提高部分服务业和高技术产业税收地方留成比例，提高钢铁、有色、石化、化工等几大高耗能行业税收上交中央的比例，调动地方政府在产业结构调整中的积极性。加快推进资源类产品价格和环保收费改革。做好资源税改革试点工作，推进西部地区以及全国资源税改革。扩大资源类产品市场定价范围，减少政府对资源能源类产品价格的行政管制。稳步推进居民用电、用水阶梯价格改革。将建筑节能列为节能重点，推进居民家庭热力分户计量和阶梯价格改革，提高新建住宅节能强制性标准并明确热力分户计量强制性设计要求，政府加大对旧有住宅热力分户计量改造工程的补贴力度。扩大排污权有偿使用和交易试点范围。健全可再生能源发电定价和费用分摊机制。推广城市污水、垃圾及医疗废物等处理收费制度。

## （六）鼓励消费政策与绿色消费政策并重，推行可持续消费模式

我国有世界上潜力最大的消费市场，充分挖掘市场潜力，有效释放消费需求，是促进中国经济长期稳定发展的关键所在，也是解决经济运行中突出矛盾的重要途径。2011 年要着力构建扩大消费需求的长效机制。国际金融危机中，我国扩大消费刺激政策更多着力于拉动经济增长，对房地产和汽车的刺激政策在发挥正面作用的同时，也出现了部分城市房价过快上涨和汽车快速普及带来的交通

拥堵和空气污染等副作用。我国消费结构升级刚刚起步，生活消费模式可以通过政策引导避免走发达国家高能耗、高污染的旧路子。要处理好扩大居民消费与可持续发展的关系，鼓励消费政策和绿色消费政策并重，所有消费鼓励政策都要以高能效消费品为鼓励对象，加大对公共交通基础设施的投入，对节能住宅、公共交通费用、低污染汽车等给予财政补贴或减免税优惠，将对小排量汽车的补贴政策改为补贴新能源汽车和符合国Ⅳ或国Ⅴ排放标准的汽车，提高家电下乡和汽车下乡的中标产品能效和排放标准。

# 综合篇

General Reports

## G.2
## 2010 年固定资产投资分析及
## 2011 年展望

徐 策*

**摘 要**：2010 年，在 4 万亿投资计划等一系列反危机政策支持下，固定资产投资总体保持平稳增长。受政策边际效应递减以及加快转变发展方式、经济结构调整等多重宏观调控政策影响，投资增速稳步放缓，投资结构也有所改善。当前，固定资产投资领域还存在民间投资增长缺乏持续性动力、加快转变发展方式受到投资体制的阻碍、地方政府融资能力不足等方面问题。展望 2011 年，加快转变经济发展方式成为主线，投资消费比例将进一步趋向合意水平，投资增速较 2010 年将有所放缓，但由于 2011 年是"十二五"开局之年，投资需求仍然比较旺盛。2011 年，在政策上，应结合深化垄断行业、公用事业和民生领域体制改

---

\* 徐策，经济学博士，国家信息中心经济预测部助理研究员，主要研究宏观经济、固定资产投资运行与宏观调控政策等。

革，加大鼓励民间投资力度；结合深化投资体制改革，突破加快转变发展方式障碍，推动投资结构调整优化；结合财税体制改革，有效提高地方政府融资能力。

　　**关键词：投资放缓　投资结构　民间投资　体制改革**

# 一　2010 年固定资产投资特征回顾

　　2010 年，我国固定资产投资保持了基本平稳增长态势，投资结构有所改善，房地产投资继续保持高位运行，基础设施投资大幅下滑，六大高载能行业投资明显减速，国有投资增速有所回落，民间投资保持基本平稳。

　　**1. 投资增速沿宏观调控预期方向逐步放缓**

　　2010 年，在应对国际金融危机一揽子计划的支持下，我国固定资产投资保持了平稳增长，受政策刺激力度减弱以及加快转变发展方式、经济结构调整等多重宏观调控政策影响，投资增速出现稳步放缓。前三季度，全社会固定资产投资192228 亿元，同比增长 24.0%（见图 1），较第一季度和上半年分别回落 1.6 个和 1 个百分点。扣除价格因素后，前三季度投资实际增长 20.4%，较第一季度和上半年分别下滑 2.87 个和 1.33 个百分点。但总体来看，当前投资增速仍然保持历史同期的较高水平，只比 2002～2007 年投资高速增长时期平均值低 2.52 个百分点，而城镇固定资产投资前三季度累计同比增长 24.5%，也只比 2000～2007 年上一轮上升期平均增速低 0.38 个百分点。

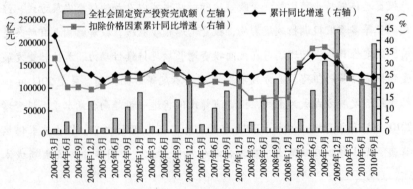

**图 1　全社会固定资产投资完成额及同比增速**

　　资料来源：wind 资讯。

**2. 投资结构有所改善**

投资产业结构有所改善。从三次产业投资增速看，前三季度，第一产业投资增长 17.7%，第二产业投资增长 22.0%，第三产业投资增长 26.7%，第一产业和第二产业投资增速分别低于城镇固定资产投资增速 6.8 个和 2.5 个百分点，而第三产业投资增速高于城镇固定资产投资 2.2 个百分点。与 2000～2007 年平均增速比，第一产业和第二产业投资增速分别低了 3.3 个和 7.36 个百分点，而第三产业投资则高了 4.16 个百分点。这表明三次产业投资结构有所优化。

分地区看，前三季度，东部地区投资增长 21.5%，中部地区增长 27.1%，西部地区增长 26.5%，分别较 2009 年同期下降 6.6 个、11.2 个和 12.4 个百分点（见图 2）。中西部地区投资下滑速度快于东部主要是由于 2009 年基数过高。前三季度，东、中、西部地区全部金融机构本外币各项贷款分别新增 3.98 万亿元、1.17 万亿元和 1.32 万亿元。9 月末东、中、西部各项贷款余额同比分别增长 18.5%、19.7% 和 22.4%，中、西部贷款增速分别比东部高 1.2 个和 3.9 个百分点，反映信贷向中、西部倾斜力度仍然较大。总体而言，中、西部地区投资增长仍然快于东部地区，投资区域结构继续优化。

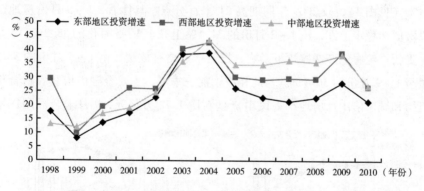

**图 2　东、中、西部地区历年前三季度投资累计同比增速**

资料来源：Wind 资讯。

**3. 投资行业分布集中度提高，主要行业投资出现分化**

前三季度，各行业投资占比前五位的行业为制造业，房地产业，交通运输、仓储和邮政业，水利、环境和公共设施管理业，电力、燃气及水的生产和供应业，占城镇固定资产投资比重分别为 31.3%、24.3%、10.9%、9.1% 和 5.9%（见表 1）。从 2004～2010 年同期行业投资平均占比看，这五大行业仍然是投资最多的行业，但2010年五大行业投资占全部投资81.5%，高于2004～2010年平均值0.9个百分点，这表明投资在行业分布上更加集中，尤其是向制造业和房地产业集中的倾向比较明显。

**表1　主要行业投资占城镇固定资产投资比重**

单位：%

| | 2010年1～9月 | 2004～2010年同期平均值 |
|---|---|---|
| 制造业 | 31.3 | 29.8 |
| 房地产业 | 24.3 | 23.8 |
| 交通运输、仓储和邮政业 | 10.9 | 10.9 |
| 水利、环境和公共设施管理业 | 9.1 | 8.2 |
| 电力、燃气及水的生产和供应业 | 5.9 | 7.9 |
| 合　计 | 81.5 | 80.6 |

资料来源：Wind资讯。

第一，房地产投资继续保持高位运行。2010年以来，房地产开发投资完成额连续保持高位运行。前三季度，全国房地产开发投资33511亿元，同比增长36.4%（见图3），较2009年同期高21个百分点。具体看，1～5月份房地产开发投资增速稳步上涨，由1～2月份的31.1%上升至1～5月份的38.2%，5月份后，受新一轮房地产调控政策影响，投资增速略有放缓，由1～5月份的38.2%放缓至1～9月份的36.4%。与此相应，前三季度，主要金融机构及农村合作金融机构和城市信用社房地产人民币贷款新增1.72万亿元，9月末余额同比增长

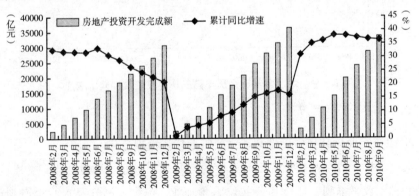

**图3　房地产开发投资完成额及增速**

资料来源：Wind资讯。

32.9%，比上年末低 5.2 个百分点。从历史经验看，2000～2007 年 1～9 月房地产开发投资完成额平均增速为 24.86%，低于 2010 年同期值 11.54 个百分点。因此，总体而言，当前房地产投资仍保持高位运行。

第二，基础设施行业投资大幅下滑。2010 年前三季度，基础设施行业投资累计同比增长 19.9%（见图 4），较 2009 年同期大幅下滑 27.4 个百分点，较 2004～2010 年同期平均值低 6.4 个百分点。这主要是由于 2009 年同期基数较高，并且 2010 年在严格控制政府投资新上项目政策以及刺激政策力度减弱等原因所致。具体看，交通运输、仓储和邮政业投资增速继续回落，由年初的 31.7% 放缓至 22%；水利、环境和公共设施管理业投资保持平稳，2010 年以来，除 2 月份外，均在 25% 左右；电力、燃气及水的生产和供应业投资增速显著低于其他行业，平均增速保持在 10% 左右。随着积极财政政策扩张力度的减弱，基础设施投资增长势头较政策出台初期明显走低。主要金融机构基础设施行业本外币中长期贷款回落较快，前三季度新增 1.41 万亿元；9 月末余额同比增长 21.2%，比上年末下降 21.8 个百分点。2010 年 6 月，为有效防范财政金融风险，加强对地方政府融资平台公司管理，保持经济持续健康发展和社会稳定，国务院发布了《关于加强地方政府融资平台公司管理有关问题的通知》，这在一定程度上增加了地方政府实现其投资增长目标的难度，也进一步影响了基础设施投资继续大幅增长的可能性。

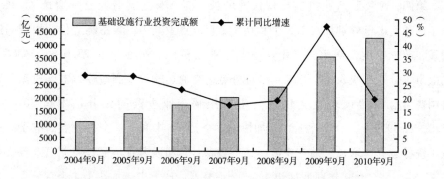

**图 4    各年前三季度基础设施行业投资完成额及增速**

资料来源：Wind 资讯。

第三，六大高载能行业投资明显减速。前三季度，六大高载能行业投资完成 24052.5 亿元，同比增长 14.3%（见图 5），比上年同期回落 8.3 个百分点，比

2010 年上半年回落 2.1 个百分点。在完成节能减排任务的压力下，高载能行业投资呈现稳步回落的态势。其中，黑色金属冶炼及压延工业和非金属矿物制品业同比分别增长 0.3% 和 30.7%，比上半年分别回落 9.1 个和 0.3 个百分点；有色金属冶炼及压延工业增长 37%，比上半年加快 2.8 个百分点；化学原料及化学制品制造业、石油加工炼焦及核燃料加工业分别增长 14.2%、6.6%，比上半年分别回落 3.1 个和 2.4 个百分点；电力、热力的生产与供应业增长 6.3%，比上半年回落 0.9 个百分点。

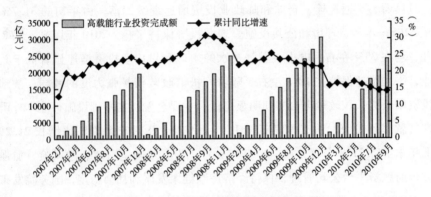

**图 5　高载能行业投资完成额及增速**

资料来源：Wind 资讯。

第四，主要制造业投资实现快速增长。前三季度制造业投资增长 25.4%，较年初和上半年分别加快 1.8 个和 0.5 个百分点。其中，装备制造行业投资高速增长。前三季度，通用、专用设备制造业投资同比分别增长 23.6%、34.6%，比上半年分别加快 5.3 个和 6.4 个百分点；交通运输设备制造业、电气机械及器材制造业、仪器仪表及文化办公用机械制造业投资同比分别增长 26.6%、37.8% 和 39.9%，分别比上半年加快 1.2 个、0.6 个和 0.7 个百分点。电子制造业投资持续高速增长。前三季度，通信设备计算机及其他电子设备制造业投资增长 45.5%，比 2009 年同期加快 42.5 个百分点，比上半年加快 1.4 个百分点。另外，大部分消费品行业投资稳中有升。

**4. 国有投资增速回落，民间投资保持基本平稳**

2010 年，控制政府投资新开工项目政策取得预期效果，1~9 月份，新开工项目计划总投资已经从上年同期同比增长 83% 回落到 24.5%。受此影响，政府投资比重和增幅明显回落，1~9 月份，国有及国有控股投资增长 19.5%，比上年同期回落了 19.3 个百分点（见图 6）。同期民间投资增长 31.2%，增幅同比仅回落 4.2 个百分点，民间投资在城镇固定资产投资中的占比达到 52%，提高了 2.6 个百分点。

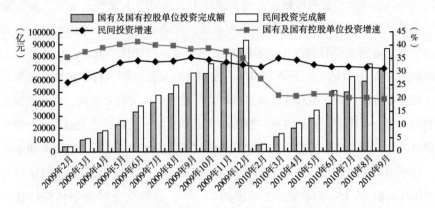

**图 6　国有及国有控股单位和民间投资完成额及增速**

资料来源：Wind 资讯。

## 二　投资领域需要关注的几个问题

### 1. 投资体制改革滞后对加快转变发展方式形成阻碍

目前，从中央到地方都在制订"十二五"规划，地方政府投资热情仍然较高，在制订规划时，或是强调自身正处于高投资、高积累的发展阶段，或是依托"综合配套改革试验区"、新兴战略产业试点为平台大幅提高投资目标。当前新兴能源产业正在迎来新一轮高潮，有些地方政府不顾发展条件"大干快上"，希望能够"占领新型战略产业制高点"，而实际上并没有在技术上取得突破，引进和发展的多是较为落后的产业环节，造成了重复建设和产能过剩，增大了未来经济结构调整的难度。另外，当前部分地方政府仍然热心于传统重化工业领域招商，部分沿海省份仍以建立"国际级深水港—临港工业区—引进大型国有企业"的传统发展模式，布局钢铁、石化、化工、有色、汽车、机械等投资项目，并趁机炒作房地产行情。这反映了我国投资体制在审批、决策以及规划等方面的改革仍然比较滞后，在一定程度上对加快转变发展方式形成阻碍。

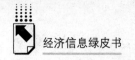

**2. 民间投资增长缺乏持续性动力**

随着刺激政策力度不断减弱，投资仍然需要依靠自主性的民间投资来支撑。国务院鼓励民间投资的"新非公36条"大大拓宽了民间资本的投资空间，但从目前看，民间投资增长尽管有所恢复，但仍显乏力。其原因主要有：一是"新非公36条"是涉及诸多垄断部门利益的一系列改革，完全落实需要一定的时间；二是民间投资的金融环境仍有待改善，2010年前三季度，新增信贷6.3万亿元，较2009年同期减少2.36万亿元，下降27.3%，近期央行又提高六大行存款准备金率并提高了商业银行存贷款基准利率，这意味着货币政策正在回归常态化，对于融资能力较弱的民营企业而言，势必将进一步影响其资金来源；三是尽管当前房地产投资仍然保持高位，但在严格的房地产调控政策作用下，房地产开发投资资金来源不断下降，增幅由年初的69.5%下降至前三季度的32.5%，其中，国内贷款减速较为显著，由年初的46.1%下降至前三季度的27.2%，自筹资金尽管仍然保持在接近50%的高位上，但出现了连续小幅下滑的迹象。房地产投资作为民间投资的重要组成部分，其放缓的态势势必影响整个民间投资的走势。另外，在全世界制造业都处于产能过剩情况下，制造业竞争更加激烈，许多企业找不到能够盈利的投资方向，2011年这种现象仍将持续。

**3. 地方政府投资将受到融资能力不足的限制**

"十二五"时期，我国仍处于城镇化加速推进时期，地方政府大多希望在这一关键时期，通过大规模基础设施建设，全面解决基础设施薄弱制约经济发展水平和层次的问题。然而，由于我国地方政府没有举债权，一般性财政收入相对较低，地方政府融资渠道狭窄。而且，在"清理和规范地方政府融资平台"和关于土地管理等方面的政策作用下，进一步限制了地方政府的融资能力。2011年是"十二五"开局之年，项目开工比较集中，地方政府投资需求与融资能力的矛盾将显得更加突出。

## 三 2011年固定资产投资展望

**1. 有利于投资增长的主要因素**

第一，"十二五"规划开局将成为带动投资增长的关键因素。2011年是"十二五"的开局之年，各地方均开始按照各自"十二五"规划推动经济社会建设，大量相关领域的投资项目纷纷启动。"十二五"时期是全面建设小康社会的关键时期，包括保障性住房、教育、医疗卫生等方面的改善民生建设力度将不断加大。2010 年无论是财政收入还是企业利润均实现较快增长，前三季度，全国财政收入 63039.51 亿元，比 2009 年同期增加 11520.64 亿元，增长 22.4%，前三季度，全国 24 个地区规模以上工业企业实现利润 24937 亿元，同比增长 53.5%，在一定程度上为 2011 年政府和企业投资增长提供了较好的资金基础。

第二，中央关于区域经济协调发展的新布局是支持投资增长的重要因素。2009～2010 年中央密集出台了一系列促进区域经济协调发展的政策，批复了包括长三角、珠三角、北部湾、环渤海、海峡西岸、东北三省、中部和西部、黄三角等多个区域经济发展规划，再加上 2009 年深化西部大开发战略等政策措施，我国新的区域经济版图逐渐成形。这些规划在 2011 年也将全面启动，必将带动各地区投资实现较快增长，并推动区域经济结构不断优化，形成区域轮动的新格局。

第三，"新非公 36 条"政策全面落实将提高投资自主性复苏动力。2010 年，国务院出台了《国务院关于鼓励和引导民间投资健康发展的若干意见》和《国务院办公厅关于鼓励和引导民间投资健康发展重点工作分工的通知》，着力推进从政府投资临危受命向民间投资全面跟进的转变，这是培育经济自主增长能力的关键举措。随着"新非公 36 条"政策不断细化和落实，民间投资领域逐步拓宽，投资环境不断优化。

第四，战略性新兴产业的发展将成为新的投资增长点。2010 年 9 月，战略性新兴产业规划正式出台，将节能环保、新一代信息技术、生物、高端装备制造、新能源、新材料和新能源汽车等七个行业作为战略性新兴产业大力推动，这必将引导相关产业的投资快速发展。

**2. 不利于投资增长的主要因素**

第一，反危机政策向正常化回归使政府投资力度有可能减弱。随着经济复苏的态势不断稳定，反危机政策在 2011 年将逐步向正常化过渡。4 万亿投资计划执行完毕，2011 年不可能、也没有必要再推出新的政府投资刺激计划，因此政府投资力度相对减弱。货币政策将由扩张性逐步向中性转变，新增信贷规模不会出现过快增长，这在一定程度上将使投资增长受到限制。

第二，在加快发展方式转变的要求下投资增速将会适度放缓。后危机时期全球经济再平衡的过程中，要求我国投资率有所下降，投资与消费比例向合意的水平回归。当前，我国节能减排任务仍然十分艰巨，为完成到 2020 年全国单位国

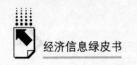

内生产总值二氧化碳排放比 2005 年下降 40% ~ 45% 的目标，必须早作准备，这将会抑制"两高一资"行业的投资水平。

第三，房地产调控政策继续执行将在一定程度上抑制投资增速。从目前看，房地产价格与居民收入水平之间的矛盾在短期内仍然难以改变，保障性住房的供给规模与中低收入群体对保障性住房的需求之间的矛盾也将长期存在。因此，2011 年将延续 2010 年 4 月出台的新一轮房地产调控政策和 9 月底出台的第二轮调控政策，房地产销售增长放缓，房价涨幅受到抑制，房地产开发商资金链问题将逐步暴露，进而在一定程度上影响房地产开发投资的增速。

第四，地方政府融资平台后续影响仍将通过影响新增信贷抑制投资增速。2010 年 6 月，中央为有效防范财政金融风险，加强对地方政府融资平台公司管理，保持经济持续健康发展和社会稳定，发出了《关于加强地方政府融资平台公司管理有关问题的通知》。政策出台后，银行暂停发放地方政府融资平台贷款，进而影响投资增长。2011 年，地方政府融资平台清理政策使融资平台贷款的难度加大，在一定程度上对投资增长形成压力。

综上分析，2011 年我国经济仍处于城市化加速期和人口红利期，经济平稳较快发展的基本面没有改变，投资需求仍然旺盛。但在反危机政策逐步正常化、加快发展方式转变的影响下，投资增速将可能有所放缓。按照基准方案，预计 2011 年全社会固定资产投资增长 20.0%，其中城镇固定资产投资增长 20.5%（见表 2）。

表 2　2011 年固定资产投资完成额及增速预测

单位：亿元，%

| 指　　标 | 2009 年 | | 2010 年 1 ~ 9 月 | | 2010 年 | |
| --- | --- | --- | --- | --- | --- | --- |
| | 实际值 | | | | 预测值 | |
| | 绝对值 | 增速 | 绝对值 | 增速 | 绝对值 | 增速 |
| 全社会固定资产投资 | 224846 | 30.1 | 192228 | 24.0 | 275436 | 22.5 |
| 城镇固定资产投资 | 194139 | 30.5 | 165850 | 24.5 | 238791 | 23.0 |
| 房地产投资 | 36232 | 16.1 | 33511 | 36.4 | 47645 | 31.5 |

| 指　　标 | 2011 年预测 | | | | | |
| --- | --- | --- | --- | --- | --- | --- |
| | 加速复苏情景 | | 平稳增长情景 | | 减速调整情景 | |
| | 绝对值 | 增速 | 绝对值 | 增速 | 绝对值 | 增速 |
| 全社会固定资产投资 | 341541 | 24.0 | 330524 | 20.0 | 319506 | 16.0 |
| 城镇固定资产投资 | 297534 | 24.6 | 287743 | 20.5 | 278191 | 16.5 |
| 房地产投资 | 59556 | 25.0 | 57650 | 21.0 | 55745 | 17.0 |

## 四 2011 年投资调控的基本取向与政策建议

**1. 深化投资体制改革，不断优化投资环境**

通过深化投资体制改革，突破转变发展方式的体制障碍。深化行政审批制度改革，继续清理和调整行政审批项目，进一步减少和规范行政审批。政府进一步退出竞争性投资领域，集中抓好基础设施和公益设施建设，健全政府投资决策机制，规范政府投资资金和项目管理。

**2. 深入贯彻"新非公 36 条"，积极鼓励民间投资**

切实贯彻鼓励民间投资的政策，必须要坚持"非禁即准、平等待遇"的原则，确立民间投资平等的市场主体地位。从金融、财政、税费、土地等多层次深入贯彻鼓励民间投资政策。

**3. 积极推动财税体制改革，提高地方政府融资能力**

第一，按照分税制改革的要求，进一步推进中央、省、市县三级财税体制改革，有效解决融资平台问题。第二，进一步完善财政转移支付制度，特别是省以下财政转移支付制度，缓解基层政府财力薄弱的问题。第三，加快房地产税综合改革试点，从根本上解决地方政府"土地财政"问题。第四，逐步增加地方政府发债自主权，增强地方政府民生领域公共投资的财力。

# G.3

# 2010 年消费品市场分析及 2011 年展望

祁京梅*

**摘　要**：2010 年在国家扩大消费政策和居民自发消费释放的共同作用下，国内市场持续旺销，消费需求稳步加速，成为推动经济平稳较快发展的一大亮点。2011 年，随着收入分配改革和消费模式转变，消费需求仍将处于扩张性增长周期。预计 2011 年消费品零售总额增长 18.5%，增速略高于 2010 年。进一步扩大消费应围绕建立扩大消费的长效机制、切实推进收入分配改革和营造良好消费环境来进行。

**关键词**：消费市场　消费政策　收入分配　改善民生

## 一　2010 年扩大消费的各项政策取得显著成效

1~9 月全国社会消费品零售总额实现 111028.5 亿元，名义增长 18.3%，同比提高 3.2 个百分点，扣除物价因素，实际增长 15.2%，快于最近 3 年的平均增速 0.5 个百分点。消费品零售额的良好增势，有居民自发消费释放的作用，更为重要的是 2010 年国家出台的各项鼓励消费政策发挥了积极作用。

**1."家电下乡"和家电"以旧换新"政策大幅提升了家电消费增速**

2010 年"家电下乡"和家电"以旧换新"政策不断落实和完善。家电下乡补贴品种由试点时期的 3 类增加到 9 类，提高了家电下乡产品最高限价，通过改进补贴审批兑付方式，简化了农民领取补贴的手续。家电以旧换新政策实施期限由 2010 年 5 月 31 日延长至 2011 年 12 月 31 日，实施范围由 9 个试点省区扩展到

---

\* 祁京梅，经济学学士，国家信息中心经济预测部研究员，主要从事宏观经济、消费和物价等问题的研究。

19 个有拆解条件的地区。"家电下乡"和家电"以旧换新"政策对拉动家电消费的效果十分显著。2010 年 1～9 月，全国家电下乡产品累计销售 5257.3 万台，实现销售额 1158.4 亿元，同比分别增长 1.5 倍和 2 倍。其中彩电、冰箱和洗衣机销量稳居前三位，占总量的 74%。1～9 月通过"以旧换新"销售家电 1900 万台，销售金额达 710 亿元，消费者享受补贴 60 多亿元，受惠家庭达 1898 万户。在限额以上商品销售中，1～9 月家用电器销售增长 28.1%，增速为近年新高。

**2. 汽车"以旧换新"和节能车补贴等政策推动汽车持续旺销**

2010 年以来，国家对小排量汽车购置税减按 7.5% 征收，并将汽车以旧换新政策补贴标准由每辆车 3000～6000 元调整到 5000～18000 元，实施期限由 2010 年 5 月 31 日延长至 2010 年 12 月 31 日，有力地促进了汽车消费的增长。1～9 月全国销售汽车 1314 万辆，同比增长 36%。汽车以旧换新政策在淘汰高排放、高污染"黄标车"和老旧汽车的同时，促进了新车消费。1～9 月，全国共办理汽车以旧换新补贴车辆 25 万辆，月均受理补贴车辆约为 2009 年月均补贴车辆数的 7 倍，发放补贴资金 35 亿元，拉动新车消费 286 亿元。此外，2010 年 7 月份国家出台节能车补贴标准，进一步推动了车市的活跃。

**3. 改善民生举措见效，居民医疗、教育支出比重下降，商品消费比重上升**

近年政府围绕医疗、教育改革出台了一系列改善民生的举措，包括不断完善助学政策体系，大幅度增加助学经费投入，促进全国范围内义务教育均衡发展，2010 年上半年教育支出增长 17.3%；稳步推进新医保，扩大基本医疗保障覆盖面，2010 年城镇居民基本医保和新农合的财政补助标准提高为 120 元/人，比上年增长 50%，扩大了可报销药品和医疗费的范围和比例。政府在医疗和教育领域公共服务职能不断增强，居民个人承受的负担减轻，人均医疗和教育消费支出增速减慢、比重下降，消费的替代作用和预期向好，促使个人支出的商品消费比重有所提高。

数据显示，在居民八大类消费支出中，2003～2009 年医疗保健和娱乐文化教育支出占比不断下降，衣着、家庭设备用品和交通通信支出占比不断提高，2010 年继续保持这一趋势。上半年医疗保健和娱乐文化教育支出占比分别为 6.5% 和 10.5%，同比分别降低 0.5 个和 0.2 个百分点。衣着、家庭设备用品和交通通信支出占比分别为 11.6%、6.9% 和 15.1%，同比分别提高 0.2 个、0.5 个和 1.2 个百分点（见表 1）。

表1　2003 年至 2010 年上半年城镇居民八大类消费支出结构变动

单位：%

| 年　份 | 食品 | 衣着 | 家庭设备用品及服务 | 医疗保健 | 交通和通信 | 娱乐教育文化服务 | 居住 |
|---|---|---|---|---|---|---|---|
| 2003 | 37.1 | 9.8 | 6.3 | 7.3 | 11.1 | 14.4 | 10.7 |
| 2004 | 37.7 | 9.6 | 5.7 | 7.4 | 11.7 | 14.4 | 10.2 |
| 2005 | 36.7 | 10.1 | 5.6 | 7.6 | 12.5 | 13.8 | 10.2 |
| 2006 | 35.8 | 10.4 | 5.7 | 7.1 | 13.2 | 13.8 | 10.4 |
| 2007 | 36.3 | 10.4 | 6.0 | 7.0 | 13.6 | 13.3 | 9.8 |
| 2008 | 37.9 | 10.4 | 6.2 | 7.0 | 12.6 | 12.1 | 10.2 |
| 2009 | 36.5 | 10.5 | 6.4 | 7.0 | 13.7 | 10.0 | 10.0 |
| 2009 年上半年 | 38.1 | 11.4 | 6.4 | 7.0 | 13.9 | 10.7 | 8.5 |
| 2010 年上半年 | 36.8 | 11.6 | 6.9 | 6.5 | 15.1 | 10.5 | 8.6 |
| 2010 年上半年同比比重变动(百分点) | -1.3 | +0.2 | +0.5 | -0.5 | +1.2 | -0.2 | +0.1 |

注：本表根据《中国经济景气月报》数据计算。

**4. 宏观经济和就业形势趋好，引导消费者信心指数攀升**

在世界经济面临二次探底考验、复苏艰难的不利环境中，我国政府实施了积极有效的宏观调控，国民经济回升向好的趋势进一步巩固，前三季度 GDP 增长10.6%，全年增速有望达到 10%，成为世界上经济复苏最快的国家之一。与此同时，政府实施了一系列就业扶助政策，一是 2010 年中央财政投入 433 亿元用于促进就业，二是重点做好高校毕业生、农民工、就业困难人员就业和退伍转业军人就业安置工作，2009 年到期的"五缓四减三补贴"就业扶持政策延长一年。政策促使就业人员持续增加，就业形势好于往年。1~9 月全国城镇新增就业 931万人，提前超额完成了全年 900 万人的就业目标，第三季度末城镇登记失业率4.1%，比第二季度末降低 0.1 个百分点。宏观经济和就业形势趋好，消费者对就业预期以及收入增长预期保持乐观，促进了消费者信心的提升。消费者信心指数由年初的 104.7，提高为 4 月份的 106.6，8 月份进一步提高为 107.3。

**5. 市场流通体系不断完善，对拓展农村市场和平抑物价有积极作用**

2010 年以来商务部积极完善农村和农产品流通体系的建设，一是继续实施"万村千乡"的政策，把农民需要的日用消费品和质优价廉的农业生产资料送下乡，计划建设 10 万个农家店，建设 1500~2000 个配送中心，配送率达到 50%。

二是扩大"农超对接"的实施范围，减少流通环节，推行订单农业。三是国家加大农产品供需调剂力度，针对自然灾害频发的情况，商务部和国家有关部门对肉类、食糖、食用油和蔬菜等农产品采取加大投放、增加收购储备和推进"菜篮子"工程建设等一系列措施，做好跨区调运和完善市场流通体系建设，对于扩大农民消费、调剂商品余缺和减少农产品经销环节涨价起到积极作用。

**6. 消费市场存在的主要问题**

一是农村消费增势疲弱。2009 年在国家政策引导下，农村消费增速明显加快，一度超越城市消费，但 2010 年农村消费增速再度趋缓。1～9 月农村消费增长 15.8%，城市消费增长 18.7%，农村消费慢于城市消费 2.9 个百分点，城乡消费差距有拉大之势。二是旅游、餐饮等服务消费增速较往年有所减慢。由于受自然灾害和异常天气的影响，2010 年旅游收入和消费增长慢于往年。此外，餐饮消费一改前两年高于商品消费增速的格局，1～9 月餐饮业收入增长 17.6%，低于商品零售额增速 0.8 个百分点，餐饮消费对消费品零售额的贡献有所降低。我国人均 GDP 水平已超过 3000 美元，服务消费快速增长的格局尚未形成，消费结构有待进一步优化。

**7. 全年消费品零售总额走势预测**

虽然消费品市场运行存在有利和不利诸多因素，但在国家扩大居民消费需求、让居民更多分享经济发展成果的方针指导下，本轮消费扩张周期不会结束，消费需求仍将延续强势增长格局。

预计 2010 年消费品零售总额名义增长 18.3%，高于上年 2.8 个百分点。其中城市增长 18.7%，乡村增长 15.8%，城市高于乡村 2.9 个百分点。剔除价格因素，消费品零售总额实际增长 15.1% 左右，低于上年水平，但仍为改革开放以来第三个高增长年份，消费对经济增长的贡献呈现不断增强的趋势。

# 二 2011 年影响消费需求的因素分析及走势预测

## （一）消费需求持续增长具备良好发展机遇和支撑条件

### 1. 加快发展方式转变为 2011 年扩大消费提供了战略导向

加快发展方式转变、全面实现小康社会以及广大居民对分享经济成果的新期盼，均要求我国在"十二五"时期积极实施扩大消费战略，通过大力推进工业化、城市化带动消费规模扩大和消费结构升级，逐步使我国由生产大国、贸易大国迈向消费大国。十七届五中全会提出要建立扩大消费的长效机制，中央政府提出"包容性增长"，均表明我国经济发展战略将由发展向分享转变，扩大消费需求将成为"十二五"发展的战略重点和基本方针。2011年作为"十二五"的开局之年，中央政府把扩大消费、提高消费率提到前所未有的高度，为2011年扩大消费提供了战略导向，也要求2011年在扩大消费需求、努力实现三大需求协调拉动经济增长方面取得积极的进展。

**2. 收入分配改革方案落实将显著提升居民的消费能力**

众人瞩目的收入分配制度改革方案有望在2010年底前后出台，十七届五中全会着力强调保障和改善民生，合理调整收入分配结构，努力提高居民收入在国民收入分配中的比重和劳动报酬在初次分配中的比重，因此，2011年收入分配改革有望取得较大突破。新的收入分配机制不仅将改变收入分配过分向企业、向政府倾斜的格局，提高居民所得份额，也将在调控垄断企业高收入、缩小收入差别等方面有所作为。日益完善和让利于民的收入分配格局有助于提升居民消费的支付能力，加强消费需求的主体基础，促使消费意愿转化成现实消费。如果收入分配改革措施顺利落实，2011年将成为收入分配改革带动消费需求扩大的首个受益年。

**3. 大力发展服务业的产业取向有助于服务消费加快增长**

服务业发展缓慢是造成我国内需不足的重要原因，大力发展服务业将是未来一个时期发展经济和扩大消费的重点。目前，我国已把加快发展服务业作为转变经济发展方式、调整经济结构的战略举措。从地方"十二五"规划中可以看到大力发展服务业的决心，江苏确定服务业占GDP比重在2015年要达到48%以上，山东提出2015年服务业占GDP比重达到45%以上。2011年随着三次产业结构调整，科技研发、金融信息、广告营销和物流配送等生产性服务业大力发展，将派生出一系列服务消费的供给空间，服务消费有望加速增长，成为总体消费持续增长的新生力量。

**4. 劳动者报酬上涨趋势有益于低收入阶层扩大消费需求**

受"人口红利"即将结束、老龄人口迅速增长和农村可转移劳动力减少等因素的影响，我国劳动力逐渐由无限供给向结构性和区域性短缺转变，2011年劳动力短缺的问题将进一步凸显。劳动力短缺必然带来劳动力价格的上涨即工资水平的提高，2010 年全国已有 30 个地区提高了最低工资标准，工资平均涨幅达到 20% 以上。随着劳动力短缺由偶然转为常态，中低收入群体的最低工资标准和一般工资水平将呈现上涨趋势，由于低收入群体消费倾向较高，收入水平提高将大大促进该群体消费需求的增加。

**5. 人民币升值将增强居民对进口商品的消费购买力**

2010 年年中中央银行宣布进一步推进人民币汇率形成机制改革，增强人民币汇率弹性。目前，人民币处于小幅升值状态，人民币对美元自 6 月 19 日重启汇改至 10 月 25 日已升值 2.5%，虽然人民币不可能达到美国希望的升值 20% ~30%，但总体看仍有升值空间。人民币升值趋势将使以美元计价的进口商品价格有所降低，居民对高档进口商品的购买力增强，有助于推动高端消费品市场的活跃和引领消费需求升级换代。

**6. 低碳、节能和绿色消费的增长空间较大**

中国政府承诺到 2020 年单位国内生产总值二氧化碳排放比 2005 年下降 40% ~45%，低碳经济发展模式必然带来低碳绿色消费模式。为鼓励低碳、节能和绿色消费，2010 年国家先后出台了节能汽车、新能源汽车消费的财政补贴标准，电动自行车、太阳能热水器和污水循环净化设备等节能绿色消费也受到不同程度的扶持，国家政策对节能绿色产品在生产端或消费端进行扶持补贴是一个长期的政策，有利于低碳消费模式的形成。此外，目前世界各国绿色健康消费的理念盛行，有机食品、绿色化妆品、环保家居成为消费者的青睐对象，中国居民绿色健康消费呈现稳步上升趋势。低碳、节能和绿色消费产品为扩大消费注入了新元素，拓展了总消费的增长空间。

## （二）消费持续增长面临不利因素

### 1. 农产品和公用事业价格上涨，将挤占其他消费

农产品价格和资源产品价格等非核心通货膨胀是未来一个时期全球范围内价格波动的焦点，中国也不例外。长期存在的农产品紧平衡以及维护农民利益的政策举措，使 2011 年我国农产品价格的上涨趋势在所难免。与此同时，资源价格改革带来的水、电、油及燃气价格上涨及其后续影响也将在 2011 年进一步体现。食品消费和水电燃气支出在居民消费支出中的比重较大且刚性较强，价格上涨将

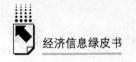

导致这部分支出增加，一定程度上会挤占其他发展性和改善性消费。

**2. 部分扩大消费政策到期，已有消费政策效应出现弱化**

2008 年以来，国家为扩大消费需求出台了多项刺激政策，部分扩大消费政策如汽车以旧换新和小排量车购置税优惠等政策在 2010 年底将到期，对 2011 年相关消费将有一定影响。此外，家电下乡等扩大消费政策已执行了两年，政策效应呈现弱化趋势。要继续发挥政策刺激作用，需要新的政策设计。

**3. 住房消费降温，对相关商品消费有抑制影响**

当前我国正在实施严厉的房地产调控政策，由于多方利益的盘根错节，抑制房价上涨的宏观调控难度和周期将大于预期，随着房地产二次调控政策的出台，2011 年房地产业仍将处于调整阶段，房地产市场交易趋于清淡，更多购房者进入"观望等待"大军。目前商品房销售额和销售面积增幅急剧回落，2011 年这一趋势仍会延续。最近几年我国住房消费快速增长，带动了家具、家用电器、建材和装潢材料等相关商品消费的高速增长，房产交易持续清淡将抑制相关商品消费增长，这是房地产业健康发展应付出的代价，但对总体消费的影响不容忽略。

**4. 居民财产性收入缩水，持久收入预期悲观不利于消费增长**

我国居民的财产性收入主要由储蓄存款、资本市场收入和房地产几大块构成。目前，CPI 涨幅超过一年期储蓄存款利率，虽然央行加息 0.25 个百分点，但居民储蓄仍为负利率。近期股票证券市场有回升迹象，但要形成新一轮上升行情、让高位套牢的投资者获益尚有较大难度。房地产调控也对房产价值和部分投资性需求有所抑制。居民财产性收入增势不乐观的趋势在 2011 年难以明显改观，持久性收入预期悲观将使居民消费行为趋于谨慎和保守。

### （三）2011 年消费品零售总额增长预测

纵观全局，扩大消费政策和转变发展方式大思路将引导 2011 年消费需求快速增长，而且随着经济发展和居民收入增加，居民自发性消费也将不断释放，2011 年消费需求将继续保持较快增长。目前，消费品零售总额增长处于改革开放以来第五个波动周期，本轮消费周期从 2004 年至 2010 年已连续 7 年处于消费扩张期，2011 年也无进入收缩期的迹象，本轮消费扩张期有望接近 10 年，成为我国历次消费周期中扩张期最长的一次。

初步预测，2011 年将实现消费品零售总额 183867 亿元，名义增长 18.5%，略高于 2010 年增速。扣除物价因素实际增长 15%，基本与 2010 年增速持平。受城市化推进、消费环境改善和收入增加等因素的影响，预计城市消费增长速度仍将高于农村消费。

## 三 扩大消费的政策建议

### 1. 建立扩大消费需求的长效机制，需从完善市场经济体制入手

十七届五中全会提出要建立扩大消费需求的长效机制，加快形成消费、投资、出口协调拉动经济增长的新局面，其中第一次明确地将消费摆在"三驾马车"之首的重要地位，显示我国经济发展将真正进入围绕扩大消费的新阶段。

建立扩大消费需求的长效机制，意味着扩大消费需求已由最初为应对国际金融危机而推出的临时性措施变成经济增长的首要动力，这就需要从改革经济体制入手，为消费型经济体系的建立扫清障碍。要建立和形成扩大消费需求的长效机制，必须对现有体制中不适合市场经济发展的制度予以改革，真正将经济活动的主导权交给市场，让价值规律这只"看不见的手"发挥应有作用。

### 2. 切实改革收入分配制度，努力缩小收入差距

收入分配改革必须把握如下原则：一是建立工资正常增长机制和支付保障机制，努力形成经济增长和收入增长同步的格局。二是完善对垄断行业工资总额和工资水平的双重调控政策，建立健全垄断企业所得向全民所有者合理转移的机制。严格规范国有企业、金融机构经营管理人员特别是高管的收入，完善监管办法。三是改革个税征收制度，实施公平税负。一方面，实行综合与分类相结合的征收模式。借鉴发达国家以家庭为单位征收个人所得税的形式，体现纳税人的实际负担水平。另一方面，改革个人工薪所得费用扣除标准。全国规定基准扣除标准，允许各地区根据当地实际上下浮动 20%。四是规范收入分配秩序，坚决取缔非法收入，规范灰色收入，逐步形成公开透明、公正合理的收入分配秩序。

### 3. 房地产调控要疏堵结合，不能半途而废

本轮房地产调控已取得阶段性成果，70 个大中城市商品房销售价格涨幅连续回落，但开发商仍有伺机涨价的冲动，对此中央政府一定要坚持调控政策的连续性和稳定性，适时把握调控节奏和力度，防止本轮调控前功尽弃。此外，还要从增加住房供给方面调控房价，一是积极将建设廉租房和公租房的政策落到实

处，从资金、建设用地和建房企业方面层层把关落实，大力发展公租房。二是规范和发展住房租赁市场。倡导住房租赁消费，盘活存量住房，鼓励有房人出租房屋，缓解中低收入者购房压力。政策连续、疏堵结合是房地产调控取得根本性成效的关键，而健康成熟的房地产市场是确保居民消费持续增长的重要依托。

**4. 让农民成为农产品涨价的真正受益者，提高农民收入水平和消费能力**

农产品价格上涨是不可逆转的趋势，政府应依据中国国情，采取积极措施让农民成为农产品涨价的真正受益者，以此提高农民的收入水平和消费能力。建议在农产品流通环节上采取如下措施：一是要打破中间商在流通环节独占定价权的格局。政府要重点扶持一大批农民生产合作社和城市社区消费合作社形成产销联盟，以该联盟为平台，让产销直接见面，抑制中间商乱用定价权，扩大农民定价权和知情权。二是政府要继续完善粮食、棉花、油料等主要农产品的保护价制度，保障农业劳动者的收入和其他劳动者的劳动收入基本相当。三是各级政府要控制农产品物流的核心环节，农产品收购和仓储不宜对外资开放，要优先对农民合作社和政策性骨干企业开放。四是通过农产品出口引导，避免进口农产品挤压国内农产品价格合理波动的空间。政府应该对民间资本加以引导，扶持他们组建出口贸易队伍，在农产品出口贸易上，形成农产品外贸企业主外、农民合作社主内的"外贸企业＋农民合作社＋农户"的合作贸易体制。

**5. 建立健全餐饮业法律法规和统计体系，规范引导行业发展**

一是各级政府应从扩大消费、促进就业、改善民生、提高国民素质的高度重视餐饮业发展，将其纳入国民经济发展蓝图，出台相应的管理条例和战略规划，制定餐饮业业态标准、餐饮市场准入标准、食品安全标准、餐饮服务规范等行业标准，引导和规范餐饮业的发展。二是创建公平税负的餐饮业发展环境。政府应当把餐饮业及其他服务业与工业一视同仁，在水电气方面给予等价待遇。适当降低环保部门餐厨垃圾收费标准，对于不合理的收费项目予以取消。逐步统一各地区的税费名目和税率，使连锁企业可以集中纳税，适度返回或减免餐饮企业的所得税，减征团餐企业的增值税。

# G.4

# 2010 年外贸形势分析及 2011 年展望

闫 敏*

**摘 要**：2010 年以来，我国对外贸易全面恢复，进出口绝对量双双超过金融危机之前的水平；主要产品出口形势良好，贸易结构有所优化；对新兴经济体出口增速提高，多元化市场战略有效落实。展望未来，各国政府联手救市政策带来的世界经济快速回升阶段趋于结束，2010 年第四季度及 2011 年上半年，世界经济将处于短中长经济周期下降期的重叠阶段，中国国内需求出现放缓迹象，加之基数效应显现，预计外贸增速将逐步减慢；2011 年下半年，世界经济与中国经济趋于稳定，国际贸易与投资活跃程度提高，我国外贸增长亦将逐步回升。

**关键词**：进出口 恢复增长 贸易结构

## 一 当前我国外贸运行特点

年初以来，在世界经济逐步回暖、国际市场需求增加、国内经济平稳较快发展、外贸维稳政策继续发挥作用等因素的共同影响下，我国对外贸易扭转了上年大幅下滑的局面，呈现快速、强劲回升之势。1~9 月，进出口总值达到 21486.8 亿美元，同比增长 37.9%，其中出口 11346.4 亿美元，增长 34%；进口 10140.4 亿美元，增长 42.4%；贸易顺差为 1206 亿美元，减少 10.5%。但是进入第三季度，受世界经济复苏放缓、国外补库存需求减弱和上年同期基数较高影响，外贸增速呈回落态势。

---

\* 闫敏，经济学博士，国家信息中心副研究员，主要研究宏观经济、国际贸易、绿色经济等问题。

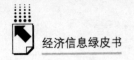
### （一）进出口恢复性增长

**1. 进口增速高位回稳**

1～9月，在国内需求旺盛、鼓励进口政策显效、价格指数回升等因素影响下，我国进口呈现强劲增长态势，进口总额显著提升，增速达到42.4%，快于出口8.4个百分点，比2008年同期增长13.5%（见图1、图2）。但是与此同时，伴随国内经济增长放缓，工业生产与固定资产投资增速逐月回调，进口增长速度呈现高位回落态势。1月份进口增速达到85.5%的高点后逐步下行，7、8、9月三个月分别为22.7%、35.2%、24.1%，趋于平稳。

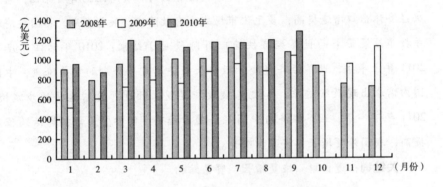

**图1　2008～2010年（1～9月）进口额**

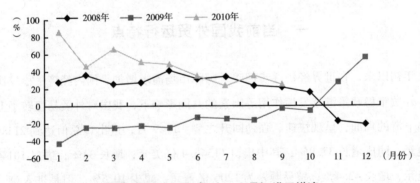

**图2　2008～2010年（1～9月）进口增速**

**2. 出口增长恢复较好**

1～9月，我国出口实现了快速回升，同比增长34%，比2008年增长5.4%，其中7月份出口1455.2亿美元，创月度出口值历史新高（见图3、图4）。规模以上工业出口交货值亦保持较高增长，1~8 月累计增长 28.1%。由此可见，我国出口增长情况已经好于金融危机发生之前的水平。值得注意的是，随着国外企业"库存回补"需求减弱，海外市场需求有所收缩，加之同期基数提高，自 6 月份以来，月度出口增速连续 4 个月持续回落，9 月份已降至 25.1%。

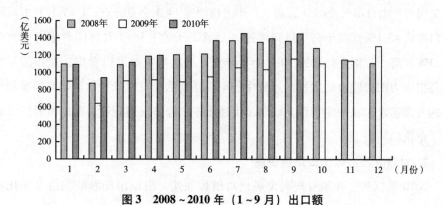

图3　2008~2010 年（1~9 月）出口额

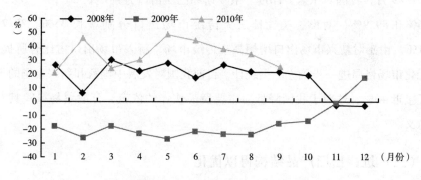

图4　2008~2010 年（1~9 月）出口增速

## （二）外贸多元化战略有效落实

金融危机之后，中国更加注重落实贸易多元化战略，一方面，增强了与新兴市场国家和地区的贸易往来，对东盟、俄罗斯等国家和地区出口显著提速；另一方面，加大了自其他国家和地区的进口规模，支持了有关国家和地区经济增长，为世界经济复苏作出了贡献。目前，中国是日本、韩国、澳大利亚、巴西、南非等国的第一大贸易伙伴和出口市场，是欧盟第一大贸易伙伴、第二大出口市场，是美国第二大贸易伙伴、第三大出口市场。

**1. 自欧盟、美国等主要贸易伙伴进口增加**

我国从美、日、欧等主要经济体的进口规模进一步扩大，促进了有关国家和地区的出口和经济回升，为支持世界经济复苏发挥了重要作用。根据有关国家和地区统计，1~6月欧盟对华出口增长43%，高于自华进口增速21个百分点；1~7月美国对华出口增长36.2%，高于自华进口增速14.3个百分点；1~7月日本对华出口增长45.1%，高于自华进口增速20.5个百分点；1~7月韩国对华出口增长45.3%，高于自华进口增速10.3个百分点。从这些数据可以看出，在各国寻求各种措施力图摆脱金融危机的过程中，中国强劲的进口增长增加了这些国家和地区的外部需求，在一定程度上缓解了上述国家的经济衰退程度，帮助世界经济走出了危机的阴影。

**2. 对新兴经济体出口增速提高**

2010年以来，我国对新兴市场出口增长加速，出口市场继续保持多元化趋势。1~9月，我国对东盟、印度、俄罗斯和巴西出口分别增长36.2%、39.5%、74.6%和89.9%，对欧、美、日三大传统市场出口分别增长35%、30.7%、24.1%。由于对新兴市场出口增幅高于传统市场，新兴市场出口占比有所提高，多元化市场格局进一步确立。据统计，目前我国对发展中国家和新兴市场的份额已经接近40%，这对于我国降低对主要贸易伙伴的依赖、分散贸易风险具有积极意义。

## （三）进、出口产品结构得以优化

**1. 初级产品进口比重提高**

2010年上半年，国内新开工项目增长较快，全社会固定资产投资增速处于高位，以重工业为代表的工业增加值增长强劲，加之国际大宗商品价格上半年一度冲高，导致我国资源型产品、农产品等初级产品进口增加。1~9月，我国金属矿及金属废料进口增长51.6%，石油、石油产品及相关原料增长66.2%，煤、焦炭及煤砖增长75.6%，谷物及其制品增长88.6%。初级产品进口增长55.1%，高于同期进口总体增速十几个百分点，初级产品进口占比由上年底的28.7%提高到30.9%，增加了2.2个百分点。在国内生产、生活对资源、能源需求一定的情况下，初级产品进口增加，表明国内相关资源消耗减少。

### 2. 高载能产品出口增速回落

上半年，由于国内外需求旺盛，电力、钢铁、有色、建材、石油化工等高载能行业生产加速反弹，以钢铁为代表的高载能产品出口出现过快增长，钢材出口同比增长速度一度突破 150%，这给国内节能减排指标的实现带来前所未有的压力。出于调整出口产品结构、抑制高载能产品出口的目的，国家从 7 月 15 日起取消了 406 种高载能产品的出口退税，对改善出口结构起到微调作用。8 月份钢材出口 280 万吨，环比减少 175 万吨，其他高载能产品出口亦相应减少。9 月份 406 种"两高"产品出口下降 12.9%，出口规模比 6 月份下降 60.4%。我国明确提出"十二五"时期将加快经济结构战略性调整，通过外贸政策限制或降低高载能产品出口，促进出口结构调整，从而带动国内产业结构优化升级，这对于完成"十一五"规划任务，顺利向"十二五"过渡具有重要意义。

### 3. 高附加值产品出口持续增长

2010 年以来，我国机电、高技术、传统大宗商品出口普遍呈现恢复性增长，其中，以机电、高技术商品为代表的高附加值出口产品增速高于平均增速。1~9 月，高新技术产品出口增长 36%，高于同期我国总体出口增速 2 个百分点，占比同比提高 0.5 个百分点；机电产品继续保持主导地位，增长 34.5%，高于平均增速 0.5 个百分点，占同期我国出口总值的 58.9%（见图 5）。而服装、鞋类、家具等传统大宗商品出口增速明显低于平均增速，前三季度，纺织纱线、织物及制品出口增长 30.7%，服装出口增长 19%，鞋类出口增长 26.6%。

### 4. 服务贸易规模迅速扩大

国际服务贸易相对于货物贸易发展历程较短，但发展速度较快，而且产业附加值较大，某种程度上可以视为国际贸易的高级形式。20 世纪 70 年代以来，国际服务贸易迅速发展，但主要被发达经济体所垄断。"十一五"以来，我国加大了对服务贸易的支持力度，对外服务贸易发展呈现加速趋势。根据国际收支平衡表，上半年我国服务贸易收入 775 亿美元，同比增长 41%，支出 892 亿美元，增长 25%，逆差 117 亿美元，同比下降 30%。"十一五"期间，我国服务贸易年均增长率有望达到 17% 左右，目前服务贸易出口排名已跃升至世界第五位。

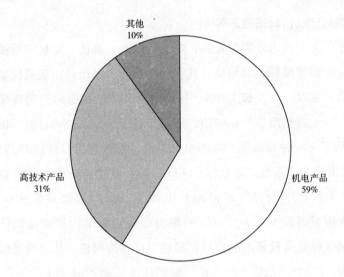

**图5　2010 年 1～9 月主要出口产品比重情况**

### （四）贸易顺差规模下降

我国目前经济增长速度在世界主要经济体中居于前列，经济回升势头明显优于世界其他经济体，国内需求恢复程度好于外部需求，进口增速快于出口增速 8.4 个百分点，贸易顺差规模延续了 2009 年下降的态势，贸易平衡状况继续改善（见图6、图7）。从贸易方式看，顺差主要来自加工贸易，一般贸易项下出现贸易逆差 364.1 亿美元。加工贸易的收益大部分被外资公司所获得，其顺差不能说明中国从出口方面获得巨大利益。一般贸易项下逆差则表明我国为世界经济复苏作出了贡献。

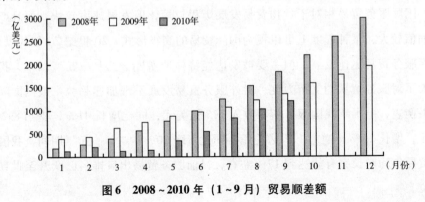

**图6　2008～2010 年（1～9 月）贸易顺差额**

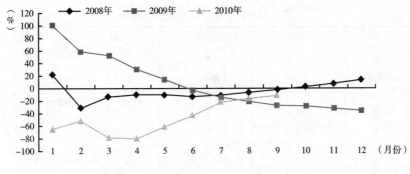

图 7　2008～2010 年（1～9 月）贸易顺差增速

## 二　2010～2011 年外贸形势预测

在世界经济增长放缓、国内结构调整步伐加快、同期基数偏高等因素影响下，2010 年第四季度至 2011 年上半年，我国进出口增速将呈降低趋势；2011 年下半年，随着国际贸易与投资活跃程度恢复，我国外贸增长将逐步回升。

### （一）影响因素分析

**1. 国际因素：世界经济增长不确定性增强，对外贸易面临的外部环境复杂**

（1）世界经济增速出现放缓迹象。近期，美国、日本等主要经济体经济增长均出现减速迹象，美国第二季度 GDP 环比折年率仅为 1.7%，比第一季度放缓 2.0 个百分点；日本仅为 1.8%，大幅放缓 4.8 个百分点。新兴经济体情况亦是如此，巴西 GDP 增速第二季度回落至 1.2%，比第一季度放缓 1.5 个百分点；印度前两个季度 GDP 增长基本持平，但考虑基数原因，实际增速也在减慢。而且目前世界主要经济体的重要先行指数依然低迷；美国房地产市场疲软，产能利用率处在低位，失业率仍接近 10% 的高位，消费者信心指数远低于近十年的平均水平；欧洲部分国家受债务危机影响，经济情况恶化；日本修正后的 8 月经济领先指标继续下滑，消费者信心指数连续第三个月下降。数据显示，下半年以来，上一轮各国联手出台的经济刺激政策效应已经减弱，世界经济由"政策拉动的快速回升期"进入"低速增长期"，预计 2010 年第四季度及 2011 年上半年，将处于短、中、长各种经济周期下降期的重叠阶段，世界 GDP 速度将有所降低。IMF 对世界经济增长的预测见表 1。

表 1  IMF 世界经济增长情况预测

| 年　　份 | 2009 | 2010 | 2011 | 2015 |
|---|---|---|---|---|
| 世　　界 | −0.6 | 4.8 | 4.2 | 4.6 |
| 发达经济体 | −3.2 | 2.7 | 2.2 | 2.4 |
| 美　　国 | −2.6 | 2.6 | 2.3 | 2.6 |
| 欧　　盟 | −4.1 | 1.7 | 1.5 | 1.7 |
| 日　　本 | −5.2 | 2.8 | 1.5 | 1.7 |
| 新兴经济体 | 2.5 | 7.1 | 6.4 | 6.7 |
| 中　　国 | 9.1 | 10.5 | 9.6 | 9.5 |
| 印　　度 | 5.7 | 9.7 | 8.4 | 8.1 |
| 巴　　西 | −0.2 | 7.5 | 4.1 | 4.1 |
| 俄 罗 斯 | −7.9 | 4.0 | 4.3 | 4.0 |

资料来源：IMF《世界经济展望报告》，2010 年 10 月。

（2）国际大宗商品价格波动加大。一方面，由于发达经济体 GDP 增长呈现减速迹象，新兴经济体受海外贸易影响，增速亦将放缓，下一阶段国际大宗商品实际需求将减弱。另一方面，为了防止经济出现二次探底，部分国家暂缓退出前期经济刺激政策，而且部分国家货币当局已着手启动第二轮"量化宽松"政策，全球流动性将会进一步宽松，这将加大大宗商品市场价格波动幅度。此外，目前发达经济体与发展中经济体出于各自利益，利用货币和汇率政策，打击竞争对手，国际货币市场硝烟弥漫，货币战争一触即发，国际主要货币汇率波动幅度将加大，国际大宗商品价格亦将受到显著影响。国际大宗商品价格波动加剧将直接影响中国进出口商品价格指数，不利于我国外贸稳定运行。

（3）国际贸易保护、汇率压力等不利影响加深。受金融危机冲击，国际市场竞争更加激烈，各国贸易保护主义倾向日益加深，以美国为代表的部分发达国家在众多领域对中国实施贸易调查与贸易制裁，我国成为贸易摩擦的第一目标和最大受害国。贸易摩擦不仅体现为对我国出口产品的限制，同时还表现为经济发展战略等宏观层面的碰撞和冲突。目前，我国从初级产品到工业制成品、从劳动密集型产品到资本密集型产品全面遭受到其他国家的贸易保护，美国甚至在新兴产业领域针对清洁能源产品也对中国提出贸易调查。而且，出于政治和经济目的，美国、欧盟、日本近期联手对中国汇率问题施压，意欲将中国列为"汇率操纵国"，逼迫人民币大幅升值，这对未来出口将带来极为不利的影响。

（4）欧债危机滞后影响将显现。上半年爆发的欧洲主权债务危机，经过几个月的滞后期，其不利影响将在第四季度显现，我国对欧盟出口将会受到一定程度冲击。而且，由于主权债务危机导致欧洲部分国家经济复苏进程放慢，欧元将在一定时间内维持贬值走势，我国对个别国家出口将受到抑制。但是整体来看，由于受冲击较严重的国家与中国贸易往来规模偏小，而且目前危机影响正在淡化，预计 2011 年我国对欧盟外贸出口将逐步恢复平稳。

**2. 国内因素：我国经济将保持稳定增长，要素价格上升影响不容忽视**

（1）经济增长将呈现前低后高走势。2010 年第四季度及 2011 年上半年，我国经济在基数效应及经济周期影响下，GDP 增速将相对放缓；2011 年下半年，受世界经济企稳及同期基数影响，经济增速将逐步回升。预计 2010 年与 2011 年 GDP 增速将大体处于我国潜在增长能力附近，这将为我国对外贸易平稳运行提供良好的宏观经济环境。

（2）结构调整战略落实力度增强。2011 年是我国"十二五"规划的开局之年，"十二五"规划建议明确提出，加快转变经济发展方式必须贯穿经济社会发展全过程和各领域，坚持把经济结构战略性调整作为转变经济发展方式的主攻方向。在这一方针的指导下，需求结构调整方面，我国更加注重内需尤其是消费需求；产业结构调整方面，节能环保、新一代信息技术、生物医药等七个战略性新兴产业发展规划目前已全面启动；要素投入结构方面，节能增效和生态保护将作为经济结构调整的重要抓手，绿色经济、循环经济、低碳技术等概念将深入人心。在此背景下，我国出口额占 GDP 的比重以及出口产品结构亦将呈现相应调整。

（3）人民币汇率逐步升值。从 6 月 19 日重启汇改至 10 月 25 日，汇率已经上升 2.5% 左右，部分出口企业已感受到了来自人民币升值的压力。预计下一阶段，汇率仍将呈现上升走势。人民币升值将会影响到我国出口产品竞争力，也会影响到外资企业的经营收益，不利于对外贸易稳步增长。

（4）生产成本进一步提高。2011 年，随着收入分配改革的不断推进，收入分配格局将不断向有利于居民、劳动者的方向调整。劳动者工资上涨与收入增加将成为必然。2010 年以来出现"民工荒"和"富士通"事件后，不少地区大幅提高了职工的最低工资标准。从资源能源要素成本看，"十二五"规划建议提出将深化资源性产品价格和要素市场改革，目前部分地区已率先试点。2011 年正值推进这一改革的关键时期，预计下一阶段资源能源价格改革步伐加快，出口企业面临的资源环境成本存在上升压力。从资金要素成本看，近期央行已启动加息程序，上调金融机构一年期人民币存贷款基准利率 0.25 个百分点，而且同时人民币汇率水平快速提高，资金成本正在进入上升通道。以资源、劳动力、资金为代表的生产要素成本增加将降低企业出口利润。

### （二）未来外贸形势预测

#### 1. 总量预测

2010 年第四季度，受近期国际市场库存回补需求减弱和基数抬高等因素影响，进出口同比增幅将呈现回落之势，出口增速回落至 10.9%，进口增速回落至 15.3%，预计全年出口 15200 亿美元，同比增长 27% 左右；进口 13500 亿美元，同比增长 35% 左右；贸易顺差为 1750 亿美元，同比减少 10.8%。2011 年，综合考虑世界经济增长形势、主要经济体需求变化情况、国内工业生产增长与投资消费走势、汇率波动和国内外物价变化、同期基数效应等因素，将国际经济环境分为二次下滑、缓慢复苏、较快复苏三种可能和三种不同力度的国内宏观调控总量和结构政策组合，按照基准方案，外贸出口增长 12%，进口增长 16%，顺差 1400 亿美元左右，同比下降 19%（见表 2）。

表 2　2010～2011 年我国外贸进出口预测

| 指　标 | 2010 年 | | 2011 年预测 | | | | | |
| | 预　测 | | 高方案 | | 中方案 | | 低方案 | |
| | 绝对值（亿美元） | 增速（%） | 绝对值（亿美元） | 增速（%） | 绝对值（亿美元） | 增速（%） | 绝对值（亿美元） | 增速（%） |
| --- | --- | --- | --- | --- | --- | --- | --- | --- |
| 出　口 | 15285 | 27.2 | 17700 | 15.8 | 17119 | 12.0 | 16508 | 8.0 |
| 进　口 | 13535 | 34.6 | 16175 | 19.5 | 15701 | 16.0 | 15160 | 12.0 |
| 外贸顺差 | 1750 | -10.8 | 1526 | -12.8 | 1418 | -18.9 | 1348 | -22.9 |

#### 2. 结构预测

出口方面：从产品结构看，在国家大力调整产业结构、加紧淘汰落后产能、鼓励战略性新兴产业发展的背景下，我国出口产品结构将进一步优化。主要出口产品中，机电产品和高技术产品出口继续保持增长势头，但其增速可能由于未来世界"工业库存回补期"结束而减慢；稀有金属等资源型产品、能源型产品、高载能产品等商品在国内"调结构"政策的影响下，出口增速将明显下降。

从国别结构看，受发达经济体经济增速放缓、需求降低、贸易保护主义事件频发等因素影响，我国对三大贸易伙伴出口比重将继续小幅下降，由目前水平降至 35% 左右；受中国—东盟自由贸易区启动等区域经济合作因素影响，我国与东盟之间的贸易往来将不断加深，对东盟出口比重也将继续上升；此外，IMF 预计 2011 年新兴经济体 GDP 增速仍将保持较高水平，达到 6.4%，预计我国对印度、俄罗斯、巴西、阿根廷等新兴市场出口仍将保持较好形势。

进口方面：2010 年以来，农业自然灾害频发，我国部分地区粮食生产受到影响，部分农产品价格出现大幅上涨。世界方面，俄罗斯等主要粮食出口国由于灾害导致出口锐减，国际棉花等主要农产品价格出现飙升，国家出于战略安全及优化进口产品结构考虑，预计将扩大粮食进口规模，农产品、食品等进口比重将上升。

2010 年第四季度及 2011 年，我国工业及投资增长将有所放缓，高耗能产业生产受到抑制，与之相对应的资源型产品（如矿石等）需求将减少，其进口增长速度有一定程度回落，比重将有所下降。

## 三 政策建议

### 1. 加大对战略性新兴产业产品出口扶植力度

按照国内转变经济发展方式的要求，结合国家颁布的战略性新兴产业发展规划，积极拓展相关产品出口渠道，提高中国在国际产业分工中的位次。一是对国家规定的战略性新兴产业产品出口提高出口退税率，并给予出口补贴，大力支持其海外贸易活动；二是通过出口信贷、出口保险等金融倾斜政策，帮助战略性新兴产业出口企业拓展海外市场，扩大影响力；三是通过政府注资、撬动民间资金等办法，扶植有条件的企业开展全球研发服务外包，通过产业链上游服务出口带动下游产品出口。

### 2. 结合经济结构战略性调整要求优化进出口商品结构

按照国家经济结构战略性调整的要求，加快推进我国外贸结构转变。一是产品出口结构方面，建议顶住国际压力，继续限制稀土等稀缺资源类产品出口，同时通过出口配额、许可证管理等手段限制"两高一资"产品出口，防止反弹情况发生。二是按照附加值高低，调整相关产品出口退税、出口关税水平，做到

"有保有控"，重点支持高技术产品、现代装备制造产品等出口，稳定劳动密集型产品出口，建议不再实施出口产品全面优惠政策，不主动放宽低附加值出口产品限制条件。三是加大资源、能源、高技术装备等战略性产品的进口，将进口目标从保护国内弱势产业转变为支持国内战略性新兴产业和增加资源补给方面。同时在进口关税处于较低水平的形势下，通过优化税收结构，促进进口结构升级，可以考虑对资源、能源、矿石等初级产品免税或实施较低关税。

### 3. 采取多种方式抵制国际贸易保护主义

一是采取措施主动降低贸易顺差，避免西方国家在人民币汇率问题上继续对我国进行攻击，减少贸易纠纷。二是在国际知识产权谈判及气候变化谈判过程中，将知识产权保护、减排目标制定与我国高技术产品进口、机电产品进出口等相结合，增加谈判筹码，抵制发达国家变相实施贸易保护主义。三是鼓励一般贸易发展，降低加工贸易出口比重，减少低附加值、高耗能、高污染产品的国内生产。四是推动有实力的企业在欧美等发达国家投资设厂，使我国企业的生产、销售、经营与部分欧美国家工人就业与收益挂钩，从而降低受到不合理贸易待遇的可能性。

### 4. 促进服务贸易全面发展

在服务贸易发展方面，建议以"加强扶植、重点支持、扩大总量、优化结构"为原则，推进对外服务贸易发展。一是财政拨付专门资金支持对外服务贸易扩张。建议政府有关部门列出专项资金，以重点项目为核心、其他项目为辅助的方式，按照项目重要程度（以生产性服务项目为主、传统服务项目为辅），投入一定资金，同时要求企业配套一定资金，支持对外服务贸易发展。二是积极为企业开拓国际市场、寻求服务外包发展合作伙伴。定期举办各种商务对接、商务会议、服务外包交流会等商务出口促进活动，帮助企业寻找商机。三是加强服务贸易统计和企业普查调研，建立对外服务贸易信息平台。按照新近发布的《国际服务贸易统计制度》的要求，重视服务贸易的信息采集和市场分析工作，依托现有的对外货物贸易信息平台，增强企业对相关资讯的了解。

# G.5

# 2010 年利用外资与对外投资分析及 2011 年展望

高 立\*

**摘 要**：2010 年，在国际金融危机影响减弱和国内经济企稳向好的背景下，我国利用外资和对外投资呈现平稳较快的发展势头，资金使用效益继续提高，结构持续优化。展望 2011 年，虽然面临世界经济复苏放缓的风险，但受全球 FDI 市场复苏加速和我国经济发展方式转型加快的影响，利用外资和对外投资将延续稳步增长的走势。应进一步完善"引进来"和"走出去"政策，改善投资环境，优化利用外资结构，引导对外投资发展。

**关键词**：利用外资 对外投资 平稳增长

## 一 2010 年利用外资与对外投资基本特征

2010 年，随着国际金融危机影响减弱和国内经济企稳向好，我国利用外资和对外投资呈现平稳较快的发展势头，资金使用效益继续提高，结构持续优化，"引进来"和"走出去"战略得到进一步贯彻，有力推动了我国经济持续稳定增长。

### （一） 全国利用外资呈恢复性增长，结构趋于优化

前三季度，全国新批设立外商投资企业 19209 家，实际利用外资金额（金融领域除外，下同）743.4 亿美元，同比分别增长 17.5% 和 16.6%（见图 1），我国利用外资已经基本恢复到金融危机前的水平。

---

\* 高立，经济学博士，国家信息中心经济预测部助理研究员，主要研究宏观经济、对外经济、财政运行和宏观调控政策等。

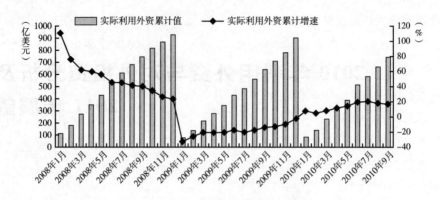

**图1 近三年我国实际利用外资情况**

### 1. 亚欧对华投资增长迅猛，美对华投资增长较慢

前三季度，亚洲十国/地区（香港、澳门、台湾、日本、菲律宾、泰国、马来西亚、新加坡、印尼、韩国）对中国内地投资新设立企业15381家，同比增长21.49%，实际投入外资金额615.85亿美元（见图2），同比增长20.04%。欧盟二十七国对华投资实际投入金额50.63亿美元，同比增长15.02%。美国对华投资实际投入金额27.3亿美元，同比仅增长4.21%。其中，香港实际投资同比增长24.9%，达到463.11亿美元，占全国吸收外资总量的62.3%，继续保持强劲增长。

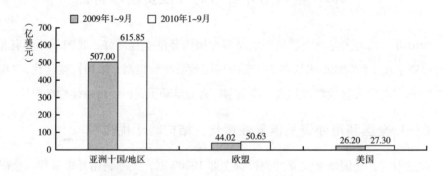

**图2 亚、欧、美对华投资额**

### 2. 西部地区利用外资增长较快，区域分布仍不均衡

前三季度，西部地区新设立外商投资企业967家，同比增长23.34%，高于全国平均水平5.84个百分点，占全国新设立外资企业数的比重为5.03%。西部

地区实际使用外资金额为 56.57 亿美元，同比增长 48.8%，高出全国平均水平 32.22 个百分点，占全国实际使用外资总额的比重为 7.61%。

**3. 服务业吸收外资持续增长，利用外资结构进一步优化**

前三季度，全国服务业实际利用外资金额同比增长 32.1%，其中，环境服务、金融服务、社会服务等行业吸收外资分别增长 318%、159% 和 122%，制造业实际利用外资金额同比仅增长 1.6%。服务业吸收外资占全国的比重从 2009 年同期的 39.7% 上升至 45%，制造业占比则从 54.6% 下降至 47.6%（见图 3）。

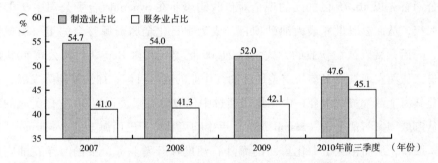

图 3　制造业利用外资占全国利用外资的比重

## （二）全国对外投资快速增长，能源资源、制造业领域增长迅猛

前三季度，我国境内投资者共对全球 118 个国家和地区的 2426 家境外企业进行了直接投资，累计实现非金融领域对外直接投资 362.7 亿美元（见图 4），同比增长 10.4%。

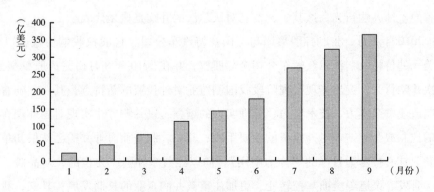

图 4　2010 年前三季度非金融类对外直接投资累计额

**1. 能源资源类对外投资仍是重点**

近年来，受到国际金融危机的影响，全球能源资源价格回落，能源资源类企业估值回归合理区间。在此背景下，我国能源资源类企业抓住有利时机，通过参股、并购、合资等多种形式，加大了对外投资的步伐，拓宽了企业的盈利渠道，保障了国内的资源供应。

2010 年以来，能源资源领域依旧是我国境内企业对外投资的重点领域，海外投资十分活跃，主要投资项目包括：中石化集团通过旗下国际石油勘探开发有限公司首先以 46.75 亿加元的现金对价收购康菲在 Syncrude 合资公司中 9.03% 的股权，从而参股世界最大油砂项目，成为中石化全球资源整合的重要组成部分，而后，又以认购新股的方式，以 71.09 亿美元获得 Repsol 巴西公司 40% 的股份，从而实现其更多参与南美地区油气作业的战略目标，加快其国际发展，并优化其海上油气资产组合；中化集团通过中化股份有限公司以 30.7 亿美元的对价从挪威国家石油公司（Statoil ASA）手中购买其位于巴西海上的 Peregrino 油田 40% 股权，从而拓宽了中化集团的海外石油勘探开发业务；中国海洋石油则以 31 亿美元收购阿根廷石油公司 Bridas 公司 50% 的股份，从而进一步拓展了公司在拉美地区的投资；中铝公司以 13.5 亿美元获得力拓公司在几内亚的西芒杜（simandou）铁矿石项目 47% 的权益，并将参与项目管理，从而进一步拓宽了中铝的铁矿石业务，并将获得海外运营的经验。

**2. 制造业对外投资呈现亮点**

2010 年以来，制造业领域对外投资延续高速增长的态势，是我国对外投资的重要领域。同时，制造业对外投资出现了一些新的变化，开始出现对世界知名品牌的整体并购行为，这其中，吉利对沃尔沃的并购是典型代表。

2010 年 3 月，吉利控股集团与美国福特汽车公司签订股权收购协议，以 18 亿美元的价格收购沃尔沃轿车公司全部股权，并在 2010 年 8 月份完成股权交割。此次并购行为，突出体现了现阶段我国制造业对外投资的新特点：其一，随着中国制造业资金实力、技术实力、管理实力的增强，以并购方式实现对国外现有企业的控制成为制造业对外投资的重要手段；其二，制造业海外并购已从最初单纯以获取核心技术为目标的"洋为中用"，向以经营海外资产为目的，对品牌、技术、研发、渠道等全面掌控转变，更加注重被并购企业的长期发展；其三，我国制造业海外并购开始表现出一定的话语权，能够充分利用市场波动特征，合理选择交易价格和交易条件，在核心的行业领域，以对自己最优的条件完成对世界知名企业的并购。

**3. 对发达经济体投资快速发展**

2010 年以来，对亚洲和拉美地区投资仍是我国对外投资的重点，但对主要发达经济体的投资呈现快速发展的态势。前三季度，对美国、欧盟和日本的直接投资额分别达到 8.28 亿美元、17.45 亿美元和 1.5 亿美元，较上年同期分别增长 5.3、5.2 和 1.4 倍。

## 二 2011 年利用外资和对外投资影响因素及趋势分析

### （一）国际因素

**1. 世界经济复苏放缓，不确定性增加**

2010 年初，受各国大幅度经济刺激政策效果集中显现的影响，全球经济出现全面复苏的态势。然而，新一轮技术革命尚未完成，各国内生增长动力并未本质性恢复，全球经济贸易不均衡局面也未根本改善。同时，大规模经济刺激政策下发达国家财政压力陡增，主权债务危机负面影响严重。在此背景下，第二季度以来，全球主要经济体经济增速放缓，失业率居高不下，显现出复苏乏力的迹象。美国、日本经济增速分别从第一季度的 3.7% 和 6.6% 减缓至 1.7% 和 1.8%，欧元区经济虽然表现良好，但由于其经济周期相比美国滞后 3~6 个月，也可能在 2010 年底 2011 年初增速放缓，新兴经济体中，韩国、印度、巴西的经济增速也出现放缓的迹象。国际货币基金组织《世界经济展望》报告认为，2010 年下半年和 2011 年上半年将是本轮经济调整的低谷，部分经济体的增长将显著放缓，预计 2011 年全球经济增长将从 2010 年的 4.8% 减缓至 4.2%。

**2. 部分发达国家重拾宽松货币政策**

2010 年 10 月，日本央行率先调低利率，将指导利率由之前的 0.1% 下调至 0~0.1% 区间，显示出日本央行对经济增速放缓将拖累本国经济复苏的强烈担忧。受此影响，部分发达国家重拾宽松货币政策，从而放弃年初曾被广泛预期的全球经济刺激政策"退出"进程，甚至进一步推出"二次经济刺激政策"，应对本国经济复苏放缓。在此背景之下，全球流动性供给将得到持续的保障，跨国资

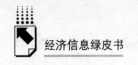

本流动有望加速。

**3. 全球化趋势持续，跨国公司全球资源整合意愿持续增强**

国际金融危机并未改变经济全球化的趋势，以全球资源整合、产业重组为核心的新一轮国际资本流动热潮逐步形成，全球外国直接投资流量回升势头持续增强。根据联合国贸发会议《2010年世界投资报告》预计，2010年直接外资流量将会回升至1.2万亿美元以上，2011年进一步升至1.3万亿~1.5万亿美元，2012年则向1.6万亿~2万亿美元挺进。其中，发达经济体的跨国公司仍然是跨国资本流动的主体，美国、欧洲仍将是最大的对外投资主体；以中国、印度为代表的新兴和发展中经济体跨国公司的外国投资将持续活跃，成为外资增量的主力军；新兴经济体和发展中国家对外资的吸引力进一步增强，中国、印度、巴西分列最佳投资目的国的前三位，美国下滑至第四位。

**4. 国外的投资保护政策**

尽管目前全球投资自由化已成为各国政府的共识，但一些国家仍然在特定行业中保持了投资限制措施，与此同时，越来越严格的投资审核和监管制度也给我国对外投资带来了一定的影响。相比新兴和发展中经济体，以美欧为代表的发达国家投资监管制度更加严格。例如，在涉及国家安全的名义下，美国在能源、高科技等行业对外国投资有较严格的审查政策。中海油、华为、鞍钢等都曾遭遇过在美国投资失败的经历。

## （二）国内因素

**1. 国内经济平稳较快增长**

2010年前三季度，中国国内生产总值268660亿元，同比增长10.6%，根据当前国内外经济形势，2010年全年国内生产总值实际增速将达到10%左右。2011年，受各方因素的影响，预计我国经济增长速度将略低于2010年，GDP实际增速为9.5%左右，全社会资金面相对宽松，企业家信心保持平稳，企业总体利润水平有望进一步增长，对外投资能力进一步提高。同时，在世界经济复苏放缓的背景下，中国经济的平稳较快增长将进一步加大对国外资本的吸引力。

**2. 经济发展方式转变进一步加速**

2009年11月，中国政府提出到2020年单位GDP的二氧化碳排放将比2005年下降40%至45%的目标，为达到这一目标，转变经济发展方式成为中国近期经济发展的主要任务和推动因素。首先，中国节能减排力度的不断加大，助推了低碳经济的发展，催生了巨大的市场需求，大大增加了对于在低碳经济方面具有先发优势的发达国家对华投资的吸引力。其次，为推进产业结构升级，中国进一步将节能环保、新一代信息技术、生物医药、高端装备制造、新能源、新材料和新能源汽车规划为战略性新兴产业，给予重点扶持，明确提出了要引导外资投向战略性新兴产业，并支持国内企业开展境外投资，为内外资企业提供了新的投资热点。最后，在全球产业大转移的背景之下，中国转变经济发展方式有助于推动本国低端制造业向外转移，客观上促进了国内企业对外投资的发展。

**3. 人民币汇率持续升值预期初步形成**

6 月份以来，受美国经济复苏乏力的影响，美元呈现持续疲软态势，对欧元、日元等主要货币的汇率持续走低。与此同时，我国央行重启人民币汇改，实行人民币汇率双向浮动。在中国经济持续稳健运行的情况下，随着汇率弹性的增强，人民币对美元的汇率持续升高。截至 10 月 26 日，人民币对美元汇率中间价达到 6.6762，汇改重启以来累计升值幅度已达 2.22%。一方面，汇率上升将使部分出口导向型企业的成本增加，经营更加困难，从而减弱了对外资的吸引力。另一方面，汇率上升将降低中国对外投资的资金门槛，有利于扩大对外投资规模。

## （三）2011 年利用外资与对外投资前景展望

总体来看，一方面，虽然世界经济复苏放缓，但出现"二次衰退"的概率较小，世界经济有望在 2011 年下半年全面恢复，另一方面，在继续深化产业升级的背景下，中国经济增长将更加稳健，我国所面临的整体环境依然向好，预计2011 年我国利用外资和对外投资继续保持增长态势。

在利用外资方面，2011 年，预计中国实际利用外资增速相比 2010 年将有所放缓，但仍高于近十年 10% 的平均增速，将达到 15% 左右，实际利用外资金额有望接近 1200 亿美元。从投资国别看，受到人民币美元比价效应的影响，美国对华投资有望进一步恢复；欧洲经济不确定性较多，欧盟对华投资增速可能低于2010 年；受特殊地缘因素影响，香港对内地投资将持续增长，而随着《海峡两岸经济合作框架协议》（ECFA）的签署，台湾对大陆投资有望进一步加速。从投资区域分布看，东中西部地区利用外资总体格局变动不大，受政策推动，中西

部地区吸收外资增速将继续高于东部地区，但东部仍是吸收外资的主要区域。从利用外资行业来看，制造业所占比重将进一步下降，并且将向高端制造业、汽车、新能源、环保等产业集中；服务业利用外资占比将继续提高，并且向现代服务业、服务外包等产业集中。

在对外投资方面，2011 年，预计中国对外投资增速相比 2010 年将有所加快，其中非金融类对外直接投资增速有望达到 15% 左右。从对外投资行业看，受我国能源资源对外依赖程度的上升，能源资源类行业仍将是我国对外投资的重点，同时，受益于国内产业转型、自主创新能力建设，以机械、汽车、新能源为代表的高端制造业对外投资有望较快增长。从投资形式看，在能源资源行业、制造业、金融业领域对外投资中并购形式投资将逐步增多，而绿地投资将主要集中在商务服务业领域。从投资国别看，亚洲和拉美等新兴和发展中经济体仍是我国对外投资的主要区域，同时，对美欧等发达经济体的投资将持续快速增长。

G.6

# 2010 年国际收支形势分析及 2011 年展望

陈长缨*

**摘 要：**2010 年，在全球经济复苏、国内经济运行良好的大背景下，我国涉外经济活动出现了明显的恢复性增长，国际收支规模增长较快，收支结构继续呈现经常项目、资本项目"双顺差"状况，外汇储备增长放缓，国际收支出现了向平衡状况变化的趋势，下半年开始人民币升值加快。2011年，国内外经济环境变化将继续有利于我国对外经济活动开展。预计我国国际收支总规模将继续增长，但增速将有所下降。国际收支仍将继续保持双顺差结构，顺差规模将进一步下降，外汇储备增速将继续放缓。由于 2011 年国际金融市场中不稳定、不确定因素增加，我国国际收支出现短期较大波动的可能性也随之增加。

**关键词：**国际收支 经常项目 资本项目

## 一 2010 年我国国际收支的基本情况

2010 年，受全球经济持续复苏、国内经济运行良好等因素影响，我国涉外经济活动出现了明显的恢复性增长，国际收支规模增长较快，收支结构继续呈现经常项目、资本项目"双顺差"状况，外汇储备增长放缓，国际收支出现了向平衡状况变化的趋势，外部经济不均衡状况有所缓解。

2010 年上半年，我国国际收支交易总规模为 2.47 万亿美元，同比增长 39%，收支总规模与同期国内生产总值之比为 98%，较 2009 年全年增长 17 个百

---

\* 陈长缨，经济学硕士，国家发改委对外经济研究所国际贸易研究室副主任，副研究员，主要研究方向为国际贸易、国际金融。

分点，表明我国涉外经济活动回升势头非常明显。国际收支各主要项目交易规模扩大，按国际收支统计口径，上半年货物贸易总额 13229 亿美元，同比增长 43%；服务贸易总额 1667 亿美元，增长 32%；外国来华直接投资流入 669 亿美元，增长 39%；我国对外直接投资流出 224 亿美元，增长 55%。上半年国际收支总顺差（即经常项目、资本和金融项目之和）2165 亿美元（见表 1），较上年同期增长 11%。

### 表1 2010 年上半年我国国际收支平衡表

单位：亿美元

| 项 目 | 差额 | 贷方 | 借方 |
| --- | --- | --- | --- |
| 一 经常项目 | 1265 | 8668 | 7403 |
| A. 货物和服务 | 780 | 7838 | 7058 |
| a. 货物 | 897 | 7063 | 6166 |
| b. 服务 | −117 | 775 | 892 |
| 1. 运输 | −141 | 152 | 292 |
| 2. 旅游 | −26 | 219 | 245 |
| 3. 通信服务 | 0 | 5 | 5 |
| 4. 建筑服务 | 38 | 62 | 25 |
| 5. 保险服务 | −65 | 7 | 72 |
| 6. 金融服务 | 2 | 4 | 2 |
| 7. 计算机和信息服务 | 26 | 41 | 14 |
| 8. 专有权利使用费和特许费 | −62 | 4 | 66 |
| 9. 咨询 | 33 | 102 | 68 |
| 10. 广告、宣传 | 4 | 13 | 10 |
| 11. 电影、音像 | −2 | 0 | 2 |
| 12. 其他商业服务 | 75 | 160 | 86 |
| 13. 别处未提及的政府服务 | −1 | 5 | 6 |
| B. 收益 | 291 | 602 | 311 |
| 1. 职工报酬 | 51 | 58 | 7 |
| 2. 投资收益 | 240 | 544 | 304 |
| C. 经常转移 | 194 | 228 | 34 |
| 1. 各级政府 | −1 | 0 | 2 |
| 2. 其他部门 | 196 | 228 | 32 |
| 二 资本和金融项目 | 900 | 4786 | 3885 |
| A. 资本项目 | 25 | 27 | 1 |
| B. 金融项目 | 875 | 4759 | 3884 |
| 1. 直接投资 | 370 | 699 | 329 |
| 1.1 我国在外直接投资 | −194 | 30 | 224 |
| 1.2 外国在华直接投资 | 564 | 669 | 105 |

续表1

| 项　　目 | 差额 | 贷方 | 借方 |
|---|---|---|---|
| 2. 证券投资 | −73 | 193 | 266 |
| 2.1 资产 | −72 | 165 | 238 |
| 2.1.1 股本证券 | −74 | 52 | 127 |
| 2.1.2 债务证券 | 2 | 113 | 111 |
| 2.1.2.1(中)长期债券 | 13 | 87 | 75 |
| 2.1.2.2 货币市场工具 | −11 | 25 | 36 |
| 2.2 负债 | −1 | 28 | 28 |
| 2.2.1 股本证券 | 4 | 28 | 24 |
| 2.2.2 债务证券 | −4 | 0 | 4 |
| 2.2.2.1(中)长期债券 | −4 | 0 | 4 |
| 2.2.2.2 货币市场工具 | 0 | 0 | 0 |
| 3. 其他投资 | 578 | 3867 | 3289 |
| 3.1 资产 | −382 | 381 | 762 |
| 3.1.1 贸易信贷 | −435 | 5 | 439 |
| 长期 | −30 | 0 | 31 |
| 短期 | −404 | 4 | 409 |
| 3.1.2 贷款 | 60 | 125 | 65 |
| 长期 | −60 | 0 | 60 |
| 短期 | 120 | 125 | 6 |
| 3.1.3 货币和存款 | −90 | 167 | 257 |
| 3.1.4 其他资产 | 83 | 84 | 0 |
| 长期 | 0 | 0 | 0 |
| 短期 | 83 | 84 | 0 |
| 3.2 负债 | 960 | 3486 | 2526 |
| 3.2.1 贸易信贷 | 450 | 450 | 0 |
| 长期 | 31 | 31 | 0 |
| 短期 | 418 | 418 | 0 |
| 3.2.2 贷款 | 301 | 2683 | 2382 |
| 长期 | 55 | 128 | 73 |
| 短期 | 247 | 2555 | 2309 |
| 3.2.3 货币和存款 | 212 | 345 | 133 |
| 3.2.4 其他负债 | −3 | 8 | 11 |
| 长期 | −4 | 0 | 4 |
| 短期 | 1 | 8 | 7 |
| 三　储备资产 | −1780 | 0 | 1780 |
| 3.1 货币黄金 | 0 | 0 | 0 |
| 3.2 特别提款权 | −1 | 0 | 1 |
| 3.3 在基金组织的储备头寸 | −9 | 0 | 9 |
| 3.4 外汇 | −1770 | 0 | 1770 |
| 3.5 其他债权 | 0 | 0 | 0 |
| 四　净误差与遗漏 | −385 | 0 | 385 |

资料来源：国家外汇管理局《2010 年上半年中国国际收支报告》。

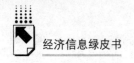

## （一）经常项目顺差继续减小

2010 年，我国经常项目维持顺差状态，但顺差规模继续缩小。据外汇管理局统计，2010 年上半年，我国经常项目顺差 1265 亿美元，同比下降 6%，而上年同期为下降 30%。经常项目顺差是我国国际收支顺差的主要原因，上半年占我国顺差总规模的 58%。从经常项目内部结构看，货物贸易顺差下降，服务项目逆差缩小，收益项目顺差增长较快。综合来看，货物贸易顺差减少是经常项目顺差下降的主要原因。

**1. 货物贸易规模回升，进口明显扩张，顺差减少**

2010 年以来，全球经济开始摆脱国际金融危机后严重衰退的影响，经济复苏趋势增强。国际货币基金组织（IMF）2010 年 10 月发表的《世界经济展望》预测，2010 年全球经济增长将达 4.8%，而 2009 年全球经济则出现了 0.6% 的下降。全球货物贸易恢复性增长趋势更为明显，2010 年全球贸易增长将达到 11.4%，而 2009 年全球贸易则出现了 11% 的大幅下降。外需恢复使我国出口呈现平稳回升的态势。2010 年，出于促进贸易平衡发展、调整贸易产品结构等考虑，国内出口政策也进行了一些调整，如降低或取消了部分产品的出口退税率，重启人民币汇率改革等。进口大幅增长是 2010 年我国对外贸易运行的另一个显著特征。进口加快增长也与很多因素有关，例如我国率先从国际金融危机中恢复并保持较高经济增速，对进口产生了很大需求，再如经济发展阶段变化引起国内消费、投资结构升级，很多企业出于产品升级、节能环保等需要增加了对国外先进设备的进口。在这种情况下，2010 年我国货物贸易规模呈现稳步增长的趋势，由于进口增速快于出口，顺差规模有所减少。据海关统计，2010 年前三季度，我国进出口总值 21486.8 亿美元，比上年同期增长 37.9%，其中出口 11346.4 亿美元，同比增长 34%，进口 10140.4 亿美元，同比增长 42.4%，贸易顺差为 1206 亿美元，同比减少 10.5%。

第四季度我国货物贸易基本态势不会发生大的变化。从全年看，预计全年货物贸易将大大超过国际金融危机前 2008 年的水平，进出口规模将达到 2.9 万亿美元左右，由于进口增速更快，货物贸易顺差将达到 1700 亿美元左右，比上年减少 200 亿~300 亿美元，这也表明我国货物贸易向平衡方向趋近取得了新的进展。

**2. 服务贸易逆差有所下降**

2010 年，随着国际金融危机影响逐渐减弱，我国服务贸易也出现恢复性增长，由于我国服务贸易国际竞争力整体较差，服务贸易继续维持逆差状态，但逆差规模有所下降。据外汇管理局统计，2010 年上半年，我国服务贸易总额 1667 亿美元，同比增长 32%，其中服务贸易收入为 775 亿美元，同比增长 41%，支出为 892 亿美元，同比增长 25%，服务贸易项目逆差为 117 亿美元，同比下降 30%。

运输、旅游是我国服务贸易收支的主体，约占我国服务贸易收支总额的一半以上。旅游项目曾长期是我国服务贸易顺差的主要来源，但近两年来这一趋势发生了改变，一方面国内消费结构升级加快，赴境外旅游人数快速增长，另一方面，国际金融危机后到我国的境外旅游者虽然出现恢复性增长，但增速慢于出境游者增速，上半年旅游项目逆差为 26 亿美元。下半年，受上海世博会举办等因素影响，预计入境旅游者将有所增长，旅游项目逆差有可能减少，全年该项目将大致平衡。

运输是我国服务贸易逆差的主要来源，2010 年仍维持这一局面。受货物贸易大幅恢复性增长影响，我国贸易企业对境外运输需求大幅增加，上半年我国运输项目逆差达到 141 亿美元，同比增长 54%，预计全年逆差将进一步增加。

其他商业服务项目由逆差转为顺差是服务贸易出现的一个较为明显的变化。2010 年，我国转口贸易较快增长、对外经营性租赁服务输出增多是推动这种转变的主要原因，上半年其他商业服务项目顺差为 75 亿美元，而上年同期的逆差为 13 亿美元。预计全年其他商业服务项目将继续保持顺差状态。

**3. 收益和经常转移项目顺差大幅增加**

近年来，随着我国境外投资规模不断增加，在境外累积的投资存量已具有相当规模，虽然总体上我国境外投资规模仍小于在华外商累积投资存量，但我国境外投资多为商贸、研发、制造、资源等具有较高收益项目，平均投资回报显著高于在华外资企业。2010 年，一方面受全球经济回升影响，我国在境外投资收益增加，另一方面，在国内经济保持较快增长、国内投资环境良好、人民币存在升值预期等因素作用下，境外收益也愿意汇入境内。上半年，我国收益项目顺差 291 亿美元，较上年同期增长 72%，其中投资收益顺差 240 亿美元，同比增长 68%，职工报酬顺差 51 亿美元，同比增长 91%。下半年国内外经济形势不会出

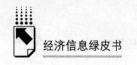
现大的变化，预计 2010 年全年收益项目将会出现较大规模顺差。

2010 年，受人民币升值预期等因素影响，经常转移项目也出现了较大顺差。上半年，经常转移项目顺差达 194 亿美元，同比增长 28%，预计全年经常转移项目仍会保持较大顺差。

### （二）资本和金融项目顺差扩大，波动加剧

2010 年，全球资本流动呈现恢复性增长，我国资本和金融项目收支规模也稳步回升，并仍维持顺差结构。上半年，资本和金融项目顺差 900 亿美元，同比增长 48%，而上年同期为下降 15%。

**1. 直接投资项目恢复性增长，顺差有所扩大**

2010 年，在国际金融危机影响逐渐减弱的情况下，全球资本流动在经历了连续两年大幅下跌后开始回升，据联合国贸易和发展会议预测，2010 年全球直接投资将达到 1.2 万亿美元以上，比 2009 年增加 1000 亿美元左右。在这种背景下，我国利用外资规模在上年大幅下降后也出现了恢复性增长。前三季度，我国非金融类吸收外商直接投资为 743.4 亿美元，同比上升 16.6%，该规模与金融危机前 2008 年水平大体持平。金融类吸收外商直接投资同比增长更快，但由于规模较小，对外商直接投资流入影响有限。同时由于跨国公司经营回暖，撤资清算等流出规模亦有较大幅度下降，上半年撤资清算等流出 105 亿美元，同比下降 45%。

2010 年，随着我国企业实力增强、越来越多企业开始国际化经营以及金融危机后国际市场出现有利于企业对外投资的新变化，我国对外投资出现了较快的增长。上半年，我国对外直接投资 224 亿美元，较上年同期增长 55%，其中非金融部门对外直接投资 178 亿美元，同比增长 43%，金融部门对外直接投资 46 亿美元，同比增长 128%。

预计全年我国直接投资的双向流动将有所增加。虽然对外直接投资增速明显超过吸收外资增速，但由于撤资清算减少等因素的影响，全年直接投资项目顺差将较上年有所扩大。

**2. 证券投资和其他投资项目规模扩大，证券投资由顺差转为逆差**

2010 年，影响证券投资收支因素相对复杂，总体来看，证券投资双向流动规模扩大，并由上年的顺差状况转为逆差。2010 年上半年，我国证券投资净流

出 73 亿美元，而上年同期为净流入 202 亿美元。我国证券投资净流出，主要是股本投资净流出较大，上半年我国对外股本证券投资净流出 74 亿美元，同比增长 7.75 倍，其中对外股本证券投资为 127 亿美元，同比增长 56%，而对外股本证券投资汇回为 52 亿美元，同比减少 28%。造成这种现象的原因，主要是上半年境内股市持续走低、境外股市相对走强，加之上半年人民币与美元汇率保持基本稳定，一些资金为寻求更好回报而投向境外。相比之下，上半年我国对外债务证券投资流出流入规模大致相当。

下半年以上情况发生了一定程度的改变。一方面，下半年人民币升值速度加快引发了对人民币进一步升值的预期，另一方面，境内股市在持续下跌之后出现较大幅度的反弹，境外资金通过股本证券投资我国境内证券市场，或我国境外金融机构将资金汇回境内，不但可以获得股市利润，而且还可能获得人民币汇率的溢价收入。因此，下半年证券投资项目净流出趋势将会削弱，甚至转为净流入，但从全年情况看，证券投资项目仍会出现一定的逆差。

2010 年，其他投资项目流入流出规模均大幅增加。上半年，其他投资项目流入、流出规模分别达到 3867 亿美元和 3289 亿美元，都比上年明显增加，上半年顺差为 578 亿美元，而上年同期为 239 亿美元。其他投资项目主要反映的是短期资本流动的情况，其影响因素与证券投资比较相近。前几个月，在套利、套汇等因素作用下，境内机构出现"资产本币化、负债外币化"趋势，预计这一趋势将持续到下半年。因此，从 2010 年全年看，其他投资项目顺差还将继续扩大。

## （三）外汇储备增长有所放缓，人民币汇率弹性加大、汇率水平趋于升值

在经常项目和资本项目保持双顺差条件下，2010 年我国外汇储备继续增长，不过与前几年相比，增长幅度有所降低。9 月底我国外汇储备余额为 26483 亿美元，比上年末增加 2491 亿美元，同比少增 775 亿美元。但外汇储备增长波动较大，上半年我国外汇储备平稳增长，增加 551 亿美元，而第三季度外汇储备增速明显加快，当季增加 1940 亿美元，造成这种波动的原因主要是证券投资、其他投资等项目流入流出等受国内外市场环境变化而出现较大波动。第四季度将延续第三季度走势，外汇储备将继续保持较快增长的势头，预计我国年底外汇储备将接近 2.8 万亿美元，继续保持全球外汇储备最多国家的地位。

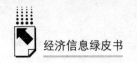

2010 年上半年，人民币对美元汇率基本上稳定不动。6 月 19 日，人民银行宣布进一步推进人民币汇率形成机制改革，增强人民币汇率弹性。此后人民币汇率波动程度加大，对美元汇率呈不断升值的态势。9 月底，人民币对美元汇率中间价报收 6.7011 元人民币/美元，较上年末升值 1271 个基点，升值幅度为 1.86%，而且预计未来一段时间人民币仍将延续升值走势。在国际金融市场上，2010 年各国汇率发生了较大变化，这也影响到人民币对其他主要货币的汇率，人民币对欧元出现较大升值，对日元出现较大贬值。9 月底，人民币对欧元汇率中间价为 9.1329 元人民币/欧元，人民币较上年末升值幅度为 6.78%；人民币对日元汇率中间价为 7.9999 元人民币/100 日元，人民币较上年末贬值 8.27%。

## 二 2011 年我国国际收支基本走势预测

2011 年，预计国际金融危机对国内外经济的不利影响将基本结束。在全球经济继续转暖的情况下，我国国际收支将有望继续呈现双顺差结构，但在国际国内经济环境出现较大变化，尤其是结构性变化的情况下，顺差规模将继续下降，国际收支将继续向趋于平衡的方向发生变化。外汇储备仍会出现一定增长，人民币汇率将出现稳步升值的态势。同时也要注意到，2011 年国内外经济环境存在较大的不确定性，尤其是国际经济环境中的不确定、不稳定因素较多，受此影响，我国国际收支也存在较大波动的可能性。

### （一）经常项目顺差继续缩小

#### 1. 货物贸易顺差将继续减少

从国际环境看，2011 年国际金融危机对全球经济的不利影响继续减弱，世界经济和全球贸易将步入较为正常的增长轨道，但增速与金融危机前一段时间相比将有所下降。据国际货币基金组织预测，2011 年全球经济和贸易将分别增长 4.2% 和 7%，分别比 2010 年下降 0.6 个和 3.4 个百分点，全球经济形势进一步好转将扩大对我国产品和服务的外需。但是，与此同时，我国出口也会遇到国内扩大内需政策调整、国内多项成本持续上升、人民币升值速度加快、国际贸易保护主义增强等一系列制约因素。在进口方面，我国经济有望继续保持平稳增长趋势，2011 年是我国"十二五"时期的第一年，不但国内消费、投资规模继续出现较快增长，而且结构升级步伐加快，加之人民币升值对进口的促进作用，将促使进口保持较高的增速。总体来看，2011 年，我国货物贸易规模将进一步扩大，但增速将比 2010 年有所下降，由于进口增速继续超过出口，货物贸易顺差将进一步减少，我国对外贸易将进一步向平衡方向进行调整。

**2. 服务贸易项目仍将为逆差状态**

2011 年，我国服务贸易总体上竞争力不强的情况不会改变。随着国际经济环境改善，境内外旅游活动都将继续增加，我国旅游项目收支规模也将继续保持较快增长。由于我国居民消费结构进入快速变化时期，旅游需求越来越多，我国赴境外旅游人数和消费金额将出现快速增长，预计 2011 年旅游项目收支将出现小规模逆差。从近两年变化趋势看，旅游项目将从过去长期顺差结构逐渐转化为逆差结构。运输项目收支也将随货物贸易扩大而出现增长，由于我国在该项目上并不具备竞争优势，因此运输项目将继续出现较大逆差。其他服务项目受各种因素影响也会发生变化，但由于其在服务贸易收支中所占比重有限，对服务贸易项目规模和差额影响不大。综合来看，2011 年我国服务贸易仍将呈现逆差状态。

**3. 收益和经常转移项目将出现顺差**

2011 年，影响我国收益和经常转移项目的因素比较复杂。总体来看，在我国国内经济保持较高增速、人民币升值预期增强等因素作用下，国内外机构和个人仍将愿意持有较多的人民币资产，因此预计我国收益项目和经常转移项目仍将出现顺差。

## （二）资本和金融项目将保持顺差

**1. 直接投资项目顺差有所下降**

2011 年，全球国际资本流动和直接投资将继续稳步回升，联合国贸发会议预测，2011 年全球直接投资规模将回升到 1.3 万亿～1.5 万亿美元，也就是比 2010 年增加 1000 亿～3000 亿美元。我国快速增长的市场和加快升级的需求结构、较高的经济增速、多层次丰富的人力资源、良好的投资环境等仍对外商具有很大的吸引力。但金融危机后，发展中国家在吸引外资领域的竞争日趋激烈，将会分流走部分对我国的投资，国内部分生产要素成本不断上升等因素，也将导致一些对成本敏感的外资企业减少在华投资。因此，预计 2011 年我国外商直接投资规模仍将出现正增长，增速与 2010 年大体相当。对外直接投资方面，近年来

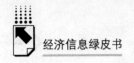

我国已进入对外投资的加速期，2011 年在国际环境趋于稳定、人民币升值等因素影响下，我国对外直接投资预计仍会保持较快增速。综合看来，2011 年我国直接投资项目仍将保持较大规模顺差，但由于对外投资增速超过利用外资增速，顺差规模将有所缩小。

**2. 证券投资和其他投资项目仍可能出现较大波动**

近年来，境内外金融市场变化对证券投资、其他投资项目影响不断加大。境内外货币利率差、境内外股票市场变化、人民币升值等因素都会影响资金在境内外不同市场的收益，短期资本出于套利、套汇等动机会在境内外之间大规模、频繁流动。这种流动已经成为导致我国国际收支波动乃至风险增加的一个重要因素。2011 年，预计国际金融市场仍会维持动荡格局，境内外金融市场存在非常大的不确定性，证券投资和其他投资项目也仍会出现较大波动，但由于 2011 年人民币汇率升值预期较大，人民币利率也有可能提高，因此资本尤其是短期资本流入境内市场的可能性会更高一些。如果这种情况出现，则 2010 年证券投资、其他投资两个项目都会出现顺差。

## （三）外汇储备增速下降，人民币汇率继续升值

2011 年，在国际收支继续保持双顺差结构的情况下，我国外汇储备将继续增加，但由于经常项目和资本项目的顺差规模都有所下降，我国外汇储备增长将继续下降。随着人民币汇率形成机制改革进一步加快，人民币与主要货币之间汇率波动幅度加大，人民币汇率在短期之内呈有升有降、双向变化的浮动现象将频繁发生，但由于国际收支总体上呈现双顺差状态，预计人民币对主要国家汇率的总趋势仍以升值为主。

# 2010 年财政收支分析及 2011 年展望

王远鸿*

　　**摘　要**：2010 年，随着经济回升和企业效益提高，财政收入实现了较快增长，财政支出结构继续优化。2011 年，受经济增速回落和基数的影响，财政收入增速将明显放缓；为了保持经济平稳较快增长，着力保障和改善民生，推动经济结构调整和发展方式转变，财政支出将保持一定力度。2011 年应继续实行积极的财政政策，维持适当的赤字规模，保持相应的增量调控能力，进一步调整财政支出结构，更加突出改善民生和结构调整，同时，加大税收结构调整力度，以增强经济内生增长动力。

　　**关键词**：财政政策　财政收支　税收

## 一　2010 年财政收支形势分析

　　1～9 月，全国财政收入 63039.51 亿元，比 2009 年同期增长 22.4%，完成预算的 85.27%。其中中央本级收入 33230.36 亿元，增长 20.7%，地方本级收入 29809.15 亿元，增长 24.2%；税收收入 55957.37 亿元，增长 24.2%；非税收入 7082.14 亿元，增长 9.6%。全国财政支出 54504.96 亿元，增长 20.6%，完成预算 64.48%。其中，中央本级支出 11124 亿元，增长 15.5%；地方本级支出 43380.96 亿元，增长 21.9%。累计实现盈余 8534.55 亿元，增长 35.1%。

　　**1. 财政收入同比增速明显加快，但增速逐季回落**

　　2010 年以来，国民经济运行呈现增长速度较快、结构逐步优化、就业有所

---

　　\* 王远鸿，经济学博士，国家信息中心经济预测部研究员，财金研究室主任。主要研究领域为宏观经济、财政金融运行和政策分析、经济监测预警等。

增加、价格小幅回升、外贸明显恢复的态势。1～9月，全国财政收入增长22.4%，比上年同期加快17.1个百分点。财政收入较快是上年基数较低、经济增长较快和物价水平回升的综合反映。

（1）2009年1～9月财政收入基数较低。受金融危机影响，2009年1～9月全国财政收入完成51518.87亿元，同比增长5.3%。2010年1～9月全国财政收入与2008年同期相比增长28.8%，折算到两年中年均增长13.5%。说明2010年1～9月财政收入增幅相对较高是一种恢复性增长。

（2）经济较快增长和企业效益提高带动有关税收快速增长。1～9月，GDP增长10.6%，规模以上工业增加值增长16.3%，全社会固定资产投资增长24%，社会商品零售总额增长18.3%，一般贸易进口增长45.4%，商品房销售额增长15.9%，汽车销量增长34.9%。1～8月，规模以上工业企业实现利润同比增长55%。1～9月，实现营业税8356.61亿元，增长26.2%；国内消费税4693.8亿元，增长32.2%；进口产品消费税、增值税8036.1亿元，增长44.2%；关税1565.56亿元，增长47.6%；土地增值税941.46亿元，增长82.4%；车辆购置税1264.05亿元，增长54.5%；契税收入完成1741.49亿元，增长43.6%。

（3）价格水平回升带动以现价计算的财政收入回升。1～9月，随着经济的持续复苏，物价水平也出现回升，CPI、PPI分别上涨2.9%和5.5%，比2009年同期分别高出4.0个和12.0个百分点。

（4）2009年税费改革及政策性调整的翘尾影响及2010年车购税等政策调整的增收作用显现。2009年实行成品油税费改革，取消养路费，相应增加消费税，实际增收从3月份以后才体现，同时，2009年年中调高烟产品消费税，当年头几个月没有这项增收收入，因而2010年上半年消费税收入相应增长较多。2010年以来调高1.6升及以下排量乘用车的车购税税率，调整住房转让环节营业税的征免税期限，限售股转让征收个人所得税，这些政策调整相应增加一些收入。

第二季度以后，国家加大了节能减排、抑制房价过快上涨的调控力度，主要宏观经济指标出现回落。受基数、消费税翘尾增收因素逐渐消失以及经济增速回落的影响，1～9月财政收入当月增速和累计增速均呈快速回落之势（见表1）。分季度看，第一季度增长34.0%，第二季度增长22.7%，第三季度增长12.2%。

预计第四季度受经济增速回落和基数抬高的影响，财政收入增幅将延续较低增长态势。初步预测 2010 年财政收入将增长 18% 左右，达到 80800 亿元左右。

表 1　2010 年 1~9 月财政收入增长情况

单位：亿元，%

| 月　份 | 1 | 2 | 3 | 4 | 5 | 6 | 7 | 8 | 9 |
|---|---|---|---|---|---|---|---|---|---|
| 当月收入 | 8659 | 4945 | 6023 | 7926 | 7918 | 7879 | 7783 | 5619 | 6287 |
| 当月增速 | 41.2 | 20.4 | 36.8 | 34.4 | 20.5 | 14.7 | 16.2 | 7.3 | 12.1 |
| 累计收入 | 8659 | 13604 | 19627 | 27553 | 35470 | 43350 | 51133 | 56752 | 63040 |
| 累计增速 | 41.2 | 32.9 | 34 | 34.1 | 30.8 | 27.6 | 25.7 | 23.6 | 22.4 |

**2. 财政支出同比增速有所回落，但增速逐步加快**

2010 年国家继续实行积极的财政政策，预算安排财政支出增幅较低，在支出安排中，严格控制一般性支出，降低行政性支出，进一步向教育、医疗卫生、社会保障和就业、保障性住房、文化等与人民群众生活息息相关的社会发展薄弱环节倾斜；向科技创新、节能减排和转变经济发展方式倾斜。1~9 月，全国财政支出增长 20.6%，比上年同期回落 3.5 个百分点。月度财政支出增速波动较大，累计财政支出增速呈上升走势（见表 2）。

表 2　2010 年 1~9 月财政支出增长情况

单位：亿元，%

| 月　份 | 1 | 2 | 3 | 4 | 5 | 6 | 7 | 8 | 9 |
|---|---|---|---|---|---|---|---|---|---|
| 当月支出 | 3466 | 4940 | 5924 | 5576 | 5787 | 8119 | 5811 | 6414 | 8469 |
| 当月增速 | -13.2 | 29.7 | 18.3 | 9.8 | 25.6 | 26.8 | 16.6 | 35.4 | 28.8 |
| 累计支出 | 3466 | 8406 | 14330 | 19906 | 25692 | 33811 | 39622 | 46036 | 54505 |
| 累计增速 | -13.2 | 7.7 | 11.9 | 11.3 | 14.2 | 17.0 | 16.9 | 19.2 | 20.6 |

1~9 月，财政支出增幅有所回落，但从季度看，第一季度增长 11.9%，第二季度增长 21.1%，第三季度增长 26.7%。财政支出增速逐季回升，主要受 2009 年基数和 2010 年预算安排支出影响。2009 年 1~6 月各地落实积极财政政策，预拨扩大内需等方面的资金较多，财政支出增长 26.3%，其中，第一、二季度地方财政支出分别增长 34.8% 和 20.3%，第一季度增速比第二季度高出 14.5 个百分点。随着 2009 年第二季度基数的降低，2010 年第二季度财政支出的

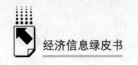
增幅大幅提高。财政支出主要项目增长情况如下。

（1）教育支出 7491.53 亿元，完成预算的 63.18%，增长 17.5%。主要是进一步完善农村义务教育经费保障机制，落实免除城市义务教育阶段学生学杂费政策，解决进城务工人员子女平等接受义务教育问题；落实家庭经济困难学生奖助学金及国家助学贷款贴息等政策，实施中等职业学校农村家庭经济困难学生和涉农专业学生免学费政策，推进中西部地区农村初中校舍改造和全国中小学校舍安全工程。

（2）科学技术支出 2157.74 亿元，完成预算的 70.99%，增长 45.2%。重点实施科技重大专项，支持基础研究、前沿技术研究、社会公益研究和重大共性关键技术研究开发，扩大重大科研装备自主研制试点范围。创新科技投入方式，推动产学研用有机结合，提高科技发展能力。

（3）社会保障和就业支出 6039.69 亿元，完成预算的 72.36%，增长 27.1%。开展新型农村社会养老保险试点，稳步推进事业单位养老保险改革试点。提高企业退休人员基本养老金水平，实施全国统一的企业职工基本养老保险关系转移接续办法，巩固养老保险省级统筹制度。提高城乡最低生活保障标准。调整优抚对象等人员抚恤和生活补助标准。鼓励普通高校毕业生到中小企业、基层和中西部地区就业，促进劳动者自谋职业和自主创业。

（4）医疗卫生支出 2635.29 亿元，完成预算的 59.36%，增长 29.0%。重点支持医药卫生体制改革，进一步提高新型农村合作医疗和城镇居民基本医疗保险参保率，提高财政补助标准。加大城乡医疗救助力度。健全城乡基本公共卫生服务经费保障机制，继续实施重大公共卫生服务项目。推进公立医院改革试点，健全基层医疗卫生服务体系。

（5）交通运输支出 3629.89 亿元，完成预算的 67.77%，增长 46.7%。重点推进农村公路、国省干线等公共交通基础设施建设；继续对城市公交等部分公益性行业给予油价补贴。

（6）住房保障支出 1314.25 亿元，完成预算的 69.52%，增长 24.8%。进一步推进廉租住房等保障性住房建设，支持解决 375 万户城市低收入住房困难家庭的住房问题，全面启动城市、林区、垦区、煤矿等棚户区改造，实施农村危房改造试点和少数民族地区游牧民定居工程。

（7）农林水事务支出 4333.93 亿元，完成预算的 57.59%，增长 11.2%。主要推进和完善农作物良种补贴；健全农机具购置补贴制度；推动现代农业建设和优势特色产业发展，支持实施全国新增千亿斤粮食生产能力建设规划；实施农作物保险、能繁母猪保险、奶牛保险等保费补贴；强化农业基础设施建设，支持解决 6000 万农村人口的安全饮水问题；全面清理化解农村义务教育债务。

（8）环境保护支出 1116.31 亿元，完成预算的 51.57%，增长 24.5%。主要是促进开发低碳技术，大力支持节能技术改造、淘汰落后产能、建筑节能、新能源汽车等；加强重金属污染治理、重点流域水污染防治，支持环境监管能力建设，推进城镇污水、垃圾处理设施配套管网及重大减排工程，促进农村环境综合整治和生态示范创建；加强林业重点工程和草原生态建设，巩固退耕还林成果。

1～9 月财政支出完成预算的 64.48%，第四季度实施积极财政政策，在建项目还需要大量投入，着力推动经济结构调整和发展方式转变，着力保障和改善民生，推进收入分配制度改革，加大对民族地区、边疆地区的支持力度，财政支出仍需要保持一定水平。尽管 2009 年第四季度财政支出增速低于 1～9 月，但由于 2010 年 1～9 月财政支出进度快于 2009 年同期，特别是 2009 年 12 月当月财政支出规模达到 2 万亿元的较高水平，预计第四季度财政支出增幅将低于 1～9 月。初步预测，2010 年财政支出增长 18% 左右，达到 90000 亿元左右。

## 二　2011 年财政收支展望

### 1. 2011 年国内外经济环境分析

2011 年，全球主要经济体将维持或加大政策刺激力度，有利于全球经济复苏，同时由于金融危机深层影响尚未完全消除，金融体系潜在风险依然较大，经济自主增长动力远未形成，各国宏观经济政策自顾倾向更加明显，世界经济复苏基础很不稳固。因此，世界经济总体上将延续缓慢复苏态势，增速低于 2010 年。据 IMF 最新预测，2011 年世界经济增长 4.2%，比 2010 年回落 0.6 个百分点，全球贸易量增长 7%，比 2010 年回落 4.4 个百分点。在全球经济和贸易增长都可能放缓、贸易保护主义盛行和汇率争端加剧的背景下，我国对外贸易将难以保持 2010 年高增长的势头。

2011 年是我国"十二五"规划的开局之年，"十二五"规划的实施将给我国经济带来新的动力和活力，城镇化、工业化加快发展和居民消费结构升级将为我国经济增长提供长期动力；国民收入分配改革的推进、"新非公 36 条"政策的不断细化落实、战略性新兴产业发展和区域经济协调发展规划的全面启动将给内需提供有力支撑，并将推动经济结构的优化。与此同时，"十二五"规划将启动新一轮节能减排工作目标分解任务，淘汰落后产能并严格控制产能过剩行业的新增产能投资项目将对部分行业和地区增长速度有所抑制；房地产调控政策的进一步落实一定程度上将影响房地产开发投资的短期增速，并影响相关消费的增长；清理整顿地方政府融资平台政策规范和限制了地方政府的融资和投资能力；家电汽车等促消费政策效应减弱，家电汽车消费难以保持 2010 年的增速，而新的消费热点尚未形成；农业稳产增产难度加大，国内要素成本上升压力日益增加，物价和资产价格存在较大的上涨压力；近两年货币供应、社会信用总量超常增长，宏观经济政策回归"常态"动力加大，政策刺激力度将进一步减弱。在这种背景下，2011 年国内需求也将难以保持 2010 年的增长势头。

综合分析国内外需求状况，我们认为，2011 年我国经济仍处在由回升向好向稳定增长良性循环转变的关键时期，经济仍将保持 9.5% 左右的较快增长，较 2010 年 10% 左右的增速有所回落。

**2. 2011 年财政收入增速将比 2010 年明显回落**

受 2010 年基数抬高和 2011 年经济增速回调的影响，2011 年主要税种税收收入和财政收入将出现回落。

（1）国内增值税增长将放缓。增值税的税基大体相当于工业增加值和商业增加值。初步预计，2011 年工业增加值将增长 13.8% 左右，较 2010 年 14.9% 左右的增速回落 1.1 个百分点。由于工业品出厂价格指数 PPI 与 2010 年基本持平，工业增加值的名义增速也将小幅回落，与工业增加值有关的增值税增速将出现小幅回落。2011 年，社会消费品零售总额增速将基本与 2010 年持平，与此相关的增值税增速也将基本持平。由于工业增加值远大于商业增加值，工业增值税增速的回落将带动国内增值税增速的回落。

（2）国内消费税增速将放缓。消费税的税基是烟、酒、汽车、成品油等 14 类特定商品的销售额或销售量。2011 年，尽管成品油价格调整将带来消费税增长，但由于汽车销售增幅将明显回落，2011 年消费税将难以维持 2010 年大幅上涨的势头，增速将明显放缓。

（3）营业税收入高增长难以维系。营业税的税基是交通运输业、建筑业、金融保险业、邮电通信业、文化体育业、娱乐业、服务业、转让无形资产和销售不动产等取得的营业收入。2011 年，随着国家房地产调控政策的进一步细化落实，城市房屋销售价格有望出现回落，商品房销售面积和商品房销售额难以出现超预期的增长，房地产营业税增速也难以出现超预期的增长。受房地产价格和销售面积回落的影响，2011 年房地产投资增速将出现回调，建筑业营业税增速也将随之回调。而由于货币政策继续回归中性，银行信贷增速将继续回落，金融保险业营业税增速也将出现回落。

（4）企业所得税增速将明显回调。2011 年，由于房地产市场难以出现新的景气，房地产企业所得税收入将减少，而工业增速的回落和企业成本的上升，将导致工业企业利润增幅明显回落，工业企业所得税增速将明显回落。

（5）进口税收增幅将明显回落。关税和进口环节税的税基是一般贸易进口额。2011 年，受基数和国内经济增速回调的影响，一般贸易进口额的增速将明显回落，与一般贸易进口额有关的进口税收增幅也将明显回落。

（6）契税和车辆购置税增速将明显回落。2011 年，随着房地产交易和土地竞购趋于理性，契税收入增速将明显回落。而随着汽车销售增速回落，车辆购置税收入增速也将明显回调。

2011 年，国家将推进资源税改革、进行房产税改革试点、研究推出扩大消费税征收范围等税收政策调整措施，会增加部分财政收入。综合以上因素，初步预测 2011 年财政收入将增长 12% 左右，达到 90500 亿元左右。

**3. 2011 年财政支出增幅将明显低于 2010 年**

2011 年，为了保持经济平稳较快增长，着力保障和改善民生，推动经济结构调整和发展方式转变，财政支出仍需要保持一定力度。

（1）继续实施积极财政政策，在建项目仍需大量投入。2011 年，为了保持经济平稳较快发展，国家将继续实施积极财政政策，中央预算内投资和各类中央建设基金、地方政府债券资金都要优先完成在建项目，推动"十二五"规划和中央已确定的重大项目顺利实施。

（2）防灾减灾，促进农业稳定发展。2010 年，全国多个地区发生严重的自然灾害，对农业生产和人民群众生命财产安全造成极大危害。2011 年，防灾减灾任务艰巨，国家一方面要支持农业抗灾救灾，另一方面继续加大"三农"投入，优先安排投资加强农业、水利等基础设施建设，支持受灾地区恢复重建。

（3）继续加大投入，着力保障和改善民生。2011 年，国家将继续推进教育体制、医药卫生体制、收入分配制度和社会保障制度等重点领域的改革，加大教育、医疗卫生、社会保障和就业等方面的投入；将大力支持保障性住房建设，增加公共住房供给；继续支持和落实好最低工资制度，多渠道增加农民收入，增强居民消费能力；进一步提高农村中小学公用经费基准定额和中西部农村困难寄宿生的补助标准；适时调整优抚对象等人员抚恤和生活补助标准。

（4）支持科技创新，推进节能减排和结构调整。2011 年，国家将继续加大对科技创新的扶持力度，加大节能减排投入，加快培育和发展战略性新兴产业；落实推动区域协调发展的财税政策，推进西部大开发，加快新疆、西藏等少数民族地区发展；利用市场倒逼机制和政策支持，引导和支持企业兼并重组和技术改造，加快淘汰落后产能和抑制产能过剩。支持中小企业发展，培育壮大服务业。

综合考虑以上因素，初步预计 2011 年财政支出增长 11.1% 左右，达到 100000 亿元左右。

## 三 2011 年财政政策取向分析

2011 年，是"十二五"开局之年，从国际经济环境看，主要发达经济体复苏内生动力不足，世界经济仍将低速增长，中国外需稳定增长仍面临较大压力。从国内经济环境看，我国经济平稳较快增长的内生动力仍待加强，节能减排和结构调整的压力依然很大，保持房地产市场健康发展的任务十分繁重，稳定通胀预期的工作不能放松。因此，应继续实施积极的财政政策，维持适当的赤字规模，保持相应的增量调控能力，进一步调整财政支出结构，更加突出改善民生和结构调整，同时，加大税收结构调整力度，以增强经济内生长动力。

### 1. 维持适当的赤字规模，保持相应的增量调控能力

2011 年，随着经济增速和价格水平回落，企业经营环境偏紧，财政收入增长面临一定的压力。而在支出方面，在建项目需要继续投入大量资金；增加低收入群体收入，加强"三农"、教育、科技、社会保障和就业、医疗卫生、保障性住房、节能减排等经济社会发展关键环节，以及对民族地区、边疆地区的支持，需要进一步加大财政投入。因此，2011 年仍需要财政支出保持较高的增长。

在财政收支增长面临较大压力的背景下，继续实施积极的财政政策，维持适

当规模的财政赤字，保持一定的增量调控能力，有利于主动应对国内外各种复杂形势，有利于保持经济社会的持续稳定发展和经济结构调整。建议 2011 年，中央财政赤字规模从 2010 年的 8500 亿元下调为 7500 亿元，同时考虑到地方政府受节能减排、房地产调控和清理投融资平台等政策影响，可支配财力有所下降，2011 年由中央政府代发 2000 亿元地方债，与 2010 年持平。全国财政收支差额继续保持 9500 亿元，占 GDP 比重比 2010 年有所下降，明显低于 3% 的警戒线。

**2. 进一步调整财政支出结构，更加突出改善民生和结构调整**

一是加大中央财政对保障性住房的支持力度。保障性住房建设不仅是实现房地产调控的重要手段，而且也是构建多层次住房保障体系和促进房地产市场健康发展的重要支撑，2010 年要适当提高中央财政对保障性住房的补助水平，调动地方政府的积极性，同时进一步增加保障性住房的用地规模。二是加大对农村水利和农村公路的投入。2010 年全国各地频发的旱涝等自然灾害，暴露了农村水利等基础设施诸多问题，2011 年要加强大中型水利枢纽工程、大中型灌区、中小河道治理、小型水库除险加固、田间工程等项目建设，同时加快建材下乡支持政策的出台，加大对农村公路升级改造和农村新型社区建设的支持力度。三是加大对城镇公益性基础设施的投入和政策支持。城镇化是中国内需最大的增长点，但城市公益性基础设施的扩张速度远远跟不上城镇的扩张速度，2011 年要进一步加大对城市供排水、垃圾和污水处理、城市道路、公共交通等基础设施的投入，进一步提高城市承载能力。四是按照医药卫生体制改革方案要求，加大医疗卫生投入，提高资金使用效益。继续完善新型农村合作医疗制度，全面开展城镇居民基本医疗保险。进一步推进基本公共卫生服务逐步均等化，完善重大公共卫生事件应对机制。五是要进一步落实好产业调整振兴规划、战略性新兴产业规划中确定的各项财税扶持政策，促进产业转型和结构调整；增加对基础科学研究、重大科技专项、重点工程实验室的投入，促进自主创新；进一步落实好支持欠发达地区发展的财税政策，加大转移支付力度，促进地区协调发展。

**3. 加大税收结构调整力度，增强经济内生动力**

为了促进经济自主增长动力的形成，应通过结构性减税调动民间投资和居民消费的活力。一是为了增加居民收入和扩大消费，可以考虑推进个人所得税综合征收改革，在合理确定个人基本生活和赡养人口以及保险、住房、医疗、教育等费用基础上，合理确定税基，减少税率档次，适当调整税率，在综合改革方案出台前，2011 年可适当提高个人所得税"起征点"，保证为"十二五"时期提高"两个比重"政策开好局。二是为了促进自主创新，落实好研发费用加计扣除等政策，同时可考虑对中小科技型企业实行 3 年的企业所得税减免，对企业节能减排投资给予所得税税前加计扣除等措施。三是为了促进房地产市场健康发展，增加地方政府税收收入，可以考虑将现行的房产税、城镇土地使用税、耕地占用税、契税和房地产行政性收费合并为统一的房地产税，将征税范围扩大到个人住宅和农村地区，且按照房地产的评估价值征收，并将房地产税的一定比重作为保障房建设的主要来源，土地出让金作为补充。四是积极推进资源税改革，在 2010 年资源税改革试点的基础上，统筹考虑加快推进。五是在外需尚不稳定、用工成本上升、汇率升值压力加大的情况下，应保持出口退税率的相对稳定，缓解有关成本上升对出口企业带来的运营压力。

# 2010 年金融运行分析及 2011 年展望

李若愚 *

**摘　要：** 2010 年数量与价格工具并举，金融调控偏紧；货币信贷增速放缓，符合调控预期，但货币供应量增速和信贷增长规模仍处于高水平；下半年人民币升值小幅加快并刺激"热钱"流入。2011 年我国经济增长相对平稳，物价上涨压力较大，"热钱"异动风险和信贷风险上升，货币政策需适度向"控通胀、防风险"倾斜，由"适度宽松"转向"稳健"：一是货币政策应中性略紧，控制货币信贷投放规模，适时适度加息；二是要发挥信贷政策的结构调整功能；三是要加强金融监管，防范金融风险。

**关键词：** 货币政策　信贷　利率　汇率

## 一　2010 年数量与价格工具并举，金融调控偏紧

### 1. 信贷政策引导贷款合理均衡投放，重点清理整顿三类贷款

（1）引导和敦促商业银行均衡投放贷款。《2010 年政府工作报告》确定全年人民币贷款新增规模为 7.5 万亿元。年初央行和银监会均强调要合理控制信贷增量，把握好信贷投放节奏，努力实现逐季均衡投放和平稳增长，银监会更是提出各季度贷款投放"3∶3∶2∶2"的比例目标。

（2）清理整顿三类贷款，严控信贷风险。一是清理地方政府融资平台贷款。据银监会数据，截至 2009 年底地方融资平台贷款总量达 7.38 万亿元，其中 2009 年新增量为 4 万亿元，占全年新增人民币贷款量的 42%。银监会要求商业银行

---

\* 李若愚，金融学硕士，国家信息中心经济预测部高级经济师，主要研究货币政策、金融运行与金融市场等问题。

对3月底前投放的政府融资平台贷款进行自查清理。根据国务院6月10日下发的《关于加强地方政府融资平台公司管理有关问题的通知》，管理层对面向地方政府融资平台的新发贷款也进行了规范。

二是实行差别化住房信贷政策。4月17日国务院发布《关于坚决遏制部分城市房价过快上涨的通知》，实行更为严格的差别化住房信贷政策。

三是整治银信理财合作业务，规范表外信贷资金。2010年以来，银信合作理财业务发展非常迅速，有数据显示，上半年银信合作理财产品发行量在2.9万亿元左右，远远超过上年全年1.78万亿元的总量。管理层限制表内贷款规模导致银行"表外贷款"出现"井喷"。根据用益信托数据，2010年银信理财业务中的信托贷款规模扩张很快，尤其是5~8月份，该类信托贷款月度增长规模高达1000亿~2000亿元，而2009年同期信托贷款的月度规模仅为200亿~600亿元。银监会8月12日发布《关于规范银信理财合作业务有关事项的通知》，压制银行通过银信合作理财产品的放贷冲动，控制银行资产表外化潜在风险。

**2. 公开市场操作与准备金率调整相配合，加强银行体系流动性管理**

（1）多次上调存款准备金率。央行分别于2010年1月18日、2月25日和5月10日上调存款类金融机构人民币存款准备金率各0.5个百分点，农村信用社等小型金融机构暂不上调。10月10日，对工农中建四家国有商业银行及招商和民生两家股份制银行实施差别存款准备金率，上调0.5个百分点，期限两个月。存款准备金率的上调除了为锁定和回笼过多的流动性外，同时还具有引导信贷适度增长的作用。

（2）公开市场操作前紧后松。央行2010年公开市场操作以央行票据发行为主、短期正回购操作为辅，主要在每周二发行3个月期限的央票搭配91天正回购操作，周四发行1年期央票搭配28天正回购操作。在时隔近2年后，央行于4月初开始重启3年期央票发行，而进入5月份以后，28天正回购操作暂时停止进行。

以5月份为界，全年公开市场操作呈现前紧后松的格局。前4个月除2月份由于春节来临，资金需求较大，公开市场操作净投放资金外，其余各月均为净回笼资金，央票发行利率和正回购利率除了在1月底出现小幅上升外，前4个月基本保持平稳。5月份市场流动性出现阶段性趋紧，央行公开市场操作开始转为资金净投放（见图1）。

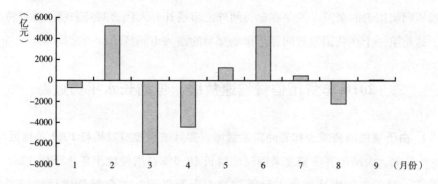

**图 1　2010 年 1 ~ 9 月各月公开市场操作净投放（回笼）货币**

资料来源：中国货币网。

5 月底至 6 月上旬，由于市场流动性趋紧，公开市场短期操作利率小幅上行，3 个月期央票发行利率和 91 天正回购利率均由 5 月中旬的 1.41% 上升到 6 月中旬的 1.57%，1 年期央票发行利率则由 5 月底的 1.93% 上升到 6 月中旬的 2.09%。与此同时，3 年期央票发行利率反而小幅下行，由 4 月初首次发行时的 2.75% 下降到 6 月初的 2.68%。下半年，公开市场操作利率保持平稳，央票发行利率和正回购利率均一直维持在 6 月底的水平。由于 3 年期央票采取利率招标，所以发行利率的下降反映出金融机构对 3 年期央票认购踊跃。

**3. 上调存贷款基准利率，控制通胀预期**

自 10 月 20 日起央行上调金融机构人民币存贷款基准利率，一年期存贷款基准利率均上调 0.25 个百分点，其他各档次存贷款基准利率据此相应调整。央行此举主要为缓解存款"负利率"，控制通胀预期。

**4. 进一步推进人民币汇率形成机制改革，增强人民币汇率弹性**

6 月 19 日，央行宣布进一步推进人民币汇率形成机制改革，增强人民币汇率弹性。此后，人民币小幅升值，双向浮动特征明显。

**5. 加快推动人民币国际化进程**

人民币国际化在 2009 年起步，2010 年下半年进入"提速期"。管理层的一系列举措显示，人民币国际化正紧锣密鼓地推进：一是扩大跨境贸易人民币结算试点范围，增加国内试点地区，不再限制境外地域。二是央行和新加坡金融管理局签署了 1500 亿元人民币的双边本币互换协议，货币互换国达到 8 个。三是开展境外人民币清算行等三类机构运用人民币投资银行间债券市场试点，打开人民

币投资回流国内的渠道。四是在银行间外汇市场开办人民币对马来西亚林吉特交易，这是第一个在我国银行间外汇市场交易的新兴市场货币。

## 二 2010 年货币信贷增速放缓，但增长水平仍过高

**1. 由于票据融资减少和表外贷款猛增，实际信贷投放规模与 2009 年相近**

9 月末，人民币各项贷款余额同比增长 18.5%，增幅比上年末下降 13.2 个百分点。前三季度累计新增人民币贷款 6.3 万亿元，占全年新增贷款目标的 84%，同比少增 2.36 万亿元。分季度看，第一季度新增 26008 亿元，第二季度新增 20168 亿元，第三季度新增 16735 亿元，基本符合各季投放目标。

分部门看，住户贷款增加较为突出，前三季度住户贷款增加 2.36 万亿元，同比多增 0.52 万亿元，占全部新增贷款的 37.4%，占比比上年同期提高 16.2 个百分点；非金融企业及其他部门贷款增加 3.94 万亿元，同比少增 2.89 万亿元，占全部新增贷款的 62.5%，而上年同期占比高达 78.8%。

分期限结构看，信贷投放进一步中长期化。前三季度新增中长期贷款 5.23 万亿元，同比少增 0.24 万亿元，新增中长期贷款占全部新增贷款的 83%，所占比重上年同期提高了近 20 个百分点。前三季度新增短期贷款 1.78 万亿元，同比少增 0.33 万亿元。在监管层严格控制贷款投放规模和节奏的形势下，作为商业银行腾挪贷款空间的手段，票据融资被大幅压缩，前三季度票据融资减少 8098 亿元，而上年同期为增加 8803 亿元。

如果考虑到票据融资腾挪出的贷款空间，以及银信理财合作中的"表外信贷"，则前三季度金融机构实际投放的信贷规模高达 7.9 万亿元，比上年仅少增 2000 亿元左右。此外，人民币贷款投放规模在 8、9 份出现反弹，而且 7、8、9 月连续三个月出现比上年同期多增，这说明目前实体经济贷款需求仍较旺盛，商业银行的放贷积极性也较高。总体来看，2010 年全年新增贷款最终可能会突破 7.5 万亿元，但保持在 8 万亿元以内。

**2. 重点清理整顿的三类贷款增长得到控制**

受清理地方政府融资平台贷款影响，基础设施行业中长期贷款增速回落较快。9 月末，基础设施行业本外币中长期贷款余额同比增长 21.2%，比上年末下降 21.8 个百分点。

随着中央各项住房调控政策的落实，房地产各项贷款增速自 5 月份以来明显回落。9 月末，房地产人民币贷款余额同比增长 32.9%，比上年末低 5.2 个百分点。受差别住房贷款政策影响，4 月份以来个人购房贷款新增额回落明显。9 月末，个人购房贷款余额同比增长 37.5%，比上年末低 5.5 个百分点。

受银信合作理财业务规范的影响，9 月份银信理财合作业务中的信托贷款规模较 5、6、7、8 月份大幅下降。

**3. 货币增速放缓，M1 与 M2 之间的"剪刀差"缩小**

9 月末，M2 余额同比增长 19%，比上年末下降 8.7 个百分点；M1 余额同比增长 20.9%，增幅比上年末下降 11.5 个百分点。2009 年 9 月份以来，M1 增速持续高于同期 M2 增速，进入 2010 年，两者"剪刀差"不断缩小，9 月末两者差距为 1.91 个百分点，比 1 月份最大值缩小了 11.07 个百分点。

目前 M2 增速仍明显高于 2000～2008 年 16.3% 的平均水平，也高于《2010 年政府工作报告》中提出的 17% 增长目标。贷款扩张动力较强，外汇占款投放较多，加之年底财政有大额支出，财政存款将相应减少，年末 M2 增速可能在 18% 左右。

**4. 各项存款增长放缓，企业存款减速明显**

9 月末，人民币各项存款余额同比增长 20%，增幅比上年末低 8.2 个百分点，其中，企业存款余额同比增长 12.5%，比上年末大幅下降 25.2 个百分点；居民储蓄存款余额同比增长 17%，比上年末下降 2.7 个百分点。前三季度人民币存款增加 10.32 万亿元，同比少 1.43 万亿元。其中，住户存款增加 3.95 万亿元，同比少增 0.15 万亿元，非金融企业存款增加 3.62 万亿元，同比少增 3.02 万亿元；财政存款增加 1.15 万亿元，同比多增 0.12 万亿元。

**5. 货币市场利率小幅走高**

2010 年货币市场利率稳中有升，9 月份银行间同业拆借加权平均利率为 1.9%，质押式债券回购加权平均利率为 1.98%，分别比上年 12 月份高 0.65 个和 0.72 个百分点。在金融机构对中长期债券偏好的推动下，债市收益率曲线呈现"短升长降"的平坦化趋势。

从全年走势看，除了春节和"十一"前后由于节日因素造成银行间市场流动性趋紧，货币市场利率走高以外，在 5 月底至 6 月初和 8 月底至 9 月初，两度出现流动性阶段性趋紧，货币市场利率急升现象（见图 2）。5 月底至 6 月初市场流动性趋紧可能有三方面原因：一是由于前期连续三次上调存款准备金率及公开市场操作净回笼资金，促使市场流动性收缩；二是5月份外汇占款投放规模明显下降，相应减少了流动性投放，当月新增外汇占款1316亿元，比上月减少1547亿元，比上年同期减少1110亿元；三是各商业银行前期发放信贷力度较大，导致短期可用资金减少。8月底至9月初，银行间资金面再次遇紧，一方面与8月份央行净回笼资金有关。另一方面是由于8月末工行250亿元可转债发行冻结资金在3200亿元左右，使短期流动性需求加大。

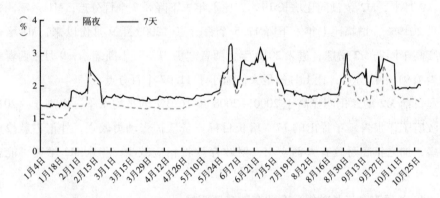

**图2　2010年1～10月各交易日上海银行间同业拆放利率（SHIBOR）**

资料来源：WIND资讯。

### 6. 人民币对美元升值加速，实际有效汇率走升

2010年初至6月19日，人民币汇率基本上在6.81～6.85元/美元的窄小区间内运行。6月19日进一步推进人民币汇率形成机制改革以来，人民币汇率波动弹性明显增强。截至8月底，人民币对美元汇率双向波动明显。9月份以来，升值速度加快，基本保持单边升值态势（见图3）。

9月末，美元对人民币汇率中间价为1美元兑人民币6.7011元，人民币对美元比6月18日升值1.89%，比2010年末升值1.9%。截至9月末，人民币对日元较年初贬值7.77%，对欧元升值7.27%。据国际清算银行计算的人民币实际有效汇率结果，9月份人民币实际有效汇率较上年12月份升值3.9%。

### 7. 外汇储备快速增长，下半年"热钱"加速流入

2010年国际收支保持"双顺差"，国际收支活动趋于活跃，上半年国际收支交易总规模超过2009年上半年，并接近国际金融危机集中爆发前的2008年同期

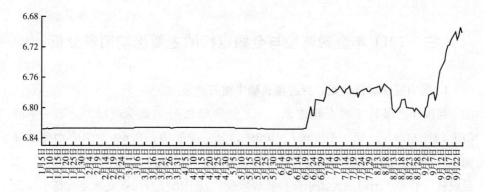

**图3 2010 年 1 ~ 9 月美元对人民币汇率中间价走势**

资料来源：中国人民银行网站。

水平。第二季度外汇储备增速有所下滑，5 月份外汇储备甚至出现减少，第三季度外汇储备增长再次加快。9 月末，外汇储备余额同比增长 16.5%，比上年末下降 6.8 个百分点。前三季度累计新增外汇储备 2492 亿美元，同比少增 774 亿美元。分季度看，第一季度新增外汇储备 479 亿美元，第二季度缩减到 72 亿美元，第三季度回升到 1940 亿美元。

第三季度新增外汇储备规模的大幅反弹引发各界对"热钱"加速流入我国的担心。外管局从 2010 年 2 月开始的应对和打击"热钱"专项行动阶段性成果显示，尚未发现境外"热钱"有组织、大规模流入境内。截至 2010 年 10 月底，共查实各类外汇违规案件 197 起，累计涉案金额 73.4 亿美元。虽然外管局对"热钱"的实际调查结果与各界讨论的"热钱"规模相去较远，但"热钱"的进入已经证明是事实。银行结售汇以及外汇占款的增长也从侧面证明"热钱"的异动。2010 年 1 ~ 8 月，银行代客结售汇顺差累计 2149 亿美元，而 2009 年全年结售汇顺差为 2635 亿美元，前 8 个月的结售汇顺差已接近上年全年水平。前三季度累计新增外汇占款 20151 亿元，同比多增 3209 亿元。分月度看，银行代客结售汇顺差以及外汇占款在前 4 个月增加较多、增长较快，5、6 月份增长一度减慢，但进入下半年，增长再次加快。结合外汇储备、银行结售汇顺差以及外汇占款的增长变化情况，可以大致判断"热钱"在上半年流入较多，受欧洲主权债务危机加剧影响，5、6 月份"热钱"流入一度减缓，但 6 月份央行进一步推进人民币汇率体制改革，人民币升值有所提速，"热钱"流入再次提速。

## 三　2011年金融调控与金融运行的主要影响因素分析

**1. 国内需求保持稳定，经济增长稳中略有回落**

我国经济增长出现企稳迹象：一是经济增长与工业生产趋稳。第一季度GDP增长11.9％，第二季度增长10.3％，第三季度增长9.6％，GDP增速的降幅在缩小。工业增加值增速已连续一年恢复到危机之前十年的平均水平以上。二是投资、消费、出口三大需求保持较快增长，其中出口全面恢复速度远超市场预期。前三季度出口同比增长34％，比上年同期提高55.4个百分点，与2008年前三季度相比增加5.4％，表明2010年出口增长已经明显好于国际金融危机发生前的水平。三是信心与收入预期普遍向好。制造业采购经理人指数8、9月份连续两个月回升。国家统计局公布的企业景气指数和企业家信心指数均逐季上升。人民银行景气调查显示，企业投资意愿稳中有升，第三季度银行家信心指数创2006年第二季度以来新高，居民未来收入预期指数与就业预期指数也高于上年同期水平。

2011年是"十二五"规划的开局之年，各地重大规划项目陆续开工建设，地方政府投资动能较强；收入分配改革向居民倾斜，居民对未来收入和就业预期向好，有利于消费保持快速增长，国内需求将持续旺盛。影响经济增长的不确定因素来自于外需。全球经济复苏步伐在2010年第二季度后有所放缓，美国房地产市场和实体经济存在二次探底的可能，日本经济复苏"停滞不前"，欧元区虽然经济增长较为强劲，但内部各国经济发展失衡进一步加剧，主权债务风险以及各国为削减财政赤字而进行财政紧缩都对其经济复苏进程构成威胁。据IMF 2010年10月份预测，2010年全球经济增长4.8％，2011年增长4.2％。我国内需相对保持平稳，外需有所减少，经济增长将保持稳中略有回落的态势。

**2. 通胀预期升温，物价上涨压力较大**

2010年物价持续攀升，9月份CPI同比上涨3.6％，涨幅创出23个月新高。农产品纷纷涨价推动食品价格走高，成为拉动CPI上升的主力。食品价格同比涨幅由1月份的3.7％持续扩大到9月份的8％，前三季度食品价格上涨对CPI同比涨幅的贡献率达69％。食品中，粮食、油脂、鲜菜等价格全线上涨，其中蔬菜和粮食价格涨幅较大。10月份国内期货市场继棉花价格创出新高之后，白糖价格也呈现加速上涨态势，玉米、豆类和油脂类价格以及小麦和籼稻价格也出现上涨，农产品整体上涨的局面已经形成。农产品涨价有供求偏紧的基本面因素，也有前期货币投放过多和通胀预期上升诱发的投机因素。从上半年的大蒜、绿豆到下半年的食糖、食用油和苹果等，背后都有囤积、炒作的影子。

2011 年通胀预期将继续上升，物价上涨压力仍较大。首先，随着物价上涨，社会通胀预期将进一步升温。据央行监测，居民未来物价预期指数与当期物价满意指数持续攀升。尽管目前 CPI 涨幅低于 2007 ~ 2008 年的高峰值，但第三季度居民未来物价预期指数已接近 2007 ~ 2008 年 CPI 出现高涨的时期，当期物价满意指数则较 2007 ~ 2008 年的水平更低（见图 4）。由于预期具有自我强化、自我实现的特点，如果通胀预期不断强化，社会公众会据此调整经济行为，从而加剧物价上涨压力。其次，2010 年货币信贷投放规模仍过大，前期过多投放的货币时滞效应将持续。再次，收入分配改革向居民倾斜以及资源价格改革的推进将使劳动力成本和资源价格上升，带来成本推动型通胀压力。最后，全球流动性过剩和美元弱势将支持国际大宗商品价格维持高位，带来输入性通胀压力。

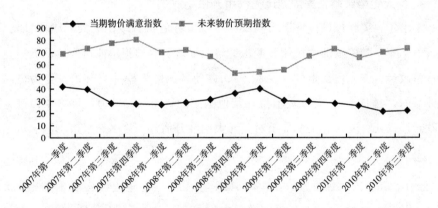

**图 4　各季度居民当期物价满意指数和未来物价预期指数**

资料来源：中国人民银行网站。

### 3. 全球流动性持续宽松，国际资本流动活跃

2010 年初美联储的数量宽松政策一度显露退出迹象。但第二季度以来经济复苏势头的衰弱和"止赎门"等威胁金融体系的问题使得美联储决定进一步实行数量宽松的货币政策。作为全球首要储备货币发行国的央行，美联储的新一轮数量宽松将带来全球新一轮流动性泛滥。为阻止日元进一步升值和经济下滑，

2010 年 10 月份日本央行宣布将银行间无担保隔夜拆借利率从现行的 0.1% 降至 0% ~0.1% 区间，这是日本时隔 4 年多再次实施零利率政策。为应对欧元区愈演愈烈的主权债务危机，本来已逐渐启动"退出"策略的欧洲央行重新启动流动性投放，同时将基准利率维持在历史低点 1%。

美联储等发达国家央行选择极度宽松的货币政策，使国际金融市场充斥着过多的流动性，也导致套利交易大行其道，国际资本流动加剧。印度、巴西等新兴市场国家由于经济表现出色吸引国际游资快速流入，使其资产价格泡沫和通胀压力加剧。据高盛调查，流入新兴经济体的国际游资在速度和规模上均已超过国际金融危机爆发前的水平。其中，亚洲国家吸引的国际游资数额最多。2010 年上半年进入新兴经济体的国际游资有 78.6% 都流向亚洲国家。

预计 2011 年美日欧将延续现有的货币政策取向，超低利率和数量宽松的流动性投放将导致全球流动性持续泛滥，国际资本流动保持活跃，新兴市场经济体可能继续面临"热钱"流入压力。

**4. 美元走势微妙，美国施压人民币升值**

上半年，美联储试探性退出和欧洲主权债务危机升级推动美元阶段性走升。进入下半年，随着欧洲主权债务危机缓解，加之美联储很可能再次启动数量宽松的货币政策，美元再次走软（见图 5），并使各国的汇率冲突升级。作为全球货币体系的"锚货币"，美元贬值推动其他国家的货币被动升值。下半年以来，除了欧元、日元、澳元等主要货币对美元大幅度升值外，许多新兴市场国家货币对

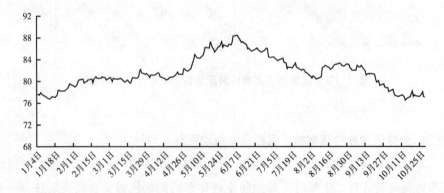

**图 5　2010 年 1~10 月各交易日美元指数**

资料来源：WIND 资讯。

美元也快速升值。为防止本币升值过快，损害出口竞争力，进而危害本国经济增长，各国政府纷纷采取对策。除日本 6 年以来首次直接干预汇率外，泰国、巴西、韩国等也已研究或出台相关资本管制措施。正如巴西财长曼特加所说，"全球正在打一场'汇率战'，多国都想通过货币贬值来提高竞争力"。全球"汇率战"，我国也深受其害。为转嫁国内经济矛盾和迎接国会中期选举，9 月份以来奥巴马政府开始对我国施加压力，要求人民币升值，其立场非常强硬。

美元指数在 2010 年 10 月末已回落至历史低位，未来走势变得微妙。如果 2011 年美元维持弱势，则全球"汇率战"可能升级，人民币升值的国际压力也将加大，"热钱"将继续加速流入我国。但美元指数已处于历史低位，下行空间有限，不排除美元由弱转强的可能。虽然美元阶段性走强有利于缓解人民币升值压力，但前期进入的"热钱"可能撤退，不利于我国金融稳定。从历史来看，美元走势反转带来的国际资本撤出，往往成为区域性金融危机的外部条件和导火索，对此我们也要有所警惕。

**5. 贷款过快扩张带来的金融风险在上升**

（1）地方政府融资平台贷款风险隐患仍存。银监会公布的全国地方融资平台贷款清查结果显示，截至 2010 年 6 月末，地方融资平台贷款余额为 7.66 万亿元，可分为三类：第一类能够依靠项目现金流偿还本息的融资平台贷款规模占比 24%；第二类项目现金流作为还款来源不足，必须依靠土地开发权、地方政府财政安排等第二还款来源覆盖本息的贷款占比约 50%；第三类贷款项目借款主体不合规，财政担保不合规，或本期偿还有严重风险，占比约 26%。需要注意的是，目前地方政府可用收入过度倚重于土地出让收入及房地产相关收入。尽管占比最高的第二类贷款目前看来问题不大，但如果房地产调控导致土地价格下行，则土地收入与地方政府收入将会减少，这类贷款风险也会上升。

（2）房贷风险将随着房地产市场调整而显现。受政府调控影响，2010 年下半年，商品房销售明显放缓，可能对房地产开发商现金流和资本开支形成压力。同时，房地产贷款的收紧也使开发商资金紧张，一些房地产企业有可能资金链断裂。数据显示，已公布中期业绩的 112 家 A 股上市房地产公司上半年经营性现金流为 -783.6 亿元，共有 77 家公司经营性现金流为负值，比 2009 年末的 35 家增加了一倍多。如果 2011 年房价下跌，则个人住房按揭贷款也将受到影响。按照 2010 年银监会要求银行开展房地产贷款压力测试的结果，银行对房价下跌的容

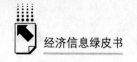

忍度在30% ~40% 。

（3）银行体系流动性风险上升。一是贷款中长期化和存款活期化进一步加剧，存贷款期限错配愈加严重。截至9月末，人民币中长期贷款占全部贷款的比重为60% ，比年初提高4个百分点；定期存款占全部存款的比重为38.2% ，比年初降低2.3个百分点。二是金融机构超额准备金率处于历史地位，可能面临流动性紧张。9月末，金融机构超额准备金率为1.7% ，比上年末下降1.43个百分点。银行体系流动性风险上升一方面是商业银行过多投放贷款，尤其是中长期贷款的结果；另一方面存款"负利率"也导致了存款的活期化。

# 四　2011 年货币政策建议

### 1. 货币政策应重回"稳健"

2011年由于通胀压力上升、金融风险加大，货币政策需适度向"控通胀、防风险"倾斜，由"适度宽松"转向"稳健"。第一，货币政策应中性略紧，对货币信贷投放规模加以控制。"管理通胀预期"需要避免货币滥发，"调结构"则需要避免融资条件过于宽松，否则在信贷资金易得、资金成本极低的情况下，需要限制和淘汰的企业、行业仍可以存活并发展。第二，发挥信贷政策的结构调整功能，通过窗口指导引导贷款投向，促进经济结构的调整。第三，在银行体系风险上升、"热钱"威胁金融稳定时，需要加强金融监管，防范金融风险。预计2011年M2同比增速将达17% ，人民币贷款全年投放规模为7.5万亿元左右。

### 2. 适当控制信贷规模，引导信贷结构调整

在总量上，2011年信贷政策要适当控制信贷规模，既要满足经济发展的合理资金需求，又要为价格总水平的基本稳定创造良好的货币环境；在结构上，要做到"有扶有控"，加大金融支持经济发展方式转变和经济结构调整的力度；在贷款投放进度和节奏上，要继续引导商业银行均衡放款。

在信贷结构调整上，要继续贯彻"有扶有控"的方针，加强对就业和助学、"三农"和中小企业、节能减排、淘汰落后产能、西部大开发、战略性新兴产业、科技发展和产业转移、兼并重组等的信贷支持，保证在建重点项目贷款需要，严格控制对高耗能、高排放行业和产能过剩行业的贷款。

**3. 加强流动性管理和控制，推动货币市场利率小幅上升**

2011 年全球流动性充裕、国际资本流动活跃，流动性管理和控制面临挑战。如果 2011 年"热钱"流入加剧，过多资金滞留在银行体系内，导致货币市场流动性过剩，则应通过公开市场操作和小幅上调存款准备金率来适当回笼和锁定资金。如果货币市场出现阶段性资金趋紧，则需通过公开市场操作投放资金来及时向金融机构提供流动性支持。目前货币市场利率仍处于较低水平，2011 年货币市场利率水平应继续向中性水平回归。

**4. 适时加息，解决负利率问题**

截至 2010 年 10 月份，存款实际利率已经连续 8 个月为"负"。2011 年物价上升压力较大，随着 CPI 走高，实际负利率现象有扩大的可能。"负利率"的存在不利于控制通胀预期，也不符合房地产市场调控的要求，容易引发资产价格泡沫的金融风险。为此，2011 年需要适时、适度加息，以缓解"负利率"程度。

**5. 推进汇率市场化改革，增强人民币汇率弹性**

进一步推进人民币汇率形成机制改革要求汇率弹性不断增强。更具弹性的汇率有利于我国应对通货膨胀，减轻输入性通胀压力；有利于货币政策更具独立性，更好地发挥效力；有利于促进外贸改革和经济结构调整。由于人民币的升值预期较强，汇率弹性增强的结果将是人民币出现升值。人民币短期内大幅升值将危害我国出口，激发"热钱"的剧烈变动，我国经济和金融稳定将受到巨大冲击。因此，未来人民币汇率仍应保持小幅升值态势，避免出现过急、过快的升值。预计 2011 年人民币汇率双向波动幅度将进一步加大，人民币升值步伐将有所加快，全年人民币对美元升值幅度将在 3% ~ 4%。

**6. 提防"热钱"异动，加强资本和金融项目监管**

从控制"热钱"流入角度来讲，要全方位监控热钱流入渠道，实现多部门协调配合。同时还要加强国际合作，全球范围内监视可疑金流动。同时，也要防范"热钱"快速撤出，要加强对短期国际资本跨境流动的监测与管理，密切关注美国汇率和利率政策变化对世界资金流向的影响。

# G.9
# 2010 年物价运行分析及 2011 年展望

张前荣*

**摘　要:** 2010 年, 我国物价平稳向上, 前三季度, 居民消费价格同比上涨 2.9%, 9 月份达到 3.6% 的年内新高。食品和居住价格是 CPI 上涨的主要动力, 因此, 2010 年的物价总水平属于总体温和基础上的结构性上涨。2010 年后期新涨价因素将明显增加, 预计全年 CPI 上涨 3.2%, PPI 上涨 5.5%。展望 2011 年, 国内需求快速扩张、生产要素和劳动力成本上升、资源类产品价格改革、国际输入性通胀压力加大等因素将推动国内物价上升; 但全球经济复苏乏力、国内经济增速回调将抑制物价水平的过快上涨。综合考虑各种因素, 预计 2011 年居民消费价格上涨 4%, 工业品出厂价格上涨 6%。

**关键词:** 物价运行　结构性上涨　物价调控

## 一　2010 年物价运行形势及其基本特征

2010 年以来, 我国物价形势表现为总体温和的结构性上涨特点, 居民消费价格 (CPI) 持续上涨, 工业品出厂价格 (PPI) 和原材料、燃料、动力购进价格 (PPIRM) 趋稳, 上下游价格走势出现背离。

### (一) 2010 年物价运行形势

#### 1. 居民消费价格温和回升, 涨势扩大

2010 年在异常天气、翘尾因素和流动性等因素的带动下, CPI 同比涨幅有所

---

* 张前荣, 经济学博士, 国家信息中心经济预测部助理研究员, 主要研究领域为价格监测分析、宏观经济模型与财政金融运行分析。

扩大（见图1），前三季度CPI同比上涨2.9%，比上年同期提高4个百分点，第一季度上涨2.2%，第二季度上涨2.9%，第三季度上涨3.5%。其中，城市上涨2.8%，农村上涨3.1%；食品上涨6.1%，非食品上涨1.3%。在食品中，粮食上涨10.9%，肉禽上涨0.9%。

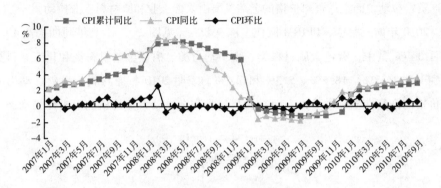

**图1　居民消费价格走势**

分类别看，前三季度，八大类商品价格五升三降，其中食品上涨6.1%，烟酒及用品类上涨1.6%，衣着类下降1.1%，家庭设备用品及维修服务下降0.3%，医疗保健及个人用品类上涨2.9%，交通和通信类下降0.3%，娱乐教育文化用品及服务类上涨0.6%，居住上涨4.1%。

分月看，1月份以来CPI呈逐月上升态势，第三季度各月同比分别上涨3.3%、3.5%和3.6%（见表1），连续三个月超过3%的调控目标。在新涨价因素的拉动下，第四季度物价仍将高位运行，预计CPI全年涨幅为3.2%。

**表1　2010年1~9月居民消费价格涨幅**

单位：%

| 月　份 | 1 | 2 | 3 | 4 | 5 | 6 | 7 | 8 | 9 |
|---|---|---|---|---|---|---|---|---|---|
| CPI 累计同比 | 1.5 | 2.1 | 2.2 | 2.4 | 2.5 | 2.6 | 2.7 | 2.8 | 2.9 |
| CPI 当月同比 | 1.5 | 2.7 | 2.4 | 2.8 | 3.1 | 2.9 | 3.3 | 3.5 | 3.6 |
| CPI 当月环比 | 0.6 | 1.2 | -0.7 | 0.2 | -0.1 | -0.6 | 0.4 | 0.6 | 0.6 |

**2. 生产者价格先扬后抑，涨势趋稳**

在节能减排、房地产调控和清理地方政府融资平台政策的交叠影响下，在部分工业行业产能过剩的制约下，生产者价格同比增幅呈回落态势。2010年前三季度，PPI同比上涨5.5%，涨幅比上年同期提高12个百分点。其中，生产资料上涨6.7%，生活资料上涨1.6%。在生产资料中，采掘工业、原材料工业和加工工业分别上涨25.3%、10.4%和2.6%，表明2010年工业品出厂价格的恢复性上涨主要由生产资料拉动，而生产资料价格的上涨主要由采掘工业和原材料工业拉动。

2010年前三季度，PPIRM同比上涨9.8%（见图2），比上年同期提高19.3个百分点。其中，有色金属材料类、燃料动力类、黑色金属材料类和化工原料类分别上涨24.2%、18.6%、5.3%和6.4%，表明2010年原材料、燃料、动力购进价格的恢复性上涨主要由有色金属材料类和燃料动力类价格的上升而带动。

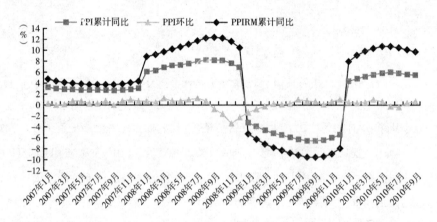

**图2　工业品出厂价格和原材料燃料动力购进价格走势**

分月看，1月份以来PPI先扬后抑，5月份达到年内峰值后回落（见表2）。在国际大宗商品价格上升的拉动下，第四季度将止跌回升，预计PPI全年涨幅为5.5%。

**表2　2010年1~9月生产者价格涨幅**

单位：%

| 月　份 | 1 | 2 | 3 | 4 | 5 | 6 | 7 | 8 | 9 |
|---|---|---|---|---|---|---|---|---|---|
| PPI累计同比 | 4.3 | 4.9 | 5.2 | 5.6 | 5.9 | 6.0 | 5.8 | 5.6 | 5.5 |
| PPI当月同比 | 4.3 | 5.4 | 5.9 | 6.8 | 7.1 | 6.4 | 4.8 | 4.3 | 4.3 |
| PPI当月环比 | 0.5 | 0.4 | 0.5 | 1.0 | 0.6 | -0.3 | -0.4 | 0.4 | 0.6 |
| PPIRM累计同比 | 8.0 | 9.1 | 9.9 | 10.4 | 10.8 | 10.8 | 10.5 | 10.1 | 9.8 |
| PPIRM当月同比 | 8.0 | 10.3 | 11.5 | 12.0 | 12.2 | 10.8 | 8.5 | 7.5 | 7.1 |

### 3. 房价同比涨幅持续回落，过快上涨势头得到初步遏制

4 月份，国务院下发关于遏制部分城市房价过快上涨的通知，9 月底多部委联合出台五项措施，抑制投机炒作行为，随着房地产调控政策的逐步实施，房价过快上涨的势头得到初步遏制。4 ~ 9 月份全国 70 个大中城市房价涨幅逐月回落。房地产开发投资基本稳定，商品房销售面积大幅下滑，房地产开发投资资金来源有一定程度的下降，但近期外资对房地产的投资呈增长态势。

## （二）结构性上涨是 2010 年我国物价总水平上升的主要特点

### 1. 食品价格飙升是居民消费价格上升的主要推力

分析我国的统计数据可以发现，历年食品价格的飙升都伴有物价总水平的大幅上涨。2004、2007 年和 2008 年，食品价格分别上涨 9.9%、12.3% 和 14.3%，CPI 分别上涨 3.9%、4.8% 和 5.9%，主要是因为食品在 CPI 中所占的权重高达 1/3。2010 年，在食品和居住价格的拉动下，我国居民消费价格表现为明显的结构性上涨特征。9 月份，CPI 上涨 3.6%，其中，食品价格上涨 8.0%，居住价格上涨 4.3%。食品拉动 CPI 上涨 2.68 个百分点（见表 3），占同期 CPI 涨幅比重的 74.7%，居住拉动 CPI 上涨 0.58 个百分点，占同期 CPI 涨幅比重的 16.1%。

表 3　2010 年 1 ~ 9 月八大消费对 CPI 的拉动

单位：%

| 月份 | CPI | 食品 | 烟酒及用品 | 衣着 | 家庭设备及维修 | 医疗保健 | 交通通信 | 娱乐教育文化 | 居住 |
|------|-----|------|-----------|------|----------------|----------|----------|--------------|------|
| 1 | 1.5 | 1.14 | 0.21 | -0.09 | -0.07 | 0.17 | -0.05 | -0.05 | 0.24 |
| 2 | 2.7 | 2.05 | 0.21 | -0.15 | -0.05 | 0.21 | 0.01 | 0.01 | 0.41 |
| 3 | 2.4 | 1.65 | 0.24 | -0.13 | -0.06 | 0.24 | 0.00 | 0.01 | 0.45 |
| 4 | 2.8 | 1.91 | 0.24 | -0.17 | -0.06 | 0.24 | 0.00 | 0.02 | 0.61 |
| 5 | 3.1 | 2.01 | 0.20 | -0.11 | -0.02 | 0.30 | 0.01 | 0.03 | 0.68 |
| 6 | 2.9 | 1.92 | 0.21 | -0.11 | -0.04 | 0.27 | -0.05 | 0.04 | 0.68 |
| 7 | 3.3 | 2.25 | 0.20 | -0.09 | 0.01 | 0.31 | -0.07 | 0.05 | 0.62 |
| 8 | 3.5 | 2.52 | 0.20 | -0.13 | 0.02 | 0.31 | -0.08 | 0.05 | 0.60 |
| 9 | 3.6 | 2.68 | 0.20 | -0.16 | 0.02 | 0.32 | -0.09 | 0.05 | 0.58 |

影响粮食价格的因素有：全国部分地区洪涝灾害及高温天气交替发生，农产品生产、存储及运输受到影响，夏粮比上年减产 8 亿斤；外资进入中国农产品市

场争夺定价权；自第二季度以来猪粮比价一直呈上升态势，连续3个月超过6.0的盈亏平衡点（见图3）；俄罗斯粮食减产1/3，投机资金趁机进行炒作，导致国际粮食价格大幅上涨，据联合国粮农组织统计，9月份的谷物价格比年初上涨了22.4%。

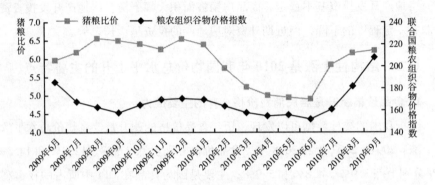

**图3　猪粮比价与联合国粮农组织谷物价格走势**

2009年，我国粮食进口5223万吨，占粮食总产量的9.8%，其中小麦和大米进口不多，而大豆的进口量占产量的220%。2010年我国小麦和稻米进口平稳增长，玉米和大豆进口大幅增长，截止到9月份，玉米进口122.7万吨，增长8198.5%，大豆进口4016.1万吨，增长24.1%。国际粮价上涨对我国粮食价格有一定的传导作用。

**2. 基数效应和翘尾因素支撑物价恢复性上涨**

2009年受金融危机的影响，我国呈现通货紧缩的态势，CPI下降0.7%，PPI下降5.4%，PPIRM下降7.9%，2009年我国物价总水平基数较低，后期环比逐步上升，导致2010年翘尾因素明显，这种物价上升具有一定恢复性的特点。

2010年前三季度CPI呈上升的态势，与2009年基数前低后高有一定的关系。经测算，CPI翘尾因素在前三季度为1.41%，新涨价因素为1.49%，第四季度翘尾因素为0.77%，对CPI的下拉作用明显，但新涨价因素将有所上升。PPI翘尾因素在前三季度为3.71%，新涨价因素为1.79%，第四季度翘尾因素为0.87%，对PPI具有明显的抑制作用，但受国际原油和铁矿石等大宗商品价格的拉动，新涨价因素将大幅上升，预计PPI在第四季度有上升趋势。2010年1～9月CPI和PPI的新涨价因素和翘尾因素见表4。

表 4　2010 年 1 ~ 9 月 CPI 和 PPI 的新涨价因素和翘尾因素

单位：%

| 月　份 | 1 | 2 | 3 | 4 | 5 | 6 | 7 | 8 | 9 |
|---|---|---|---|---|---|---|---|---|---|
| CPI 翘尾 | 0.79 | 0.79 | 1.10 | 1.30 | 1.60 | 2.11 | 2.11 | 1.61 | 1.20 |
| CPI 新涨价 | 0.71 | 1.91 | 1.30 | 1.50 | 1.50 | 0.79 | 1.19 | 1.89 | 2.40 |
| PPI 翘尾 | 3.75 | 4.48 | 4.79 | 4.57 | 4.48 | 4.16 | 3.14 | 2.32 | 1.71 |
| PPI 新涨价 | 0.55 | 0.92 | 1.11 | 2.23 | 2.62 | 2.24 | 1.66 | 1.98 | 2.69 |

**3. 上游价格向下游传导的压力有所减轻**

本文用 PPIRM 代表上游价格，CPI 下游价格。从 2010 年上下游价格的走势看，第一季度上下游价格变动趋势比较一致，第二季度后上下游价格的走势出现分化，上下游价格之间的传导幅度有所降低。4 ~ 9 月份，上下游价格增幅之差分别为 9.2、9.1、7.9、5.2、4.0、3.5 个百分点，上下游价格上涨差距呈缩小趋势。

上下游产品所处的市场需求差异是价格传导幅度降低的直接原因。我国上游存在严重的产能过剩，使得竞争较为激烈，需求增加带来的价格上涨幅度相对较小，需求下降则带来价格的大幅下降。而我国下游产品市场总体是供求平衡，供大于求的比例较小，下游产品市场供给弹性有限，需求增加时，价格上涨的幅度较大。近期，在家电下乡等政策的刺激下，我国下游市场需求旺盛，社会消费品零售总额保持在 18% 以上的月度增幅，而在节能减排、淘汰落后产能和房地产政策的调控下，我国工业品消费有所下降，导致上下游产品价格传导幅度降低。

## 二　2011 年物价运行展望

2010 年第三季度，CPI 大幅上扬，涨幅达到 3.5%，远超 3% 的调控目标，近期，央行已加息，启动价格型调控工具管理通胀预期，释放出控制流动性的积极信号。2011 年国内外经济环境更加复杂，推动物价上行和抑制物价上涨的因素并存。

### （一）诸多因素支撑物价上涨

**1. "十二五"规划的开局之年助升内需进一步扩大**

2011 年是"十二五"规划的开局之年，新的经济政策的实施将给经济增长

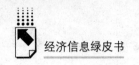

注入新的动力，经济结构调整和消费升级将使内需进一步扩大，经济增长的动力将转向内需特别是国内消费，降低经济的对外依存度。

虽然节能减排和房地产调控政策在一定程度上会抑制投资的增长，但也存在诸多因素推动投资增长。首先，产业结构优化升级，特别是新能源等战略性新兴产业的规划和实施将加快投资步伐；其次，各地政府投资动力依然强劲，一大批基础设施重点项目的集中开工和保障性住房的大规模建设将使投资有望保持较快的增长势头。2011 年，保持消费较快增长具备诸多有利因素。首先，居民收入分配改革将积极推进，居民收入在国民收入分配中的比重有望得到提高，就业形势的好转将有助于增加消费能力；其次，社会保障体系将进一步健全，医疗事业改革积极推进，保障性住房的建设将缓解居民消费的压力。

**2. 国内外充裕的流动性对物价上涨形成支撑**

从国内环境看，2009 年为应对国际金融危机，我国实行了超宽松的货币政策，向市场注入了大量的流动性。2009 年底，M2 余额为 60.6 万亿元，同比增长 27.7%，M1 余额为 22 万亿元，同比增长 32.4%，新增贷款 9.6 万亿元。截止到 2010 年 9 月末，我国 M2 增速为 19.0%，超过 17% 的调控目标，M1 增速为 20.9%，新增人民币贷款 6.3 万亿元。我国货币供应呈两大特点，一是 M1 增速超过 M2，说明市场资金流通活跃，后期将拉升 M2 的增长，反映了整体货币经济体系的流动性过剩；二是 M2 的增速超过经济增速和物价增幅之和，出现超额货币供给现象。

从国际环境看，美国失业率居高不下，奥巴马政府推出新的经济刺激政策，实行进一步量化宽松的货币政策；日本也加大了对经济的刺激力度，展开了新一轮量化宽松货币政策，将隔夜利率目标降至 0 ~ 0.1%，同时，成立了 5 万亿日元基金购买政府债和其他资产，扩张其资产负债表；欧洲央行也正加快实施量化宽松货币政策，由央行购买政府债券向金融体系注入资金。

我国货币供应量和贷款的高速增长，目前并没有引发物价水平的大幅上升，考虑到货币供应和物价变化之间存在一定的时滞，因此未来一段时间物价上涨的压力较大，预计到 2011 年会逐渐释放出来。

**3. 资源能源类产品价格改革深入推进**

随着国家节能减排措施进一步开展，2011 年资源价格形成机制改革将不断推进，2011 年的物价上升要给资源价格改革预留足够空间。2011 年将全面推进水、电价改革，完善石油天然气定价机制，加快实现煤炭价格市场化，环境治理成本和资源枯竭后的退出成本都将计入油、气、水、电、煤等产品定价中。所有的这些改革都将涉及生产资料价格调整，直接影响资源价格水平，增加能源使用行业和交通运输业的成本，提高相关的工业产品价格，从而间接地带动 PPI 上升，更为重要的是水、电、气价格的改革将直接推动居住类价格上涨，并最终带动物价总水平的上升。

**4. 粮食价格仍将继续上涨**

2011 年，粮食价格仍将保持稳中有升的态势，主要基于以下几方面的判断。第一，从国内粮食供求关系看，虽然 2010 年全国秋粮丰收成定局，但加速的城市化和工业化对粮食的需求量大幅增加，但粮食生产基础不牢固，在目前的生产体系和气候约束下，粮食大幅增产面临诸多困难，粮食供求长期偏紧的态势没有改变；第二，2010 年国际粮价大幅上升，国内抛储以平抑国际粮价对国内粮价的传导作用，下一步收储也在一定程度上有利于粮价的上升；第三，农业生产资料价格上涨推动粮价上涨，同时农民工工资的提升也推高了粮食生产的机会成本；第四，外资加速进入中国粮食市场，布局中国市场的步伐加快，争夺粮食的定价权，国内企业的压力进一步加大，目前国内大豆市场基本被外资所控制；第五，为保护农民种粮积极性，进一步促进粮食生产，国家提高了 2011 年小麦最低收购价，白小麦、红小麦和混合麦最低收购价涨幅分别为 5.56%、8.14% 和 8.14%，高于 2010 年的最低收购价涨幅。

除粮食外，肉禽价格也将上升。随着收入水平提高和城市化加速推进，人均畜产品和水产品消费量将快速增长。前期由于猪肉价格较低，农民宰杀了部分能繁育母猪，截止到 9 月份，全国能繁育母猪数量为 4700 万头，同比下降 2.89%，环比下降 1.1%，生猪存栏量为 45450 万头，同比下降 2.29%。这意味着我国远期生猪供给能力有所下降，因此肉禽价格总体上也将保持较高水平。

**5. 劳动力成本快速上升**

近 20 年来，我国劳动力收入的增长率持续低于国民收入的增长率，造成我国消费率过低和投资率过高的结构性失衡。收入分配改革是今后一段时期的重要任务，要努力实现居民收入增长和经济发展同步，劳动报酬增长和劳动生产率增长同步。当前，我国劳动力的供给结构正在发生变化，劳动力成本，尤其是低端劳动力成本不断上升，沿海地区农民工工资水平明显提高，近期各地又提高了最

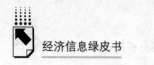

低工资标准，成本推动物价上升的因素不断增加。劳动力成本的上升必然导致生产成本的提高，最终推动物价水平的上涨。因此，劳动力成本上升是当前重要的成本推动型物价上涨因素。

**6. 美元持续贬值令输入型通胀压力有所加大**

近期，美日欧等发达经济体经济持续低迷，经济处于无就业增长的缓慢复苏状况，财政压力不断增大。在经济复苏步伐放缓和财政状况持续恶化的倒逼之下，继续维持低利率政策和实施量化宽松的货币政策已成为美日欧经济政策的主旋律，向市场大规模注资，推动套利资本进入商品市场逐利，加之美元持续贬值，导致国际大宗商品价格持续走高。第三季度以来，美元指数下跌 6.8%，WTI 原油价格上涨 8.1%，LME 铜铝分别上涨 28.1% 和 19.5%，从巴西进口的铁矿石上涨 5.9%，CBOT 小麦、大豆和棉花价格分别上涨 47.0%、27.8% 和 44.9%。我国是全球铁矿石第一大进口国和第二大石油进口国，大豆基本上依靠进口，但我国对全球大宗商品市场的影响力仅仅体现在需求拉动方面，并没有掌握大宗商品的国际定价权，是被动的价格接受者。因此，国际大宗商品价格的上涨必然要传导到我国的工业生产领域，引起物价的上升。

近期，中国和印度等新兴经济体的 PMI 指数呈上升态势，表明经济处于良好的复苏阶段，此外，我国还进行了人民币汇率形成机制改革，人民币出现持续升值。我国强劲的经济增长、人民币升值和利差吸引了热钱的快速流入，9 月份，我国外汇占款增加 2896 亿元，连续五个月持续增长，热钱的流入使我国的流动性更加充裕，增加了管理通胀预期的难度。

**7. 我国目前正处于新一轮价格周期的上升阶段**

2000 年以来，我国经历了四轮周期性的物价波动。第一轮从 2000 年 1 月至 2002 年 4 月，CPI 由 -0.2% 上升到 1.7%，上升阶段持续 17 个月；第二轮从 2002 年 5 月至 2006 年 3 月，CPI 由 -1.1% 上涨至 5.3%，上涨阶段持续 28 个月；第三轮从 2006 年 4 月至 2009 年 7 月，CPI 由 1.2% 上升至 8.7%，上升阶段持续 23 个月；第四轮从 2009 年 8 月至今，目前正在经历第四轮波动的上升阶段，已持续 12 个月。CPI 不断在微幅震荡中上升的态势表明，本轮物价的上升期还没有结束，未来仍将持续一段时间。

**8. 翘尾因素明显升高**

由于 2010 年物价恢复性增长，各月环比涨幅总体上比 2009 年有所扩大，因此，导致 2011 年的翘尾因素比 2010 年升高。经初步测算，2011 年翘尾因素为 2.5%，比 2010 年高 1.3 个百分点，将在一定程度上拉升物价。

## （二）诸多因素抑制物价过快上涨

### 1. 国家控制通胀的能力较强

控制通胀是宏观调控的四大任务之一。针对当前物价上升主要由食品价格波动引起的现状，政府及时加强市场秩序管理，出台了六项措施稳定菜价，加大了对价格炒作违法行为的处罚力度，充分发挥主要粮食企业在农产品价格调控中的积极作用，通过调控，食品特别是粮食价格过快上涨的势头得到了遏制。下半年以来，CPI 出现加速上升的势头，中央及时采取加息和提高存款准备金率等方法以抑制物价的上涨。目前我国利率水平较低，加息空间较大，因此，国家控制通胀的能力较强。

### 2. 全球经济复苏依然脆弱

美日欧等发达经济体失业率高企、消费下滑和产能过剩驱动的通缩压力仍将持续，新增就业和投资的能力有所减弱，欧洲主权债务危机并未最终解决，发达经济体财政赤字居高不下，财政政策可操作空间不大。美元持续贬值，各国纷纷遏制不断升值的汇率，世界范围内的货币干预愈演愈烈。美国房地产市场继续恶化，信用风险逐步上升，资本监管要求的提高将使银行资本缺口增大，银行体系的脆弱性依然存在。

总体来看，2011 年世界经济有望保持复苏状态，但仍没有找到新的增长源泉，世界主要经济体的内外部重新平衡还未取得突破，因此世界经济没有进入稳定增长的发展阶段，复苏进程缓慢而曲折，经济增长速度将有所放缓。据 IMF 预测，世界经济 2010 年增长 4.8%，2011 年增长 4.2%。

### 3. 国内经济增速将有所放缓

2011 年是"十二五"规划的开局之年，我国经济发展具有众多有利条件，包括消费和产业结构优化升级、城镇化加速推进等。但经济增长也面临诸多困难。第一，世界经济趋缓，人民币升值压力增大，外部需求增长受限，中国遭遇的贸易摩擦正从低端产品向高科技产品、从产品层面向产业层面蔓延，出口形势不容乐观；第二，家电和汽车等消费政策边际效应减弱，房市趋于降温，新的消费热点尚未形成，经济增长的内生动力没有完全恢复，消费快速增长的难度较

大；第三，农业基础薄弱，农业稳定增产的难度增加；第四，过高的投资率和对地方政府融资平台的限制使投资的高增长难以为继。

**4. 产能过剩对物价快速上涨形成抑制作用**

我国产能过剩情况较普遍，统计数据显示，我国有 21 个行业存在不同程度的产能过剩，多数商品供过于求，这种局面对通货膨胀有较强的抑制作用。

**5. 房地产调控政策有利于遏制房价快速上涨**

国家高度重视对房地产的调控，在政策层面上有 4 月份的"国十条"和 9 月份七部门联合出台的"五项措施"以及部分地方政府出台的补充措施，在供给层面上则加大了土地的供应和保障房的开发建设力度，在资金层面上严格限制房地产企业融资。这些措施已经收到效果，房价总体趋于稳定，即将开征的房产税将对房价产生进一步的抑制作用。

## 三　对 2011 年物价走势的初步预测

2011 年，我国仍面临需求不足和增长动力脆弱的问题，经济增速将有适度回调，为了遏制当前流动性泛滥的局面，货币供应和信贷也将向常态回归，但为了保持政策的稳定性，这种回归将是逐步的，这决定了一方面不会发生严重的通胀，另一方面物价走势总体仍呈上升态势，初步预计 2011 年 CPI 上涨 4%，PPI 上涨 6%。

考虑到前期已积累了充裕的流动性，农业生产基础脆弱，资源价格改革压力较大，因此，2011 年不排除农产品、能源资源类产品和劳动力价格快速上涨的可能，应予以重点关注。

## 四　2011 年物价调控的对策建议

**1. 完善农产品保护机制，提高应对价格突发波动的能力**

农业处于产业链低端，对市场定价能力相对较弱，要稳定农业生产，就要建立农产品保护机制，增加农民收入，避免农产品价格的突发波动。进一步加大对农业的直接补贴力度，以目标价格为核心，建立农产品价格的保险机制，帮助农民抵御自然风险。要将农产品储备、价格预警和进出口有机地结合起来，探索商品储备的基金运作模式，保障储备资金的有效落实和管理。

**2. 适度控制流动性，实行稳健的货币政策和有弹性的汇率制度**

通胀形成的直接原因是货币供应过多，由于 2009 年和 2010 年货币和信贷投放大幅增长，加之热钱加速流入，导致目前市场流动性泛滥。可以利用外汇购进我国经济发展急需的资源，完善对外直接投资的相关法律制度，建立健全的人民币汇率弹性机制和防止热钱过快流入的配套措施，减少外汇占款；严格控制产能过剩行业的投资，缩减信贷规模；负利率易导致资产泡沫和加快货币流通速度，考虑目前经济增速较快，可选择适当时机适度加息；货币政策应进行结构优化，不仅要盯住消费价格，还应将资产价格的波动纳入调控范围。

**3. 推进资源价格改革，完善资源价格形成机制**

我国的成品油、电力和燃气等资源类产品的价格由政府管理，价格未能充分及时反映市场供求状况，资源价格偏低是我国经济内外失衡的重要诱因之一。要加快推进资源税改革，尽快完善资源类产品价格的成本构成和激励约束机制，让价格在转变经济增长方式上发挥调节作用，早日形成有利于节约资源的经济增长方式，纠正我国经济日益加剧的内外失衡局面。

**4. 提高利用国际资源能力，减轻输入型通胀**

我国能源和原材料的国际依存度较高，要采取多种措施平抑国际价格波动对我国价格的影响。灵活运用收购、兼并等手段获取外部资源，扩大对重要资源的价格影响力；加强行业协调，提高对外采购的谈判能力，实行多层次的本国利益保护机制，加强国际合作，积极参与国际市场游戏规则的制定。

# G.10
# 2010年就业形势分析及2011年展望

步德迎*

**摘 要：** 2010年，我国经济高速增长，出口迅速恢复，投资增速有所放慢，但仍保持快速增长，消费增长加快，三驾马车对经济的拉动作用更加协调，沿海出口加工企业开工率大幅回升，对劳动力需求快速增长，以至于沿海地区出现企业招工难现象。9月末全国城镇登记失业率为4.1%，比2009年同期下降0.2个百分点。据人力资源和社会保障部的数据，第二季度首次出现求人倍率超过1的情况，说明我国城市劳动力供求关系已开始由长期总量供大于求向供不应求转变。在劳动力供求结构上，低学历的初级简单劳动力需求较大，供给严重不足，大专及以上学历的劳动力则严重供大于求，这种局面日趋严重。展望2011年，随着人民币汇率的升值和劳动力工资水平的提高，我国经济将继续加快结构调整，产业转移和产业升级步伐将加快，对劳动力的需求结构将进一步变化，劳动力的结构性矛盾将对我国经济发展产生越来越大的制约作用。

**关键词：** 就业 劳动力 政策建议 展望

## 一 2010年全国就业形势分析

2010年，我国经济继续快速增长，中央加大结构调整的力度，并把控制通货膨胀预期放在重要位置，银行信贷增长逐步放缓，对房地产市场的调控力度不断加大。在中央一系列调控措施的作用下，固定资产投资增速逐步放慢，由年初

---

\* 步德迎，经济学学士，国家信息中心经济预测部副主任，高级经济师，主要研究宏观经济问题及对策。

的 26.6% 减慢为 1~9 月的 24.5% 。与此同时，国家加大收入分配的改革力度，各地纷纷提高最低工资标准，并改善消费环境，使社会消费品零售总额增速达到近年的高点。伴随世界经济的复苏，我国出口快速恢复，已超过危机前水平，净出口虽然仍是下降，但降幅明显缩小。三驾马车对经济的拉动作用更加协调。第一季度 GDP 增速达到 11.9% 的高点后，第二、三季度稳步小幅回落，有利于我国经济的协调和持续发展。经济的快速协调增长带动了对劳动力需求的快速增长，就业形势好于预期。

据人力资源和社会保障部发布的信息，1~9 月，全国城镇新增就业 931 万人，比上年同期增长 9.4%，完成全年新增 900 万人目标的 103%；全国下岗失业人员再就业 440 万人，比上年同期增长 9.5%，完成全年 500 万人目标的 88%；就业困难人员实现就业 126 万人，同比增长 5%，完成全年目标 100 万人的 126%。截至第三季度末，全国城镇登记失业人数 905 万人，比第二季度末减少 6 万人，比上年同期减少 10 万人；第三季度末城镇登记失业率为 4.1%，比第二季度末降低 0.1 个百分点，比上年同期降低 0.2 个百分点，就业形势持续好转。下面根据中国人力资源市场信息监测中心发布的季度《部分城市公共就业服务机构市场供求状况分析》提供的数据，对 2010 年我国就业形势的特点做一简要分析。

**1. 就业形势明显好转**

随着经济增长速度加快，劳动力市场需求增速大幅提高，而劳动力供应的增速则远低于需求，劳动力市场已由总量供大于求变为总量供求平衡。反映劳动力供求关系的指标——求人倍率（用人需求/求职人数）第二季度由长期低于 1 变为 1，标志着我国劳动力市场出现了重要转折，开始由劳动力的充分供应向供求基本平衡和供应不足转化，人口红利提前结束。这个信号预示我们，未来我国经济要想保持快速增长，就必须由依赖劳动力数量的扩张转向更多地依靠劳动力素质的提高，否则经济就将进入低速增长阶段。

**2. 不同学历劳动力供求分析**

（1）需求结构。在第三季度对求职者学历有要求的用人单位中，要求高中文化程度的占 44.1%，排第一，比第二季度提高 0.2 个百分点（其中要求职高、技校、中专毕业的占 26%，比第二季度提高 1.5 个百分点，要求普通高中毕业的占 18.2%，比第二季度下降 1.2 个百分点）；要求初中及以下学历的占

29.0%，排第二，比第二季度提高0.7个百分点；要求大专学历的占18.2%，排第三，比第二季度下降0.4个百分点；要求大学及以上学历的占9.2%，排最后，比第二季度提高0.1个百分点。由此可见，我国目前企业生产水平还处于较低的技术层次，对劳动力的知识层次有一定要求，但要求不高。从动态看，对职高、技校和中专毕业生的需求比例提高最多，对普通高中学历的需求比例下降最多，对初中及以下和大学及以上学历的需求比例都有所提高，说明社会对具有一定操作技能的劳动力需求增加较快，对文化程度不高的劳动力需求增长也较快，对高学历的劳动力需求比例有所上升。

（2）供给结构。在第三季度求职者中，高中文化程度的占39.8%（其中57.6%接受了职高、技校、中专教育）；初中及以下文化程度的占27%；大专文化程度的占20.3%；大学及以上文化程度的占12.9%。大专以上学历的求职者已达到劳动力供给总量的33.2%。按当季劳动力市场总求人倍率为1计算，即使求职者完全具备市场需要的素质，大专及以上学历的求职者中也将有17.5%得不到就业岗位。这说明目前我国高等教育的规模结构与社会需求有较大的脱节。

（3）供求差距。第三季度不同学历劳动者的求人倍率分别为：最高的是职高、技校、中专毕业生，为1.29，比第二季度大幅提高0.19；其次是初中及以下学历，为1.05，比第二季度下降0.04；第三是大专，为0.89，比第二季度提高0.02；第四是普通高中，为0.79，比第二季度大幅下降0.29；第五是大学，为0.73，比第二季度下降0.05；最后是硕士及以上学历，为0.67，比第二季度略降0.01。这组数据说明，兼顾理论学习和操作技能的职高、技校、中专毕业生需求上升迅速，供不应求；以高考为目的而又没有考上高等院校的普通高中生在就业市场竞争力很弱，就业难度大幅提高；初中及以下学历虽然仍供不应求，但供求缺口减小；大学及以上学历供大于求程度都有所加深。

**3. 高校毕业生就业情况**

第三季度新成长的失业青年中高校毕业生占47.8%，高于上年同期5.6个百分点，比第二季度上升1.9个百分点，反映了高校毕业生就业形势日益严峻。在全国就业市场出现劳动力短缺的时候发生高校毕业生就业形势更加严峻的情况，值得国家教育主管部门和高校认真反思，也值得国家经济主管部门认真研究。

**4. 中西部供大于求，东部供不应求**

动态看，第三季度东部地区求人倍率为 1.01，比第二季度和上年同期都有所提高，出现劳动力总量供不应求的局面；中部地区求人倍率为 0.96，比第二季度略有下降，但比上年同期有较大上升；西部地区求人倍率为 0.95，比第二季度下降较多，但比上年同期上升较多（见表 1）。说明东部地区劳动力短缺情况在加剧，中西部地区就业形势有所恶化，特别是西部地区由第二季度的劳动力供给不足重新变为过剩。但从就业形势的严峻程度看，中西部地区就业形势都好于 2008 年和 2009 年同期，说明了我国产业转移在劳动力市场已有所反映。

**表 1　东中西部地区劳动力市场求人倍率**

|  | 东部 | 中部 | 西部 |  | 东部 | 中部 | 西部 |
|---|---|---|---|---|---|---|---|
| 2009 年第二季度 | 0.90 | 0.88 | 0.80 | 2010 年第一季度 | 1.07 | 1.00 | 1.01 |
| 2009 年第三季度 | 0.99 | 0.89 | 0.87 | 2010 年第二季度 | 1.00 | 0.98 | 1.01 |
| 2009 年第四季度 | 1.01 | 0.92 | 0.93 | 2010 年第三季度 | 1.01 | 0.96 | 0.95 |

**5. 劳动力供求结构分析**

据中国劳动力市场信息网监测中心发布的第二、三季度全国十大城市岗位需求与求职排行榜，可以得出我国劳动力市场的如下特点。

（1）供给过剩和供不应求的人员类型。供大于求的岗位主要是具有一般性技术的熟练工种如财会人员、行政办事人员、文秘人员、收银员、汽车驾驶员等。

供不应求的岗位排在第一位的是收入与业绩挂钩的岗位，如保险业务员、推销展销人员；排在第二位的是体力工人、清洁工、餐厅服务员、护理人员、家政服务人员等；排在第三位的是对技术和体力都有一定要求的岗位，如制造业技术工人、裁剪缝纫人员、机电加工及维修人员、厨师等。

（2）不同地区对劳动力需求结构不同。不同岗位的劳动力供求情况在不同地区有一定差别，如东部城市中对服务员、营业员、收银员、服务类人员需求难以满足的较多，西部城市中对制造业技术工人需求超过供给的较多。除了这种程度的差别外，地区之间也存在完全相反的供求情况，即在有的城市供大于求的岗位在其他城市则供不应求。

上述特点说明，一是我国制造业在由东部地区向中西部地区转移的过程中劳动力供求结构在地区间发生着变化；二是我国各地区间劳动力市场供求信息未获得有效的发布和传播，使劳动力在地区间流动存在盲目性，造成部分岗位在一些城市供不应求，在另一些城市则供过于求；三是我国教育培训系统还存在与社会需求脱节的问题；四是我国群众对部分劳动岗位存在歧视，具体表现为轻视蓝领类和体力劳动岗位，喜欢白领类工作。

## 二 对 2011 年就业形势展望

### 1. 外部经济环境的不确定性增强

2010 年暴露出的"欧猪五国"财政危机还没有过去，彻底解决非一朝一夕所能完成，其他发达国家的财政问题也已经暴露，美国、日本、英国的政府债务占 GDP 的比例都已远超国际公认的警戒线。解决这一问题，要么紧缩政府支出，加重国内的通货紧缩和失业，引发社会动荡；要么增发货币，实行通货膨胀政策，让政府的债务贬值，把政府债务转嫁给其他国家和本国老百姓。理论上看，紧缩政府支出是正确的办法，但对实行这一政策的国家来说痛苦较大，且存在政治风险。增发货币的办法比较符合政治家的选择，但这种以邻为壑的方法必然引起其他国家的仿效，并导致货币大战，最终不但达不到预期的效果，反而会引发全球性的通货膨胀，伤害全世界的老百姓和各国的社会政治稳定。目前美国、日本实行的量化宽松货币政策已经点燃世界货币战争的引信，很可能会在 2011 年引发世界性的货币战争和通货膨胀，并对全球经济产生严重影响。

通货膨胀对经济和社会稳定的危害，无论是发达国家的近代史还是我国改革开放 30 年来的历史，都有着切肤之痛。所以，一旦发生通货膨胀，任何一国政府都不得不采取紧缩的货币政策，提高存贷款利率、提高准备金率、压缩信贷规模，付出经济增速大幅下降和失业率大幅上升的代价。由于本轮通货膨胀很可能是全球性的，将引发各国之间进一步的汇率战和贸易战，使经济全球化受阻，各国经济都将遭受沉重打击。当然，这种情况的发生可能会在未来几年，而不是在 2011 年，2011 年会怎样存在很大的不确定性，但发达国家通货膨胀政策的影响在 2011 年即可初露端倪。明智的政府将会在通货膨胀发生之前率先紧缩经济，调整结构，坐收全球通货膨胀的渔利。但不论是主动调整还是被动调整，经济减速都将是不可避免的。

**2. 我国经济将保持较快增长的有利因素**

（1）新的消费热点仍会持续。汽车销售的高峰可能已经过去，但仍会保持较高增速，为经济提供较快增长的动力。

（2）七大新兴产业将成为新的经济增长点。国家战略性新兴产业规划的实施将带来一轮新的投资热潮，推动经济的快速增长。

（3）提高居民收入的政策落实，将大幅提高低收入者的购买力。这部分群众家庭的耐用消费品保有率相对较低，而他们的边际消费倾向又较高，加上中央"十二五"规划建议中提出的要努力提高劳动报酬在初次分配中的比重，从而将使广大低收入群体对未来收入较快增长获得稳定的预期。在这种环境下，当他们的收入提高之后，对各种消费品的需求将会大幅增长，成为拉动经济较快增长的重要力量。

（4）城市基础设施建设仍将快速发展。城市化是我国经济增长的重要动力，也是根本解决三农问题的重要手段。为了加快城市化进程，不但要改革户籍管理制度，加快城市经济发展，为进城农民提供就业岗位，还必须为城市人口的增加提供必要的硬件设施，如住房、道路、供水供电、医疗、教育、垃圾处理、休憩娱乐等，这方面有着巨大的投资空间。

**3. 2011 年我国经济增速将放缓**

（1）房地产调控将使 GDP 增速减缓。我国为应对国际金融危机实行的 4 万亿投资计划将于 2010 年底结束。国内房地产泡沫对宏观经济和社会稳定造成的威胁已引起中央的高度重视，中央对抑制国内房价的坚决态度前所未有，房价调控政策将会坚持到房价回归正常水平，因此，2011 年社会对房地产投资的热情将明显降温，虽然各级政府会加大保障性住房的投资力度，但未必能弥补社会投资的减少，特别是一旦住房市场价格下降，市场买涨不买落的心理会对住房需求形成强烈抑制，加剧价格的下降，并使市场投资出现萎缩。如果这种局面出现，房地产需求和投资的萎缩将成为制约 2011 年宏观经济的重要因素。由于房地产对其他行业的连带作用大，必然导致经济增长速度的全面回落。

（2）国际贸易保护和货币战将抑制出口。一方面美国率先加大对我国出口产品开展贸易调查的力度，抑制我国产品的出口，另一方面美国联合多国逼迫人民币升值将削弱我国产品在国际市场上的竞争力，在这双重压力下，我国 2011 年出口形势不容乐观，将影响出口工业的生产。

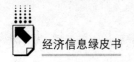

（3）国内最低工资和平均工资的大幅上涨会提高产品成本，降低出口竞争力。

（4）通货膨胀压力加大要求实行紧缩的货币政策，货币紧缩的结果必然是经济增长的全面降温。

（5）我国产业结构升级的迫切性越来越强，而我国适应产业升级的人才准备却很不够，不仅科技创新的人才不够，能够适应产业升级的技术工人也远远不够，原有产业结构又存在产能过剩和需求空间接近饱和的问题。这就决定了我国产业升级的步伐会比较缓慢，经济增长难以保持原来的那种高速度。

**4. 就业市场仍将是结构问题为主**

（1）高技能劳动力供给不足的矛盾更加突出。在做 2010 年就业市场展望时我们曾预测："2010 年就业形势将好于 2009 年，但劳动力供求的结构矛盾会更加突出，技能型人才供不应求的矛盾将加剧，非技能型低端劳动力也将短缺，主要表现为民工荒问题，推动低端劳动力工资水平上升。"这一预测已在 2010 年得到证实。事实上，这种局面是我国劳动力市场中长期都将面临的严重问题，2011 年仍会如此，只不过矛盾的程度会更深。

（2）农村可转移劳动力越来越少。最近十几年的经济高速增长在很大程度上得益于农村低成本劳动力的大量转移，使中国制造产品在国际市场上拥有巨大的竞争优势。目前，这一优势已明显减弱，来自农村的低成本劳动力资源已接近枯竭。据 2006 年 12 月《中国青年报》载，国务院发展研究中心对全国 2700 多个村庄做了一项调查，一半劳动力已经向外转移，其中 1/3 的人是举家外出打工，村子里 30 岁以下的青壮年，能出去的都出去了。2005 年农业部副部长张宝文在"农民教育创新与发展论坛"上的演讲中给出数据，我国 4.8 亿农村劳动力中初中及以下文化程度的占 87.5%。2009 年农村劳动力还有 3.9 亿人，高中及以上文化程度的农村劳动力已经基本上都外出务工了，农村劳动力继续转移的潜力已经不大了。

（3）劳动力逐步由结构性不足向总量不足变化。随着农村可转移劳动力的快速减少，劳动力逐步由结构性不足向总量不足转变，城镇失业人数将减少。由于国家政策要求增加居民收入，加上劳动力结构性不足导致工资上涨，都会引起资本对劳动力的替代，从而减少劳动力需求。因此，2011 年城镇登记失业率将比 2010 年继续回落，但回落幅度有限。

**5. 外需收缩和工资成本上升共同促进产业升级**

金融危机后，一方面以美国为首的发达国家开始调整自己的需求结构和负债消费的消费模式，压缩消费，增加储蓄，这种改变必将影响我国出口的增长，压缩我国出口增长空间，同时，新兴市场国家在国际市场与我国企业的竞争日趋激烈，或蚕食我国市场份额，或压低我国出口产品价格，对我国出口形成不利条件。另一方面，政策和供求结构矛盾都推动劳动力工资成本不断上升，降低我国低端产品的国际竞争力。这些因素客观上将促进政府和企业采取各种措施，加快资本和劳动力等资源从目前的低端产业向高端产业的转移，加快我国产业结构和产品结构的升级。这个过程要求社会向企业提供更多接受更好教育、具有更高技术能力的劳动者。

## 三 关于稳定就业的政策建议

**1. 适当降低经济增长目标，促进产业结构升级**

产业逐步升级是稳定就业的关键。改革开放 30 年来的实践告诉我们，过热的经济环境往往使企业产生浮躁情绪，盲目扩大规模，造成大量低水平重复建设，而经济环境的适度紧缩则有利于产业和产品的升级，每一次经济周期的调整，都是企业开发新产品和引进新技术的契机，为下一轮快速增长积累能量。因此，宏观经济调控部门应根据我国经济环境的基本变化和转变发展方式的要求，适当降低经济增长目标，营造一个适度紧缩的宏观经济环境，逼迫企业加强新产品和新技术的研发，抑制过剩产能的投资，致力于提升产业结构。

**2. 加快工资改革，促进技能型人才的培养**

建立世界工厂，是适合我国长期经济发展的重要战略。但我们要建的世界工厂应该由低端到高端不断升级发展，不断提高企业和产品的附加值。高端的产业结构需要高端的劳动力结构。但是，我们目前的劳动力素质很难适应产业和产品结构升级的要求。媒体上曾经在某市做过一次调查，结果只有不到 1% 的家长愿意让自己的孩子将来当工人。按照这个调查结果发展下去，我们的世界工厂地位必将让给印度、巴西、印尼和越南，我国未来的经济前景将十分黯淡。造成这种结果的原因是当前不合理的工资结构和社会评价体系都不利于培养技术工人，而改变这种工资结构和评价体系不能依靠市场，那将会使国民经济付出长期而惨痛

的代价，必须由政府通过政策、宣传和引导，向欧洲发达国家学习，使技术工人的工资待遇不低于白领的平均水平，并给予较大的上升空间，使社会形成当技术工人光荣的舆论氛围，鼓励更多年轻人从小立志做技术工人。

**3. 要根据市场供求关系调整优化教育结构**

要将学位设置和学科设置与经济社会发展的需要相适应，一是要根据劳动力市场的供求关系和人才金字塔形的需求规律，调整学历教育的结构，压缩博士硕士比例，提高博士硕士培养质量，扩大本科教育中工科学生的比例，重视工科学生动手操作能力的培养，普及高中阶段义务教育，扩大专科和中专教育比例。二是在技术职务晋升和工资调整中弱化学历的作用，强调水平和贡献的作用。三是改革高考制度和中考制度，促进中小学由应试教育向素质教育转变，使教育更符合教育规律，使中小学生的成长更符合青少年思维、认知、能力和身体发育的规律，培养高质量的小学和中学毕业生。四是发展职业培训和终生教育，建立学习型社会。

**4. 加强职业培训和再就业培训**

企业破产和劳动力失业是市场经济的常态，帮助失业人员再就业是各级政府的重要职责。一方面要发展职业中介组织，沟通用人单位和求职者之间的信息，促进再就业。另一方面要加强职业培训，提高求职者和在职劳动者的劳动技能，使他们适应结构升级对高素质劳动力的需要。要建立终生教育体系，使任何人不管想接受什么专业培训都能找到学习场所。政府要对专业培训机构的资质加强管理和监督，确保培训质量。应鼓励大专院校和大型企业利用自身的师资和技术力量开办培训机构，实行企业化经营。国家可对专业培训活动实行免税或低税，以降低培训成本，吸引更多人主动地经常性地接受培训，满足日益加快的产业升级对技能型劳动力的需要。

**5. 通过税收政策调整地区就业结构，促进中小城市发展**

大城市、特大城市从经济角度看确实有利于资源的集约利用，但从人的生活环境质量看，则城市越大生活环境质量越差，各种城市病都由大而生。目前我国许多特大城市已越来越多地受到交通拥堵、房价高涨、空气污染、治安混乱等城市病的困扰。针对这一问题，中央应未雨绸缪，通过对企业税和个人所得税在不同规模的城市实行差别税率的办法，鼓励中小城市的发展，抑制大城市的发展，使生产力布局不但符合规模经济的要求，而且符合人性化和生态环境的要求，让劳动力的流动和分布更加合理。

# G.11
# 2010 年股票市场分析及 2011 年展望

徐平生*

**摘　要**：2010 年，我国 A 股市场股权融资规模快速膨胀，市场融资总额将创历史新高；市场行情走势严重分化，新兴战略产业、医药、区域经济等主题投资受到市场青睐；市场制度建设获得突破，融资融券、股指期货等的推出使做空机制初步形成；上市公司业绩实现较快增长，但创业板公司整体业绩增长要逊色于中小板公司。2011 年，受经济增速下滑、货币政策可能转向稳健带来的货币信贷有所紧缩等不利宏观环境、市场融资需求继续扩大、解禁限售股减持套现、前期套牢盘解套离场等形成的巨额资金需求以及市场整体估值水平已有所高估等不利因素的制约，A 股市场行情向上拓展将面临巨大压力，2010 年主题投资导致的部分公司高估值水平也将使 2011 年 A 股市场的局部机会要低于 2010 年。

**关键词**：融资　估值　减持　套现　风险

## 一　2010 年股票市场运行回顾

**1. 市场股权融资规模快速膨胀，融资总额将创历史新高**

年度股权融资总额将创历史新高。2010 年，尽管 A 股市场出现较大波动，特别是上证综指还经历过持续快速下跌过程，A 股市场融资功能并未受到较大不利影响，特别是新股首次发行一直保持高频率发行节奏。A 股市场融资功能得到充分发挥，市场股权融资规模出现井喷，年度股权融资总额将创历史新高。据 Wind 资讯

---

\* 徐平生，金融学硕士，国家信息中心经济预测部财金处经济师，主要研究金融市场、经济景气监测预警。

数据，截至 10 月底，沪深两市新股首发、增发、配股等股权融资总额已高达 7267.5 亿元，仅比此前年度融资总额最高的 2007 年的 7986 亿元年度融资总规模低 717.5 亿元。考虑到 11、12 月份新股首次发行将继续密集进行，包括融资总额将达千亿元规模的中国银行、建设银行配股等再融资方案将陆续实施，2010 年 A 股市场股权融资总规模创历史新高已成定局，预计年度融资总额将高达一万亿元左右。

新股首次发行公司数已创历史新高。2010 年前 10 个月，A 股市场新股首发家数高达 292 家，已远超此前 1997 年 207 家的年度最多发行家数，创出历史新高。其中，主板发行 22 家，中小板 170 家，创业板 100 家。前 10 个月，新股首发募集资金达 4139.5 亿元，仅比 2007 年的 4470 亿元年度最高新股首发募资总额低 330.5 亿元。

A 股市场已成全球最大的新股首发融资市场。纽交所发布的 2010 年上半年全球资本市场新股首发数据显示，2010 年上半年全球资本市场新股首发融资 1052 亿美元，中国 A 股市场新股首发募集资金约 348 亿美元，一跃成为全球融资金额最大的资本市场。其中，深交所上半年以 161 个新股首发项目、226 亿美元融资额跃居全球融资金额最大的证券交易所，纽交所和东京证交所紧随其后，上证所则排名第四。

**2. 主题投资受市场青睐，A 股市场行情走势严重分化**

2010 年以来，A 股市场二级市场的热点主要体现在医药、消费、新兴战略产业、区域经济规划等热点形成的主题投资，以及黄金、农产品等通胀受益行业上，相关公司股价涨幅巨大；而受到政策调控及调控预期等不利影响的银行、房地产等行业公司则受到持续压力，总体呈下跌态势，股价屡创新低。A 股市场行情走势严重分化在主要指数上得到鲜明的体现：一方面，以银行、石油石化等大盘蓝筹公司为主要组成成分的上证综指 2010 年 10 月底收盘于 2978.84 点，比 2009 年底下跌 9.1%，不到 2007 年 10 月 6124 点的高点的一半；另一方面，深交所中小板指数 2010 年 10 月底收盘于 6942.16 点，比 2009 年底上涨达 23.27%，已经超过上次大牛市 2008 年 1 月创下的 6633.12 点的高点。从个股看，随着国庆节后股市全面较快上涨，很多 A 股的股价纷纷超越 2007 年 10 月上证综指 6124 点时水平。据《中国证券报》报道，截至 10 月 28 日收盘，可比的 1483 只 A 股中，已有 732 只股票的股价超越 6124 点时水平，占比达 49.36%。其中，医药生物、家用电器、交运设备和信息设备等行业超越 6124 点时股价的公司在行业中占比分别高达 78%、66%、65% 和 65%，而金融服务、交通运输和黑色金属行业超越 6124 点时股价的公司在行业中占比仅分别为 16%、13% 和 9%。

**3. 市场制度建设获得突破，做空机制初步形成**

2010 年，我国资本市场制度建设获得突破，做空机制初步实现。一是融资融券正式开通交易，融资融券规模迅速扩大。经中国证监会同意，2010 年 3 月 31 日上海证券交易所、深圳证券交易所正式开通融资融券交易，经过近七个月的运行，至 2010 年 10 月 28 日，沪深两市融资融券余额已达 69.22 亿元。其中，上海证券交易所融资余额达 43.25 亿元，融券余额为 0.12 亿元，融资融券余额达 43.36 亿元；深圳证券交易所融资余额达 25.72 亿元，融券余额为 0.14 亿元，融资融券余额达 25.86 亿元。二是股指期货正式成行。经证监会批准同意，4 月 16 日沪深 300 股指期货合约在中国金融期货交易所正式上市交易。经过半年多的运行，沪深 300 股指期货市场整体运行平稳，在市场流动性、价格合理性以及展期有序性等方面均表现良好，满足投资者实施套期保值的要求，市场的避险功能正在逐步、有序地发挥。

**4. 上市公司业绩较快增长，创业板上市公司业绩表现相对逊色**

上市公司业绩增速创三年新高。根据《中国证券报》报道，2010 年前三季度，有可比数据的 1992 家上市公司共实现营业收入 12.24 万亿元，同比增长 37.40%；共实现净利润 1.20 万亿元，同比增长 35.25%，同比增幅创近三年新高；加权平均净资产收益率达 11.45%，较上年同期的 10.46% 增长了 0.99 个百分点；实现每股经营性现金流 0.76 元，比上年同期的 0.64 元增加 0.12 元。前三季度，1992 家公司中，共有 1756 家实现盈利，其中有 132 家公司成功扭亏；1347 家净利润同比增长，占比达到 67.62%。

创业板公司业绩增长低于主板公司。截至 10 月 30 日，134 家创业板上市公司中，共有 129 家披露了三季报，这些公司前三季度共实现营业收入 387.89 亿元，同比增长 36.46%；实现净利润 63.54 亿元，同比增长 26.86%。与此对比的是，490 家披露三季报的中小板公司业绩增幅为 37.88%，1368 家可比主板公司业绩增幅为 35.17%，都要高出创业板公司业绩增速不少。值得注意的是，已有创业板公司业绩出现了同比下滑。统计显示，虽然前三季度创业板公司全部实现盈利，但仍有 28 家公司的净利润较上年同期有所减少，其中海默科技和南都电源净利润下降幅度超过 50%。

## 二  2011 年股票市场展望

### 1. 宏观环境将制约我国 A 股市场行情发展

（1）我国经济发展继续面临复杂的国内外环境，GDP 增速可能进一步下降。我国经济发展面临更趋复杂的外部环境。一方面，世界经济仍处于复苏通道，但复苏势头显著减弱。另一方面，国际金融市场仍有剧烈波动风险，主要发达经济体再度量化宽松形成的流动性泛滥都将使我国经济发展面临巨大挑战。

从国内看，我国仍具备保持经济平稳较快发展的有利条件，但也面临新老矛盾交织的困难。"十二五"规划实施将给经济注入新活力新动力，城镇化和工业化加快发展、消费结构升级、鼓励民间资本投资、推动区域协调发展将给内需提供有力支撑，国内资金相对充裕，宏观调控政策回旋余地较大；历经国际金融危机洗礼，企业整体竞争力提高，活力进一步增强。同时也要看到，近两年实施的经济刺激政策部分已经到期，尚未到期的也存在效应减弱问题，潜在的财政风险不容忽视，经济结构不合理、发展方式粗放等长期问题更加明显；一些新问题不断出现，节能减排面临较大反弹压力，要素成本进入集中上升期，经济保持平稳较快发展的基础仍不稳固。

总体来看，未来我国经济发展面临的环境将非常复杂，经济继续持续较快增长将面临巨大挑战。第一，固定资产投资增速将继续下降。随着地方政府投融资平台的逐步清理规范，地方政府的投资能力将受到一定限制。房地产调控措施的进一步贯彻落实，房地产开发投资可能会有较大幅度下降。第二，消费继续较快增长的难度增加。家电汽车等促消费政策效应减弱，市场销售已出现放缓趋势，而新的消费热点尚未形成。房地产市场调控政策需继续坚持，但家具、家电等住房相关消费难免受到影响。第三，外贸环境趋紧。世界经济复苏放缓，外部需求增长空间有限，人民币升值压力增大，贸易摩擦形势严峻。国内要素成本上升虽有利于结构调整，但客观上会压缩企业利润空间。出口企业普遍反映经营困难，扩大出口积极性降低，可能影响外贸发展后劲。第四，国际经贸关系更趋复杂。我国综合国力和国际地位进一步提升，美欧等西方国家对我国防范与遏制的一面明显上升，联手施压态势凸显；新兴大国和发展中国家与我国竞争加剧，我国面临的外部环境更趋复杂。

综合考虑，2011 年我国 GDP 增速将较 2010 年出现下滑，可能回落至 9% 左右。

（2）货币政策将由适度宽松转向稳健。2008 年底，为应对国际金融危机冲击带来的经济增速快速下滑等严峻挑战，我国政府采取了适度宽松的货币政策，在刺激经济快速复苏、扩大就业等方面无疑起到了一定积极作用。但是，适度宽松的货币政策也产生了巨大的负面影响，集中体现在：两年来，我国广义货币供应量（M2）余额增长超过了 50%，导致房地产价格飙升，并产生了巨大的通货膨胀压力。如果继续实施适度宽松的货币政策，继续投放超额货币，我国通货膨胀将日趋恶化，将对我国经济发展和社会稳定形成极大威胁。因此，当前我国已不具备继续实施适度宽松货币政策的基础，逐步收紧为稳健的货币政策将是大势所趋。具体将体现在：广义货币供应量增长目标将有所下调，2011 年将可能控制在 16% 左右；将选择时机根据通货膨胀水平实施一定频率的加息措施；表内表外新增贷款规模将会更严格控制；为对冲外汇占款快速增加以及央行票据到期带来的基础货币快速增长，存款准备金率仍有一定上调空间。逐步收紧的货币政策带来的资金紧缩将在一定程度上制约 A 股市场行情发展。

**2. 市场估值水平已有一定高估，估值压力不可忽视**

2010 年 10 月底，上海市场整体静态市盈率水平为 22.61 倍；深圳市场整体静态市盈率水平达 44.47 倍，其中主板 A 股、中小板和创业板平均市盈率分别达 37.05 倍、55.39 倍和 71.83 倍。由于上海市场中银行、石油石化等低市盈率、高权重、低流通比率股票的影响，上海市场整体市盈率水平并不能真实衡量流通市场的估值水平，深圳市场市盈率水平更具有代表意义。2007 年股市最高点时，两市静态市盈率水平高达 75 倍，但考虑到当年上市公司业绩高速增长后的动态市盈率水平则在 45 倍左右。2010 年 10 月底，深圳市场动态市盈率水平将在 36 倍左右。如果认为 2007 年 10 月股市高点我国股市存在较大的泡沫，那么，当前的 A 股市场估值水平即使不存在一定的泡沫，也已处于合理高估状态，绝对谈不上低估，A 股市场行情继续向上拓展所面临的整体估值压力不可忽视。

**3. 市场资金需求较多，资金压力较大**

（1）市场融资需求继续存在，融资总规模有可能继续扩大。2011 年，随着货币政策可能转向稳健，以银行贷款为主的间接融资渠道将有可能进一步收窄，社会直接融资需求将更趋强烈。并且，由于通过股票市场新股发行进行股权融资能够更好地匹配收益和风险，能够更好地在整个社会中分散金融风险，从而有助于降低我国金融体系的系统性风险，因此，通过股票市场进行股权融资必将得到管理层的大力扶持。综合来看，2011年我国股票市场融资规模很可能进一步扩大，包括新股首次发行、公开增发、定向增发、配股和可转换债券等方式的融资规模很可能超过一万亿元，从而对市场资金形成相当的压力。

（2）解禁限售股减持欲望强烈，减持套现压力巨大。股权分置改革后，经过几年的过渡，2011年开始我国A股市场已基本是一个全流通的市场，股权分置改革前上市的公司几乎所有股份都将可以在二级市场流通交易，股权分置改革后发行上市的公司股份也将逐步可以流通交易。值得指出的是，大量股权分置改革后发行上市的公司的主要股东都是自然人和创业投资机构，他们的减持欲望较国有企业大股东整体上更为强烈，这在中小板公司和创业板公司体现得更为显著。可以预见的是，如果A股市场股价或估值水平进一步提高则减持压力将愈加强烈。数据显示，随着国庆后A股市场持续大幅上涨，快速上涨的股价已经激发了解禁限售股的减持套现冲动。截至10月28日10月份共有59家公司发布了121份大小非减持公告，累计减持股份数达8.87亿股；按交易平均价或变动期间股票均价计算，减持市值规模达111.96亿元。计算日均减持金额，截至10月28日10月份只有15个交易日，平均每个交易日公告减持额为8亿元；而9月份共有19个交易日，日均公告减持额仅为4.90亿元。10月份以来公告减持的59家公司中，有26家为沪市主板公司，公告减持75.38亿元，占比为67.33%；有18家深市主板公司和15家中小板公司，分别公告减持22.18亿元和14.40亿元，占比分别为19.81%和12.86%。

（3）前期高位形成巨额套牢资金，解套离场压力大。考察2007年以来的A股市场资金流动，可以发现，2007年以来，沪深300指数在3500点以上形成了巨额套牢资金，其中大部分资金一直在苦苦等待解套离场机会。首先，在上一轮大牛市后半期的2007年下半年，持续大幅上涨的股票市场形成的巨大财富效应首次激发了我国全民股市投资热潮，形成了汹涌的储蓄搬家运动，在沪深300指数4000点上方超过万亿元的居民储蓄资金主要通过证券投资基金进入股票市场，这些储蓄资金中的大部分并未能在其后惨烈的熊市下跌前获利离场，而是集中形成了巨额的套牢盘。由于这些资金的性质，这些投资者并未有承受巨额损失的思想意识、准备和能力，其后的巨额损失让他们刻骨铭心，一旦指数有机会进入这一区域使他们能够成功解套离场，这些深受套牢之苦的资金将会如惊弓之鸟般地汹涌而出。其次，2009 年 7 月以后，沪深 300 指数 3500 点以上亦形成了相当的套牢盘，指数进入这一区域将面临相当压力。并且，值得注意的是，一旦有资金解救这部分套牢盘，上方立即面临 2007 年形成的套牢盘的空前压力，继续拓展空间所需的资金规模将更为庞大。因此，沪深 300 指数 3500 点以上空间市场行情继续发展将面临套牢盘解套离场的持续压力。

**4. A 股市场风险逐步累积，二级市场机会将小于 2010 年**

一方面，2011 年我国股票市场所面临的经济增长、货币政策等宏观环境将较 2010 年发生较大的不利变化，经济增速下滑、货币政策适度收紧等都将制约市场行情的发展；另一方面，2010 年 A 股市场新兴产业、区域经济、消费、通胀概念等主题投资刺激这些方面的上市公司股价出现大幅上涨已严重透支了这些公司可能的业绩增长预期，极大地提高了这些公司的估值水平，即使这些公司的业绩如预期般增长，这些公司的股价也缺乏进一步上涨的动力，而一旦这些公司业绩增长逊于预期，这些公司高企的股价将难以支撑。

综合以上因素，我们认为，2011 年，受经济增速下滑、货币政策可能转向稳健带来的货币信贷有所紧缩等不利宏观环境，市场融资需求继续扩大、解禁限售股减持套现、前期套牢盘解套离场等形成的巨额资金需求等不利因素的制约，A 股市场行情向上拓展将面临重重压力。2010 年主题投资逐步累积了较大风险，将使 2011 年 A 股市场的局部机会要低于 2010 年。

# G.12
# 2010～2011年中国经济景气波动分析

刘玉红[*]

**摘　要**：2010年以来，GDP同比增速虽然处于平稳下降走势，但环比增速在逐渐好转，表明我国经济正在按照宏观调控预期逐渐调整；固定资产投资向正常增长区间回落，与经济增长之间的关系更加合理；居民实际消费和出口双双进入下行区间，9月份居民消费价格指数出现年内新高。基于"宏观经济监测预警系统"建立的先行、一致和滞后景气指数显示，中国经济的先行和一致指数已连续9个月下降，滞后指数在8月份出现转折点后呈下降趋势。预计2011年，我国经济将继续保持稳步增长态势，投资、消费和出口将进一步回调，价格水平可能在出现小幅回调后，继续上行。

## 一　当前经济景气运行状况分析

经济景气指数方法是一种分析经济周期波动走势和预测经济周期转折点的方法，本文利用经济景气方法，构建出我国先行、一致和滞后指标组（见表1，各指标均为同比增长率序列，经季节调整并消除不规则因素），通过构建的先行（Leading）、一致（Coincident）和滞后（Laging）合成指数（各指数均以2000年平均值为100，数据区间为1997年1月至2010年9月），对我国经济周期波动进行分析，并对未来走势进行判断。

---

[*] 刘玉红，经济学博士，国家信息中心预测部副研究员，主要研究领域：宏观经济预测、计量经济模型开发及应用、经济景气监测预警。

**表 1**

| 先行指标 | 一致指标 | 滞后指标 |
|---|---|---|
| 1. 粗钢产量 | 1. 工业增加值增速 | 1. 产成品资金占用 |
| 2. 狭义货币供应量 M1 | 2. 发电量 | 2. 居民消费价格指数 |
| 3. 沿海港口货物吞吐量 | 3. 城镇固定资产投资 | 3. 工业品出厂价格指数 |
| 4. 产成品资金占用 * | 4. 社会消费品零售总额 | |
| | 5. 财政收入 | |

注：1. 有 * 号的指标是逆转指标。
　　2. 工业增加值增速为不变价同比增速，社会消费品零售总额为实际增速，其他指标为同比增速。

### 1. 一致指数和先行指数双双下降，滞后指数拐点已出现

2010 年以来，我国经济景气指数的运行具有政策驱动性强，先行期短，大起大落态势明显等特点。图 1 显示，先行、一致指数在刺激性政策的带动下，从 2009 年初开始快速反弹，这次反弹仅仅用了一年的时间，景气指数数值就开始屡创历史新高。进入 2010 年，随着刺激性政策效应减弱，在中国政府主动经济结构调整、加大节能减排力度，国际环境持续低迷等诸多因素的共同影响下，2009 年 12 月，先行指数开始出现峰值，掉头向下，仅过了一个月，一致指数也步入拐点，再次进入下行区间，到 2010 年 9 月，先行指数和一致指数已分别连续下降了 10 个月和 9 个月。从滞后指数的走势看，本轮上升的峰在 7 月份出现，目前已连续下降 2 个月，滞后指数是确定经济周期转折点的重要指标，滞后指数的峰出现，表明我国本轮经济周期中，从 2010 年 7 月开始，受到刺激性政策带来的快速反弹周期已经结束，经济周期已经进入经济调整期。

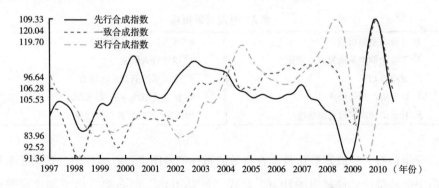

**图 1　中国宏观经济一致合成指数和先行合成指数**

**2. 经济预警信号综合指数回落至绿灯区，各主要经济指标向正常区间回落**

经济预警信号综合指数是能够反映我国宏观经济各领域综合走势的指标，进而从总体上判断我国经济运行处于何种状态。图 2 显示了由 10 个预警指标（指标名称见表 2）构成的"宏观经济监测预警系统"，月度预警信号综合指数变动趋势与图 1 中的一致合成指数的走势类似，它在 2007 年以来经历了快速下降——加速拉升——再次快速下降的震荡走势，并且其波动幅度是 1997 年以来最大的一个阶段。从 2010 年 9 月末的经济预警信号综合指数数值看，该指数与 2007 年 7 月份持平，表明宏观经济总体水平已恢复至危机前水平，目前经济预警信号综合指数已步入绿灯区上沿，综合来看，我国宏观经济总体运行态势处于正常区间，预计随着各项指标的回落，经济预警信号综合指数在未来一段时期内仍将保持在绿灯区内运行。

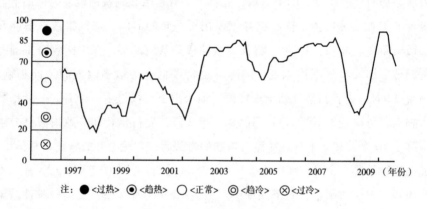

注：● <过热>  ◉ <趋热>  ○ <正常>  ◎ <趋冷>  ⊗ <过冷>

**图 2  宏观经济监测预警系统**

**表 2  月度预警指标**

| | |
|---|---|
| 1. 工业增加值增速 | 6. 进出口商品总值增速 |
| 2. 工业企业产品销售收入增速 | 7. 财政收入增速 |
| 3. 发电量增速 | 8. 全国居民消费价格指数 |
| 4. 固定资产投资增速 | 9. 狭义货币供应量 M1 增速 |
| 5. 社会消费品零售总额增速 | 10. 金融机构贷款总额增速 |

分指标看，构成预警信号综合指数的指标信号图中，各指标依然延续了本轮经济周期政策拉动性较强的特点，呈现"冷热不均"的态势。由于构成预警信号综合指数的 10 个指标包含了宏观经济的先行、一致和滞后三类指标，宏观经

济各领域的发展必然存在着先后关系，因此指标走势呈现"冷热不均"态势也算正常。但是如果各指标之间的走势关系过于集中或者分化，就意味着宏观经济走势出现了全面过热或衰退的态势，就必须要加以控制。从 2010 年的走势看，前两季度，除了居民消费价格指数处于正常区间，固定资产投资完成额处于趋热区间外，其他的 8 个指标，全部在过热的红灯区内运行。大部分指标出现过热迹象，虽然基数原因是一个主要因素，但是刺激性扩张政策带来的流动性过多，投资过热等负面迹象明显，我国政府适时采取相应措施，抑制投资过快增长，重启货币信贷控制，预计随着各项政策的逐步落实，预警信号综合指数各指标将逐步向正常区间回落，各指标之间的关系会更加合理。

进入 2010 年以来，我国经济的先行指数和一致指数出现了连续下滑，GDP增速也逐渐回落，但经济的这种回落是基数因素以及政府主动调控的结果。中国属于发展中国家，构建的景气指数一般为增长率循环，景气指数走势受到基数影响较大。爆发金融危机后，我国宏观经济政策迅速调整，刺激性政策有效阻止了经济指数的深度下滑，并于 2009 年迅速拉升，在增长率循环下，这必然会对下一年，也就是 2010 年产生较大的基数效应。2010 年以来，中国政府根据经济发展状况，主动进行结构调整，加大节能减排力度，抑制房地产和投资过快增长，利用利率和信贷管理等工具回收流动性，在这种背景下，经济增长的回落更是一种主观调控的结果。

## 二 主要经济指标走势分析及预测

### 1. GDP 增速环比逐渐好转，2010 年经济增长在政策调控下有所放缓

前三季度 GDP 增速逐季下降，前三季度增速分别为 11.9%、10.3% 和9.6%，GDP 增速的逐季下降主要是受到上年基数影响。从环比增速看，根据测算结果，前三季度的环比增速分别为 2.12%、1.94% 和 2.18%，从图 3 看，GDP环比增速从 2009 年第三季度以来逐渐下降的趋势已经在今年初就有所缓解，第三季度环比增速开始企稳回升，表明我国经济步入稳定增长区间。第四季度这种稳定增长的态势将得以继续，预计第四季度 GDP 环比增速为 2.25%，全年 GDP增速在 10% 左右。

2011 年，国内外影响因素不确定性较大。国内方面，"十二五"起始年，经

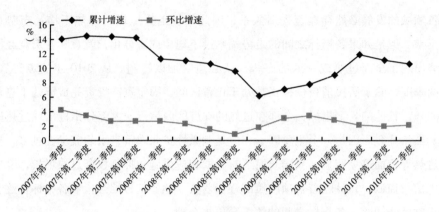

图3　GDP 累计增速和环比增速

济结构调整深化，节能减排、淘汰落后产能工作力度加大；货币政策可能由积极转向稳健，控制投资过快增长政策将继续实行。国际方面，欧洲次债危机尚未消除，世界经济二次探底风险加大；世界货币战升级，中国汇率面临持续升值压力，各国贸易摩擦加剧。受到基数因素影响，2011 年我国经济走势呈现前低后高的发展趋势，内需增长与 2010 年持平，外需面临的不确定性较大，预计全年 GDP 增速在 9.5% 左右。

**2. 工业企业利润增速逐月下降，2010 年工业生产将继续回落**

2010 年前三季度工业生产较快增长，全国规模以上工业增加值同比增长 16.3%，增速比上年同期加快 7.6 个百分点。分季度看，第一季度增长 19.6%，第二季度增长 15.9%，第三季度增长 13.5%，工业生产正逐渐向正常区间回落。

1～8 月，全国规模以上工业主营业务收入 43.12 万亿元，同比增长 33.4%；实现利润 26005 亿元，同比增加 9229 亿元，增长 55%（上年同期下降 10.6%，1～5 月增长 81.6%）。尽管前 8 个月工业利润累计保持较高增幅，但由于企业用地融资和节能减排等成本上升，进口原材料价格指数不断升高，人民币升值预期下汇率大幅波动导致企业生产受到影响，诸多因素导致进入第二季度以来规模以上工业企业利润增幅逐月回落，3～5 月工业企业利润增长 66.86%，6～8 月就下降至 28.6%。同样回落的还有工业企业成本费用利润率，6～8 月，工业企业成本费用利润率结束了 2009 年 2 月以来快速上扬的走势，出现回落，工业企业成本费用利润率 8 月末为 6.56%，比 5 月末下降 0.27 个百分点。利润率下降的主要原因，是节能减排力度加大，人力成本以及原材料价格的上涨挤压了利润空间，预计在短期内，利润率的下降趋势仍将持续。第四季度，工业生产将继续保持平稳回落走势，预计 2010 年增速回落至 15% 左右。

2011 年是我国"十二五"开局之年，中国政府将继续积极推进经济结构调整，加大节能减排力度，控制高能耗产业投资。2010 年工业企业经营效益虽然有所改善，但利润环比增长和利润率逐渐下降会给工业企业进行扩大化再生产带来资金瓶颈，加上世界经济复苏尚未明朗，中国企业的谨慎性预期加重，扩大化再生产投资难以全面启动，因此 2011 年我国工业生产将继续保持平稳运行，预计 2011 年规模以上工业增加值增长 13.5% 左右。

**3. 固定资产投资增长继续放缓**

前三季度固定资产投资增长 24%，较 8 月的 25.2% 有所下降，但是仍然在危机前 5 年平均固定资产投资增长的平均水平上。略有下滑的投资增长与前三季度平稳的经济增长是相匹配的。特别重要的是，与上年全年 32% 的固定资产投资、9.1% 的经济增长情况相比较，第三季度平均 25% 左右的投资增长，对应 9.6% 的经济增长，应该显得更有效率，更有质量，表明我国经济结构调整已经初见成效。

前三季度，民间投资活跃，占城镇固定资产投资比重逐渐增加，从 3 月份开始，民间投资占固定资产投资比重首次超过 50%，9 月末该比例已达到 52.02%，平均占比比 2009 年同期高出 2.7 个百分点。固定资产投资新开工项目数比上年同期大幅下降，新建投资占固定资产投资比重快速下滑。2010 年 9 月末，固定资产投资本年新开工项目 256798 个，比上年同期新增加个数减少 12465 个，该指标在 8 月份仅为 2635 个，环比减少近 10000 个新开工项目。9 月末固定资产投资项目 389487 个，比上年同期增加 12961 个，而 8 月末固定资产投资项目个数比上年 8 月份增加了 22882 个。固定资产新开工项目数和占固定资产投资比重下降，是我国政府进行经济结构调整、控制固定资产投资过快增长政策调控的结果。第四季度，固定资产投资将继续保持平稳回落态势，预计全年城镇固定资产投资在 23% 左右。

得益于 2010 年中国政府出台的各项促进民间投资政策，2011 年，我国民间投资将继续保持活跃态势，成为拉动固定资产投资的主要动力，同时政府投资仍会在政策调控下有所减缓。2011 年，货币政策将由积极转向稳健，信贷会进一步收紧，在中美利差加大、人民币汇率水平升值压力骤增的背景下，我国政府必然会采取更为严厉的措施防止热钱过度涌入，因此2011年，房地产开发投资资金来源中，国内贷款和利用外资两个渠道都将受限，房地产开发投资将会低于2010年的水平。预计，2011年我国城镇固定资产投资将继续回落，下降至20%左右。

**4. 居民消费名义增速继续保持平稳增长，实际环比增速下降**

2010年前9个月社会消费品零售总额增长18.3%。扣除通胀因素，实际增长15.2%，高于危机之前五年消费实际增长14.6%的平均水平。单月走势看，社会消费品零售总额名义增速和实际增速在2010年上半年一直处于下滑趋势，在2010年第三季度重新步入上升走势（见图4）。前三季度消费较快增长的几个主要因素有：首先，第三季度出台的节能汽车补贴政策，促进了补贴车型的热销，政策拉动效果十分明显，刺激第三季度汽车消费类增长34.9%。据中汽中心统计，在乘用车销量环比下降的背景下，第一批节能汽车产品7月份销量较6月份增长11.75%，8月份则环比增长三成以上。其次，受家电以旧换新政策延时扩面以及家电下乡产品限价提高等因素影响，家电依然成为消费亮点。统计显示，前三季度限额以上企业商品零售额中，家用电器和音像器材类增长28.1%，大大好于上年同期。再次，在美元贬值，全球继续实施宽松货币政策的背景下，国际金价在第三季度连创新高，我国黄金消费也继续火爆。前三季度金银珠宝累计增速达到43.4%，为2009年以来的新高。

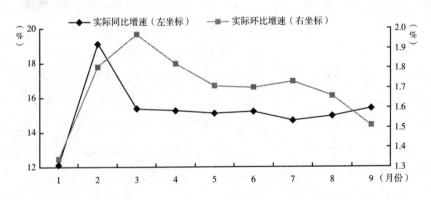

图4　2010年1~9月各月居民消费实际同比增速和环比增速

上半年我国居民消费实际增速有所回落，虽然上年居民消费在政策刺激下出现历史高位增长的基数因素是消费实际增速下降的原因之一，但从环比增速看，从年初到5月份，居民消费实际增速逐渐上升，从5月份开始，居民消费实际增速环比开始逐月下降，目前已累计下降了5个月。预计未来3个月，社会消费品零售总额增速仍将保持在18%左右，而剔除物价水平影响的实际增速则继续保持回落态势，预计全年社会消费品零售总额名义增速在18%，实际增速下降至15%左右。

2011年，改善民生，完善社会保障制度等政策将是财政政策的主要取向，居民收入会进一步提高，房地产政策会进一步打压房价进而释放更多消费需求，预计2011年我国社会消费品零售总额名义增速会进一步保持稳步增长，在18%～19%之间波动，实际增速较2010年有所下降。

**5. 景气指数显示出口贸易步入下行区间，2011年出口形势不容乐观**

1～9月我国进出口总值21486.8亿美元，比上年同期增长37.9%。其中出口11346.4亿美元，增长34%；进口10140.4亿美元，增长42.4%；贸易顺差为1206亿美元，减少10.5%。与2008年前三季度相比，2010年前三季度进出口总值增加9.1%；出口增加5.4%，进口增加13.5%。其中9月份进出口总值较2008年同期增加12.1%；出口增加6%，进口增加20%。由此可见，当前的外贸走势已经明显好于金融危机发生前的水平。

9月份，我国进出口值2731亿美元，增长24.7%。其中出口1449.9亿美元，增长25.1%；进口1281.1亿美元，增长24.1%；当月贸易顺差168.8亿美元，较上月环比减少15.7%。9月份我国外贸进出口值环比增长5.6%，刷新7月份创下的2622.9亿美元的纪录，再创历史新高。其中进口环比增长7.4%，也创下历史新高。而出口环比仅增长4.1%，实现贸易顺差169亿美元，降至5月份以来的最低点，环比下降15.7%。9月份我国进口大幅增长，出口增长幅度较小的主要原因在于进出口价格的不对称上涨，尽管目前9月份进出口价格指数尚未公布，但8月份的进出口价格指数分别为106.5%和110.5%，预计9月份进出口价格指数的差距会更大，导致9月份贸易顺差大幅缩水。预计美元将继续走贬，年底前我国贸易顺差可能会继续缩窄。2010年全年出口总额为15000亿美元左右，增长27%，进口13500亿美元，增长35%，全年贸易顺差1500亿美元左右。

与宏观经济景气指数类似，我们构建了中国出口月度景气指数①，如图5所示。

---

① 先行指数指标组为：固定资产投资累计增速、外商直接投资实际利用额累计增速、美国货币供应量增速、美国实际有效汇率指数；一致指数指标组为：中国出口总值增速、美国进口商品总值增速、澳大利亚进口商品总值增速、韩国进口商品总值增速。

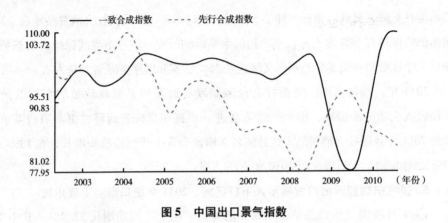

**图5　中国出口景气指数**

出口景气先行指数在2009年12月进入拐点后步入下降区间，一致指数也在2010年7月出现峰值，目前已连续下降2个月，从历史出口景气指数的先行滞后关系看，先行指数平均超前一致指数约12个月。目前我国一致指数已下降2个月左右，因此2011年我国出口将继续保持下降走势，全年出口增长约为12%，进口会略高于出口，约为16%，全年贸易顺差在1400亿美元。

**6. 价格水平出现年内新高，输入型通胀压力值得关注**

9月份居民消费价格指数上涨3.6个百分点，为2010年内新高，其中环比增长0.6%，是2006年以来历史同期环比上涨最快的一年，前三季度，居民消费价格累计上涨2.9%，其中农产品价格上涨幅度明显。前三季度，工业品出厂价格同比上涨5.5%。9月份工业品出厂价格同比上涨4.3%，环比上涨0.6%。前三季度，原材料、燃料、动力购进价格同比上涨9.8%。

9月份外汇占款增长显示资本流入加快。9月新增外汇占款2895.65亿元，较8月的2429.77亿元，增长19.17%，突破4月2863亿元的水平，创下年内新高。9月贸易顺差收窄至168.8亿美元，为5个月来的最低水平。从外汇占款和贸易顺差一高一低的表现来看，9月资本净流入的压力较大。9月份19%高于8月18.4%的M2增长，10月12日对六家银行实施的差别法定存款准备金率提升的政策、10月20日提高存贷款基准利率，均显示流动性增加的迹象，这与外汇占款产生的基础货币发行增加不无关系。

一方面，在当前人民币升值的外部压力的大环境下，人民币兑美元汇率呈现出波动升值的态势，会继续吸引资本的流入，加大国内流动性的压力，制造通货膨胀的货币环境。另一方面，随着美元走贬，国际原材料价格上涨态势较强，我国 PMI 购进价格分类指数连续两个月较大幅度上涨。购进价格指数上涨会影响生产者价格指数 PPI，并对消费者价格指数 CPI 产生最终传导效应，加大通货膨胀的压力。

图 6 中的中国价格景气指数①显示，我国价格景气的先行指数在 2010 年 4 月已通过拐点，出现下行走势，而一致指数虽尚未出现拐点，但是快速上扬趋势也已经放缓，近两个月一致指数的增长仅在 0.2 个点左右。预计 2010 年第四季度，翘尾因素影响会减弱，而输入型价格上涨压力有所增加。

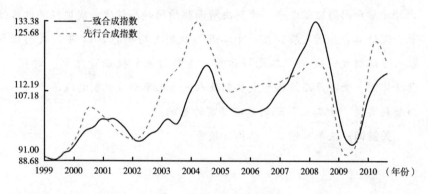

**图 6　中国价格景气指数**

从价格先行指数看，目前已连续下降 5 个月，因此 2011 年上半年，价格指数会出现小幅回调的走势，但从滞后指数看，滞后指数尚未出现拐点，此轮物价上涨周期的转折点并不能确定。在先行指标的构成指数中，购进类价格指数个数占全部先行指数的个数一半，一旦国际原材料价格上涨剧烈，先行指数的此次下降很可能仅仅是短期内的小幅震荡，价格指数经历短期下降后可能会再次反弹。预计 2011 年，CPI 可能在 4%，PPI 很有可能上涨至 6% 左右的增速。

---

① 先行指数为：工业企业增加值增速、固定资产投资完成额累计增速、纺织原料类购进价格指数、黑色金属材料类购进价格指数、货币供应量（M1）增速；一致指数为：居民消费价格指数、商品零售价格指数、生活资料工业品出厂价格指数、以农产品为原料的轻工业品出厂价格指数。

# G. 13

# 2011 年中国经济改革形势展望

高辉清*

**摘　要：** "十二五"时期是我国经济体制改革的攻坚时期，所面临的国内外矛盾和问题错综复杂。为解决所面临的问题和挑战，实现经济包容性增长，促进社会和谐发展，在"十二五"规划开局年的 2011 年，我国应加快收入分配制度、城乡"二元"体制、垄断行业、投融资体制、财税体系、住房体制、资源产品价格形成机制及人民币汇率形成机制的改革步伐，从而为顺利实现"十二五"规划奠定坚实的基础。

**关键词：** 改革　增长　结构　投资

## 一　2011 年我国进入推进深化改革的攻坚时期

当前和今后很长一段时期，是我国全面建设小康社会的关键时期，也是我国深化改革开放、加快转变经济增长方式的攻坚时期。经过 30 多年的快速发展，我国国民经济发展所取得的成就史无前例，但一些深层次矛盾和问题也日益显现，对我国经济和社会可持续发展形成了越来越明显的障碍。这些矛盾与问题的出现绝大多数都与相关改革不到位密切相关，不仅使得经济转型和产业升级难以顺利推进，还使一些领域的社会矛盾更加尖锐和复杂化。

在面临重要战略机遇及问题错综复杂的时期，2010 年 7 月 22 日，中央政治局会议指出"十二五"时期是我国全面建设小康社会的关键时期，并进一步强调改革在"十二五"时期中占有重要位置。2010 年 10 月，十七届五中全会召

---

\* 高辉清，数学博士，经济学博士后，副研究员，国家信息中心经济预测部发展战略研究室主任，主要研究方向为宏观经济与可持续发展。

开，对"十二五"规划提出了更加明确的要求，以经济发展方式转变为主线的经济体制改革、以公共需求变化为主线的社会体制改革和以政府转型为主线的行政体制改革将是"十二五"时期改革的主线，并通过上述的改革措施，实现包容性增长，促进社会和谐发展。

作为"十二五"规划的开局年，2011 年将显得格外重要，是确保顺利推进实施规划具体政策和措施的重要一年，因而必须通过改变发展思路，加大改革力度，从而为顺利实现"十二五"规划奠定坚实的基础。

## 二 2011 年我国需要重点推进七大经济改革

### 1. 加快调整国民收入分配格局

改革开放初期，为加快经济增长步伐，提高经济效率，我国提出"让一部分人先富起来、让一些地区先富起来"的战略目标。经过 30 多年的快速发展，在"十一五"时期这一阶段性目标已经实现，我国经济发展整体上已经进入了小康社会。但是，由于收入分配制度改革滞后，国民收入分配中出现了诸多问题：一是收入差距问题日益显现。根据世界银行的相关统计，从 2000 年开始，我国基尼系数已越过 0.4 的警戒线，2007 年升至 0.48，目前维持在 0.5 左右，收入分配制度已经到了不得不调整的地步。二是我国居民收入在国民收入分配中的比重呈逐年下降趋势。20 世纪 90 年代以前，我国代表劳动者所得的劳动者报酬占 GDP 比例 50% 以上，目前则不到 40%。三是垄断行业收入畸高，隐性收入未能有效规范，一些地方最低工资标准调整不及时，部分企业随意压低克扣工人工资，特别是农民工工资拖欠问题久治不绝。

为了促进收入分配公平，实现经济社会和谐发展，加速国民收入分配体制改革将成为整个"十二五"时期的一个重头戏：一是加快收入分配制度改革。初次分配以促进提高效率为主，适当拉开差距，但要保证低收入人群的基本生存。第二次分配以公平为原则，通过调节税收，如征收遗产税、房地产税来平衡差距。对高收入群体征收个人所得税，或鼓励他们多为社会捐赠，而对于低收入群体，可予以政府补贴、福利等保障性政策倾斜，通过对富人征税和向穷人补贴来达到均衡目标。二是建立收入与 CPI、GDP 挂钩的机制。一方面，国民收入与 GDP 增长速度基本保持同步，农村居民收入增长速度要快于城市居民，使低收

入人群有基本保障，缩小收入差距；另一方面，根据 CPI 涨幅，适时调整最低工资标准，以此提高全国工资水平。三是在坚持基本分配制度的前提下，切实保护公民合法收入和私有财产，同时尽快扭转城乡、地区和不同行业之间的收入差距过大趋势，逐步形成中等收入占多数的"橄榄形"分配格局。

**2. 破除城乡"二元"体制**

改革开放以来，我国城乡"二元"经济格局总体呈现不断强化态势，但进入"十一五"之后城乡"二元"分化变得尤其严重。数据显示，1978 年城乡居民收入比为 2.57，其后随着农村率先进行改革，到 1983 年这一数据降至 1.82。20 世纪 90 年代初期城乡居民收入比总体变化不大，一直在 2.2 ~ 2.5 之间，但到了 1999 年，随着重工业增速超过轻工业并引领工业化进入中后期，这一数据明显攀升，到 2009 年已升至 3.31。

要实现包容性增长，我国就必须要改变目前的城乡"二元"经济格局。而要做到这点，应切实加快城乡一体化的步伐。城乡一体化将包含三个基本要素：一是从制度层面上能够保障城市和乡村各种要素自由的流动，不要受到制度的阻碍；二是作为政府的政策目标来讲，应该是统一的，既涵盖城市也应该涵盖乡村，城乡总体上有一个统一的政策目标；三是在同一个政策目标下，采取一个统一的制度安排，制度设计。在这三个基本要素的前提下，城乡一体化的制度改革取向和路径为：一是逐步打破城乡二元分割的体制和政策限制，如户籍制度改革等；二是适时统一城乡的规划、建设和管理；三是努力实现城乡经济社会和谐发展，协调发展，可持续发展。

**3. 加速推进垄断行业改革**

改革开放 30 多年，我国市场经济得到很大发展，但一些重要行业对市场资源的垄断问题始终没有得到应有的解决，行业垄断成为市场配置资源的最大障碍，石油、电力、银行、电信等行业，都在不同程度上存在着垄断经营，排斥了企业竞争，压缩了民营经济发展空间，削弱了市场活力。

要实现市场配置资源基础作用的改革目标，提高经济发展活力，必须在破除行业垄断方面取得实质性进展：一是进一步理顺国有经济布局，加快国有企业改革，尽快退出大部分市场投资领域，将政府职能真正转移到为企业提供服务方面，让国有企业恢复本来该有的面目，以确保对垄断行业改革的顺利实现。二是在竞争性领域降低进入门槛，拆除"弹簧门"和"玻璃门"，加快民营资本或外资的进入。三是在涉及国计民生和经济安全的垄断领域，比如电信、邮政、国防科工、石油储备等，也可以部分地引入市场机制，将部分业务向社会开放。

### 4. 加速财税体系改革

"十二五"时期，转变经济发展方式已经成为排在第一位的政策目标，财税制度安排必须做出相应调整。无论是从缓解土地财政困局、化解地方融资平台风险，还是从鼓励居民消费、扶植新兴战略性产业发展等需要出发，财税结构转型必须先行。

一是关于财政收支结构。基于经济社会形势的变化和市场经济建设的规律，在"十二五"时期，应当致力于把全部政府收支都纳入预算管理。以此为基础，在财政收入方面，应致力于提高税收收入、社会保障收入、国有资本经营收益等在政府收入中的比重，相应降低行政事业性收费等在政府收入中的比重；在财政支出方面，应当相应收缩购买性支出、扩大转移性支出，并使财政支出向人力资本和社会资本领域倾斜；相应控制并调减投资性支出、适当增加消费性支出，使有限资金向教育、医疗、社会保障与就业、"三农"、自主创新、环境保护等社会发展的薄弱环节和与民生有关的支出项目倾斜。

二是关于税收改革。为了改善产业结构，提高服务业在国民经济中的比重，我国将进一步优化营业税和增值税体制，改变我国服务业承担的税负相对工业较高的现状，以促进服务业的发展。推进房产税改革，结束中国在财产保有层面的无税状态，不仅可以构建一个能够有效缩小贫富差距的税制体系，而且可以为地方政府带来一个稳定的主体税种。为应对人口老龄化压力越来越大的挑战，改革养老体制，推动目前实施的社会保障费向社会保障税的转变，以利于建设全国统一的社会保障体系的形成。大力推动结合户籍管理的收入申报、财产登记等社会征信系统建设，推进综合与分类相结合的个人所得税制改革，减少多征和漏征，促进税负公平。加大对战略性新兴产业的财政投入，实施企业所得税优惠政策，引导社会资本、技术和人才等要素投入，搭建战略性新兴产业科技创新平台。

三是关于预算制度改革。我国要逐步理顺预算分配权在立法机构与行政机构之间、财政部门与其他政府职能部门之间的配置格局，将所有政府财力都归口于财政部门的管控之下，从而构建由公共财政预算、国有资本经营预算、政府性基金预算和社会保障预算组成的有机衔接的政府预算体系，将全部的政府资金都纳入预算，实现政府预算体系的全面性与完整性。

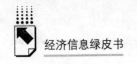

除此之外，我国还应该加快财政管理制度、财政体制及财税制度的改革步伐，形成更加透明、更加清晰及全国统一的财税管理体系，实现财权、财力和事权相匹配，从而促进经济更加稳健地发展。

**5. 加速推进住房体制改革**

房地产具有民生和经济双重属性。从民生角度看，人们生存和生活的衣食住行四大基本需求中，"住"是其中的重要环节，安居和乐业是社会和谐的两大前提，也是现阶段突出的社会问题；从经济角度看，房地产业是国民经济的重要支柱产业之一，不仅直接或间接影响上下游几十个行业的发展，而且还是城镇化的物质载体，为城镇化的推进提供支撑。正因为房地产业的发展既关系国计又关系民生，中央政府与社会各方面十分关注房地产业能否持续健康发展。为了进一步有效调控房地产市场，夯实房地产健康持续发展的基础，建立防范房地产泡沫泛滥的长期机制，除了开征房产税之外还将采取多方面改革措施重构住房发展基础。

一是加强保障房建设，构建和完善住房体系二元结构。我国应加快建立社会保障性住房体系和市场调节性商品房体系。前一个子体系体现的是住房的民生属性，面对的是广大中低收入阶层基本生存需求，实现的是"居者有其所"，由政府主导建设；后一个子体系体现的才是住房的商品属性，面对的是市场高收入阶层和部分中等收入阶层的改善性需求，体现的是"价高者得"的市场原则，由市场机制来调节，政府只负责制定、监督和执行相关法规。

二是将房地产纳入宏观调控的范畴，建立和完善统一协调的监管机制。房地产作为重化工业阶段的支柱产业地位具有客观必然性，整个国民经济运行周期与房地产行业的周期性变动具有紧密关联。为此，应当将保持房地产健康稳定发展正式列入宏观调控目标体系，并加快建立统一的调控体系，以真正建立统一协调的房地产监管机制，这将有利于将已经制定的调控政策落实到位。

三是加强法制建设，强化监管与处罚。现有的房地产法规大都属于行政法规或部门规章文件，层次较低。为了改变这种不利局面，我们必须加快房地产法制建设，全面推进相关行政执法和司法配套建设，当务之急就是加速推进《住房保障法》。同时，在大力推进法制建设的同时，我们还必须加强市场监管，加大处罚力度。

**6. 加快理顺资源性价格形成机制**

我国经济发展中的一个问题就在于经济发展与资源尤其是能源支持系统的不协调，以及经济发展与环境保护的不协调。要实现转变发展方式和调整经济结构，在考虑经济发展和居民生活承受能力的情况下稳步推进资源价格改革和理顺资源性产品价格形成机制是一个无法回避的问题。作为一种基础资源，能源的价格变动最终将导致国民经济整个价格体系出现调整，使得社会资源逐步向低能耗部门倾斜，从而会为整个经济结构转型和生产方式的转变创造有利条件。

一是逐步放开价格管制，以建立市场化的资源价格调节机制。由于资源配置的国际化，在原油、铁矿石等重要资源对外依存度很高的情况下，资源性产品的价格管制既难阻隔国际资源价格波动的传导，又不利于提高资源使用效率。应进一步放开对成品油、电力、天然气等资源性产成品价格的管制，加大价格的市场化程度，理顺资源性产品的价格传导机制，以利于发挥市场配置资源的基础性作用。同时，进一步完善国家资源储备，并利用税收等政策鼓励企业建立商业化资源储备，对市场进行逆向调节；通过金融手段，进一步发展期货市场，为资源价格的波动提供更多的避险工具，减小资源价格波动对国家安全、经济平稳增长和人民生活的负面影响。

二是加快改革资源税，完善资源价格对资源稀缺性和生态环境等成本的反映。合理的资源税才能有合理的资源价格，建议尽快推出石油、煤炭、金属非金属矿石等矿产资源税从价征收的相关措施，适当提高资源税率，逐步将资源税扩展到水资源等领域。通过在资源价格中包含合理的税负，使资源价格充分反映资源稀缺性，调整资源生产所形成的收益在资源产出地和使用地之间、资源生产企业和国家与居民之间的合理分配。

三是通过完善资源的产权制度推进资源价格形成机制的进一步完善，将资源有偿使用制度落到实处，加快资源垄断行业的体制改革，打破市场垄断，逐步减少资源行业禁入的限制，对社会资本逐步开放；合理确定国家有偿出让矿业权收益中中央和地方的分配比例；进一步完善水、土地、林业等资源的产权制度，使资源有偿使用、适度竞争成为资源价格形成的市场基础。同时，发展资源产权交易市场，建立完善的产权交易制度，实现产权按照市场规则交易流转，使资源产权价格成为资源性产品价格的良好参照体系。

### 7. 加速推进人民币汇率形成机制改革

在经历一年多实事上的固定汇率之后，2010年6月19日，根据国内外经济金融形势和我国国际收支状况，央行决定进一步推进人民币汇率形成机制改革，启动了"二次汇改"。央行货币政策委员会第三季度例会也强调"进一步完善人民币汇率形成机制，重在坚持以市场供求为基础，参考一篮子货币进行调节，增强汇率弹性"。从目前趋势看，以美国为首的发达国家试图通过二次定量宽松政策推动本币贬值来改善净出口，世界到了汇率战的边缘，人民币面临着越来越大的升值压力。2011年，我国必须加快汇率制度改革进程，以减缓人民币被动升值的外部压力。

首先，参考一篮子货币而不是单一美元来形成人民币汇率水平。随着对外开放程度不断提高，我国主要经贸伙伴已呈现明显的多元化态势，人民币汇率如果钉住单一货币变化，不适应贸易投资多元化的需要，也不能反映汇率的实际水平。因此，我国需要建立以市场供求为基础、参考一篮子货币的人民币汇率制度。

其次，确保人民币汇率不会出现大幅波动。人民币汇率大幅波动，对我国经济金融稳定会造成较大的冲击。我国应积极有效地实行促进经济结构调整、转变发展方式的各项宏观经济政策，稳步推进各项改革，为人民币汇率稳定提供良好的政策环境。

再次，要力求使汇改可能带来的负面冲击最小化。关键是要坚持以我为主，使人民币汇率的有序浮动符合我国经济基本面和宏观调控的需要。在人民币汇率管理和调节中应采取渐进方式，为企业结构调整留出相应的时间，使企业逐步消化人民币汇率浮动的影响，促进产业有序转移和升级，保持我国企业在国际市场上的总体竞争力。同时，要加强对短期投机资本的监测和管理，防范热钱大规模流动给国内金融体系造成大的冲击。

## 三　推进经济体制改革健康发展的政策建议

从上述分析可看到，我国改革已经步入"深水区"，随着国内外形势的不断变化，改革的阻力和难度也空前提高。在错综复杂的问题和形势面前，提出以下建议。

一是经济体制改革需要政府体制改革先行。在改革开放三十年之后，经济改革面临的问题绝大多数都是深层次问题，其根源往往在于政府体制改革的滞后。目前，我国地方政府经济建设型的运作特点依然比较显著，政府官员的主要注意力仍然集中在扩大经济总量上，而在促进城乡一体化发展、住房体制改革等方面既缺乏明晰分工和有效考核，也没有自觉而为的动力。由于这些改革的主体就是各级政府，政府自身改革不先行，相关经济改革难以推进。

二是经济体制改革需要社会体制改革相配套。我国已经形成了利益主体多元化格局，社会的分化、各利益主体的冲突已经越来越成为常态化现象，为此我们必须推进社会体制改革，建立重大利益协调机制。否则的话，许多经济改革比如国民收入分配体制改革、财税体系改革、垄断行业改革等将事倍功半，甚至难以推进。

三是改革需要强调系统性和协调性，同时需要重点突破，以点带面。当前的改革相对过去具有更多的系统性和全局性特征，各项改革的推进必须考虑整体性、联动性、互动性。与此同时，我们需要抓住主要矛盾和矛盾的主要方面，实施重点突破。综合各因素分析，加速国民收入分配体制改革是"十二五"时期甚至更长时期改革的重中之重。这一改革不突破，经济发展方式转型和全面小康社会的建立将无从谈起。

四是改革要有长远规划，分段推进。改革是一个长期过程，需要有前瞻性的眼光，要有综合考虑改革、发展、稳定的一揽子规划，要充分考虑我国的具体国情，充分考虑国际环境和世界经济发展的大背景，并在此基础上提出切实可行的分阶段推进方案。

# 国际经济篇
International Economic Environment

## G.14
## 2010年世界经济分析及2011年展望

张亚雄　程伟力*

摘　要：2010年上半年世界经济出现强劲复苏态势，但第二季度出现复苏乏力迹象。金融市场趋于稳定但金融危机的影响仍然存在，发达国家物价持续走低但新兴市场经济国家通胀高企，国际贸易温和复苏但有下滑趋势。未来世界经济发展仍面临诸多不利因素，大规模的经济刺激计划都将到期，金融市场仍存隐患，就业压力较大，汇率战逐步升级，通胀压力增大，粮食价格仍处于上升周期。预计2011年全球经济将处于低速增长的温和复苏阶段。为此，我国需要积极应对人民币升值压力，深化国际合作尤其是同发展中国家的合作，努力提高粮食自给率，降低国际农产品价格上涨的影响。

关键词：世界经济　展望

---

* 张亚雄，国家信息中心经济预测部主任助理、研究员，主要研究领域为宏观经济预测，数量经济模型研制与应用；程伟力，副研究员。

# 一　2010 年世界经济形势分析

### 1. 第二季度以来世界经济复苏放缓

得益于世界各国政府积极出台经济刺激政策，对金融机构实施救助，开展国际政策协调与合作，2009 年第三季度开始，全球投资者和消费者信心得到恢复，各国"去库存"变为"补库存"，同时世界贸易开始恢复性增长。在多种因素推动下，全球经济呈现全面复苏的态势。根据国际货币基金组织（IMF）的报告，按年率计算，2010 年上半年世界经济增长 5.25%，出现强劲反弹。但是，受内生经济增长动力缺乏、全球经济复苏不均衡、发达国家主权债务危机和财政压力等不利因素影响，第二季度全球主要经济体增速较第一季度放缓，显示出复苏乏力迹象。

第二季度美国 GDP 环比折年率由第一季度的 3.7% 减缓至 1.7%，第三季度为 2.5%，略高于第二季度 1.7% 的增幅，表明美国经济继续低速复苏。日本第二季度 GDP 环比折年率由第一季度的 5% 放缓至 1.5%，但受日元升值和国外经济减速冲击，下半年日本经济再次处于停滞状态，同时失业情况严峻。欧元区第二季度经济比上一季度增长 1%，实现了经济触底后最快增速，大大超出预期。欧元区经济增长三分之二来自于德国，其他经济体并未表现出强有力的复苏势头。同样是欧元区核心成员国的法国，经济表现不尽如人意；最先曝出债务危机的欧盟成员国希腊经济仍然处于严重萎缩状态，第二季度希腊 GDP 与上年同期相比下降 3.7%，与上一季度相比下降 1.8%。

新兴市场经济体复苏势头强劲，但对外贸易受到发达经济体的影响，第二季度开始也有放缓迹象。2010 年上半年，巴西 GDP 同比增长 8.9%，是 1996 年以来表现最好的半年，第一季度经济环比增长 2.7%，但第二季度回落至 1.2%。印度虽然第二季度同比增长 8.8%，略高于第一季度的 8.6%，但考虑到上年前两季度基数不同，实际增速也在放缓。

### 2. 金融市场趋于稳定，但金融危机的影响仍然存在

受欧洲主权债务危机影响，国际金融市场上半年出现剧烈动荡，但在欧盟积极政策的干预下已出现稳定，欧美股市在剧烈动荡之后大幅上扬。2010 年 9 月份为美国道琼斯指数自 1939 年以来同期表现最好的一个月。在美国股市的带动

下，世界各国股市均出现大幅上涨。发达国家的家庭和机构拥有大量的金融资产，股价上涨可以在一定程度上恢复其财富效应，有利于消费和投资的增长。

但是，国际金融危机的影响仍然存在。欧洲主权债务危机的负面影响尚未完全消除。受房市不振、景气低迷影响，美国的银行倒闭速度较上年提高，美国2009年计有140家银行倒闭，创1992年来最高。截至9月末，美国2010年以来倒闭银行已达125家。根据美国联邦存款保险公司数据，截至第二季度末，问题银行增至829家，较第一季度末的775家增加7%，涉及的总资产达4030亿美元。

**3. 发达国家出现通缩迹象，新兴市场经济国家通胀高企**

为了促使经济复苏，世界各国向市场注入了大量的流动性，埋下了通胀的隐患。与此同时，由于世界经济复苏缓慢，全球产能过剩，抑制了物价的上涨。在这种情况下，不同国家物价走势出现背离局面。

截至9月份，经过季节调整的美国整体消费者价格指数在过去12个月里仅增长1.1%；核心消费者价格指数在过去一年里仅增长0.8%，为自1961年以来涨幅最小的一年。由于美国经济复苏乏力，失业情况依然严峻，通货紧缩的风险加大，美联储已宣布采取进一步宽松货币政策，推动经济复苏和创造就业，使通货膨胀率回到适当水平。欧洲主权债务危机爆发后，欧元兑美元大幅贬值，通胀率持续低位徘徊，一些国家出现了负通胀。日本经济依然陷入通缩之中。

新兴经济体则出现通胀高企现象。俄罗斯政府预计2010年的通胀率在8%左右，但最终结果将可能高于政府的预测。2009年印度粮食批发价格上涨14.5%，并导致通胀加剧，印度央行不断提高利率，但2010年上半年印度粮食价格又上涨了13.2%。印度通胀已经引发了较为严重的社会问题，特别是占比高达3/4的低收入人群。9月初，数百万名印度工人发起全国性的罢工，抗议物价的上涨。

**4. 无就业复苏和结构性失业凸显，房地产市场仍然低迷**

主要发达经济体的失业率未见好转，9月份，美国、欧元区和日本的失业率分别维持在9.6%、10.1%和5.1%的高位。就业市场疲弱表明各国的经济复苏只是从低谷中的恢复性反弹，并未带动就业增长，是一种无就业复苏。另外一个值得注意的现象是结构性失业问题。据德国工商总会的一项调查，尽管德国的失业率仍高高徘徊在约7.6%，约有70%的德国企业指出，它们难以找到足够多的优秀工匠、技师和其他熟练劳动力。德国工程师协会报告指出，全国约有3.6万个工程岗位难以找到合适的人选。据估计，熟练工人短缺每年将造成 150 亿欧元至 200 亿欧元的经济损失，以及更多工作岗位的丧失。美国再工业化的过程中同样遇到技术人员结构性短缺问题。作为世界第二人口大国，印度不乏优秀的 IT 工程师，但不仅缺乏熟练工人，更缺乏工业发展急需的土木工程师。

无论经济仍然处于挣扎之中的国家还是开始复苏的国家，房地产市场均仍然面临着很高的风险。美国那些房屋价格出现大幅下跌的州也往往是失业率不断攀升的州，如果失业率继续居高不下，房屋止赎及违约情况的增加又使得商品房存货积压严重，那么房地产市场的风险自然也将上升。

**5. 国际贸易和国际并购温和复苏**

2009 年，全球贸易额经历了 70 年来最大幅度的下滑。2010 年 3 月，WTO 预测 2010 年全球商品贸易将增长 9.5%。但是，根据 WTO 公布的数据，上半年全球贸易较上年同期增长 25%。其中，俄罗斯以及其他前苏联国家增长 43.9%，亚洲国家则增长 37.5%。相比之下，欧洲仅增长 13.2%，增速远低于全球水平。不过，受世界经济复苏放缓的影响，国际贸易增速有下降趋势。

与此同时，国际并购活动温和复苏，据统计，2010 年头 9 个月并购价值从上年同期的 779 亿美元跃升至 1440 亿美元。第三季度并购价值从上年同期的 244 亿美元增至 629 亿美元，为 2008 年初以来的最高水平。尽管交易规模增幅较大，但仅限于个别行业和新兴市场，交易量尚未全面复苏。

**6. 宏观经济政策出现分化趋势**

2009 年底，经济复苏较好的澳大利亚、瑞典、挪威等国开始提高利率，宏观经济政策开始分化。2010 年，各国宏观经济政策分化的趋势更加明显。10 月份，美国暗示将实施第二轮量化宽松的货币政策以刺激经济增长；日本经济放缓，启动新一轮刺激计划，一方面下调利率，另一方面推出了约为 9150 亿日元的财政刺激方案；欧洲政策基本稳定。与此形成鲜明对比的是，10 月 26 日瑞典央行再次宣布将基准利率上调 0.25 个百分点，这是瑞典央行四个月内第三次上调基准利率。此前，加拿大、澳大利亚、印度、韩国、马来西亚、泰国、新西兰等经济发展良好的国家都有加息行动。

# 二 2011 年世界经济发展趋势及影响因素分析

金融市场稳定之后，世界各国将会更加注重结构调整。发达国家将汲取金融危机的教训，注重实体经济的发展。新兴市场和发展中经济体将会进一步刺激内需，实现经济的可持续发展。但是，未来一段时期世界经济发展面临的不利因素多于有利因素，经济刺激政策到期但发达国家缺乏新的经济增长点，国际金融危机的影响尚未根除，汇率争端不断加剧，通胀压力逐步加大，农产品价格又将处于上升周期，形势的复杂性和不确定性仍然在增强。预计2011年世界经济将继续保持低速增长，仍然在周期底部徘徊，经济增速将比2010年有所放缓。

**1. 经济刺激政策到期，发达国家缺乏新的经济增长点**

2010年底，发达国家救助或刺激计划相继结束，以汽车业为龙头的实体经济复苏势头有所放缓。由于受到财政赤字上限限制，即使再出台新的刺激方案，其规模将受到制约，效果也将递减。尽管当前各国高科技产业复苏态势要好于其他传统产业和金融业，但新的经济增长点或主导产业至今仍未确立，一个国家要保持高速增长离不开主导产业的发展，主导产业有三方面作用。第一，后向联系效应，即新产业部门处于高速增长时期，会对原材料和设备产生新的投入需求，从而带动一批工业部门的迅速发展；第二，旁侧效应，主导产业部门会引起本地区需求和产业结构一系列变化，这些变化将进一步推进工业化；第三，前向联系效应，即主导产业部门通过增加有效供给促进经济发展，例如，降低其他工业部门的中间投入成本，为其他产业提供新产品和服务等。20世纪90年代IT行业基本符合了主导产业的三个特征。尽管美国大力提倡使用清洁能源，但是，美国制造业在经济中的比重不大，另外，为维护在世界经济格局中的地位，发达国家试图采用在能源方面的技术优势制约发展中国家，这就使得新能源的推广和应用空间非常有限，生物科技等行业也存在类似的问题。当然，发达国家在电信、新能源、环保、高档生活用品方面的技术优势仍然是其他国家不可替代的，技术进步仍将促进经济复苏，并让发达国家彻底摆脱金融危机的阴影，但这仍将是缓慢的过程。

**2. 金融风险尚未根本消除**

当前国际金融市场已经进入了"金融地震"后的"余震期"，金融系统面临三大挑战。一是资产减计，尽管财政援助计划已经出台，但市场对希腊、葡萄牙等欧元区国家的债务可持续性依然保持怀疑。二是巨额再融资。银行同业融资市场资金紧张，全球银行业围绕数万亿美元债务再融资已悄然而至，银行以极高成本进行再融资不仅会损害银行利润，更会威胁实体经济复苏。三是信贷难题。欧洲债务危机的蔓延延缓了全球银行业信贷复苏的步伐，庞大的主权融资需求使银行业望而却步，主权融资需求与有限的信贷供给之间的矛盾不容回避。

由于全球金融系统仍在修复资产负债的过程中，信贷复苏的步伐将会非常漫长，经济的可持续复苏缺乏融资支持。各国财政重建过程中主权债务风险增加，导致资产定价产生扭曲，美元、欧元、黄金以及大宗商品的震荡将不可避免。

### 3. 各国货币竞相贬值

2010 年 5 月份后，欧洲主权债务危机动荡升级，欧元出现大幅贬值，随着欧洲救助资金的启动，欧债危机暂时平息。但第三季度以来，美国经济数据恶化引发了人们对美国经济的普遍担忧，美元又持续贬值。

相比欧美货币的弱势，亚洲国家货币则出现集体性大幅升值，除日元外，新加坡元、韩元、泰铢、马来西亚吉林特、印尼盾兑美元纷纷创出数年来新高，引起亚洲国家政府和货币当局的极大担忧。日本政府被迫于 9 月 15 日通过抛售日元买进美元直接干预日元汇率，而新加坡银行、泰国央行、韩国央行也开始酝酿在必要时干预汇市。世界三大主导货币主动性贬值，很可能触发全球范围内的"货币贬值竞赛"，也会给金融市场带来新的不稳定因素。

### 4. 就业市场疲软仍将制约经济复苏

就业市场疲软是美国等发达国家经济复苏的最大障碍。因为美国经济增长主要靠消费者开支带动，而失业率居高不下使得民众无法增加支出，从而使得美国经济的持续复苏面临挑战，同时也对发展中国家的出口造成一定影响。尽管美国政府一直以来均表示会采取一切可能的办法刺激就业，然而就业市场的实际情况却迟迟未见明显起色。2010 年以来，美国平均每月新增就业岗位 9 万个，而两年经济衰退期内美国累计丧失就业岗位近 850 万个，为二战以来美国历次经济衰退中就业岗位损失数量最多的一次。以目前境况看，近期内美国失业率不会出现明显下降，2011 年仍将保持在较高水平，回归自然失业率可能需要数年时间。

### 5. 通货膨胀压力将加大，农产品价格呈上涨趋势

2008 年全球金融危机爆发以来，欧美等发达国家向金融市场注入大量资金，但发达国家并没有出现通货膨胀，这主要有如下几方面的原因。首先，各国政府的救助资金主要是弥补金融机构的坏账损失，未进入流通领域；其次，发达国家

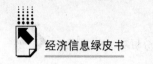

一直处于衰退或衰退的边缘，企业生产萎缩，居民不敢消费，储蓄倾向增强；最后，发达国家依靠其优势地位向发展中国家输出美元、欧元等金融产品，从而有效地转移并释放了自身的通胀压力，但推动了发展中国家资产价格的上涨，并形成巨大的通胀压力。

研究表明，发展中国家由低收入阶段向中等收入阶段转变时，消费结构相应处于快速升级阶段，突出表现为谷物的直接消费数量停止增长或开始减少，但其畜牧产品消费急剧增加，由此形成谷物需求的爆发性增长。联合国的数据显示，发展中国家在 1962~2003 年间的肉类人均消耗量增加两倍，谷物的人均消耗量只增加 20%。2003 年以来，发展中国家经济进入快速增长轨道，农副食品消费量相应提高，加之玉米用于生产生物燃料，最近七年全球粮食产量年均增长 3.1%，但全球粮食价格仍面临持续上涨压力。鉴于近年多数发展中经济体的人均收入增加，上述趋势在未来几年应会持续。可以预见，消费结构升级推动全球粮食需求再次进入上行周期。

另外，极端气候变化也诱发国际粮价上涨。6 月份以来，俄罗斯、乌克兰、哈萨克斯坦及欧盟部分国家小麦产区受到高温干旱天气的影响，导致多数地区产量下滑。出于维持国内粮食价格稳定和充分供应的考虑，俄罗斯 8 月份宣布将从 8 月 15 日至 12 月 31 日禁止粮食及粮食产品出口，10 月底又宣布这一期限延长到 2011 年 7 月。这种供应面因素也会加剧国际粮食供给紧张格局，从而进一步推高国际农产品价格。

**6. 新兴市场和发展中经济体仍具较大潜力，并成为世界经济增长的重要动力**

经济增长理论表明，资本积累、人口增长、技术及管理水平的提高是推动经济增长的基本要素，相对发达国家，新兴市场国家在每一项生产要素上都具有明显的比较优势。首先，由于基础薄弱，资本积累速度远远超过发达国家；其次，发达国家的成熟技术和管理经验转移到新兴市场国家表现为技术进步和管理水平的迅速提高；再次，人口优势明显高于发达国家，只要通过教育将人口优势转化为劳动力优势，经济增长便具有较大潜力；最后，新兴市场原有制度不够成熟，制度变迁同样会促进经济增长。

从现实情况来看，发展中经济体之间的合作具备了坚实的基础。以前这些国家经济的互补性较弱，各国都缺乏资本、技术和熟练工人，而资源相对丰富，现在这一格局已经发生重大变化，经济的互补性明显增强，南南合作具有了坚实的基础。中东石油输出国、印度甚至越南对周边亚洲国家和非洲的投资不断增加。与此同时，发展中国家对发达国家的投资也在大幅增长。根据毕马威的统计，2010 年上半年共有 243 宗新兴经济体对发达经济体的并购交易，较 2009 年下半年增加了 25%；而发达经济体对新兴经济体的并购交易共 748 宗，较 2009 年下半年仅上升了 9%。由此可见，尽管总量上不可同发达国家同日而语，但从增量上来看，新兴市场和发展中经济体正在逐渐主导世界经济增长格局。

## 三　对我国经济的影响及其对策

2011 年，世界经济复苏放缓将对我国经济产生不利影响。首先，欧美等发达国家需求减少，必然造成我国出口增速低于 2010 年，从而影响到国内经济运行。其次，危机后各国为了保证国内就业，纷纷采取了贸易保护政策，不利于我国企业出口。再次，各国政策的动向也会直接影响到我国货币、财政政策的取向。发达国家货币当局已着手启动第二轮"量化宽松"，全球流动性将会进一步宽松，影响我国的金融货币环境。针对国际经济的新形势，我国政府有必要采取应对措施，促进"十二五"开局之年经济平稳较快发展。

第一，积极应对人民币升值压力，加快人民币汇率形成机制改革。当前我国经济结构调整需要提高资源品价格和环境成本，进行收入分配制度等改革，这些政策会导致价格水平的上升，在名义汇率保持基本稳定的条件下可以实现实际汇率的升值，因此在某种程度上可以看作本币升值的"替代政策"，缓解名义汇率升值的压力。但是，名义汇率升值却不能反过来替代这些政策，在当前各国竞相贬值的情况下，不宜让名义汇率大幅升值。

第二，顺应世界经济格局调整和变化的大趋势，积极深化国际合作。世界经济格局正在朝着多极化和有利于新兴市场和发展中经济体的方向发展。我们应顺应世界经济格局调整和变化的大趋势，积极深化国际合作，促进我国经济发展。一是应积极稳妥地提高我国在国际经济事务中的参与和话语权，主动进行国际经济政策对话与协调。二是应加强与新兴市场经济体的合作和交流。由于我国同其他新兴市场国家在经济方面存在较强的互补性，相互影响越来越大，随着世界经济格局的变化，这种趋势在未来将不断加强。因此，应发挥地缘优势，加强与东

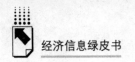

亚等邻国的经济合作，加快向西开放的步伐；加强对新兴市场经济体与发展中国家的投资与金融支持；继续坚定实施走出去战略，特别是利用外汇储备，支持企业积极进行海外投资。

第三，需要加大农业科技和财政投入，优化生产结构，充分挖掘潜力，努力在粮食生产连续六年增长的基础上继续保持增产，进一步提高粮食自给率，防范农产品价格过快上涨。

# G.15
# 2010 年美国经济形势分析及 2011 年展望

陶丽萍*

**摘　要：**美国经济于 2009 年 6 月底结束衰退并开始回升，但 2010 年第二季度以来美国经济增速明显放缓，引发了市场对美国经济"二次探底"的担忧。从目前情况判断，虽然美国经济从 70 年来最严重衰退周期中复苏的进程已经有所冷却，但不会重新陷入衰退。不过，高失业率和住房市场不稳将导致经济复苏非常脆弱，未来一段时期美国经济可能经历缓慢增长。

**关键词：**美国经济　增速放缓　缓慢增长

## 一　经济复苏势头明显放缓

### 1. 经济增长迅速放缓

美国经济于 2009 年第三季度开始恢复增长。但继 2009 年第四季度和 2010 年第一季度分别实现了 5.0% 和 3.7% 的快速增长之后，今年第二季度美国经济增长迅速放缓，按年率计算增幅为 1.7%。第二季度美国经济增速放缓的重要原因：一是企业库存调整对经济增长的贡献率明显下降，第二季度库存变动为经济增长贡献了 0.82 个百分点，明显低于第一季度的 2.64 个百分点。增加库存通常被解读为企业对经济前景信心增强，金融危机和经济衰退曾使美国企业持续削减库存，2009 年 10 月份之前，美国企业库存曾连续 13 个月下降。二是净出口拖累经济走低，贡献率由第一季度的 - 0.31 个百分点扩大到第二季度的 - 3.50 个百分点，为 1947 年以来最差。

但是，固定投资强劲使得多数地区制造业继续扩张，为经济增长提供了支

---

* 陶丽萍，国家信息中心经济预测部高级经济师，主要从事中国经济、世界经济分析与预测。

撑。第二季度非民用住宅固定投资猛增 17.2%，远高于第一季度 7.8% 的增幅，为 2006 年第一季度以来的最大增幅；受美国政府首次购房优惠政策推动，第二季度民用住宅项目投资增长率由第一季度的 -12.3% 猛增为 25.7%，为近 27 年来最大季度增幅。此外，第二季度个人消费支出增长率由第一季度的 1.9% 上升到 2.2%，对经济增长的贡献率由 1.33 个百分点扩大到 1.54 个百分点；政府消费和投资增长率由第一季度的 -1.6% 转为 3.9%，对经济增长的贡献率由 -0.32 个百分点上升到 0.80 个百分点（见表 1）。

表 1　美国主要经济指标增长率及对经济增长的贡献

单位：%

| | 2009 年 | 2010 年 | | |
| --- | --- | --- | --- | --- |
| | | 第一季度 | 第二季度 | 第三季度 |
| GDP 及其构成增长率（经季节调整折年率） | | | | |
| 国内生产总值 | -2.6 | 3.7 | 1.7 | 2.5 |
| 个人消费支出 | -1.2 | 1.9 | 2.2 | 2.8 |
| 私人国内投资 | -22.6 | 29.1 | 26.2 | 12.4 |
| 固定投资 | -18.3 | 3.3 | 18.9 | 1.7 |
| 商品和服务出口 | -9.5 | 11.4 | 9.1 | 6.3 |
| 政府消费和投资总额 | 1.6 | -1.6 | 3.9 | 4.0 |
| GDP 及其构成对经济增长的贡献 | | | | |
| 国内生产总值 | -2.6 | 3.7 | 1.7 | 2.5 |
| 个人消费支出 | -0.84 | 1.33 | 1.54 | 1.97 |
| 私人国内投资 | -3.24 | 3.04 | 2.88 | 1.51 |
| 固定投资 | -2.69 | 0.39 | 2.06 | 0.20 |
| 库存变化 | -0.55 | 2.64 | 0.82 | 1.30 |
| 商品和服务净出口 | 1.13 | -0.31 | -3.50 | -1.76 |
| 政府消费和投资总额 | 0.32 | -0.32 | 0.80 | 0.81 |

资料来源：美国商务部经济分析局。

按照美国商务部公布的修正数据，受个人消费支出和企业库存增加推动，第三季度美国经济增速较第二季度有所上升，按年率计算增长 2.5%。其中，个人消费支出增长 2.8%，高于第二季度的 2.2%，为 2006 年第四季度以来的最高值，对经济增长的贡献率为 1.97 个百分点；企业库存增加 1115 亿美元，较前两个季度大幅增长，对经济增长的贡献率为 1.30 个百分点。但投资增速下滑加重了经济的下行风险，第三季度固定投资增长率由第二季度的 18.9% 猛降为

1.7%，对经济增长的贡献率由第二季度的 2.06 个百分点下降到 0.20 个百分点。其中，私人住宅投资再次大幅下滑，下滑幅度达 27.5%，为 2009 年第一季度以来的最大跌幅。

**2. 房地产复苏乏力**

本轮美国经济衰退是由 2007 年上半年次贷危机引发的，至今美国房地产市场调整已有三年。受美国政府一系列扶助房市政策的推动，美国房地产市场 2010 年春季一度回暖。但随着购房最高可退税 8000 美元的刺激政策 4 月 30 日到期，美国住房市场随即开始出现下滑。全美房地产经纪人协会公布的数据显示，继 5、6 月份连续两个月下滑之后，7 月份占美国整个房市销售量约 85% 的旧房销量较前一个月暴跌 27%，创 1968 年有纪录以来的最大跌幅；按年率计算总量降至 384 万套，创 15 年以来最低水平。虽然 8 月的销量明显反弹，环比增长 7.6%，按年率计算总量增至 413 万套，但销量仍为历史第二低值。销量骤降致使房屋库存量大幅攀升，以 8 月份的销售速度计算，美国旧房库存需要 11.6 个月才能消化，同时，8 月末 398 万套的旧房库存量创下了 20 世纪 80 年代中期以来二手房月库存量的第二高值。

美国商务部公布的报告显示，7 月份美国新房销售量比前一个月下跌 8.1%，经季节调整按年率计算为 28.5 万套；8 月份美国新房销售量与前一个月基本持平，但不及预期的 30.0 万套，表明消费者对购房持谨慎态度；9 月份美国新房销售量虽然环比增长 6.6%，达到 30.7 万套，但远远低于上年同期的 39.1 万套，降幅达 21.5%。2000～2010 年美国新房销售量见图 1。

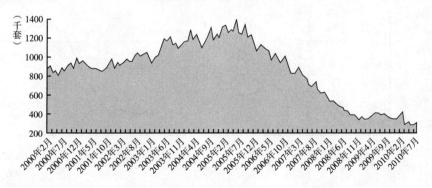

**图 1  美国新房销售量**

资料来源：美国普查局。

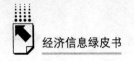

### 3. 失业率居高不下

美国经济自 2009 年第三季度反弹以来，一直处于"无就业复苏"的状态。美国就业市场在 2009 年底转为净雇佣，在 2010 年上半年逐步恢复。但随着第二季度经济复苏步伐大幅放缓，6~9 月美国就业岗位连续四个月负增长（见图2）。9 月份美国非农就业人数减少了 4.1 万人，远远高于华尔街分析师此前所预期的 8000 人；6~8 月份美国非农就业人数分别减少了 17.5 万人、6.6 万人和1000 人。由于私营部门就业人数的增长不足以弥补政府部门就业人数减少的影响，9 月份美国失业率为 9.6%，与之前一个月持平，虽然比 2009 年 10 月本轮经济衰退最高点 10.1% 已有明显回落，但为连续第 17 个月高于 9.0% 的水平（见图3），也为 25 年来高失业率持续时间最长的一次。

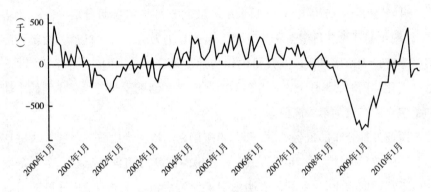

**图 2　美国就业变化**

资料来源：美国劳工部。

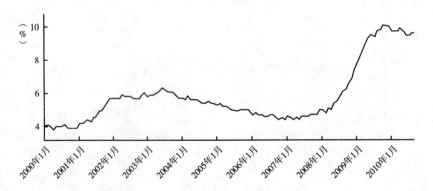

**图 3　美国失业率**

资料来源：美国劳工部。

#### 4. 消费信心低迷

个人消费支出占美国经济总量的 2/3，是经济增长的主要动力。2010 年第二、三季度美国消费者支出增长率由第一季度的 1.9% 分别上升到 2.2% 和 2.8%，对 GDP 增长的贡献由第一季度的 1.33 个百分点分别上升到了 1.54 个和 1.97 个百分点。但是，8 月份美国消费信贷比上一个月下降 2.5%，减少 49.3 亿美元，为连续第七个月放缓，其中，用于信用卡消费等方面的周转性信贷降幅明显，显示出消费者对经济复苏的信心依旧疲软。10 月份美国密歇根大学消费者信心指数从 9 月份的 68.2 下降至 67.7，连续第二个月下降，为 2009 年 11 月份以来最低水平。消费信贷和消费信心指数反映个人消费开支情况，由于当前失业率居高不下等因素，消费者在未来一个时期内仍将对消费持谨慎态度，消费信贷短期内强劲反弹的可能性不大。

#### 5. 通胀水平低于预期

2010 年以来美国通胀总体保持在低水平。因能源价格走高，7 月份美国 CPI 经季节因素调整后环比上涨 0.3%，为连续三个月下滑后首次上升（见图 4），也为近一年来最大的月度环比增幅，但扣除能源和食品的核心 CPI 环比仅上涨 0.1%。8、9 月份美国 CPI 环比分别增长 0.3% 和 0.1%，能源和食品价格是拉动其增长的主要因素，核心 CPI 与 7 月份基本持平，显示出美国经济面临的通胀水平较为温和。过去 12 个月，美国 CPI 仅上涨 1.1%，核心 CPI 仅上涨 0.8%，为 49 年来最小涨幅。

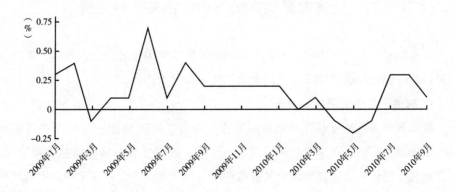

**图 4　美国 CPI 走势**

资料来源：美国劳工部。

目前美国通胀上行的概率降低，由于失业率居高不下、企业产能利用率不高，短期内通胀压力可控，近期核心 CPI 的趋稳回升态势也预示未来潜在通胀可能出现见底迹象，支持美联储继续维持低利率以巩固经济增长。然而，目前美国物价水平低于正常经济发展和充分就业的需要。美联储主席伯南克表示，由于美国经济复苏缓慢，失业率依然处于高位，通货膨胀存在过低风险，美联储已经准备好采取进一步的宽松货币政策以支持经济增长。

**6. 银行业缓步复苏**

美国联邦存款保险公司（FDIC）发布的第二季度银行业状况报告显示，美国银行业第二季度总利润为 216 亿美元，与上年同期的 44 亿美元净亏损相比，增加 260 亿美元，为 2007 年第三季度次贷危机爆发以来银行业的最高季度盈利。其中，近 2/3 的银行盈利好于上年，仅有 20% 的银行报告净亏。大型金融机构为主要的盈利增长驱动力，主要因素是更低的贷款违约率减少了不良贷款拨备。第二季度美国银行业不良贷款减少了 2.14 亿美元，为 2006 年第四季度以来的首次下降。大型银行因此削减了 118 亿美元的拨备，尤其在企业贷款上，这一数额相比一年前降低了 4.5%。不过，第二季度被 FDIC 列入问题银行名单的银行数量仍在增加。但值得注意的是，虽然问题银行的数量在增加，然而其持有资产的总量却从上一季度的 4310 亿美元降至 4030 亿美元，这表明更多的大银行正在走出泥潭，而更多的小银行正陷入新的困境，显示美国金融业复苏依然脆弱。

## 二　经济前景仍充满不确定性及下行风险

综合来看，房地产市场与就业市场仍然是拖累美国经济的两大难题，未来美国经济复苏仍将面临诸多不确定因素及下行风险的困扰。

**1. 房地产复苏之路依旧漫长**

近期美国房地产复苏乏力的直接原因是美国政府购房抵税政策在 4 月底到期。实际上，美国房市扶助政策并没有从根本上改变住房市场供需基本面情况，而只是将一部分交易量提前到政策有效期内予以消化，人为改变了住房市场调整轨迹。但是，住房市场在繁荣时期积聚的泡沫仍待挤出，这一调整过程不可避免。除政策因素外，美国住房市场持续低迷的深层次原因是美国就业市场持续疲软、个人收入增长乏力导致居民购买能力和意愿下降，以及待售房屋积压严重而需求不足对房价产生显著下行压力。从房价收入比、住房拥有率等多项指标来观察，美国住房市场仍然没有调整到位，可能还需要经历更长时间的筑底调整过程。美国住房市场要想实现充分复苏，有赖于就业市场的改善。

从历史来看，此前美国数次发生经济衰退后，住房市场大多率先反弹，并成为经济复苏的主要拉动力量。而此次美国经济步入复苏轨道已一年有余，而住房市场依然脆弱。一些经济学家认为，美国住房市场存在二次探底风险，并将拖累经济复苏步伐。

**2. 就业市场疲软状况短期内难以改观**

总体而言，就业市场疲软是美国经济复苏的最大障碍。因为美国经济增长主要靠消费者开支带动，而失业率居高不下使得民众无法增加支出，从而使得美国经济的持续复苏面临挑战。尽管美国政府一直以来均表示会采取一切可能的办法刺激就业，然而就业市场的实际情况却迟迟未见明显起色。2010 年以来，美国平均每月新增就业岗位 9 万个，而两年经济衰退期内美国累计丧失就业岗位近850 万个，为二战以来美国历次经济衰退中就业岗位损失数量最多的一次。而且，当前 1500 万失业人口中，约有 1/3 处于长期失业状态；另外还有 200 万人因放弃寻找工作而未被计入失业人口。长期失业反映的是结构性失业，意味着劳动技能的永久性损失。与周期性失业不同的是，一些危机前存在泡沫的行业岗位，即使在复苏后也不会恢复。以目前境况看，由于美国经济复苏势头缓慢、企业增加雇员信心不足，近期内美国失业率不会出现明显下降，一段时间内仍将保持在较高水平，回归自然失业率可能需要数年时间。而且，从周期角度看，就业通常慢于整体经济复苏。

**3. 消费者支出难以有突破性改善**

美国当前消费低迷的主要原因是储蓄率居高不下。美国次贷最红火的 2005年第三季度，美国储蓄率曾低至 1.2%；次贷危机爆发不久后的 2007 年第三季度，美国储蓄率还是比较低，只有 1.8%；但自 2007 年第四季度起，美国储蓄率快速提高，2009 年第二季度上升到 7.2%；2010 年第二季度有所回落，但仍高达5.9%；第三季度美国储蓄率小幅降至 5.5%。

近 20 年来，美国一直是一个高消费、低储蓄的国家，但自金融危机爆发以来，由于股市、地产和其他金融资产大幅缩水，美国人开始改变了以往只贷不存的习惯，通过削减支出、减少借贷和增加储蓄应对经济衰退，致使美国人的消费

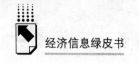

率有所下降，储蓄率有所提高。

从长期来看美国经济仍旧需要消费来推动。未来几个季度内，在工资增长、信贷条件逐步放松的条件下，消费者支出可能将继续增加。但疲弱的就业市场将打压消费者信心，从而令消费者支出难以获得突破性的改善。

**4. 财政赤字问题严重**

2010 财年（2009 年 10 月 31 日 ~ 2010 年 9 月 30 日），美国联邦财政赤字高达 1. 29 万亿美元，相当于美国国内生产总值（GDP）的 8. 9%，虽然低于 2009 财年的 1. 42 万亿美元（相当于 GDP 的 10%），但为历史第二高纪录。美国财政赤字减少的主要原因是收入的增加和支出的减少。2010 财年，美国政府财政收入继连续两年下降后首次增长，达 21620 亿美元，比上年增加 570 亿美元，增幅为 2. 7%，其原因在于高额的公司税收和联邦储备；政府财政支出为 34560 亿美元，比上年减少 640 亿美元，降幅达 1. 8%。

目前来看，未来一两年美国经济几乎没有大幅削减赤字的空间，较高的财政赤字将导致人们购买住房和汽车以及商家购买设备或扩大经营所需资金利率的提高，这将制约美国消费者的消费支出，减缓经济增长。从中长期看，美国财政预算处在不可持续的道路上，若不采取行动将危及美国经济的未来。美国政府预计，2011 财年美国联邦财政赤字将升至 1. 4 万亿美元，未来 10 年联邦财政赤字总额将达到 8. 47 万亿美元。

**5. 新一轮经济刺激计划难达理想**

近期，美国再次启动量化宽松的货币政策，奥巴马政府试图再次推出包括减税和基建投资在内的 3500 亿美元的第二轮经济刺激计划，包括对企业进一步减税以帮助创造就业、为中产阶级永久性减税、扩大对清洁能源的研发及投资、加大基础设施建设以及针对商业活动减税等，这一政策能否得到议会批准尚未可知。

为了应对金融危机，奥巴马上任后出台了 7870 亿美元的大规模的经济复兴计划，但目前看来已实施政策的效果不能令人满意。虽然前期的经济刺激计划使美国经济避免了 1929 年经济大萧条的悲剧重演，但并没有带动经济出现自主增长的活力，特别是失业率居高不下，同时债务激增的负面作用已开始显现。因此，仅继续依靠加大政府对经济的干预程度和"非常规"货币政策，对促进美国经济实现可持续增长的效果将会下降。这次再推出的财政扩张方案必然进一步推高美国债务负担，这会对于国会通过该计划形成阻力。不仅如此，这次奥巴马新政策与此前公布的经济刺激计划比较起来规模较小，虽然有益于美国经济短期乃至长期发展，但无法迅速扭转美国经济颓势。

## 三　经济结束衰退　但增长缓慢

2010 年 9 月 20 日，美国国家经济研究局（NBER）宣布，始于 2007 年 12 月的本轮美国经济衰退已在 2009 年 6 月底结束，此后步入了复苏阶段。但是，这一几经确认才得以公布的、被视为经济周期标杆性的指标，并不预示实体经济将迅速反弹。相反，近期美国经济数据全面走低，经济面临长期低增长与高失业并存的风险。因此，NBER 在声明中强调，衰退结束"并不意味着此后经济条件改善或回归正常产出水平"，"在扩张初期，经济活动往往低于正常水平，而且很可能在低水平持续相当长的时期。"本轮经济衰退是二战以来美国持续时间最长的一次，超过了 1973 ~ 1975 年和 1981 ~ 1982 年各自的 16 个月；1991 年和 2001 年的两次衰退，同样经历了缓慢复苏，但深度和损害并不如本次。而且，本次衰退在就业方面的影响大于以往，GDP 增速不足以创造新增就业。按照美国西北大学经济学教授戈登的研究，GDP 增长需达到 2.5% 才能实现就业增长。

美联储最新的"褐皮书"全国经济调查报告也显示，美国经济正在复苏，但是复苏步伐依旧缓慢，在 12 家地区联储的辖区内，有几个辖区经济出现某种形式的增长，但是多数地区增长缓慢。9 月份大部分辖区的消费者支出呈持平或小幅上升局面，消费者们正在缓慢恢复信心，不过消费者购买行为仍较大程度地局限于必需消费品；制造业继续扩张，但企业招聘活动依然低迷，就业情况仍不乐观；住房市场依然低迷，12 个辖区的房屋销量大多低于上年同期，部分辖区住房市场有所起色；秋季以来的贷款活动仍维持在低位，但某些辖区的贷款需求小幅上升。这份"褐皮书"报告比 9 月份的基调稍显乐观。9 月份的"褐皮书"报告称，美国经济势头在 2010 年夏末走弱，更多地区的增长放缓，与前一段时期相比，经济呈现广泛的减速迹象。

今后一段时期将是美国经济未来走向的关键。一种可能是从温和增长的消费开支和投资中获得至关重要的动力，进而保持复苏趋势；二是继续 2010 年前两个季度逐渐放缓的趋势，转而进入低速增长时期，甚至遭遇严重衰退。从目前情况看，我们判断，虽然美国经济从 70 年以来最严重衰退周期中复苏的进程已经有所冷却，但不会重新陷入衰退。不过，高失业率和住房市场不稳将导致经济复苏非常脆弱，未来一段时期可能经历缓慢增长，同时由于新的经济增长点或新科技革命至今尚未确立，美国经济回归强势还需要较长时间。

由于经济增速低于预期，近来国际组织也纷纷下调对美国经济增长的预测。国际货币基金组织（IMF）最新预测报告指出，美国经济复苏的步伐开始趋缓，消费者面临高负债和财富缩水的冲击，尽管货币政策已非常宽松，但受制于高失业率，美国的信贷增长依旧缓慢。预计美国居民储蓄率比危机前上升的趋势还将持续，公共财政状况有可能进一步恶化，美国经济最有可能的前景是实现持续但缓慢的复苏，其增长速度将远低于以前的经济复苏进程。预计 2010 年经济将增长 2.6%，2011 年放缓至 2.3%，这一预测要远远低于该组织 7 月份所作的 2010 年增长 3.3%、2011 年增长 2.9% 的预测。IMF 还预测，2010 年美国失业率为 9.7%，2011 年这一数字将维持在 9.6%；2010 年 CPI 将上涨 1.4%，2011 年将上涨 1%。经合组织认为，美国经济正在从一次严重的衰退中慢慢恢复过来，在一个时期内经济增长的预期仍然很低，本轮经济衰退很可能令私人消费需求在未来几年都受到制约，而消费需求的疲软将进一步掣肘就业市场的恢复，而失业率最早也要到 2013 年才能回到危机前水平。

# G.16

# 2010 年欧元区经济形势分析及 2011 年展望

赵 坤*

**摘 要：** 2010 年上半年，欧洲主权债务危机愈演愈烈，严重扰乱了欧洲乃至全球的金融秩序，使欧元区经济一度面临二次衰退的绝境。但在新兴经济体强劲需求的拉动以及欧盟和 IMF 的联手援助下，欧元区经济在第二季度实现了超预期复苏，投资者和消费者信心明显好转，金融市场也日趋平稳。然而，由于全球经济复苏步伐放缓、欧元区经济复苏的内生动力尚未恢复、主权债务危机的影响尚未完全消除、区内经济发展不平衡以及失业率长期居高不下等因素，欧元区经济前景仍充满着极大的不确定性，预计 2010 年增长 1.7% 左右，2011 年将进一步放缓至 1.4% 左右。

**关键词：** 欧元区经济 超预期复苏 主权债务危机

## 一 2010 年欧元区经济逐步走向复苏

受欧洲主权债务危机的影响，欧元区经济第一季度环比仅增长 0.3%，远远低于同期美、日经济复苏的力度；然而当美、日经济复苏在第二季度放缓之时，欧元区却实现了经济触底后的最快增速，比上一季度增长了 1.0%。这一方面说明欧元区经济周期相比于美国，滞后 3~6 个月，在第二季度"补上"了"经济超预期增长"这一课；另一方面也说明，欧洲主权债务危机已经逐步得到控制，对经济信心的负面影响有所减弱，区内经济复苏正在步入正轨。

---

\* 赵坤，经济学博士，国家信息中心经济预测部高级经济师，主要从事中国经济、世界经济跟踪分析与预测以及数量模型研究。

**1. 新兴经济体拉动欧元区经济复苏**

2010 年上半年，特别是第二季度，欧元区经济加速复苏，主要得益于出口的迅速恢复。如表 1 所示，第二季度欧元区出口增长了 4.3%，对欧元区 GDP 增长贡献了 1.6 个百分点。而同期的私人消费和政府支出仅分别增长了 0.2% 和 0.5%，对 GDP 增长各贡献了 0.1 个百分点；投资增长了 1.5%，对 GDP 增长贡献了 0.3 个百分点；库存调整贡献了 0.3 个百分点。作为欧元区经济的领头羊，德国上半年出口额达到了 4583 亿欧元，同比增长 17.1%，所有重要行业均从出口繁荣中获益。其中，汽车和汽车配件出口额同比增长甚至达到 40.8%，化学产品、数据处理设备、电子和光学产品和电气设备出口增长均超过 20%。

表1 欧元区 GDP 各个组成部分的增长趋势及贡献

单位：%

| | 2009 年第三季度 | 2009 年第四季度 | 2010 年第一季度 | 2010 年第二季度 |
|---|---|---|---|---|
| GDP 及各个组成部分增长（环比） | | | | |
| GDP | 0.4 | 0.2 | 0.3 | 1.0 |
| 私人消费 | − 0.1 | 0.2 | 0.2 | 0.2 |
| 政府支出 | 0.5 | − 0.1 | 0.2 | 0.5 |
| 固定资本形成 | − 1.1 | − 1.2 | − 0.3 | 1.5 |
| 出口 | 2.4 | 2.0 | 2.5 | 4.3 |
| 进口 | 2.2 | 1.2 | 4.2 | 4.0 |
| GDP 各个组成部分对 GDP 增长的贡献 | | | | |
| 私人消费 | 0.0 | 0.1 | 0.1 | 0.1 |
| 政府支出 | 0.1 | 0.0 | 0.0 | 0.1 |
| 固定资本形成 | − 0.2 | − 0.2 | − 0.1 | 0.3 |
| 存货变化 | 0.5 | 0.0 | 0.8 | 0.3 |
| 出口 | 0.9 | 0.8 | 0.9 | 1.6 |
| 进口 | − 0.8 | − 0.4 | − 1.5 | − 1.5 |

资料来源：欧盟统计局。

外部环境的改善，特别是中俄印巴等新兴经济体的需求是欧元区出口大幅增长的主要原因。上半年，欧元区与其主要贸易伙伴的出口额均比 2009 年同期大幅增长。其中，对巴西和中国的出口增长幅度最大，分别为 59% 和 44%，对印度和俄罗斯则分别增长了 29% 和 17%。法国上半年出口增幅达到 10%，而对巴西和中国的出口增长更是分别高达 51% 和 36%。新兴经济体对法国拥有优势的领域，包括航空、交通基础实施、能源、城市设备（水、垃圾处理）、医疗保健等领域表现出了旺盛的需求，纷纷与法国签署大额合同。

**2. 德国一枝独秀，区内经济复苏不平衡加剧**

尽管欧元区经济复苏步伐在第二季度加快，但令人担忧的是，欧元区内部经济发展不平衡表现得也更为明显，全区 2/3 的贡献来自德国。作为欧元区经济增长的"发动机"，德国前两个季度分别实现了 0.5% 和 2.2%（创 1987 年以来的最高纪录）的增长（见图 1），出口、投资和消费均实现增长，在经济复苏中独领风骚。而与之相对比，法国、意大利、西班牙这些区内大国的经济虽然正在逐步恢复增长的动力，但经济重现停滞的警报尚未完全解除：法国经济前两个季度分别增长了 0.2% 和 0.7%；意大利经济前两个季度分别增长了 0.4% 和 0.5%；西班牙前两个季度经济仅分别增长了 0.1% 和 0.2%。此外，爱尔兰和卢森堡在分别经历三个季度增长后，在第二季度再次收缩，分别负增长 1.2% 和 0.3%；希腊则至今仍深陷衰退泥潭，且经济萎缩程度继续扩大，前两个季度分别衰退了 0.8% 和 1.8%。

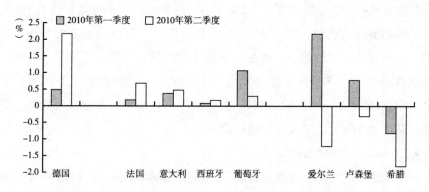

**图 1　2010 年前两个季度欧元区主要经济体经济增长率**

资料来源：欧盟统计局。

**3. 物价快于经济增速反弹，但核心通胀仍保持稳定**

欧元区物价在 2008～2009 年经历了一轮剧烈下跌，但是从 2010 年欧元区的月度 CPI 走势来看（见图 2），物价回升十分迅速，10 月已升至 1.9%，显而易见量化宽松的货币政策、各种经济救援计划支撑了物价的回升。而且，欧元区物价回升表现出典型的输入型特征，能源产品价格上涨远远高于一般价格水平上涨，而核心通货膨胀率并未出现较明显的上升趋势。鉴于充斥在国际市场上的流动性很难在短期内被回收，国际市场大宗产品价格仍将高位运行，欧元区输入型通胀也将水涨船高，可能会迅速回升到历史平均水平2%。

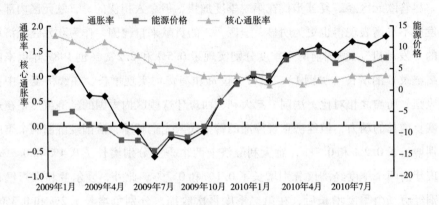

**图2　欧元区通货膨胀率变化**

资料来源：欧盟统计局。

但由于核心 CPI 长期停留在 1.0% 左右，且欧元区利率继续保持在 1% 的水平，实际利率已经陷入"负利率"区间，再加上欧元区经济复苏态势将在下半年趋缓，欧元区可能将面临"通缩"风险。与此同时，欧元区第二季度薪资水平增速放缓，导致欧元区企业劳动力成本的上升速度减慢，比上年同期上升1.6%，升幅低于第一季度的 1.9%。劳动成本增幅放缓，也会减轻物价上升的压力，从而加大欧元区"通缩"的风险。

### 4. 失业率长期居高不下

长期以来，欧元区失业率居高不下，即便在经济增长最快的 2007 年，失业率也在 7% 以上，2010 年则由于次贷危机和主权债务危机的影响，升至 10.1%。

失业率居高不下是由欧元区本身存在的结构性问题造成的。首先是高新技术产业不能提供足够的就业机会。自 20 世纪 80 年代中期以来，相比于美日，欧元区大多数成员的相关新兴产业发展较为缓慢，传统的高端制造业在经济中所占比例较高。如失业率位居欧元区之首的西班牙，约有 30% 的就业人员直接或间接地从事建筑业。其次是现行的劳工市场和福利制度影响到就业市场的正常发展。欧元区大多数成员国对劳动力市场管制非常严格，这种管制虽能保护员工利益，但过度保护的负面影响是既提高了企业的生产成本，又使企业就业量不能对市场需求波动做出快速反应。同时，欧元区一些成员国的高福利使相当部分人缺乏寻找工作的动力，成为所谓的自愿失业者。除缴纳公司所得税外，欧元区企业还要负担员工的培训、带薪休假、福利支出等多种费用，其结果是劳动力成本过高，企业投资回报率低，技术更新缓慢，造成就业需求的疲软和不足，最终制约就业增长。

这些矛盾和问题通过金融危机和主权债务危机的爆发更加充分地暴露出来，短期内无法得到解决，只要欧元区经济没有实现完全复苏，失业率就仍将保持在高位。更加严重的是，欧元区 25 岁以下年轻人的失业率已经达到了 20%，最高的西班牙则已经达到了 40.5%，这又会进一步制约欧元区长期经济增长，形成一个恶性循环。

**5. 受主权债务危机影响，欧元汇率大幅波动**

2010 年上半年，欧洲主权债务危机成为国际经济中最重要的不确定性因素之一，但由于包括欧盟、IMF 在内的各个机构的强力介入，紧张的状况已经暂时稳定下来。而受此影响，欧元兑美元汇率也从年初高点 1.4501∶1 狂跌至 6 月 8 日的 1.1964∶1，半年时间内下跌了 17.5%（见图 3），使欧元区一度面临解体风险。

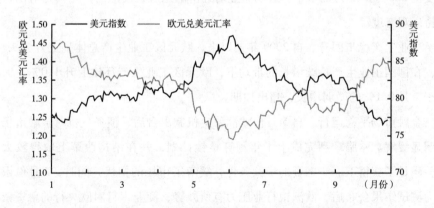

**图 3　2010 年以来欧元兑美元汇率与美元指数变化**

资料来源：Wind 资讯。

5 月 10 日，欧盟首脑会议和财政部长会议通过了由"双边贷款、欧盟贷款和国际货币基金组织（IMF）信贷额度"三大部分组成的 7500 亿欧元的援助基金方案，帮助可能陷入债务危机的欧元区成员国，以防止希腊债务危机蔓延，拯

救欧元。尽管该计划并没有从根本上解决问题，"欧猪五国"的负债水平也没有明显下降，但投资者的情绪得到暂时的安抚。与此同时，第二季度美国经济复苏的步伐放缓，一些先行经济指标下滑，加上失业率长期居高不下，促使美联储重启新一轮的定量宽松措施，导致美元指数自6月以来持续下降。在这样的背景下，欧元兑美元汇率止住了跌势，并一路回升至1.4∶1，且短期强势甚至继续上行的可能性较大。

## 二 下半年以来亮点频现，但前景仍不可测

下半年以来，随着主权债务危机暂时得到平息和第二季度经济增长超出预期等因素影响，欧元区投资者和消费者的信心明显恢复，一些经济指标明显回升。

市场信心明显好转。反映企业和消费者信心的欧元区经济敏感指数在2010年4月恢复至长期平均水平（100）之上后持续上升，屡创金融危机爆发以来的新高，9月份达到了103.2。消费者信心显著增强，对整体经济形势普遍乐观，对失业的担忧也开始缓解。与此同时，欧元区商业景气指数9月也达到0.77，恢复至2007年12月的水平，表明企业对经济的乐观程度颇高，尤其是对出口增长持乐观态度。

工业生产稳步回升。自2009年初以来，欧元区工业生产总体呈上升势头。8月，在德国工业生产持续增长的带动下，欧元区工业生产环比上升1.0%，大大高于7月0.1%的微弱增长，超出预期。

金融市场平稳运行。自5月份欧洲稳定机制出台后，债务危机对金融市场压力明显缓解。希腊顺利完成上半年预算整顿计划，并在结构改革上取得较大进展，满足了获得下一步融资的贷款条件，缓解了市场的担忧。同时，7月份银行压力测试结果公布后，欧洲银行业压力有所减轻，商业银行对欧央行的融资依赖也有所减少，从而促使欧金融体系向正常状态回归。

尽管从目前的经济形势来看，欧元区的复苏势头明显好于预期，然而由于全球经济复苏步伐放缓、欧元区经济复苏内生动力尚未恢复、主权债务危机的影响尚未完全消除、区内经济发展不平衡以及失业率长期居高不下等因素，经济前景仍充满着极大的不确定性。

**1. 第二季度推动经济超预期增长的动力减弱，经济复苏的内生动力不足**

根据第二季度 GDP 的分项指标（见表 1）可以看到，出口和私人投资对 GDP 增长的贡献加大是欧元区第二季度超预期增长的主要动力，其中，出口的贡献由第一季度的 0.9% 提升至第二季度的 1.6%，私人投资的贡献则由第一季度的 −0.1% 提升至 0.3%。然而，下半年这两大动力将减弱，第三、四季度的经济增速将显著回落，从而使欧元区经济恢复"正常"复苏态势。

首先，新兴经济体自第二季度以来经济增速逐步放缓，减弱了对欧元区的需求，将使欧元区出口增速回落。中国对拉动欧元区出口增长的贡献最大，但在第一季度高点后，经济增速放缓的趋势已经形成；其他国家，如巴西经济在第一季度增长 2.7% 的情况下，第二季度经济回落至 1.2%；韩国第二季度经济增速也由第一季度的 2.1% 回调至 1.4%，下半年将进一步放缓。这些均将影响对欧元区出口产品的需求。

其次，上半年欧元的大幅贬值使欧元区出口"因祸得福"，成为推动经济增长的动力，但这一因素可能在下半年阻碍欧元区出口。由于美联储重启量化宽松政策，暗使美元贬值，欧元汇率难以出现大幅度回调，短期强势甚至继续上行的可能性较大，将在一定程度上抑制欧元区出口增长。7 月、8 月德国出口环比增长连续两个月出现下降，预示着欧元区出口增长可能即将转向。

再次，第二季度欧元区私人投资由第一季度下降 0.3% 恢复至增长 1.5%，是一个偶然因素，在下半年难以维系。由于气候异常，本应在第一季度发生的建筑业投资推迟至第二季度，导致第二季度私人投资大幅增长。但这一因素不仅在下半年难以支撑经济增长，甚至可能因为私人投资回归"正常"增长，而对经济增长产生负贡献，从而拖累经济复苏。

此外，根据欧洲经济政策研究中心（CEPR）的研究，欧元区因受金融危机影响，经济收缩了 5.5%，产能利用率急剧下降，目前仍低于长期平均水平，企业投资意愿明显不足。与此同时，高失业率和人口老龄化加剧了居民消费的低迷，而且欧元区各国为了遏制主权债务危机而采取的各项财政紧缩政策，如增加税收、减少补贴等做法又对居民消费产生明显的抑制作用。因而，欧元区经济复苏的内生动力远未恢复，经济再次陷入停滞的警报也没有解除。

**2. 主权债务危机的影响尚未消除，仍存在再次爆发的可能**

自 5 月以来，大部分欧盟国家的国债利差有所缩小，企业债券的利差也开始

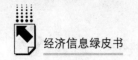

收窄，但还远高于欧债危机爆发前的水平。这表明投资者对于主权债务风险的担忧虽有所减轻，但并没有完全消除，欧债危机还远未结束，希腊、爱尔兰和西班牙等国的债务问题随时都有可能成为危及欧元区金融稳定的"毒瘤"。

9月7日，《华尔街日报》发文质疑欧洲银行压力测试结果，称其测试过程中有大量未披露的主权债务敞口，低估了一些放贷机构持有的可能有高风险的政府债券，这意味着欧洲银行业并没有压力测试所反映的那么健康。而且，8月以来，"欧猪五国"10年期国债收益率与德国国债收益率利差一直走高，除希腊外皆已超过银行压力测试前水平，显示投资者对欧洲主权债务危机仍有担忧。如果全球金融系统的目光再度回到牵一发而动全身的欧元区身上，欧元区再次陷入债务危机震荡的可能性将增大。

**3. 欧洲银行面临融资考验，惜贷行为可能冲击实体经济**

随着欧债危机暂时得到缓解，市场担忧的焦点正从欧洲金融机构"倒与不倒"转移到"融资难"的问题上。根据国际货币基金组织估计，欧元区银行2010年到期债务总额约为8770亿欧元，2011年和2012年分别为7710亿欧元和7140亿欧元，均需要再融资偿还。与此同时，根据刚刚出炉的《巴塞尔协议Ⅲ》，欧洲银行未来几年还需要进一步充实资本，以满足更加严格的资本金比率要求。

当前，欧洲股市依然低迷，能否顺利筹到钱将是一次严峻考验。融资难不仅会影响到银行业的稳定，而且也会限制银行放贷的能力，波及实体经济部门。最近几个月，欧洲金融机构向家庭发放的贷款增长缓慢，向非金融企业提供的贷款则持续下滑。据欧洲央行估计，欧元区非金融企业70%的融资依靠银行贷款，而美国企业80%的融资是直接通过资本市场。这说明欧洲企业严重依赖于从银行融资，如果欧洲银行业走不出困境，惜贷局面得不到缓解，那么将对欧洲实体经济产生较大冲击。

**4. 紧缩的财政政策不利于经济复苏**

希腊爆发严重债务危机后，欧元区国家纷纷采取财政紧缩政策，削减财政预算和公共开支，计划在2013年前后将财政赤字占国内生产总值的比重降至欧盟《稳定与增长公约》设定的3%上限以内。2010年6月7日，德国内阁通过了分4年削减816亿欧元的财政紧缩计划，要将目前财政赤字占GDP的5%压缩到马约规定的3%以下，为欧盟其他成员国树立榜样。6月12日，法国宣布采取紧缩措施，在未来 3 年中削减 450 亿欧元的公共开支，以便把法国国债目前占 GDP 8% 的比例降到 3% 以下。此前，希腊、葡萄牙、爱尔兰、西班牙和意大利等欧盟国家都已经分别出台了大规模的财政开支紧缩计划。荷兰和卢森堡是欧元区经济情况较好的国家，但这两个国家也都宣布实行紧缩政策，荷兰政府于 2009 年 9 月就决定削减 400 亿欧元财政预算，并将从 2011 年开始削减 20% 的公共开支。

在经济复苏尚未稳固的情况下，被迫放弃扩张性财政政策，且减赤政策多涉及退休制度改革，例如提高退休年龄、提高养老保险缴纳比例，会进一步抑制消费，阻碍整个欧洲的生产，无疑不利于欧元区经济复苏进程。为此，欧盟委员会主席巴罗佐呼吁欧洲各国应提倡"巧"紧缩政策，即在整固财政的同时不影响增长。

## 三 经济复苏势头将放缓

伴随着世界经济复苏放缓，欧元区在经历第二季度超预期复苏后，第三、四季度复苏势头也将回落。CEPR 发布的数据显示，反映欧元区经济环比增长率的 Euro Coin 指标自 4 月份以来已连续 6 个月呈现下降趋势，说明欧元区经济复苏放缓正逐步成为现实。OECD 发布综合经济先行指数也显示，法国、意大利、英国等国的先行指数已经开始出现负增长，经济增速放缓的信号比预期更加强烈；德国的指数虽然仍在增长，但增幅已经减缓，很可能也将于近期出现达到峰值的信号。

而欧洲市场调查机构 Markit 公布的最新调查结果显示，欧元区 8、9 月份的采购经理人综合指数（PMI）连续回落，表明欧元区经济增速正在明显放慢。9 月 PMI 指数为 53.8，比上个月回落 2.4 点，为近 7 个月来的最低点。其中，制造业 PMI 指数为 53.6，低于 8 月份的 55.1，是 8 个月以来的最低水平；服务业 PMI 指数为 53.6，同样低于 8 月份（55.9），为 7 个月以来的最低水平。

基于以上事实，可以预计，欧元区经济下半年复苏势头将放缓，第三、四季度经济将回归"正常"增速；而由于第二季度经济超预期增长，全年增速仍将高于年初的预期。欧盟委员会 9 月发布的中期预测报告将欧元区 2010 年经济增长预期由 0.9% 提高至 1.7%。同时预计，德国将实现 3.4% 的经济增速，远高于此前预期的 1.2%；并将法国和意大利的经济增速分别由 1.3% 和 0.8% 上调至

1.6%和1.1%；但"欧猪五国"之一的西班牙，经济将继续萎缩0.3%，衰退程度甚于此前预测的0.4%。欧洲央行也将欧元区2010年增长预测的中间值上调至1.6%，比6月份的预测结果高0.6个百分点。

10月6日，IMF发布了全球经济展望报告，将2010年欧元区经济增长率由1.0%调升至1.7%，并预计，德国因得益于出口贸易的增长，2010年GDP增长率将达到3.3%；法国的经济增长率则由春季预测的1.4%上调到1.6%；意大利经济复苏更为平缓，GDP增长率为1%；希腊、爱尔兰、西班牙、葡萄牙等国则面临严峻的财政预算问题，竞争力大大削弱。

2011年，欧元区国家将集体从刺激经济转向紧缩财政政策，无疑将对欧元区经济复苏带来较大的负面效应。据预计，紧缩计划将使欧元区2011年的经济增长率减少1个百分点。与此同时，2011年的世界经济将持续在底部徘徊，特别是新兴经济体将面临众多的不稳定因素，对欧元区的需求也将低于2010年，从而导致欧元区出口业及制造业下滑。因此，欧元区2011年经济增速将继续回落，欧洲央行预计为1.4%，IMF预计为1.5%。其中，德国受贸易伙伴国经济状况的影响，经济增长放缓为2%；法国和意大利由于高失业率和抑制财政刺激政策，影响内需，2011年仍分别保持1.6%和1%。

综合以上分析和预测，欧元区经济在2010年和2011年将维持低速增长，2010年增长1.7%左右，2011年将进一步放缓至1.4%左右。在这种形势下，欧元区经济政策也将面临多重挑战：一是在低增长和高财政赤字情况下，如何处理好"减赤"与"增长"的关系；二是在金融危机和债务危机的双重打击下，如何维持欧元币值稳定，并促使一体化不断有新进展；三是如何提升外围国家竞争力，促进成员国更均衡发展。这些挑战，将在一定程度上左右未来经济政策走向，从目前形势来看欧元区将实行"紧财政、宽货币"的宏观经济政策组合，即继续实施财政紧缩政策，但也会增加一些灵活性；同时货币政策总体宽松，但会根据形势做局部调整。

G.17

# 2010 年日本经济形势分析及
# 2011 年展望

张 鹏*

**摘 要：** 2010 年上半年受益于全球经济加快复苏，日本出口保持快速增长，带动工业生产上升，GDP 实现了正增长。但进入第三季度后，发达国家经济增速放缓，日本经济增长动能随之减弱。为了解决通货紧缩和经济停滞问题，日本政府不断强化扩张性经济政策，不仅连续出台多项财政刺激方案，还入市干预日元升值，并重新实施零利率政策。大规模的扩张性经济政策有助于避免日本经济大幅下滑，但欧美消费疲软、国内需求不足和通货紧缩仍将主导日本经济形势，预计 2011 年日本经济将保持低速增长。

**关键词：** 日本经济 刺激政策 通货紧缩

## 一 2010 年经济运行的基本特点

### （一）经济持续增长但增速放缓

2010 年第一季度日本 GDP 环比增速达到 1.2%（见图 1）。第一季度日本私人消费增长 0.5%，企业设备投资增长 0.8%，是促成内需增长的最主要因素。由于世界经济复苏较快，特别是中国和新兴市场国家经济反弹强劲，拉动日本出口快速增长，对于日本经济复苏也起到了至关重要的支撑作用。

2010 年第二季度日本 GDP 环比增长 0.4%，连续第 3 个季度维持正增长，

\* 张鹏，经济学硕士，国家信息中心经济预测部政策仿真研究室副主任，高级经济师，主要研究数量经济、世界经济和宏观经济。

167

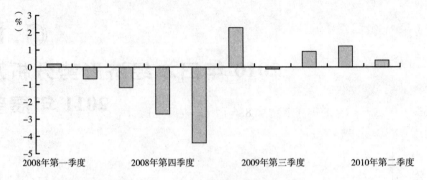

**图1 日本季度 GDP 增长率**

资料来源：日本内阁府经济社会综合研究所。

但受个人消费增长停滞等因素影响，经济增速明显放缓。第二季度个人消费丧失活力的主要原因是旨在促进购买节能家电的环保积分制度等消费刺激政策效果减弱。在投资方面，企业设备投资环比增加了 1.5%，但民间住宅投资环比下降了 1.3%。由于对中国等亚洲国家的出口势头良好，出口增长了 5.9%，继续承担起了支撑经济增长的重任。在对 GDP 增幅的贡献度方面，内需贡献了 0.1%，外需贡献了 0.3%，外需作用明显大于内需，表明日本复苏仍依赖于外部环境。

**表1 日本经济季度增长率**

环比单位：%

| | 2009 年 | 2010 年 | |
| --- | --- | --- | --- |
| | 第四季度 | 第一季度 | 第二季度 |
| 国内生产总值（GDP） | 0.9 | 1.2 | 0.4 |
| 国内需求 | 0.2 | 0.7 | 0.0 |
| 民间需求 | 0.2 | 0.7 | 0.1 |
| 民间最终消费 | 0.7 | 0.5 | 0.0 |
| 民间住宅 | -2.9 | 0.3 | -1.3 |
| 民间企业投资 | 1.7 | 0.8 | 1.5 |
| 公共需求 | 0.4 | 0.4 | -0.3 |
| 政府最终消费 | 0.7 | 0.6 | 0.3 |
| 政府投资 | -1.3 | -0.9 | -2.7 |
| 货物和服务出口 | 5.7 | 7.0 | 5.9 |
| 货物和服务进口 | 1.5 | 3.0 | 4.1 |

资料来源：日本内阁府经济社会综合研究所。

### （二）出口增长较快

2010 年前 8 个月，日本出口总额为 442882.0 亿日元，比上年同期增加 32.8%，进口总额为 400118.2 亿日元，比上年同期增加 21.6%，贸易顺差为 42763.7 亿日元，比上年同期增加 8.6%。日本月度出口增长率见图 2。

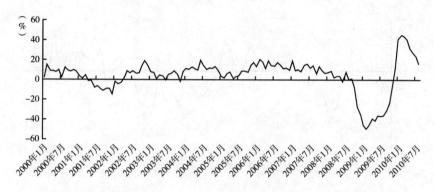

**图 2　日本月度出口增长率**

资料来源：日本财政部。

全球金融危机爆发后日本经济出口急剧下滑，但 2009 年第二季度后世界经济开始复苏，日本外贸形势也随之得到改善，并在 2009 年 12 月一举改变连续 13 个月的负增长，实现了当月 12.0% 的正增长。2010 年初，日本出口延续了快速恢复的格局，2 月份当月出口增速甚至达到 45.3% 的三十余年的高位。但由于截至目前的世界经济复苏主要依赖于大规模的财政刺激措施，还没有进入稳步增长的良性循环，随着刺激政策效应逐渐减退，全球需求减弱，日本出口增长也随之减速，8 月份出口增速已经降至 15.5%。2010 年第四季度，由于基数的作用和外需增长放缓，日本出口很难再次出现高速增长的局面。

在出口地区结构上，包括中国在内的亚洲国家成为日本出口的重要目的地，汽车、钢铁、半导体电子零部件是主要的出口产品。随着美国经济形势好转，日本对美国出口也持续增长。2010 年 7 月对美出口额达到 9722 亿日元，已恢复至 2008 年雷曼兄弟破产前的水平。由于欧洲受到主权债务危机的影响，经济动荡，所以日本对欧洲出口增长慢于对亚洲和美国的增长。

169

### （三）消费增长缓慢

日本第一季度消费环比增长 0.5%，第二季度环比增速降至零。由于私人消费占到日本经济总量的 60% 左右，居民消费支出不旺拖累了经济增长。日本家庭月均支出增速见图 3。

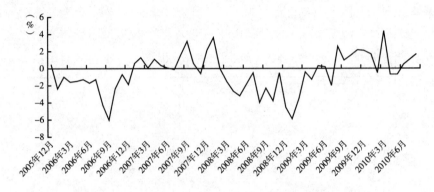

**图3  日本家庭月均支出增速**

资料来源：日本统计局。

2008 年下半年后，由于经济形势恶化，收入增长停滞，消费者信心降低，居民消费意愿不强，造成消费支出骤降。特别是外需下降造成企业倒闭和裁员现象增加，日本失业率在 2009 年 7、8 月份达到过 5.4% 的高点，这对居民消费造成不利影响。2009 年以来，面对消费不振的局面，日本政府采取了强力的刺激政策，包括发放定额补助金、实施绿色家电补贴、高速公路通行费优惠、环保车减税及以旧换新补贴制度等。据日本野村证券研究，总额约 2 万亿日元的定额补助约拉动民间消费增长 0.2%，预算分别为 3000 亿日元的绿色家电补贴和 3700 亿日元的汽车以旧换新制度拉动民间消费增长 0.1% 左右。受到政策刺激以及全球经济回暖的影响，日本消费者信心逐步恢复，2010 年 9 月为 41.2，比 2008 年底的 26.2 已经大为提升。但是总的看来，消费者信心和居民消费支出上升速度仍然较慢，特别在 2010 年下半年，由于刺激政策效果减退，消费好转的步伐减慢。

### （四）投资和工业生产增长后继乏力

受各国政府的消费刺激政策影响，日本工业生产从 2009 年第二季度开始反弹。为了应对危机、增加需求，日本政府推出财政补贴方案，鼓励民众购买环保汽车与电子用品，中国、欧美等其他各国也纷纷实施了类似政策，刺激汽车与电视机等消费类工业产品需求回升。这使日本电子与钢铁工业生产大增，并带动整体工业生产回升（见图 4）。但在 2010 年里，由于消费刺激政策带动的需求增长减弱，相应日本消费工业品增长放缓，造成工业生产整体增速放缓。目前全球经济景气形势仍未彻底改善，受出口影响较大的日本工业生产显得后继无力。在这种情况下，日本企业投资积极性不高。私人非住宅投资在 2010 年第一季度同比负增长 4.6%，第二季度虽然恢复正增长但增速仅有 2.4%。

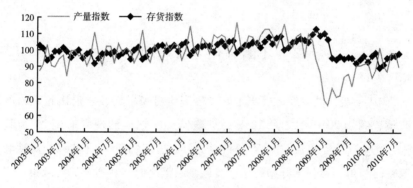

**图 4　日本工业产量指数和存货指数**

资料来源：日本统计局。

## （五）通缩现象没有改善

2003～2008 年之间，日本虽然没有从根本上摆脱物价疲软的局面，但在世界经济快速增长的带动下，通货紧缩局面逐步结束。次贷危机的爆发打断了日本经济复苏和物价水平正常化的进程，在外部冲击下日本物价连续负增长，重新陷入通缩当中（见图 5）。在 2009 年下半年物价开始缓慢增长，进入 2010 年后 CPI 延续了微弱增幅。但是，目前诸如高中教育免费、电子类消费品价格持续下降、汽油涨幅缩小等因素都对物价上涨产生负面作用，而支撑物价上涨的因素较少，所以整体价格水平难以在近期恢复正增长。日本政府原计划在 2011 年彻底扭转 CPI 形势，但目前来看难以实现。

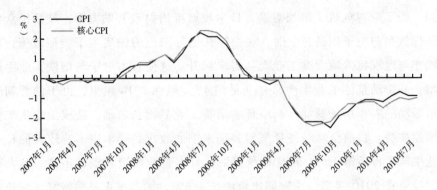

**图5  日本月度 CPI 变化率**

资料来源：日本统计局。

## 二  不断强化经济刺激政策

在 2010 年初，世界经济逐步走好，各国纷纷表示将逐步退出超宽松的经济刺激政策，例如 2010 年 2 月 18 日，美联储宣布把再贴现率上调 25 个基点至 0.75%，这一政策姿态曾被国际金融市场当成是美联储吹响了收缩流动性和实施退出策略的号角。当各国开始着手收紧经济政策之时，日本当局的政策退出步伐明显落后，这是因为日本经济一直受通货紧缩的困扰，即使经济好转仍需要以极低利率增加金融市场资金供给，以克服通货紧缩。不过，2010 年下半年世界经济增速放缓，受主权债务危机和金融市场持续动荡的影响复苏势头放缓，全球经济面临的下行风险增大。在这种情况下，主要发达国家不仅停止了政策退出，而且开始了所谓"二次刺激"以应对"二次探底"。日本更是强化了其经济刺激政策，在财政、日元汇率和金融方面加大了刺激力度。

### （一）财政扩张政策不断出台

自 20 世纪 90 年代以来，日本政府为了推动经济复苏和解决通货紧缩，不断推出财政应对方案，近一年来又先后出台了三次大规模的刺激政策：2009 年 12 月鸠山内阁出台了规模达 7.2 万亿日元的"新经济对策"，2010 年 9 月菅直人内阁出台了规模达 9150 亿日元的"补充经济对策"，10 月菅直人内阁又提出了一个总额为 5.05 万亿日元的紧急经济对策。

为了支撑不断出台的财政支出扩张方案，日本于 9 月编制 2010 年度补充预算案，最高预算支出金额将达到 4.6 万亿日元。补充预算案的内容以确保日本制造业就业、援助中小企业资金周转、激发地区经济活力为主要内容。此后，由于日元升值和通货紧缩，菅直人又抛出了紧急经济对策。最新提出的紧急经济对策以促进就业为中心，从育儿和住宅等与生活关系密切的领域到支持中小企业和促进资源开发等，涉及的领域很广。据日本政府测算，紧急经济对策将带动大约 21.1 万亿日元的相关项目投资，创造 45 万～50 万个就业岗位，推动国内生产总值在 2012 年 3 月末前增长 0.6%。菅直人在参议院会议上表示，希望通过这样的努力，使日本经济摆脱通货紧缩，切实步入自发性恢复轨道。

菅直人对于日本经济振兴有一整套的规划，即 2010 年 9 月 10 日提出的"为实现新增长战略的三阶段经济对策"。第一阶段主要是应对日元升值和治理通货紧缩问题，对经济下行风险做出迅速应对；第二阶段则是根据经济和就业形势机动采取应对措施；第三阶段则是在 2011 年真正实施新经济增长战略。9 月 30 日，菅直人在日本国会举行的施政演说中指出，在第一阶段政府已对日元急剧升值和通货紧缩进行了紧急应对。为了摆脱通货紧缩、使经济步入恢复轨道，包括编制补充预算在内的第二阶段已经开始实施。第三阶段则是正在进行的 2011 年预算编制和税制改革。

过去二十多年里日本实施了数量众多的经济刺激计划，大都收效甚微。这次菅直人雄心勃勃地提出一整套振兴经济的规划，虽然以增加就业为重点，但仍然缺乏切实可行的措施。唯一容易见成效的措施是增加公共设施建设，这还是为了使经济刺激方案能够在国会顺利通过而采纳的自民党、公明党和执政联盟国民新党等在野党的要求，所以总的说来菅直人的新计划缺乏新意，只是重复了以前的老办法，预计效果不会显著。

## （二）日本央行干预日元升值

由于世界经济复苏步伐放缓，投资者风险厌恶情绪增高，日元作为避险币种受到青睐。除此之外，美元泛滥也对日元升值起到了推波助澜的作用。美国宽松货币政策长期化趋势导致美元疲软，迫使包括日元在内的其他货币相对升值。2010 年 5 月之后日元确立快速升值趋势，5 月 4 日日元兑美元为94.7∶1，到了 10 月 20 日已经变为 81.3∶1，连创十多年来兑美元的高点。日元

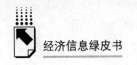
升值对于日本电子、汽车等出口产业不利，使处于脆弱复苏中的日本经济雪上添霜，因此日本央行于 9 月 15 日动用 2 万亿日元干预汇市，使日元暂时止住了涨势。这是日本 6 年来进行的首次外汇干预，同时也可能是历史上最大规模的单次外汇干预。

日本央行这次干预行动的目的只是阻止日元升势，而没有为日元确定明确的汇率目标。由于日本对美国的贸易顺差依然较大，再度重演 1995 年式的日美联合干预难度很大。因此，虽然日本央行干预后日元汇率一度回落，但仅仅过了两天就又重新开始攀升。日元的中期走势将受美国国债收益率以及美国货币政策的影响，而全球经济会不会继续探底则是日元未来走势的关键点。2010 年下半年以来美国、英国、欧元区的经济数据不能令人满意，在这种情况下，投资者情绪低落，未来市场上一旦有风吹草动日元还会延续上涨行情。

日本央行干预行动触发了各国竞相采取货币贬值以提高本国的竞争力。继日本之后，韩国、巴西、泰国等国也已经出手抑制本币兑美元的升势。目前一方面美国作为主要贸易逆差国，积极实行美元贬值政策以达到促进出口、减少贸易赤字的目的，另一方面日本、韩国、巴西等顺差国不允许本币走强而降低本国商品竞争力，在这种情况下，很容易出现全球货币体系的混乱，甚至出现所谓"货币战争"，对世界经济造成严重冲击。

## （三）货币政策一松再松

2010 年以来日本央行不但没有收紧货币政策，反而不断增加货币供应。3 月 17 日，日本央行决定进一步增加对货币市场的低息贷款投放量，以鼓励私人需求，消除通货紧缩。日本央行货币政策委员会表示，将在 2009 年 12 月投放 10 万亿日元贷款的基础上，再向金融机构提供利率为 0.1% 的 10 万亿日元短期贷款。日本央行认为要克服通货紧缩局面，并恢复可持续的经济增长就必须扩大借贷工具规模以促进长期利率下降。

日本政府一直积极推动央行采取更多措施遏制通货紧缩。菅直人在担任财务大臣时就明确表示希望 2010 年能够消除通货紧缩，在他就任首相后更是频频向央行施压，希望通过增加流动性以提升物价水平。在政府推动下，加之外部经济环境恶化，日本央行在 10 月 5 日决定将隔夜拆借利率下调至 0.0 ~ 0.1% 的区间，并承诺将维持零利率直到物价企稳。同时，央行还将出台总额为 5 万亿日元的金融资产购买计划，旨在压低长期市场利率。这是日本央行时隔 4 年后再次实施零利率政策，日本上一次开始实施零利率政策是在 1999 年 2 月，鉴于当时各大银行面临的经营危机，日本央行把短期金融市场的短期利率指导目标从 0.5% 降低到零，该政策直至 2006 年 7 月才告结束。

日本央行的降息决定表明其对国内经济形势丧失了信心。除此之外，美联储不断表示可能会进一步实行定量宽松的货币政策，是迫使日本央行采取行动的外部原因。美国于 2008 年 12 月 16 日将联邦基金利率从 1% 下调到 0.0 ~ 0.25%，降到历史最低点，至今已创 22 个月 "零利率" 纪录，但近几个月以来美联储不仅不收紧银根，反而鼓吹印钞策略，这种出于狭隘的本国利益而采取的滥发货币的政策使得热钱向东亚流动。为了阻止日元升值，日本央行不得不降低利率。

## 三　2011 年经济形势展望

目前，日本经济面临的最紧迫问题是通货紧缩，而本质性问题是总需求不足。日本通货紧缩是资产泡沫破裂的后遗症，而通货紧缩具有自我强化的性质。在供给过剩的情况下，消费者和投资者采取观望态度，等待物价进一步下跌，这会造成消费品和资本品进一步过剩，商品存货继续增加，从而使物价继续下降。物价继续下跌的结果是使消费者和投资者产生进一步的观望心理，物价就会陷于一个螺旋式下降的自我强化过程。而打破通货紧缩的最有效的方法就是增加总需求。一旦总需求增加，必然会终结物价下降惯性，而物价开始上涨后，消费者和投资者会加速将所持有的货币转化为实物。从目前情况看，短期内日本无法解决通货紧缩和总需求不足这两大难题，所以无法实现经济的良性发展。

为了应对通货紧缩，日本长期实行低利率政策，希望通过低息压低投资成本和消费成本，拉动内需，但这一打算一直无法实现，主要原因有以下几点。

### 1. 老龄化问题严重

由于人口老龄化，日本劳动人口比例有所下降，受此影响日本遭遇经济增长潜能降低的问题，且这一问题在长期内无法扭转。老龄化不仅造成劳动生产率下降，还导致日本财政状况恶化。沉重的养老负担令已经陷入债务危机中的日本政府喘不过气来。而且老龄化还对现有的养老金制度和医疗保险制度改革设置了障碍，使得财政制度改革无法推行。解决老龄化和劳动人口减少的问题，从短期看只有加快吸引移民，从长期看只有提升人口自然增长率。但日本是单一民族国家，国民较为排外，政府也不愿意改变移民政策，所以无法像美国、加拿大等移民国家一样通过外来移民拉动人口增长。而工业化社会人口自然增长率降低的问题在发达国家普遍存在，是一个短期内无法解决的社会问题。所以在可预见的将来，日本无法摆脱劳动人口比例下降的问题。

**2. 私人消费增长停滞**

日本私人消费不足和日本社会的分配结构有关。在日本经济复苏的过程中，企业利润逐步提高，带动设备投资增长，但是企业效益好转没能迅速向家庭和消费领域扩散，主要表现在：家庭可支配收入没有实质性提高，从而私人消费增长缓慢。除此之外，老龄化问题也限制了日本家庭消费。日本社会老龄化趋势越来越严重，导致全体社会成员都担心自己年老之后的生活保障问题，因此即使银行是零利率，人们也愿意把钱放到银行以备养老，这导致一方面日本有着天文数字的存款，另一方面却消费不足。

**3. 设备投资不足**

日本经济陷入困境与房地产泡沫有关，但其后十余年不能走出困境则不能仅仅用资产泡沫后遗症来解释。究其原因，一是在以计算机技术为代表的新技术革命中败给美国，无法在最高端的新技术领域取得产业优势；二是制度僵化造成服务业发展较慢，无法实现经济结构快速调整，在知识经济时代依然依赖受到大财阀控制的工业部门带动经济增长，在产业结构上已经落后于其他发达国家；三是随着中国等新兴工业化国家的兴起，从日本手中夺取了很大一部分出口份额，日本企业发展空间受到限制。在这样的国际竞争环境下，日本企业过剩产能无法消化，因此国内投资增长较慢。

由于阻碍日本经济增长的长期问题依然存在，而短期内欧美经济形势也不容乐观，日本经济在未来几年会保持低速增长。预计 2010 年日本 GDP 增速为1.8%，2011 年为 1.7%。扩张性财政政策仍会对经济增长发挥积极作用，而日本央行降息和干预日元升值也会对经济产生正面影响。除了政策因素外，东亚地区经济保持较快增长也有利于日本出口。但总体而言，欧美消费疲软、国内需求不足、产能过剩和通缩问题仍是日本经济中挥之不去的阴影。

# G.18
# 2010年新兴市场经济体形势分析及 2011年展望

程伟力*

**摘　要：** 2010年新兴市场经济体仍然是推动世界经济复苏的重要力量，亚洲和拉美新兴经济体经济呈现快速增长趋势，其他新兴经济体也温和复苏，就业形势好转，对外贸易和对外投资复苏，但普遍面临较大通胀压力，也存在劳动力有效供给不足问题。未来新兴市场经济仍是世界经济增长的动力和源泉，但面临发达经济体复苏放缓、通胀等问题。我国应汲取新兴市场经济国家的经验教训，加快对外合作和投资步伐，加大农业投入力度，提高粮食自给率。

**关键词：** 通货膨胀　就业　对外投资

## 一　2010年新兴市场经济体经济形势分析

### 1. 新兴市场经济体继续保持较强的复苏势头

2010年，绝大多数新兴市场经济国家从衰退中恢复，部分国家和地区保持较快的增长速度，成为全球经济复苏的重要力量。

以中国和印度为代表的亚洲新兴市场经济国家继续引领世界经济增长。第二季度印度GDP增长8.8%，比第一季度的8.6%高出0.2个百分点，是3年来增长最快的季度，截至9月份工业生产连续17个月环比增长。越南前三季度GDP同比增长6.5%，预计2010年GDP增速有望达到6.7%，高于年初提出的增长

---

\* 程伟力，经济学博士，国家信息中心经济预测部副研究员。

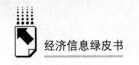

6.5%的目标。在中印两国的带动下，其他亚洲新兴市场经济国家均呈现较快的增长速度。

欧洲新兴市场经济体受欧洲主权债务危机影响较重，增速普遍较低。不过，由于东欧各国采取了不同的发展模式，金融危机爆发后呈现两极分化的趋势。一类是波兰、捷克、斯洛伐克等国，这些国家经常账户赤字较小，经济结构相对合理，2009年没有出现衰退，2010年继续呈现良好的发展势头，第二季度上述三国分别同比增长3.8%、2.4%和5.0%。在经历2009年的衰退后，土耳其2010年第一季度GDP实际增长达11.7%，创自2004年第二季度以来的最大增幅，预计全年经济增长7.8%。另一类是匈牙利、罗马尼亚、拉脱维亚等国，这些国家外债高企、经常账户赤字严重，金融体系稳定性较低，2010年仍处于衰退之中，未来复苏的道路仍将艰难。

由于经历了20世纪90年代金融危机的洗礼，拉美新兴市场经济国家经济发展比较稳健，在金融危机爆发后表现出较强的韧性。由于原料价格上涨和中国的需求增加，拉美地区2010年的增长率将达到6%。2010年上半年，巴西经济增长8.9%，是1996年以来的最好表现。其中，第二季度同比增长8.8%，环比增长1.2%。与第一季度相比，第二季度增速有所放缓，但增幅仍高于巴西政府和市场预期。预计2010年巴西经济增长7%以上，秘鲁增长6%，哥伦比亚和智利增长5%左右，拉丁美洲的经济恢复速度仅次于亚洲，这说明拉美新兴市场经济国家对世界经济危机造成的外部冲击有很强的抵抗力。

受益于商品价格上涨、贸易的正常化、国际资本流入以及国内经济政策，独联体国家出现温和复苏。作为独联体最大国家，俄罗斯从衰退中走出，2010年上半年GDP同比增长4.2%，预计全年可实现4%的增长，1~9月工业同比增长8.9%，也实现了较快的增长。同俄罗斯经济密切相关的国家如塔吉克斯坦、亚美尼亚、摩尔多瓦等国也出现快速上涨趋势。石油出口国固定资产投资大幅增加，受此影响土库曼2010年经济增速将在9.4%左右，2011年在11%以上。

**2. 就业形势好转**

在经济快速增长的带动下，新兴市场就业形势好转，但面临劳动力有效供给不足问题。作为一个拥有11亿人口的大国，印度在最需要人手的领域却长期面临着劳动力短缺的局面，砖瓦工、钳工、焊工、油漆工以及其他熟练和半熟练工人的短缺已经阻碍了那些对印度经济发展至关重要的项目的建设。波兰失业率始终保持在 10% 以上，但一些行业专业技术人员不足已经导致工资全面迅速上涨。俄罗斯 2010 年 8 月失业率下降到 6.9%，低于上年 7.5% 的水平，为缓解熟练工人短缺以及退休金不足问题，俄罗斯计划逐步提高退休年龄。2010 年 9 月份巴西失业率同比下降 6.2%，创下 2002 年以来的最低水平。

**3. 对外贸易和对外投资复苏**

根据世界贸易组织统计，2010 年上半年，世界商品贸易额继续增长，增幅达 25%，新兴市场经济国家增速普遍高于全球水平。2010 年上半年亚洲国家的商品进出口贸易额同比分别增长 38% 和 37%，其中印度进出口分别增长 33% 和 32%。独联体国家出口增幅达 44%；巴西进口增长同比达到 56%，而出口同比增长也达到 29%。

根据毕马威的统计数据，新兴市场国家企业在发达国家并购活动大幅增加。2009 年下半年，新兴国家企业并购发达国家企业交易额为 354 亿美元，是上半年交易额的两倍多。同期，发达国家并购新兴国家企业继续降温，交易额 183 亿美元，萎缩近 1/4。2010 年延续这一趋势，上半年共有 243 宗新兴经济体对发达经济体的并购交易，较 2009 年下半年增加了 25%；发达经济体对新兴经济体的并购交易合计共 748 宗，较 2009 年下半年仅上升 9%。从总量上看，发达国家仍然主导国际并购格局，但从增量和发展趋势来看，新兴市场国家正在改变这一局面。

印度是新兴市场国家对外投资的主角，在金融危机中一直在加快海外收购的步伐。不仅计划出资 100 亿美元，收购总部位于荷兰的美国石化巨头利安德巴塞尔的控股权，也在收购美国和欧洲的小企业，同时寻找中东和非洲的合作伙伴。经济实力并不强大的越南也在危机中加快对老挝、柬埔寨等周边国家的投资步伐，2010 年越南已连续 3 年保持对老挝最大投资国的地位。同时，越南计划 2015 年对柬埔寨投资 60 亿美元，成为柬埔寨最大的投资国。

**4. 新兴市场经济体普遍面临通货膨胀压力**

与美日欧发达经济体不同，新兴市场经济体普遍承受较高的通货膨胀压力，2010 年 8 月印度批发物价指数同比上涨 9.6%；9 月份俄罗斯消费价格指数为 7%，年底可能达到 8%；前 7 个月，巴西广义消费价格指数累计上涨 3.10%，预计全年涨幅为 5.2%。在印度，通胀已经引发了较为严重的社会问题，特别是占比高达 3/4 的低收入人群。9 月初，数百万名印度工人发起全国性的罢工，抗

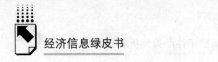

议物价的上涨。究其原因，主要有如下几个方面。

首先，以印度和印度尼西亚为代表的一些新兴市场经济国家粮食供给不足。当前印度坚持以城市为中心，对农业的投入不足，加上天气因素，导致粮食产量供不应求，农产品价格率先上涨。另外，研究表明，发展中国家由低收入阶段向中等收入阶段转变时，消费结构相应地处于快速升级阶段，突出表现为直接消费用粮食数量停止增长或开始减少，但畜产品消费急剧增加，由此形成粮食需求爆发性增长。美国和欧盟粮食自给率远远超过100%，是主要的粮食出口国家和地区，农产品价格稳定。另外，同为发展中国家的巴西粮食自给率也超过100%，其通胀水平相对较低。

其次，大多数新兴市场经济国家是出口导向的，出口的增加对国内所有商品和服务都会产生更多需求，这将导致非贸易部门价格率先上涨。非贸易部门包括服务、交通、建筑、电力、公共设施等，其劳动生产率提高较慢。贸易部门可以通过提高劳动生产率化解商品价格上涨压力，而非贸易品部门则由于供给相对不足而涨价。俄罗斯是粮食净出口国，但始终保持较高通胀水平，原因之一是服务业、电力等部门价格的快速上涨。

再次，大多数发展中国家处于工业化时期，伴随着重工业化进程以及城市化带来的房地产需求，对建材、燃料的需求随之增加。在当前国际流动性依然充裕的背景下，加上庞大财政赤字导致的美元长期实际价值的下降，石油、金属等大宗商品的美元标价始终处于上升通道，从而导致这些国家PPI保持较高水平，并最终导向CPI。

最后，国际资本大量流入新兴市场，推高了资产价格，资产价格的上涨最终导致物价上涨。

## 二 影响新兴市场经济体发展的因素及发展趋势分析

### 1. 影响新兴市场经济体发展的有利因素

其一，经济增长理论表明，资本积累、人口增长、技术及管理水平的提高是影响经济增长的基本要素，相对发达国家，新兴市场国家在每一项发展要素上都具有明显的比较优势。首先，由于基础薄弱，资本积累速度远远超过发达国家；其次，发达国家的成熟技术和管理经验转移到新兴市场国家表现为技术进步和管理水平的提高；再次，人口优势明显高于发达国家，只要通过教育将人口优势转化为劳动力优势，经济增长便具有较大潜力；最后，新兴市场原有制度不够成熟，制度变迁同样会促进经济增长。

其二，从金融市场和实体经济来看，新兴市场经济体发展前景比较乐观。在金融方面，20 世纪金融危机给予亚洲国家深刻的教训，在这种情况下亚洲以及拉美国家普遍采取了稳健的经营模式，大多数金融资源投资于实体经济，购买美国次级贷款数量微乎其微，金融体系受国际金融危机直接冲击相对较小。事实上，金融危机全面爆发后，亚洲新兴市场经济国家只是采取宽松的货币政策，如降低利率和存款准备金率等，没有对金融体系大规模注资，这同发达国家经济政策存在明显的差异。

其三，从实体经济来看，多年的国际产业转移促进了新兴市场经济国家的出口，在世界经济复苏的情况下出口部门会率先繁荣，经常项目也积累了大量盈余，未来经常项目盈余将继续增长，这为新兴市场经济体自身发展和对外投资提供了资金。另外，一些资源型国家将继续受益于全球经济复苏。

**2. 影响新兴市场经济体发展的不利因素**

首先，通货膨胀将会影响经济增长。为抑制通胀一些国家的央行采取加息措施，截至 9 月 16 日，印度已 5 次加息，但其通胀原因在于农业投入不足，加息并不能促进粮食生产，还不可避免地影响工业发展。

其次，技术总体水平比较落后，很多方面受到发达国家限制，即使在农业方面也不例外。在工业技术方面，发展中国家可以从发达国家直接引进技术，而在农业技术方面，受气候、土壤、水资源、经营模式等条件限制，发达国家的农业技术并不能直接向发展中国家转移，自我开发能力较强的发达国家占有优势。为巩固这一优势，发达国家又通过贸易和补贴等诸多政策加以保护。当前发达国家主要采取新能源、气候变化、金融等手段制约新兴市场经济国家的发展，维护其在世界经济格局中的地位，未来很有可能利用农业的优势影响新兴市场经济体发展。最近七年全球粮食产量年均增长 3.1%，但全球粮食价格仍面临持续上涨压力。鉴于近年多数发展中经济体的人均收入增加，上述趋势在未来几年应会持续。可以预见，消费结构升级将推动全球粮食需求再次进入上行周期。

最后也是最为重要的是，不论发达国家还是新兴市场经济国家，应对金融危机的刺激计划都将退出，全球经济增速将出现放缓趋势。尽管新兴市场经济国家

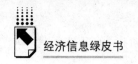
内需旺盛，但不可能完全与发达国家脱钩，这将不可避免地影响其经济增长。

**3. 2011 年新兴市场经济体发展趋势展望**

在中印两国的带动下，亚洲新兴市场经济体仍将继续引领世界经济增长。拉丁美洲作为粮仓和矿业，将继续从出口中受益，在巴西、秘鲁、哥伦比亚和智利等国的影响下，2011 年经济增长将保持在 4% 左右；预计俄罗斯 2011 年经济增长 4.2%，在其带动下独立体国家增长将在 3.6% 左右；欧洲新兴市场也将逐步摆脱债务危机的阴影，2011 年增速将超过 3%。综合以上因素可以看出，2011 年新兴市场经济体将继续保持较好的增长势头，但受诸多不利因素的影响，增速相对于 2010 年会出现小幅下降。

# 三 对我国的启示

由于我国同其他新兴市场国家在经济方面存在较强的互补性，相互影响越来越大，随着世界经济格局的变化，这种趋势在未来将不断加强。我国应顺应这一历史潮流，加强与新兴市场经济体的合作和交流，同时加大对发达国家的投资力度。

**1. 积极参加新兴市场经济体基础设施建设**

基础设施落后是制约大多数新兴市场经济国家经济发展的瓶颈之一，加快基础设施建设是其经济起飞的必要条件，但欧美国家不愿也无力涉足这一领域。我国目前处于基础设施建设的高峰期，具有显著的比较优势。同时，基础设施建设有利于我国重工业产品、工程与交通运输设备以及劳务的输出，对化解我国产能过剩、缓解就业压力具有重要意义。

**2. 抓住有利时机，加快我国海外并购与投资步伐**

受金融危机影响，目前一些发达国家的企业处于破产的边缘，非洲和拉美等落后地区都或多或少受到撤资的影响，世界各国均需海外资金；而一旦经济全面复苏，发达国家海外并购的步伐将加快，一些国家也将加强对外资并购的限制，我国企业走出去将面临更多的困难。印度对外投资走在新兴市场经济体的前列，我国应借鉴其经验，加快我国海外并购与投资步伐。

一方面，扩大对发达国家的投资，以获取先进技术。英国拥有欧洲最具实力的生命科学、金融服务和创意产业，是世界第六大制造业国家，当前正在积极吸引外资。其他发达国家也有类似情况，我国应该充分利用这一时机。另外，有的国家虽然规模较小，但是科技发达，产业创新能力强。例如，挪威的炼油设备世界领先，该国的石油公司具有独特的技术创新理念和管理方法；瑞典拥有高质量的机械行业，机械产品具有精密、耐用和工艺水平高的特点。而这些国家经济保护主义和经济民族主义势力相对来说比较弱，国际开放程度非常高。通过在国际金融危机这样特定时期的战略收购，不仅可以将以金融资产形式存在的外储转变为企业股权，而且能够缩短我国和西方技术水平的差距。

另一方面，发挥比较优势，加强对新兴市场和发展中经济体的投资。我国在对发展中国家投资方面具有一定的比较优势。因而，一应发挥地缘优势，加强与东亚等邻国的经济合作，加快向中亚国家和俄罗斯、蒙古投资的步伐；二应加强对其他新兴市场经济体与发展中国家的投资与金融支持。

**3. 汲取新兴市场经济国家经验教训，加大农业投资**

印尼和巴西同为发展中人口大国，由于印尼谷物消费 10% 以上依赖进口，导致其 CPI 和食品价格同比涨幅远高于巴西。巴西生产的玉米不仅满足了国内的消费，每年还大量出口。印度虽然是农业大国，但是由于灌溉设施不足，农业生产受气候影响大，2009 年 11 月以来，印度食品价格一路走高。在消费升级的背景下，未来我国粮食供需矛盾将更为突出。为确保粮食安全，需要加大农业科技投入，优化生产结构，充分挖掘潜力，努力提高粮食生产能力和自给率。

# G.19
# 2010 年世界贸易形势分析及
# 2011 年展望

刘 宇*

摘 要：当前国际航运市场回暖和大宗商品价格走高显示国际贸易将会大幅回升，同时，世界经济的恢复性增长和贸易融资的改善也将推动贸易情况改善。我们预测，2011 年全球贸易增长率为 8.2%，发达国家和发展中国家出口分别增长 6.8% 和 9.6%，进口分别增长 5.9% 和 9.7%。此外，危机以来，各国政府不断调整贸易政策，有些措施具有明显的贸易保护倾向。其中，汇率争相贬值和"碳关税"潜在的贸易保护措施风险大幅上升，但是爆发大规模贸易战的可能性很小。建议我国应该积极参与和推进多哈回合谈判，积极调整出口策略，妥善解决可能的贸易保护摩擦。

关键词：贸易 展望 保护

伴随着世界经济复苏，世界贸易也开始回升。一方面，2010 年上半年世界经济回暖，贸易融资紧张局面显著改善，从而推动全球贸易快速回升，尤其是一些新兴市场国家的出口得到极大的改善。另一方面，主要发达经济体失业率不断攀升以及国内产业的压力，导致贸易保护主义情绪升温，贸易冲突加剧。本文将着重分析 2010 年的贸易形势变化，并对 2011 年世界贸易进行展望。

---

* 刘宇，管理学博士，毕业于中国科学院。现为国家信息中心经济预测部助理研究员，主要从事宏观经济分析、数量经济模型和 CGE 模型开发与应用，以及国际贸易研究。

# 一 2010 年全球贸易开始复苏

伴随全球经济回暖，贸易也呈现快速反弹态势。由于世界经济增长与世界贸易存在稳定的正向关系，世界经济增长尤其是发达国家的经济增长对世界贸易有显著的正面影响（见图 1）。虽然，由于金融危机的影响，2009 年世界贸易大幅跌至 –11%，创下了二战以来的最大跌幅。但由于全球经济增长复苏，2010 年世界贸易增长率将大幅回升，可能达到（IMF 预测）11.4%，是自 1980 年以来第二高的增长率（2000 年 12%）（见表 1）。

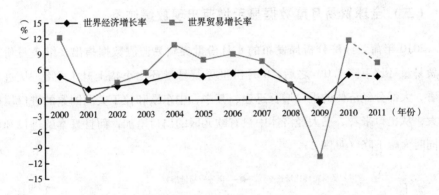

**图 1 2000～2011 年世界经济增长率与贸易增长率变化趋势**

资料来源：IMF《世界经济展望》，2010 年 10 月。

**表 1 2007～2011 年世界贸易增长趋势**

单位：%

|  | 2007 年 | 2008 年 | 2009 年 | *2010 年 | *2011 年 |
|---|---|---|---|---|---|
| 世界贸易量（货物和服务） | 7.4 | 2.9 | –11.0 | 11.4 | 7.0 |
| 出口：发达国家 | 6.6 | 1.9 | –12.4 | 11.0 | 6.0 |
| 新兴市场和发展中国家 | 9.9 | 4.6 | –7.8 | 11.9 | 9.1 |
| 进口：发达国家 | 5.0 | 0.4 | –12.7 | 10.1 | 5.2 |
| 新兴市场和发展中国家 | 13.0 | 9.0 | –8.2 | 14.3 | 9.9 |

注：*2010 年和 *2011 年为预测值。

资料来源：IMF《世界经济展望》，2010 年 10 月。

## （一）发达国家和新兴市场以及发展中国家贸易同步增长

据 IMF 最新预测，从出口来看，发达国家出口增长率将从 2009 年 –12.4%上升到 2010 年 11%，加快 23.4 个百分点；而新兴市场和发展中国家从 2009 年 –7.8%增加到 2010 年 11.9%，加快 19.7 个百分点，与发达国家的出口增速相差不大。但从进口来看，发展中国家进口更加强劲。2010 年发达国家进口大幅回升，从 2009 年增长 –12.7%增加到 10.1%，而新兴市场和发展中国家进口增长率从 2009 年 –8.2%增至 14.3%。这主要是因为新兴市场和发展中国家的经济快速回升，市场需求大幅增加，从而带动进口增加。

## （二）全球贸易月度数据显示增速出现放缓迹象

2010 年荷兰经济分析局发布的 8 月份世界贸易监测数据指出，继 7 月份世界贸易量环比下降 1.0%之后，8 月份世界贸易量环比小幅上升 1.5%。从进口来看，大部分经济体的进口增长迅速，其中，中东欧和拉丁美洲国家的进口增幅最大；从出口来看，三大经济体中只有欧元区的出口增加，而且日本的进口和出口同时大幅下降（见图 2）。

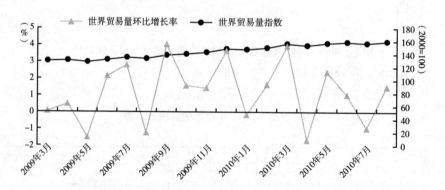

**图 2　2009 年 3 月 ~ 2010 年 8 月世界贸易量的环比增长率**

注：贸易量数据经季节调整。
资料来源：荷兰经济分析局。

此外，从三个月移动平均的增长率变化来看（见图 3），8 月份的平均增长率仅为 1.9%，该指标自 2010 年 1 月达到峰值 6.3%之后，已连续七个月下降。因此，虽然 8 月份贸易增速有所回升，但总体看，全球贸易已出现放缓趋势。

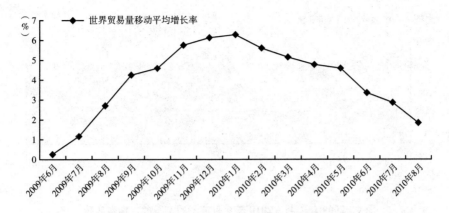

**图 3　2009 年 6 月～2010 年 8 月三个月移动平均的环比增长率**

资料来源：荷兰经济分析局 2010 年 8 月世界贸易监测指数。

## 二　2011 年全球贸易展望

虽然三个月移动平均增速有放缓的趋势，但全球贸易已经触底并开始进入上升通道。这主要是基于我们对当前国际贸易先行指标变化和 2011 年决定贸易走势主要因素趋势的判断。

### （一）先行指标变化对国际贸易形成支撑

国际航运市场开始回暖。从图 4 中可以看出，波罗的海干散货指数（BDI）自 2010 年 7 月份之后大幅上涨。9 月达到 2849 点，比 2008 年 12 月的低点上涨 3.4 倍，虽然比 2008 年的历史最高点 11612 点要低很多，但已经开始平稳上升，尤其是在 7 月份降到低位 1939 点之后，连续两个月环比上涨，分别为 28% 和 14%。表明波罗的海干散货指数已经出现持续上涨的态势（见图 4）。

大宗商品价格迅速攀升。国际商品价格是影响国际贸易的重要因素，据 IMF 调查显示，43% 的受访者认为商品名义价格下降是造成 2009 年贸易剧烈下降的主要原因。2010 年 7 月份大宗商品价格一路飙升，总体价格指数上涨了 5.5%。预计未来美元将会继续走软以及发达经济体的再一次量化宽松政策将导致国际大宗商品价格继续走强。因此，国际商品价格的回升将带动国际贸易大幅增长。

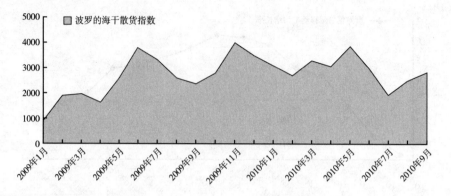

**图4　2009 年 1 月 ~ 2010 年 9 月波罗的海干散货指数变化**

资料来源：Bloomberg 数据库。

### （二）2011 年全球需求的恢复性增长将拉动贸易增长

从最新的国际组织预测来看，虽然对 2011 年全球经济预测不同，但都一致认为 2011 年将基本维持 2010 年的经济增长。其中，2010 年 10 月国际货币基金组织预测，2011 年全球经济将增长 4.6%，发达国家增长 2.2%，发展中国家增长 6.4%。因此，恢复的全球需求将会拉动贸易增长回升。但是应该看到的是，虽然全球经济有所恢复，但 2010 年总需求的复苏也面临一定的风险。第一，全球主权债务风险加大。部分国家主权债务危机还在发展，主要经济体财政赤字率继续攀升，其他一些抵御风险能力较弱的地区可能受到波及。第二，国际金融危机后遗症日趋明显。主要发达国家引发金融危机的一些深层次矛盾，如金融体系制度性风险和监管不力问题还没有解决，不良资产短期内难以根本消化掉。各国宏观政策在时机选择和力度把握上面临不少掣肘，新兴市场国家资产价格泡沫风险加剧。预计虽然全球贸易呈现恢复性增长，但是国际贸易可能需要几年时间才能恢复到危机前水平。

### （三）2011 年贸易融资情况将会显著改善

第一，全球流动性紧缺局面开始扭转，资金相对充裕。为应对二战以来最严重的危机，各国也推出了前所未有的扩张性货币政策，同时维持较低的基准利率，这有力地缓解了信贷压力。2010 年 10 月代表全球信贷压力的泰德利率从

2008 年 10 月的 456 个基点大幅降至 16 个基点，已经低于危机之前的水平。这意味着银行的系统性风险降低，企业融资成本下降。第二，近期国际组织和区域性组织相继启动贸易融资计划。G20 成员国计划为贸易融资提供 2500 亿美元，世界银行将提供 500 亿美元。另外亚洲开发银行也计划将贸易融资规模扩大到 10 亿美元。大规模的资金注入已经逐渐缓解贸易融资紧张状况。第三，由于发展中国家的资本市场开始上扬，此前外逃的资金也开始回流，这在一定程度上也为发展中国家提供了资金。

### （四）库存回补推动国际贸易增长

美国商业库存自 2009 年 9 月份达到最低点后迅速回升，进入 2010 年连续 8 个月环比正增长，平均增长率达到 0.53%。由于全球贸易多集中于耐用消费品，耐用品再库存化情况更加明显，2010 年连续 7 个月环比正增长，平均增长率达到 0.68%，分别在 3 月和 7 月增长率超过 1%。由于库存的增长强劲，所以，预计 2011 年美国的再库存化对国际贸易形成正面支撑。

### （五）2011 年高失业率导致贸易保护会加剧，进而抑制贸易增长

金融危机引发的综合效应使得经济增长下滑和失业率上涨诱发了新一轮的贸易保护主义。从最新的失业率数据来看，三大经济体的失业率屡创新高。美国 9 月份的失业率达到 9.6%，日本 8 月份失业率上升到 5.1%，欧盟 8 月份的失业率为 10.1%。通常来讲失业率是一个滞后指标，历史经验表明，在经济衰退结束之后两年甚至更长时间里，失业率仍将处于较高水平，所以预计 2011 年各国的失业率会继续攀升。据 IMF 预测，2010 年和 2011 年发达国家的失业率将会分别达到 8.3% 和 8.2%，2011 年美国和欧盟将分别达到 9.6% 和 10%，日本也将达到 5.0%。同时，各国失业率的增长往往是出台更具保护性贸易政策的重要催化剂之一。所以，鉴于 2011 年失业率的攀升，各国一定会出台保护本国就业和产业的政策。

但从贸易额看，迄今各国采取的贸易限制措施对全球贸易额的影响是有限的。来自世界银行的一项研究显示，贸易壁垒的提高仅仅影响了很小一部分全球贸易，2008 年及 2009 年第一季度，G20 新发起的贸易救济措施所涉及的贸易额仅占其 2007 年进口总额的 0.45%。WTO 的一份报告指出，2008 年 10 月至 2009

年 10 月，各国采取的贸易限制措施只影响到世界贸易额的 1%。最近由 UNCTAD、OECD 和 WTO 联合发布的报告指出，在 2008 年 10 月到 2009 年 10 月期间，G20 成员新发起的贸易救济调查涉及的贸易额占 G20 进口总额的 1.3%，占世界进口总额的 0.8%；在 2009 年 9 月到 2010 年 2 月间，上述两个数值分别为 0.7% 和 0.4%。

虽然近期贸易增长出现放缓的态势，但鉴于先行指标向好、需求增长、融资改善和再库存化的影响，预计 2011 年贸易仍将取得不错的正增长，但增幅将低于危机前。我们预计 2011 年全球贸易增长率为 8.2%，发达国家和发展中国家出口分别增长 6.8% 和 9.6%，进口分别增长 5.9% 和 9.7%。总的来看，与其他的国际组织相比（见表 2），我们的预测相对乐观。

表 2　2010～2011 年国际组织对贸易增长的预测

单位：%

| | 国际货币基金组织 | | 世界银行 | | 联合国 | |
|---|---|---|---|---|---|---|
| | 2010 年 | 2011 年 | 2010 年 | 2011 年 | 2010 年 | 2011 年 |
| 世界 | 11.4 | 7.0 | 11.2 | 6.8 | N. A | N. A |
| 出口 | N. A. | N. A. | N. A. | N. A. | 7.4 | 5.9 |
| 　发达国家 | 11.0 | 6.0 | 6.6 | 6.2 | 5.8 | 5.4 |
| 　发展中国家 | 11.9 | 9.1 | 9.4 | 8.3 | 9.4 | 6.7 |
| 进口 | N. A. | N. A. | N. A. | N. A. | 7.9 | 5.9 |
| 　发达国家 | 10.1 | 5.2 | 6.4 | 6.3 | 4.4 | 4.7 |
| 　发展中国家 | 11.9 | 9.1 | 10.5 | 7.9 | 12.8 | 7.3 |

注：表中贸易为实际量，即剔除物价和汇率因素。
资料来源：国际货币基金组织、世界银行和联合国数据库。

<h2 align="center">三　全球贸易保护加剧</h2>

危机以来，作为应对措施的重要组成部分，各国政府不断调整贸易政策，但出台的有些措施具有明显的贸易保护倾向，有碍国际贸易的正常进行，违背了不采取保护主义措施的承诺。全球贸易保护主义的发展有以下主要特点。

### （一）贸易保护压力持续上升，各国实施的贸易限制措施呈不断增多之势

随着经济形势的恶化，各国政府努力保护本国产业和就业，采取限制和扭曲贸易的政策措施此起彼伏，呈现不断加强之势。WTO 迄今已发布 4 份关于全球贸易措施监督报告，其对各国贸易政策调整的监督表明，随着经济形势的恶化，全球贸易保护压力持续增大，各成员出台更多限制和扭曲政策的趋势进一步加强，但总体看各国没有退至广泛的贸易限制或保护。英国经济政策研究中心（CEPR）最新发布的"全球贸易预警"报告统计，自 2008 年 11 月华盛顿 20 国集团（G20）峰会到 2010 年 9 月，各国政府出台的贸易保护措施累计达 746 项，平均每个工作日就有一项以上的措施被提出。

### （二）"货币战"风险上升，但局势仍然可控

近期包括日元、巴西里亚尔和韩元在内的多种货币呈持续走强态势。2010 年 8 月以来，日元对美元数次刷新 15 年来高点；澳元兑美元过去一个月累升 8.3%，创下 1983 年汇率管控结束后最高水平；韩元对美元汇率近日也持续走高，曾一度突破 1 美元兑 1130 韩元关口，创 5 个月以来最高纪录；即使是受到金融危机重创的欧洲，欧元汇率也逼近 8 个月来高点。

由于本币的升值，各国纷纷放出可能出手干预汇市的信号，这引起全球性"货币战争"即将展开的担忧。货币快速升值将严重削弱出口企业的竞争力，对韩国、日本和巴西等依赖出口的经济体造成严重威胁。为抑制日元飙升和经济下滑，先后三度出手干预汇市，8 月 30 日日本央行通过公开操作手段把向市场注资的规模从 20 万亿日元增加到 30 万亿日元，9 月 15 日又开始干预汇市买入美元，日本央行 10 月 5 日再度出手，将银行间无担保隔夜拆借利率从现行的 0.1% 降至 0 ~ 0.1%，时隔 4 年多再次实施零利率政策。但是这些措施未能阻止日元维持在 83 日元兑 1 美元的高点。美国会众议院 9 月 29 日以 348 比 79 的投票结果通过《汇率改革促进公平贸易法案》，旨在对所谓低估本币汇率的国家征收特别关税。这一做法被认为是近期美国贸易保护主义升温的体现。另外，韩国和巴西也释放出可能采取行动的信号。

近期多国货币的走强主要是因为美国再次推行定量宽松的货币政策。如果美

国实施进一步的定量宽松货币政策，那么各国采取竞争性货币贬值措施的可能性将大大增加。如果汇率单边干预行动层出不穷，其他国家也会在不经意中压低其本币，这将有可能加剧国际纷争并引发贸易保护主义。从目前来看，各国干预汇市的行动还比较节制。

### （三）"碳关税"成为贸易保护阵营的新成员

全球与碳排放相关的贸易政策议题频繁出炉。2010 年夏天，美国众议院通过的《美国清洁能源与安全法案》，从 2020 年起将针对来自不实施碳减排限额国家的进口产品征收"边境调节税"。《清洁能源工作和美国电力法案》则规定"边境调节"措施自 2025 年生效。法国总统萨科齐也单方面宣布，将开始对那些在环保立法方面不及欧盟严格的国家进口产品征收 35 美元/吨的碳关税，以后逐年增加。加拿大也在酝酿相关政策。

展望 2011 年，与碳排放相关的贸易壁垒在短期内尚不能够对国际贸易产生实质性的影响，但这一趋势对全球贸易未来发展的影响将是深远的。此外，随着哥本哈根会议无果而终，也不排除发达国家在全球贸易中引入与环境保护相关的新议题或新措施，这点在技术性贸易壁垒领域尤其需要关注。

## 四　国际贸易形势对中国经济的影响

### （一）国际社会要求人民币升值压力再度升温

目前汇率之争主要聚焦中美两国。2010 年 9 月 29 日，美国民主、共和两党在众议院，以压倒性票数，共同支持"人民币法案"，将汇率低估视为出口补贴，授权行政部门对中国出口到美国的商品课征平衡税。欧洲各国也表示，中国为协助本国出口商而故意低估人民币。由于近来全球经济复苏乏力，各国纷纷期望通过本币贬值战略来提高本国竞争力，从而拉动外贸出口和经济增长。所以，预计 2011 年人民币升值的压力进一步增大。但由于保持人民币汇率的基本稳定，是稳定外贸出口进而实现中国经济可持续复苏的必然要求，同样也是推动世界经济复苏的需要，使世界贸易推动世界经济复苏与繁荣的链条得以延续和拓展。因此，在目前的形势下，我们认为政府不会屈服于国际社会的压力而大幅升值，但会根据市场供求关系，不断完善更富弹性的人民币汇率形成机制。

## （二） 我国持续成为贸易保护的最大受害国

根据商务部统计，2009 年全球 70% 的贸易保护主义举措与中国出口贸易有关。截至 2009 年，中国连续 15 年成为全球遭受反倾销调查最多的国家，连续 4 年成为全球遭受反补贴调查最多的国家。其中，美国自 2006 年 11 月至 2009 年对我国发起"双反"调查共 23 起，特别是金融危机爆发以来，仅 2009 年就对我国发起 10 起"双反"调查。2010 年第一季度全球贸易救济调查案件有 27 起，同比下降 20%，显示出全球贸易保护主义压力有所缓解。但是中国仍是贸易救济措施的最大目标国，47% 的新发起案件与 82% 的已采取措施案件均涉及中国。为此，我国应该高度重视和妥善解决可能的贸易保护行为，有效化解可能的贸易摩擦，而且尽可能通过世贸争端解决机制维护本国企业的正当利益。

## （三） 欧韩自贸区的签订将对我国出口形成负面冲击

2010 年 10 月 6 日，欧盟与韩国正式签署自由贸易协定。协议约定，3 年内欧盟取消 96%、韩国取消 99% 的商品关税，5 年内取消全部工业品关税。欧盟同意韩国保留出口退税制度。中国是欧盟第一大贸易伙伴，也是最大的贸易顺差国。由于韩国在对欧出口上与中国具有一定程度的替代性，所以，欧韩自贸区的签署将对我国出口形成一定的不利影响。而且欧盟正积极与东盟国家展开自由贸易协定谈判，同样，东盟在对欧出口上与中国也具有很大的替代性，因此，预计我国出口在 2011 年将会面临更大的挑战。我们认为我国应该继续实施市场多元化战略，大力开拓发展中国家市场和区域性贸易合作，降低对欧美国市场的过度依赖。当前加大同亚、非、拉发展中国家的自由贸易区谈判，是开拓发展中国家和周边国家市场，拓展出口市场渠道的重要手段。相信随着我国自由贸易区网络的逐步形成，将进一步拓宽国际市场空间，增加贸易渠道，分散出口过度集中于少数发达国家的风险。

# G.20

# 2010 年国际大宗商品价格走势分析及 2011 年展望

李继峰*

**摘 要：** 2010 年至今，国际大宗商品市场在跌宕起伏的世界经济局势中剧烈波动。全球经济复苏前景越来越不明朗令市场信心变得脆弱。主导商品市场走势的，不再是传统的基本面因素，而更多的是主要经济体的政策取向以及市场对经济前景的研判。这些会直接影响到美元走势以及商品市场的流动性，引起大宗商品价格的普涨和普跌。虽然 2011 年经济局势扑朔迷离，但市场流动性依然充足，对仍处于紧平衡状态的石油和基本金属而言，存在震荡上涨的可能性；粮价将继续上涨走势，但如果天气良好，预计会相对缓和。

**关键词：** 大宗商品价格 欧债危机影响 美元贬值

## 一 2010 年国际大宗商品市场价格走势

### 1. 2010 年国际大宗商品价格在震荡中上行

2010 年初，受世界经济复苏、实体经济需求回升等因素影响，国际大宗商品市场价格延续了 2009 年的上涨态势。但欧洲主权债务危机加剧，动摇了投资者信心，第二季度国际大宗商品市场遭受重大打击，主要商品价格均出现大幅下降。随着美国经济的复苏前景变得暗弱，为了避免"二次探底"，也为了刺激出口，美国政府坚持宽松货币政策，甚至主动贬值美元，这导致大宗商品价格自 7

---

\* 李继峰，管理学博士，现为国家信息中心经济预测部副研究员，主要从事宏观经济分析，数量经济模型开发及应用，国际商品市场研究。

月份开始纷纷上扬。

从具体数字来看，根据国际货币基金组织（IMF）的初级产品价格统计①，大宗商品综合价格指数在 1 月份为 142.23 点，4 月份攀升至 153.27 点，5、6 月份不断下滑，6 月跌破年初水平，仅有 140 点。从 7 月份又开始逐渐回升，截至 9 月份升至 147.74 点。分商品看，基本金属涨势最猛，震荡也最剧烈；食品价格第一、二季度相对沉寂，但第三季度明显上涨（见图 1）。相比之下，油价走势略显温和。本文重点分析基本金属和粮食两大类商品的价格走势。

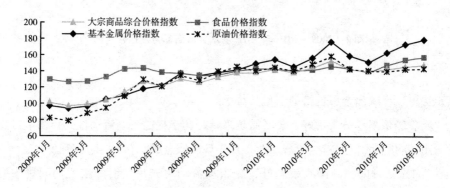

**图 1　2009～2010 年 IMF 国际大宗商品价格指数**

资料来源：IMF 初级产品价格统计。

## 2. 主要基本金属价格均呈现 W 型大幅震荡走势

2010 年以来，基本金属市场并未能延续 2009 年的火热势头，主要金属价格都像坐"过山车"一样，跌宕起伏。如图 2 所示，伦敦商品交易所 A 级铜的期货价格的峰谷差达到 1200 美元/吨，峰值较谷底价高出 18%；而金属锌的波幅更大，达到 23%；相比之下铝振幅略小，但也达到 12%。

伦敦金属交易所（LME）期铜价格一般可以作为基本金属价格的风向标，

① IMF 的初级产品价格统计，提供了大宗商品综合价格指数和各种分类价格指数。所包含内容既包括非能源产品，也包括能源产品。其中非能源类又分为食品类和工业原料两大子类。食品子类中包含 4 种谷物，9 种蔬菜和植物油，4 种肉制品，2 种海产品，3 种糖等产品。工业原料类包含 5 种农产品和 8 种金属产品。能源产品则包括原油（WTI、Brent、Dubai）、天然气（三地价格）和煤炭产品（澳大利亚动力煤）。IMF 统计既包含商品的绝对价格水平，也包括价格指数。最新版本的价格指数基准是 2005 年平均价。各种商品的权重则根据 2002～2004 年平均国际贸易比重计算得到。详见 IMF 网站。

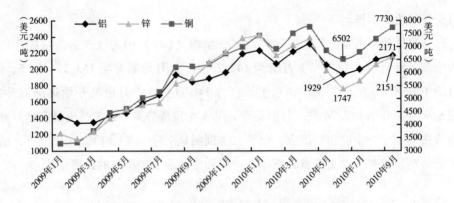

**图2　2009～2010年IMF基本金属商品月度价格走势**

资料来源：IMF初级产品价格统计。

其走势可以反映出金属价格的变化趋势。

随着经济复苏势头良好，美联储越来越趋向于提前收缩流动性，年初1月份铜价由7660美元以上直线滑落，至2月5日最低点触及6240美元/吨低位。

2月至3月间，各国政策利好，令市场流动性充足，铜价在此期间稳中有升。伦敦市场2月A级铜均价在6867美元/吨，3月升至7467美元/吨，月均价涨幅为8.7%。另外，受美联储保持联邦基金利率在接近零的水平不变的政策激励，3月末铜价一举突破7800美元以上，攀升至2009年以来新高。

4月份整个商品市场形势大好。由于美国公布了一系列的利好经济数据，商品市场延续3月的上涨趋势，铜价也基本维持高位盘整，整个4月LME铜均价也达到7730美元/吨的峰值。不过月末，希腊的债务问题久拖不决令市场的担忧重新燃起，也限制了铜市的进一步上涨。26日，在标准普尔下调希腊评级至垃圾级后，伦铜出现单日4%以上的巨大跌幅。

从5月开始，希腊债务危机的影响波及整个欧洲，严重削弱欧元，商品市场陷入恐慌，投资者纷纷进入美元、美债、黄金等市场避险，大宗商品行情跌入谷底。伦铜5月均价较4月跌幅达到6%以上，最低探至6420美元/吨。6月份，铜市的跌势依然持续。在美国疲弱的经济数据和不断下行的均线压力下，铜价出现了又一轮的大跌，从6800美元/吨一线开始滑落并跌破5月17日的前期低点，直至6000美元/吨附近才得以企稳。

然而从7月开始峰回路转。因美元持续贬值，而欧债危机的影响暂时平静，大宗商品市场价格出现一轮普涨。7 月当月伦铜反弹至 7000 美元/吨以上。7～9 月的均价分别为 6751 美元/吨、7303 美元/吨、7730 美元/吨。这段时间，美元贬值是造成大多数商品价格上涨的直接原因，因此很大程度上是"被增长"。

**3. 极端气候变化和美元贬值共推国际粮价上涨**

2010 年初至今，国际农产品价格呈现稳步上涨的态势，IMF 粮食价格指数上涨了 9.2%。总体来看，上半年，主要粮食价格基本上保持原地踏步，但从 7 月份开始一路走高，小麦更是呈现飙升之势。

由于 2008 年以来，全球粮食作物连续喜获丰收，供应持续超过需求，供需紧张形势得到有效缓解，库存需求比明显恢复。这也导致与其他大宗商品相比，粮食作物市场走势在金融危机以来一直走势较平缓。2010 年，国际市场上的粮食价格依然主要受到基本面波动的影响。

上半年，气候条件总体良好，天气影响不大，粮价维持小幅震荡，并总体走低。玉米价格在 1、5 月份略有上涨，分别环比增长 0.2% 和 4.7%；2、3、4、6 月份则分别环比下降 2.7%、1.8%、2.3% 和 5.8%。小麦价格分别在 1～6 月份持续小幅下降，分别环比下降 3.1%、3.6%、0.7%、2.6%、2.2%、1.3%。全球小麦的庞大供应和疲软需求是导致小麦价格持续下降的主要原因。年初美国小麦期末库存创下二十二年来的最高水平，此后也一直居高不下，对小麦形成利空。国际大米的价格走势也因为亚洲大米供应充足，始终处于下滑态势。相比之下，大豆价格走势略好，虽然也是涨跌互现，但下滑并不明显。

然而，从 7 月份开始，粮食市场也出人意料地大逆转。极端气候及粮食主产区限制出口是粮价快速上涨的诱因，美元贬值则是放大器。自 6 月份以来，俄罗斯、乌克兰、哈萨克斯坦及欧盟部分国家小麦产区受到高温干旱天气的影响，导致多数地区产量下滑。出于维持国内粮食价格稳定和充分供应的考虑，俄罗斯 8 月 5 日宣布了俄将从 8 月 15 日至 12 月 31 日禁止粮食及粮食产品出口。这种供应面的波动制造了小麦市场的恐慌，而美元持续贬值也适时地有力支持了小麦价格上涨，如图 3 所示，7 月份美国硬红小麦从 6 月份的 182.75 美元/吨上涨到 204.6 美元/吨，环比上涨 12%。8 月份继续上涨到 267.75 美元/吨，环比上涨 30.9%，9 月份均价则涨到 309 美元/吨，环比又涨了 15%。三个月累计上涨了 69%。由于小麦与玉米、大米等作物存在替代关系。小麦价格快速上涨，连带拉高了玉米、大米等作物价格。玉米价格 7、8、9 三个月分别环比增长 7.6%、6.8% 和 17.6%。大米价格三个月分别环比增长 2.6%、3.4% 和 6.3%。

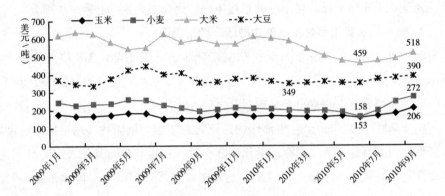

**图 3　2009～2010 年 IMF 主要粮食商品价格走势**

资料来源：IMF 初级产品价格统计。

## 二　影响 2010 年大宗商品价格走势的主要因素分析

2010 年国际大宗商品市场呈现剧烈震荡态势。然而，从图 1 来看，第二季度的价格下滑和第三季度的反弹都表现为整体行为，并非是单个产品市场的表现。究其原因，主要在于全球经济局势的扑朔迷离，以及各国政府应对策略的变化，决定了全球流动性的"收缩"或"释放"，从而影响着大宗商品市场的整体走势。

**1. 欧债危机的爆发令全球经济复苏前景黯淡，大宗商品市场陷入流动性不足，导致第二季度大宗商品价格纷纷回落**

自 2009 年开始，为抵御金融危机的影响，各国为弥补消费者需求的快速下降，纷纷通过大幅增加政府支出和迅速降息并将利率长时间保持在历史低位的方式来刺激本国经济。这种前所未有的扩张政策在较短时间内达到预期目标。然而如此猛烈的财政刺激政策并非万全，负面作用主要体现为市场流动性泛滥，同时部分国家债台高筑。希腊就是第一个爆发主权债务危机的国家，且由于欧盟对希腊的救助不够及时，债务危机迅速扩大到欧盟其他国家，葡萄牙、意大利、爱尔兰、西班牙等国的严重债务问题纷纷暴露。市场对整个欧洲复苏的前景极度悲观，看空欧元的市场力量不断加大对欧元下跌的赌注。芝加哥商品交易所的数据显示，在截至 5 月 4 日的一周，对冲基金和其他投资者做空欧元的头寸增加到创纪录的 10.34 万份合约，金额高达 168 亿美元。果然，当周欧元兑美元比价也创下了 14 个月以来的最低 1.25。欧元贬值体现了市场的恐慌情绪，投资者因此纷纷涌向具有避险作用的黄金、美元、美债等市场，大宗商品市场流动性不足，各种产品价格纷纷下降。

尽管 5 月 10 日欧盟与 IMF 就达成了一项总额高达 7500 亿欧元的救助机制，但是欧债危机已经蔓延，低迷市场氛围已经形成，这项救助机制并不能彻底打消市场恐慌。三个疑虑始终压迫着商品市场。其一，7500 亿欧元的来源虽然明确，即欧盟委员会从市场筹集 600 亿欧元、欧元区 16 个成员国出 4400 亿欧元、IMF 出 2500 亿欧元，但能否得到落实还是个未知数。其二，7500 亿欧元的救助基金是否够用。光是希腊一国的债务就近 3000 亿欧元，更何况葡萄牙、西班牙两国所欠债务高达上万亿欧元。"欧猪五国"（PIIGS，即葡萄牙、意大利、爱尔兰、希腊、西班牙）如何摆脱困境依然令人担忧。其三，7500 亿欧元的救助机制，意味着欧洲及全球纳税人都将承担起风险。希腊、葡萄牙、西班牙和爱尔兰等纷纷开始实施财政紧缩，比如，公务员减薪、停止退休金增长、缩减海外援助款项及减少政府投资等。这些措施短期内都会抑制需求增长，影响未来经济复苏。在整个 5 月和 6 月期间，这三方面疑虑导致大宗商品市场流动性不足，产品价格整体低迷。

**2. 美国坚持宽松货币政策，导致美元大幅下挫，大宗商品整体"被涨价"**

由于第二季度欧债危机爆发最猛烈的时候，美国经济依然表现良好，避险需求导致大量资金流入美国，进而推高美元，拉低欧元。但是 7 月份，美国公布的就业数据显示美国经济处于"无就业"复苏状态，同时公布的新房销售量和耐久产品订单纷纷下降超过预期。市场的关注点从欧债危机转移到美国经济复苏放缓上，美元指数因此逆转下跌。7 月美指均值为 83.14，较 6 月份大跌 3.97%。而与此同时，美联储则继续坚持宽松货币政策，放任美元下跌。由于美元下跌，原本进入美元和美债市场避险的资金纷纷逃离，并再次进入大宗商品市场，导致流动性迅速增加甚至泛滥。由此，在美元贬值和流动性泛滥的双重作用下，以美元计价的国际大宗商品价格整体"被上涨"。

从 8 月份至今，这一趋势不但没有缓解，反而持续加深。8 月美元指数均值为82.15，较7月份下跌1.19%，9月进一步下跌1.24%，均值降为81.13。伴随其中的是，美联储从放任美元贬值转变到主动贬值美元。8月10日美联储宣布保持利率在0~0.25%的区间不变，并将通过购买更多国债维持现有资产负债表的债券持有规模；8月17日，美联储再次通过公开市场操作买入25.51亿美元的美国国债，此举意味着美国实质性地继续释放流动性。8月28日，美联储主席伯南克直接表示，在经济前景显著恶化情况下，联邦公开市场委员会（FOMC）已做好准备，通过非传统措施来加大货币政策的宽松度。这表明美联储为了刺激经济，可能主动贬值美元。进入9月，这种可能性则进一步转变为现实，9月21日，美联储声明将重启量化宽松政策，使美元进一步大幅受挫，令美元指数跌至6个月低点。

**3. 金融危机以来，以"中国需求"为素材的炒作成为国际市场推高大宗商品价格的重要推手**

纵观金融危机以来国际商品市场局势，除去明显的"政策市"特点之外，以"中国需求"为首的新兴市场需求越来越成为市场炒作的素材。

国际金融危机爆发后，原油、有色金属、铁矿石等大宗商品价格持续走低，在我国调整经济结构之际，这本是我国企业降低生产成本的有利时机。然而，当我国通过一系列经济刺激政策公布之后，国际贸易商和供应商却刻意放大"中国需求"的影响。一个明显的证据就是中国需大量进口的大宗商品价格上涨幅度要远远高于中国可以自给自足的大宗商品。最明显的就是有色金属行业，铜、镍这两个中国需要大量进口的商品2010年9月份价格比2009年初分别高出137%和96%，而国内能够自给的铝制品在国际上的价格上涨幅度仅为53%。

# 三 2011年大宗商品市场形势展望

在当前全球经济复苏放缓，各国纷纷推出第二轮经济刺激计划的局面下，决定2010年第四季度及2011年大宗商品市场走势的依然是各国的政策选择，并最终传导到美元的走势上。根据最近一段时间的形势发展，如下几个方面的未来走势值得关注。

**1. "货币战争"的走势**

第二季度开始，欧元受主权债务危机影响一直走低。第三季度以来，美国经济复苏放缓，美国放任美元连续贬值，截至 10 月 21 日，美元指数比年内高点下跌 12.5%，对欧元贬值 16.9%。与此同时，亚洲国家货币出现集体性大幅升值，日元、新加坡元、韩元、泰铢、马来西亚吉林特、印尼盾兑美元纷纷创出新高。作为对策，日本政府被迫于 9 月 15 日通过抛售日元买进美元直接干预日元汇率，而新加坡银行、泰国央行、韩国央行也开始酝酿在必要时准备干预汇市。如此一来，主要国家货币纷纷主动贬值，令大宗商品市场前景更加复杂。尽管大家都知道竞相贬值的结果是一损俱损，但如何从当前各国各自为战的混乱局势转为相互信任的合作局面，则是未来值得关注的首要之事。

**2. "欧债危机"的后续进展**

尽管欧盟 7500 亿欧元的救助基金暂时缓解了主权债务危机的压力，然而其影响并未消除。如前所述，欧债危机对欧元区各国的负面影响不容忽视。同时，也要注意这场债务危机是否依然在蔓延，例如英国和美国。目前英国财政赤字总额为 8900 亿英镑，占其国内生产总值的 62%，预计 2011 年将占到其国内生产总值的 87%，远高于葡萄牙、爱尔兰和西班牙，是目前欧盟 27 个成员国中情况仅稍好于希腊的国家。一旦英国的量化宽松货币政策退出之后，英国银行业可能再度陷入困境。而与英国相比，美国政府的债务问题也很棘手。当前，美国的财政赤字、债务总额、对外国的负债都创下了历史纪录。解决债务问题，自然要靠经济实体的恢复。但如果发达国家二次经济刺激计划仍然不能奏效，那么累计的庞大债务问题可能会更加棘手，而所注入的流动性会令大宗商品市场局势更加复杂。对此我们也应时刻关注。

**3. 全球大宗商品依然处于紧平衡状态，不排除主要商品走势持续上升的可能**

尽管经济前景不明，需求不旺。然而，当前主要大宗商品的供应形势也不容乐观，主要大宗商品并未摆脱紧平衡局面。

一方面，随着经济的复苏，新兴市场经济体成为大宗商品需求增量部分的主要流向，也正在逐渐成为大宗商品市场价格的主要推动力。

另一方面，全球大宗商品的供应前景并非乐观。从 20 世纪 70 年代末期直到现在，没有发现新的世界性大油田，并且很多油田已经过了开采峰值，主要地区的原油出口量在持续减少，而原油消费长期在持续增加。此外全球的铜供应正从过剩走向短缺，英国商品研究机构（CRU）预计 2011 年全球精铜供应短缺 3.8 万吨。因此预计石油和基本金属在 2011 年的市场走势会较为复杂，在流动性依然充裕的情况下，存在市场价格持续攀升的可能。

相比而言，主要粮食作物的供应形势略好。虽然俄罗斯等国受灾、小麦减产，但由于美国丰产、库存充足，全球小麦的库存与消费之比约为 22%，高于国际公认的 17% 的安全水平，这意味着国际小麦价格总体上不会再次大幅涨价。而玉米库存降至 37 年来的最低点，库存与消费之比为 13%，供应相对紧张。但总的看，国际市场粮食供需总体平衡，国际粮价不具备大幅涨价的基础。如果天气状况良好，预计 2011 年国际市场农产品价格依然以稳为主，处于小幅上涨的趋势。

**4. 我国仍需多角度加强在国际商品市场上的议价能力**

我国是资源消费大国，石油、铜、锌等都主要依赖国际市场进口。但是如此大的市场需求，却在国际市场上的议价能力不强。其中一个重要原因是国内还没有比较完善的定价机制，因此从根本上来讲，必须大力促进期货市场的发展，参与国际资源和利益分配，充分利用国际游戏规则，形成有利于我国的"中国价格"，这也有利于实现国家能源资源安全的战略目标。在有利于我国的市场定价机制建立之前，应该鼓励国内将相关行业内的企业集中起来，抱团到国际市场上实施采购行为。

# 2010 年国际金融市场走势及
# 2011 年展望

张茉楠*

**摘　要：**为应对金融危机，摆脱经济低迷，"量化宽松"政策和财政刺激的逆势扩张，似乎更符合摆脱危机的需要。然而事实证明，救市政策的成本十分巨大，2010 年以来反危机政策的后遗症初步显现，欧洲主权债务危机以及由量化宽松政策引发的货币战争轮番上演，全球金融市场、汇率市场陷入新一轮的动荡与无序之中。展望未来，影响全球金融稳定的发达国家债务高企、通货膨胀、新兴经济体资产价格泡沫风险等"冷热"因素共存，全球金融市场还将处于异常不确定时期，全球量化宽松时代的挑战才刚刚开始，中国如何趋利避害，需要做好长期性、战略性和整体性的谋划。

**关键词：**主权债务风险　量化宽松　货币战争　资产价格泡沫

金融危机已经过去两年，尽管随着各国大规模政策刺激以及实体经济走出最艰难时期，全球金融稳定面临系统性风险的概率已经大为减小，金融形势有所改善，但金融危机的余波仍未结束，财政与货币所演化出的风险序列正在不断激化。

## 一　2010 年全球金融市场"谁主浮沉"？

进入 2010 年，前期应对危机时短期性政策后遗症开始逐步显现：以政府部

---

* 张茉楠，国家信息中心预测部世界经济研究室，副研究员，经济学博士后，主要研究国际金融与国际资本流动、货币体系、经济失衡理论等。

门的"杠杆化"抵消民间部门"去杠杆化",以大规模货币刺激弥补金融机构与金融市场融资功能的"失血",并没有解决金融危机的深层次根源,反而通过量化宽松等刺激手段不断扩大债务水平,导致货币混战,进而引发全球通货膨胀、金融资产畸形等金融风险。

### 1. 失当的"财政"主导上半年国际金融市场

上半年国际金融市场最大热点,莫过于希腊债务危机拉响了主权债务危机警报,全球金融风险重心移至欧洲。为应对危机,各国普遍实施力度空前的经济刺激计划,加大了举债力度,然而大规模扩张性财政政策使许多国家由来已久的财政脆弱性问题日益凸显,导致主权债务风险不断积聚,成为困扰发达国家的普遍性难题,并成为二战后政府负债率上升最快、波及范围最广的一次。据 OECD 估计,发达国家反周期财政支出几乎占赤字增加量的 1/3,发行了 4.5 万亿美元的债务,几乎等于此前 5 年年均债务发行量的 3 倍。财政赤字水平较危机前都大幅提高,负债水平普遍比危机前的 2007 年提高了 15% ~ 20%(见图 1)。

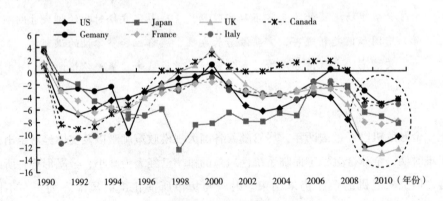

**图 1　发达国家财政赤字与债务水平急剧扩大**

2009 年 12 月,三大主要信用评级机构惠誉、标准普尔和穆迪纷纷调降希腊的长期主权信用评级。2010 年 4、5 月间,危机进一步蔓延至"欧猪五国",并引发全球金融市场多米诺骨牌效应:对财政长期可持续性的担心转化为主权市场的融资压力,全球资金避险情绪再度紧张,全球金融市场大幅震荡。其中,欧元遭受投机冲击,一度跌至四年新低,黄金价格再创新高,美元指数相对攀升,一度接近 2009 年初的最高水平;国际资本市场大幅震荡,摩根斯坦利全球资本市场指数（MSCI）下探到 10 个月来最低；反映主权违约风险的 CDS 指数急速攀升，反映金融市场流动性状况的 TED 利差（3 个月伦敦银行间市场利率与 3 个月美国国债利率之差）大幅走高。随后宣布的欧洲金融稳定机制与证券购买计划部分缓解了欧元区债券市场较为严重的压力，但其效果最近已逐渐消失。8 月以来，陷入主权债务危机的"欧猪五国"10 年期国债收益率与德国国债收益率利差一路走高，除希腊外，皆已超过银行压力测试前水平，显示市场对欧洲某些国家主权债务和银行系统仍存有担忧。近日，爱尔兰绩务问题再度拉响警报，爱尔兰 10 年期国债收益率飙升至 9%，葡萄牙、西班牙的情况同样令人担忧，欧洲主权债务风险很可能卷土重来。

**2. 失控的"货币"主导下半年国际金融市场**

从 2010 年第二季度开始，全球各国的经济复苏步伐分化加剧，发达经济体复苏动力明显减弱，欧洲多国深陷主权债务危机，多数发达国家面临财政紧缩或财政重建的过程，"新量化宽松"政策（QE2）呼之欲出。

全球四大央行延续货币扩张的主基调，除美联储启动"新量化宽松"政策外，日本已将主导利率降至 0~0.1%，时隔十年后再次进入零利率时代，同时，日本央行承诺建立 5 万亿日元（约合 600 亿美元）的临时基金以购买政府债券等资产。而受制于财政困境的欧洲也寄希望于货币扩张，英格兰银行、欧洲央行纷纷对启动新的量化宽松政策购买债券等资产跃跃欲试。

危机爆发至 11 月初，美联储资产负债表总规模由 2007 年 6 月的 8993 亿美元上升到目前的 2.3 万亿美元，两年多时间增长了 1.57 倍。与美国相似，英国央行资产规模增加了近一倍，欧洲央行和瑞士央行也扩张 30% 以上。受货币推动，全球市场信心得以迅速恢复，流动性过剩格局重现。衡量流动性的 3 个月伦敦银行间市场利率（LIBOR）与 3 个月美国国债利率差距的 TED 利差持续走低，6 个月和 12 个月美元 LIBOR 分别为 0.45% 和 0.77%（见图 2），不及危机前的 1/6。以 M2 口径衡量，2000 年，发达国家 M2 为 4.5 万亿美元，2008 年升至 9 万亿美元，而今发达国家 M2 已升至 10 万亿美元，全球流动性甚至超过危机前水平。

主要储备货币发行国加速其货币增长，会自动导致其他国家货币增长加速和通货膨胀，这不仅扰乱了全球货币秩序，使各国货币政策博弈更趋复杂，也导致主导汇率信号发生扭曲，并可能进而扰乱全球贸易关系。

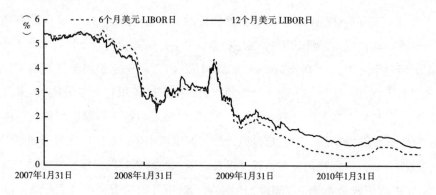

**图2　全球流动性过剩格局远超危机前水平**

# 二　货币战争扰乱了全球金融秩序

**1. 全球货币政策博弈渐趋复杂，各国汇率摩擦不断加剧**

在发达国家与新兴经济体国家经济复苏走势分化的大背景下，货币贬值通常被认为是调整全球经济不平衡的一种重要手段。美国经济第二季度后增长受阻，经济景气缺乏动力支撑，为给经济复苏提供一个"顺风环境"，美国欲实施第二轮量化宽松政策在全球汇率市场引起连锁反应。第三季度以来，美元对主要国家货币快速大幅贬值。截至10月21日，美元指数比年内高点下跌12.5%，美元兑欧元比年内高点贬值16.9%、兑日元贬值14.1%、兑澳元贬值20.9%，远远超出历次危机中的跌幅：2000年至2010年上半年底的21个半年度中，美元仅在2002年上半年创出最大跌幅9%，其间平均下跌0.6%。此外，近期亚洲国家货币兑美元出现集体性大幅升值，除日元外，新加坡元、韩元、泰铢、马来西亚吉林特、印尼盾兑美元纷纷创出数年来新高（见图3），引发多国入市干预。这当中，中美双方围绕人民币汇率问题的争端再起，日本、欧盟也加入逼迫人民币升值大战中，人民币被卷入全球货币混战的漩涡，仅9月人民币升值幅度就达到1.74%，创下汇改以来的最大单月涨幅。尽管G20会议承诺各国避免采取竞争性贬值政策，但只要量化宽松货币政策和弱势美元政策持续，这场战争恐怕就不会停止。

**2. 全球流动性泛滥助推资产价格飙涨，强化全球通胀预期**

受美元走弱和流动性推动影响，截至10月14日，MSCI全球股市指数收于

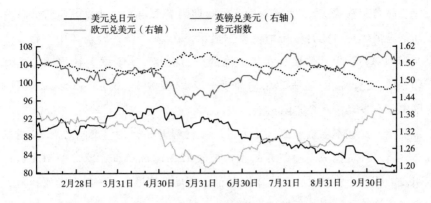

**图 3　2010 年以来美元兑全球主要货币大幅贬值**

1226.07 点，较 8 月底上涨了 13.45%；全球股市市值为 49.64 万亿美元，较 8 月底上升了 14.7%；美国、英国、法国、德国、西班牙、日本和香港主要股票指数较 8 月底涨幅都在 3% 左右。

流动性泛滥导致通胀的全球性传递。作为全球通货膨胀的前兆，目前黄金价格节节攀高，已经突破 1400 美元/盎司高点（截至 10 月 18 日累计升值 26%）。截至 11 月 11 日，纽约商品交易所布伦特轻质原油期货价格升至 88.81 美元；国际铜价收于 8400 美元/吨，较 8 月末上涨 12.9%；国际市场上玉米、大豆和小麦价格也较 8 月底分别上涨 29.14%、17.64% 和 2.19%。目前全球通胀率略高于 3%，这意味着全球实际利率为负值，约为 - 0.6%。9 月份以来，美国 30 年期国债收益率与同期通胀保值债券收益率之差已经扩大 0.5 个百分点至 2.6 个百分点，通货膨胀保值国债（TIPS）等负利率债券品种大受追捧，预示全球新一轮通胀重压已经形成。

**3. 新兴经济体沦为资本逐利对象，部分国家开始出手干预**

根据国际金融研究所（IIF）评估显示，本年度大约有 8250 亿美元资产在流向发展中国家，比上年多出 42%。由于这些国家大多是出口导向型或资源驱动型的经济体，资本流入加大了本币升值的压力，导致输入国的货币供给内生性增加，直接改变了货币政策发生作用的机制和环境，从而削弱了货币政策的自主性。对新兴经济体而言，资本迅速流入、收紧货币政策的必要性以及避免本币升值的愿望三项因素构成了"三元悖论"：一方面，新兴经济体生产率高增长的结构性力量意味着，它们的国内通胀或货币价值承受着持续的上行压力（即所谓巴拉萨—萨缪尔森效应）。另一方面，就短期因素而言，全球复苏走势分化又加剧了新兴经济体货币的升值压力。数据显示，在 20 个新兴经济体中有近 2/3 的国家实际利率为负值，价格总水平上涨的压力极其巨大。据美林预计，2010 年中、印、俄、巴四国的通胀率将分别为 3.2%、7.9%、6.1% 和 5.0%。因此，许多国家都在发动国际资本阻击战。

事实上，一些不堪资金流入压力的国家已经开始行动。泰国政府 10 月初意外宣布，将对外资投资当地债券的收益征收 15% 的利得税，旨在遏制热钱过快涌入引发的剧烈市场波动；而在中国香港，当局近期推出了一揽子监管措施，防止楼市出现泡沫化倾向；新加坡近期则通过扩大本币汇价波动区间来应对通胀威胁。在本轮干预中最为领先的巴西为了抑制热钱流入过快，将对外资课征的所谓外国投资税的税率由 4% 上调至 6%，政府同时调升外资在期货市场交易保证金的税率，由 0.38% 升至 6%。

**4. 美国是汇率价格和金融资产价格变动背后最大的受益者**

对于以金融立国的美国而言，长期以来，滥发钞票和发行庞大的国债是美国经济增长的两大动力引擎。因此"美元本位制"事实上已经演变为美国的"债务本位制"。2009 年，海外增持美国国债等金融资产持续增长，海外持有美国的资产总额，不包括金融衍生产品，已经达到 2009 年美国名义 GDP 的 1.25 倍。持续的超低利率一方面能够使金融资产保持一定的吸引力，另一方面也能够维持美债的价格稳定，降低美国实际对外债务负担。2009 年美国的财政负债累计达到了 12 万亿美元，占到美国 2009 年 GDP 的 82.5%。因此，美联储启动定量宽松货币政策的潜在意图是通过大力扩张美联储资产负债表，使财政赤字货币化而再次抵消债务成本。据估计，仅 2002～2006 年间，因美元贬值，美国对外债务消失额累计达 3.58 万亿美元。

**5. 对中国经济冲击以及货币政策调控的影响越发凸显**

一是人民币"被动升值"导致热钱加快流入。从第一季度大举流入、第二季度转向流出，到第三季度卷土重来，热钱又"兵临城下"。数据显示，9 月末中国新增外汇占款 2895.65 亿元，较 8 月增加 19.19%，创年内新高；9 月末国家外汇储备余额为 26483 亿美元，同比增长 16.5%，其中 9 月份当月就增加 1005 亿美元，扣除当月贸易顺差和外商直接投资外，不可解释的部分大幅增长。此外，商业银行新增外汇贷款、离岸非交割远期（NDF）都显示有大量热钱流入。

二是加大我国输入型通胀压力。我国对国际市场能源原材料的需求很大，美元持续贬值必然会导致以美元作为计价货币的石油等大宗商品价格快速上升，国际基本金属、黄金、原油、农产品等期货价格已达历史最高水平，输入型通胀压力明显增加。

三是外汇储备缩水和债权稀释。美元大幅贬值将使我国外汇储备中美元资产缩水，我国持有的外汇储备中美元资产的平均比重为 65% 左右，按此计算，我国 2.64 万亿美元的外汇储备中约有 1.7 万亿美元的美元资产。如果按照未来人民币兑美元升值 3%～5% 计算，至 2010 年底，我国美元资产汇率账面损失为 514 亿～856 亿美元。此外，如果考虑外汇储备购买其他国家货币资产所形成的机会损益看，则损失更大。

四是货币政策调整面临"多难"境地。对内看，我国货币供应增长持续较快，广义货币 M2 余额已达到 69.64 万亿元，M2 是 GDP 的将近 2 倍，而美国这一比例只有 0.6 倍，日本、韩国不过 1 倍左右。10 月 CPI 同比上涨 4.4%，创下 24 个月以来新高，我国"负利率"的局面已维持 9 个月。即便是央行宣布加息后，CPI 涨幅也依然高于 2.50% 的一年期存款利率和 3.25% 的两年期存款利率。

对外看，各国货币超发，跨境流入我国资金增多，外汇占款增长加快，增加了货币被动投放，截至 9 月，我国外汇储备余额增长 0.249 万亿美元，相当于向流通领域又增发了 1.6 万亿元左右的基础货币，货币超发的外生性风险明显加大，因此，央行将处于"防通胀、防升值、防热钱"的多难境地。

## 三 "冷热共存"：2011 年全球金融形势将更趋复杂

展望未来，对影响全球金融市场既有"冷"因素，也有"热"因素，特别是随着美国 6000 亿美元国债购买计划的启动，量化宽松政策的实施力度、溢出效应如何都具有非常大的不确定性，全球金融体系面临的形势将更加复杂，全球经济环境的复杂性也进一步上升。

### 1. 全球经济走势仍将是影响金融市场稳定的重要因素

数据显示，在政策刺激效应递减、库存回补结束的影响下，全球经济短周期内的快速回升已于 2010 年第一、二季度见顶。从大的趋势看，当前世界经济正处于景气周期的下行阶段，全球尚未走出大周期的底部，特别是发达国家就业市场持续疲软,房屋市场复苏缓慢,房价存在进一步下跌的可能,消费者信心和支出回升乏力,经济仍面临较大的周期性调整压力。尽管全球范围内将有"二次政策刺激"来对冲"二次衰退风险",但真正走出危机将是一个漫长的过程。受此影响,全球金融市场依旧受到来自实体经济冲击的挑战,复苏基础并不牢固,进程也不平衡,仍处于异常不确定性时期。

**2. 全球银行业困难重重面临众多不确定性挑战**

尽管当前金融市场流动性宽裕,但全球银行业仍面临困境。

(1)彻底清除不良资产尚需时日。从整体上看,全球金融业还在波动之中,它表现为金融机构盈利具有不平衡性,全球银行业还有1.3万亿美元不良资产等待处理,美国银行业不良资产已处理了60%,欧洲银行业处理的不良资产不足40%。全球银行业面临的首要问题就是清除不良资产,在银行业没有彻底清理不良资产以前,整个金融市场就不会真正稳定下来。

(2)面临巨额债务再融资的挑战。在欧洲债务市场持续动荡、银行同业融资市场资金紧张的背景下,全球银行业围绕数万亿美元债务再融资的新挑战已悄然而至。穆迪数据显示,未来三年,全球银行需要为超过5万亿美元债务进行再融资。欧元区银行在2010~2014年间面临每年到期债务的再融资需求比美国高出一倍以上。欧洲大型银行到2011年底的资金缺口最大,庞大的主权融资需求使银行业望而却步,主权融资需求与有限的信贷供给之间的矛盾不容回避。全球银行业信贷稳步复苏的基础依然存在诸多不确定性。

**3. 美国金融系统"造血"功能尚未完全恢复**

美联储政策工具中几乎没有帮助银行清理坏账、降低违约和核销率的工具,而财政部"不良资产救助计划"从最初的购买银行有毒资产改为向银行直接注资,也未能帮助银行缓解清偿压力,银行惜贷严重,信贷增量下降,银行现金在全部资产中的占比从历史平均的3.2%上升到10%左右,美国消费信贷、工商业贷款、不动产抵押贷款增速均处于历史最低水平,消费信贷更是连续数个季度下滑,金融系统不能真正"造血"来实现对实体经济的资源配置功能,这是美国经济难以自我修复的重要原因。

当前,美国房地产市场仍然没有稳定下来,房屋价值还在持续缩水。一旦止赎大范围爆发,银行用于支付按揭贷款债券持有人的大量现金有可能被切断,抵押贷款债券投资者的亏损有可能沿着高度结构化和衍生化的房贷金融产品向外迅速蔓延，可能会对美国金融体系形成新的冲击。

**4. 未来美元继续震荡性贬值依旧是"大概率事件"**

在 2011 年，美元将在震荡中维持相对弱势，原因如下：一是复苏动能的匮乏将抑制美元汇率，美联储褐皮书印证美国经济在进一步放缓，根据高盛的研究，美国经济面临的下行风险主要集中在未来 6~9 个月；二是短期内弱势美元能够通过刺激出口提供较大增长动力，根据 IMF 的最新研究，以过去 40 年发生的 169 次金融危机为样本，危机后发达国家的进口在两年内都可能大幅低于危机前的趋势水平，这意味着 2010~2011 年通过弱势货币扩大出口将获得更高水平的净出口贡献；三是美国需要量化宽松货币政策压低美国长期利率，从而促进房地产市场和金融资产价格的上涨；四是从美元启动升值时点的历史经验看，如果失业率未能降至 5.5%~6% 之间，美元启动新一轮升值周期的概率很小。

当然，从维护美元霸权地位考虑，美国不会让美元大幅贬值，因为大幅贬值无异于毁灭性打击，但是长期趋势性、有节奏、小幅贬值既能达到不知不觉中大幅削减债务的目的，又保持了美元自我调整的主动性，实现了美国"经济自我利益的最大化"。短期内美元贬值步伐将会趋缓，甚至由于欧债危机而出现阶段性升值，但 2011 年美元可能会呈现"低位、宽幅"震荡态势，弱美元引发汇率的过度波动和无序波动恐将引发新一轮全球金融市场和资产价格的调整。

**5. 全球长期"负利率"带来的资产泡沫与国债泡沫风险**

全球长期低利率甚至是负利率会对金融市场带来非常负面的影响。一方面，对于新兴经济体而言，全球量化宽松货币政策的最大风险来自于过度投资和资产泡沫。新兴经济体的自主货币政策由于"被宽松"而大打折扣，在新一轮货币增发潮出现后，亚洲等新兴经济体国家的资产价格又将面临新一轮上升压力。外管局最新数据显示，9 月银行代客结售汇顺差为 284 亿美元，这一数字意味着，跨境资金大量流入仍在持续。包括索罗斯在内的国际对冲基金正在觊觎中国市场，香港则成了这些热钱抢攻的桥头堡。在这种情况下，限制热钱流入，抑制资产泡沫，避免亚洲金融危机重演就是当务之急。

而另一方面，美日还在财政上大幅加码，国债发行规模加大，将继续推动 2011 年主要国家中长期国债收益率上升，国债泡沫风险值得关注。以日本为例，尽管有大规模的政府赤字以及巨额债务（接近 GDP 的 200%），日本 10 年国债收益率仅为 1%，可谓全球债券最低的利息率，美国国债也充分体现"避风港效应"。过去30年美国最显著的特征是利率水平的持续走低，催生了30年的债券牛市。随着短期利率"趋零"，第三季度美国国债收益率持续走低，债市更是被推到一个极致水平。截至11月10日，10年期国债收益率收于2.742%，为9月20日以来最高水平，国债收益率出现明显上行趋势。一旦通缩预期转变为通胀预期，不断增加的财政赤字以及未来的通胀预期可能会大幅提高债务负担，美日国债市场超常繁荣也终将难以持续。

## 四 系统谋划应对全球新一轮金融风险的一揽子政策

"新量化宽松"计划将对全球经济、美元价值、中国的外汇储备以及全世界的投资组合的重构等有着巨大的冲击，中国应在货币政策、汇率政策、资本流动政策以及国际协调政策等方面，制定长期战略，做出整体谋划。

**1. 将资产价格波动作为货币政策调整的重要参考锚，增强货币政策的独立性和前瞻性**

未来货币政策走向应关注资产价格变化。积极实施货币政策的逆周期操作，尽可能防止资产价格泡沫的形成或抑制泡沫的扩张规模，避免或减轻资产价格暴涨暴跌给实体经济造成的巨大负面冲击：一是要细分金融市场，对可能产生泡沫的领域提高门槛，细分包括资本充足率、拨备水平等的差异化要求；二是对不同类型的金融市场、金融业务产品，不同资产规模和风险特点的金融机构，设置不同的门槛标准和监管措施；三是实施差别化信贷政策、利率政策。对具备高度风险性、衍生性、泡沫化的金融业务实行差别化的信贷政策及利率政策对于抑制投机和泡沫，维护金融市场和宏观经济的稳定运行具有重要的作用。

**2. 有效应对人民币升值压力，加快人民币汇率形成机制改革，推进人民币国际化进程**

权衡利弊，实施灵活的动态平衡。一方面，增强人民币汇率弹性，扩大双向浮动范围；另一方面，积极推动"资本走出去"和全球实业布局，缓解人民币升值压力，促进国际收支平衡。同时，积极推动人民币国际化、区域化。进一步扩大人民币作为储备货币和投资货币在国际上的流通。一是在稳步推进人民币资本项目可兑换和风险可控的前提下，逐步有序地向境外合作的主体开放境内一部分人民币市场；二是发展人民币离岸市场，尽快扩大人民币债券市场的建设规模，进一步丰富本币境外投资、融资、储备各项职能，完善人民币回流机制建设，满足境外机构多元化、多层次的人民币资产配置需求，形成境内外人民币良性循环机制；三是积极发展境外机构在境内发行人民币债券、境外人民币资金投资境内债券市场等，让人民币债券成为国际流通和受欢迎的主权债券。

**3. 建立多元化外储管理体系，从战略上考虑如何保障自身债权国利益**

一是为应对美元的贬值进行有效对冲。中国必须加快外汇管理体制的改革，建立多元化、多层次外储管理体系，继续推进"从金融投资到产业投资"的债权结构变化；二是与经济结构调整和转变经济发展方式相结合，考虑成立战略性新兴产业投资基金、科技创新发展基金以及支持企业发展的海外并购基金等，不断提高金融资本和产业资本的融合度，实现我国在世界产业链条中位置的前移和高端化，改变中国长期以来"双顺差"型的资本循环模式；三是多为"藏汇于民"创造条件，扩大留汇境外规模，建立完善的外汇市场机制，放宽企业和个人的对外投资，包括对外直接投资和购买国外股票、债券等金融产品，畅通民间外汇储备投资的多元化渠道，切实管理好中国债权。

**4. 以跨境短期资本流动监管为核心，实施风险监管的"双向管理"**

一是可通过税收政策来阻击热钱流入，如对投资中国房地产市场的外资征收升值利得税，将外资出售房地产和购买房地产之时的汇率相减，对纯粹因升值而获得的投资收益征收一定比例的税负，既可平抑房地产价格又可抑制人民币升值投机；二是可研究探讨选择适当时机开征"托宾税"或酝酿制定《反热钱法》等比较严格的资本管制措施，以此提高热钱进入和流出中国的交易成本；三是要对资本实施"双向流动管理"，尽快建立资本逆转预警预案防范机制。考虑未来资本可能出现转向，应尽快建立资本逆转预警预案防范机制，包括建立资本流动预警方案，密切关注美元汇率变动，对世界各黄金、货币、证券等交易市场流量进行监测，出台已留存在我国资本市场的短期资本变更为中长期资本的优惠政策，以及鼓励留存在我国境内的外债资金转为企业资本金的政策。

此外，在国际政策协调层面，稳定国际货币金融秩序，防范系统性风险，有赖于全球范围内控制货币发行量，并逐步重构新的国际货币体系。要充分利用 G20 等新的全球经济治理结构和多边体系制衡美元的滥发，以及国际资本无序流动对中国经济和金融体系的冲击。

# G.22

# 2010 年国际油价走势回顾及
# 2011 年展望

牛犁*

摘　要：2010 年以来，国际油价呈现多年来比较罕见的窄幅波动态势，WTI 原油期货价格总体上在 70～85 美元之间波动，峰谷波幅仅为 29%，为 1995 年以来最小波动幅度。前 10 个月 WTI 原油期货平均价格为每桶 78.1 美元，同比上涨 31.8%。2010 年国际油价窄幅波动的原因，主要是石油需求恢复性增长支撑油价保持在一定价位，但供求关系仍比较宽松，特别是世界经济复苏前景不明朗、主要大国因选举政治需要加强监管等，使得投机炒作油价的上行空间受限，同时，美元走势先升后降、方向并不明确。展望 2011 年，全球经济增速将有所放缓，石油需求将恢复到危机前的水平，美元继续疲软，通货膨胀压力上升，以及投机炒作等因素使得国际油价将呈稳步上行趋势。初步预计，全年 WTI 原油期货均价约为每桶 85 美元左右。

关键词：国际油价　窄幅波动　稳中趋升

## 一　2010 年国际油价呈现罕见的窄幅波动走势

2010 年以来，国际油价呈现近 15 年来罕见的窄幅波动走势。与上年国际油价节节上涨、逐级回升的走势截然不同，2010 年以来国际油价出现了多年难得的平稳运行态势，总体上 WTI 原油期货价格在 70～85 美元之间窄幅波动，截至

---

* 牛犁，国家信息中心经济预测部宏观经济研究室主任，高级经济师，主要研究国内外宏观经济、能源、国际油价等问题。

11 月底，年内最高价格为 11 月 11 日创下的 87.81 美元，最低价格为 5 月 20 日的 68.01 美元，峰谷波幅仅为 29%，为 1996 年以来最小波动幅度（见表 1、图 1）。当然，在 5 月份国际油价也出现过短短 13 个交易日急跌 21% 的特别情况。前 10 月份 WTI 原油期货平均价格为每桶 78.1 美元，同比上涨 31.8%。初步预计，2010 年全年 WTI 原油期货平均价格为 79% 美元，同比上涨 28% 左右。

表 1　1990 年以来 WTI 日原油期货价格峰谷波动情况

| 年度 | 最高油价<br>（美元/桶） | 最低油价<br>（美元/桶） | 波动幅度<br>（%） |
|---|---|---|---|
| 1990 | 40.4 | 15.3 | 164.2 |
| 1991 | 32.0 | 17.9 | 78.7 |
| 1992 | 22.9 | 17.9 | 28.2 |
| 1993 | 21.1 | 13.9 | 51.5 |
| 1994 | 20.8 | 13.9 | 49.0 |
| 1995 | 20.5 | 16.8 | 22.2 |
| 1996 | 26.6 | 17.5 | 52.3 |
| 1997 | 26.6 | 17.6 | 51.3 |
| 1998 | 17.8 | 10.7 | 66.2 |
| 1999 | 27.1 | 11.4 | 138.1 |
| 2000 | 37.2 | 23.9 | 56.0 |
| 2001 | 32.2 | 17.5 | 84.5 |
| 2002 | 32.7 | 18.0 | 82.1 |
| 2003 | 37.8 | 25.2 | 49.9 |
| 2004 | 55.2 | 32.5 | 69.9 |
| 2005 | 69.8 | 42.1 | 65.7 |
| 2006 | 77.0 | 55.8 | 38.0 |
| 2007 | 98.2 | 50.5 | 94.5 |
| 2008 | 145.3 | 33.9 | 329.0 |
| 2009 | 81.4 | 34.0 | 139.5 |
| 2010 | 87.8 | 68.0 | 29.1 |

资料来源：根据美国能源情报署数据整理。

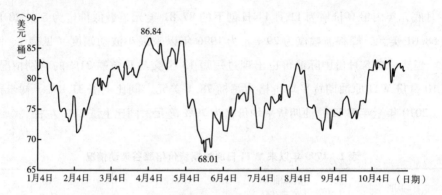

**图1 2010 年纽约市场 WTI 原油期货价格走势**

资料来源：美国能源情报署。

## 二 2010 年国际油市平稳运行的原因分析

### （一）世界经济温和复苏支撑油价保持在一定价位

从经济基本面来看，2010 年以来全球经济出现温和复苏，发展中经济体复苏势头明显好于发达经济体。前三季度美国 GDP 环比折年率分别增长 3.7%、1.7% 和 2.5%。前两季度欧元区 GDP 同比分别增长 0.8% 和 1.9%，其中德国经济复苏态势强劲，尤其是第二季度 GDP 同比增长 3.9%。前两季度日本 GDP 环比折年率分别增长 6.6% 和 1.8%。新兴经济体经济强劲复苏，前三季度中国 GDP 增长 10.6%，前两季度印度 GDP 同比分别增长 8.6% 和 8.8%，巴西 GDP 分别增长 9% 和 8.8%，俄罗斯 GDP 分别增长 2.9% 和 5.4%。因此，全球石油需求在连续两年下跌之后出现了恢复性增长，供求基本面支持国际油价保持在一定的价位水平上，这表明在世界经济复苏背景下国际油价在每桶 70 美元以下的运行空间不大。

但是，全球经济基本面也不支持国际油价大幅飙升。这是因为当前世界经济仅仅是温和复苏，尚未进入新一轮增长期，石油需求也仅仅是恢复性增长，目前全球石油日需求量仍然没有恢复到危机前的水平。经合组织国家石油商业库存在过去五年平均水平之上，欧佩克国家石油剩余产能充裕。因此，2010 年以来全球石油供需关系比较宽松，这与上一轮世界经济扩张期全球石油供需紧平衡的状况完全不同。

## （二）投机炒作对油价的推动作用有所减弱

在各国应对金融危机实施超宽松货币政策的背景下，全球商品市场的流动性较为充裕。美国商品期货交易委员会（CFTC）的数据表明，纽约市场投机资金持有的原油期货仓位（非商业多头持仓）呈上升趋势，2010 年非商业原油期货多头持仓比例为 18.3%（见图 2），比上年增加了 1.9 个百分点，每周非商业原油期货净多持仓量平均为 7.43 万手，较 2009 年增加了近 90%。尽管投机资金与油价走势仍保持正相关性，但是投机力量对油价的推动作用在减弱。其原因：一是世界经济复苏存在很多不确定性，特别是在石油供求比较宽松的情况下，投机资金不敢轻易大肆炒作。二是投机力量对国际油价由 147 美元直线下挫至 30 多美元的惨痛教训记忆深刻。三是实际上全球特别是发达国家通胀水平并不高。四是各国推进金融市场改革，以及主要国家大选的政治需要，明显加大了对商品期货市场的监管力度，短期内金融创新和市场自由度受到抑制。

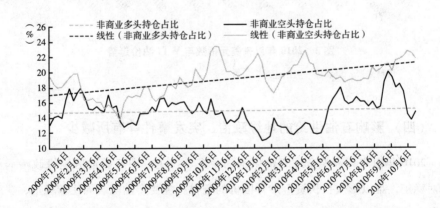

**图 2　2009 年以来纽约市场非商业性原油期货持仓比例走势**

资料来源：美国商品期货交易委员会（CFTC）。

## （三）美元走势先升后降方向不明影响国际油价

2010 年初，因欧洲主权债务危机爆发，欧元急剧贬值，避险功能使得美元得以走强。根据美联储的数据，美元指数上半年上升9%左右。而到下半年美国经济复苏步伐放慢，重启量化宽松货币政策和财政刺激计划，导致未来通胀预期加大，财政、贸易双赤字居高不下，使得美元出现明显走软趋势。截至10月底，美元指数由前期高点下跌了11%（见图3）。因此，尽管2010年美元走势对国际油价有着较大影响，但是美元指数先升后降、并不明朗的趋势使得国际油价避免了单边上扬或是直线下挫，有助于国际油价的稳定。

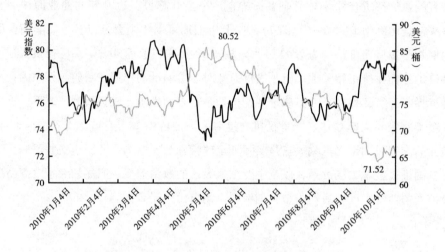

**图3　2010年以来美元指数与WTI油价走势**

资料来源：美联储、美国能源情报署。

### （四）影响石油供给的地缘政治、突发事件等有所减少

2010年以来，影响全球石油供给的中东、拉美、中亚等地区地缘政治局势相对稳定，难以形成投机资金炒作油价的题材。主要产油国政局比较稳定，罢工事件、石油设施爆炸等恐怖事件有所减少。美国墨西哥湾石油泄漏对生态环境造成了一定影响，但对石油供给影响不大。此外，2010年极端天气给农业生产带来较大冲击，推动农产品价格大涨，路透CRB食品现货指数逼近2008年的历史最高纪录；在主要国家继续滥发货币、保值增值和避险等因素推动下，黄金价格屡创历史新高。在石油供需关系比较宽松的情况下，极端天气和部分突发事件并未对石油供需产生影响。

## 三　2011 年国际油价将呈现稳中趋升态势

### （一）全球经济增速有所放缓，石油需求继续恢复性增长

#### 1. 全球经济将保持平稳增长

展望 2011 年，世界经济将由政策刺激下的快速回升逐步转向经济内在动力支持下的平稳增长阶段，特别是在新兴经济体较为强劲复苏的带动下，世界经济出现二次衰退的风险较小。多数机构预测，2011 年世界经济增速低于 2010 年。IMF 秋季报告预计，2011 年世界经济将增长 4.2%，较 2010 年减慢 0.6 个百分点（见表 2），但这仍是比较乐观的预测。

**表 2　IMF 对世界经济增长预测**

单位：%

| 国家或地区 | 实　际 | | 预　测 | |
|---|---|---|---|---|
| | 2008 年 | 2009 年 | 2010 年 | 2011 年 |
| 世界经济 | 3.0 | -0.6 | 4.8 | 4.2 |
| 发达经济体 | 0.5 | -3.2 | 2.7 | 2.2 |
| 美国 | 0.4 | -2.4 | 2.6 | 2.3 |
| 欧元区 | 0.6 | -4.1 | 1.7 | 1.5 |
| 日本 | -1.2 | -5.2 | 2.8 | 1.5 |
| 新兴和发展经济体 | 6.1 | 2.5 | 7.1 | 6.4 |
| 中国 | 9.6 | 8.7 | 10.5 | 9.6 |
| 俄罗斯 | 5.6 | -7.9 | 4.0 | 4.3 |
| 印度 | 7.3 | 5.7 | 9.7 | 8.4 |
| 巴西 | 5.1 | -0.2 | 7.5 | 4.1 |

资料来源：IMF《世界经济展望》，2010 年 10 月。

#### 2. 全球经济增长的风险仍将比较突出

国际金融危机的深层次影响还没有完全消除，世界经济还没有进入稳步增长的良性循环，系统性和结构性风险仍然比较突出。一是全球经济正处于库存调整、设备更新、房地产调整和技术创新等"短、中、长"几种经济周期下行的叠加期。二是主要国家政策将出现分化，全球政策协调变得比较困难。美国依然

向全球举债实施财政刺激计划，而欧债危机使得欧洲下决心实施财政重建计划。主要发达经济体仍然保持利率不动，近来美国重启量化宽松政策；而发展中国家因通胀压力开始收紧货币政策。三是金融危机、经济危机过后，欧美国家将普遍面临财政危机。四是全球面临的是无就业型复苏，就业前景持续低迷，收入增长缓慢，进而影响居民消费。五是随着全球经济复苏放缓，就业压力加大以及大选的政治需要，爆发贸易战、货币战争的风险加大。

**3. 全球石油需求继续恢复性增长**

2011年，在全球经济低速稳定增长，特别是发展中经济体增长势头较为强劲的拉动下，全球石油需求有望恢复到危机前的水平（见表3）。根据国际能源署《10月份石油市场月报》预计，2011年全球石油日需求量同比增加130万桶，增长1.5%。根据欧佩克《10月份石油市场月报》预计，2011年全球石油日需求量同比增加105万桶，增长1.2%。根据美国能源情报署《10月份短期能源展望》预计，2011年全球石油日需求量同比增加138万桶，增长1.6%；分类别来看，OECD国家石油日需求量出现微降，而非OECD国家石油日需求量增加143万桶，同比增长3.5%。尽管各个国际机构对需求增量的预测并不完全一致，但是经过两年的恢复性增长后，全球石油日需求量将恢复到危机前的水平。

表3 全球石油需求（百万桶/天）变化预测

| 年　度 | 2008 | 2009 | 2010 | 2011 |
|---|---|---|---|---|
| OECD | 47.56 | 45.42 | 45.43 | 45.38 |
| 　美国 | 19.5 | 18.77 | 18.97 | 19.08 |
| 　加拿大 | 2.24 | 2.15 | 2.22 | 2.26 |
| 　欧洲 | 15.36 | 14.49 | 14.27 | 14.14 |
| 　日本 | 4.79 | 4.37 | 4.25 | 4.09 |
| 　其他OECD | 5.4 | 5.37 | 5.45 | 5.53 |
| 非OECD | 38.2 | 38.91 | 40.63 | 42.06 |
| 　前苏联 | 4.35 | 4.21 | 4.39 | 4.58 |
| 　欧洲 | 0.8 | 0.79 | 0.8 | 0.77 |
| 　中国 | 7.83 | 8.32 | 9.02 | 9.55 |
| 　其他亚洲 | 9.31 | 9.45 | 9.68 | 9.92 |
| 　其他非OECD | 15.91 | 16.13 | 16.73 | 17.23 |
| 　世界总消费 | 85.76 | 84.33 | 86.06 | 87.44 |

资料来源：美国能源情报署，2010年10月。

### （二）石油供给稳定增加、剩余产能较多和库存较为充裕

**1. 全球石油供给将保持稳定增加**

2010 年以来的国际油价水平，基本符合当前欧佩克国家将国际油价保持在每桶 70~80 美元的期望，当然随着美元贬值和通胀预期的加强，欧佩克期望的油价水平可能会进一步提高，但总体上在目前的油价水平下欧佩克不会采取限产措施，有助于产油国稳定供给。根据美国能源情报署《10 月份短期能源展望》预计，2011 年全球石油日供给量为 8721 万桶（见表 4），较上年增加 100 万桶，同比增长 1.2%。其中，欧佩克石油日供应量增加 124 万桶，同比增长 3.6%，而非欧佩克国家石油日供应量则微降 24 万桶。

表 4　全球石油供给（百万桶/天）变化预测

| 年　份 | 2008 | 2009 | 2010 | 2011 |
|---|---|---|---|---|
| OECD | 20.93 | 21.06 | 21.11 | 20.54 |
| 美国 | 8.51 | 9.14 | 9.49 | 9.38 |
| 加拿大 | 3.33 | 3.29 | 3.33 | 3.39 |
| 墨西哥 | 3.19 | 3 | 2.92 | 2.75 |
| 北海 | 4.32 | 4.07 | 3.84 | 3.52 |
| 其他 OECD | 1.58 | 1.55 | 1.54 | 1.49 |
| 非 OECD | 64.53 | 63.28 | 65.1 | 66.67 |
| OPEC | 35.7 | 33.87 | 34.85 | 36.09 |
| 原油 | 31.27 | 29.1 | 29.42 | 29.98 |
| 其他石油气 | 4.44 | 4.78 | 5.43 | 6.11 |
| 前苏联 | 12.53 | 12.9 | 13.17 | 13.19 |
| 中国 | 3.98 | 3.99 | 4.16 | 4.16 |
| 其他非 OECD | 12.32 | 12.51 | 12.91 | 13.23 |
| 世界总产量 | 85.47 | 84.33 | 86.21 | 87.21 |

资料来源：美国能源情报署，2010 年 10 月。

**2. 欧佩克仍保持较大规模的石油剩余产能**

根据美国能源情报署预计，2011 年欧佩克原油剩余产能仍将保持高位，预计将达到 519 万桶/天（见图 4），将大大超过 1999~2009 年平均约 283 万桶/天的水平，剩余产能保持较大规模成为稳定国际市场油价的基础之一。

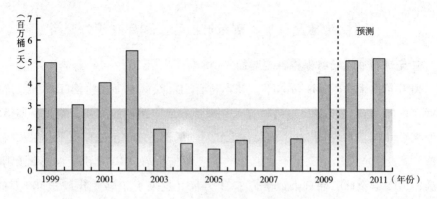

**图4　1999 年以来欧佩克原油剩余产能**

资料来源：美国能源情报署，2010 年 10 月。

**3. 发达国家商业石油库存仍将比较充裕**

截至 2010 年 9 月末，OECD 国家商业石油库存达到 27.81 亿桶，超过过去五年平均水平的上限，可供满足 OECD 国家 61 天的石油需求（见图 5）。2011 年，OECD 国家石油消费增量十分有限甚至微降，因而商业石油库存仍将比较充裕。据美国能源情报署预计，2011 年末 OECD 国家商业石油库存将高达 27 亿桶，较高的库存有助于稳定国际石油市场价格。

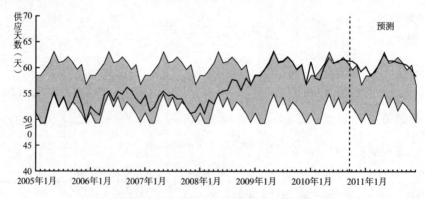

**图5　OECD 石油商业库存可供应天数**

资料来源：美国能源情报署，2010 年 10 月。

## （三）美元指数仍可能保持疲软态势

2011 年，美元最大可能仍然是保持疲软态势。一是美国经济复苏步伐放慢，美联储重启量化宽松货币政策，使得未来通胀压力和预期进一步加大，经济基本面难以支持美元走强。二是 2011 年美国巨额财政和贸易赤字不会有根本好转，美元面临双赤字的沉重压力。三是美国政府明确提出了五年内出口翻番的目标，这需要美元保持弱势以推动出口。四是美元贬值无形中在一定程度上削减了美国政府对外债务负担。但是，美元贬值的空间也不会很大，这是因为：一是自 2002 年进入贬值周期以来，美元指数已经下跌了近 40%，进一步大幅贬值不利于国际资本流入美国，会影响美国经济成长。二是美元如果进一步大幅贬值，日元和欧元等主要货币难以承受大幅升值的压力，将会引起相关国家政府对市场的干预，甚至不排除爆发汇率战的风险。三是美元继续大幅贬值将会严重削弱其国际地位，加大全球"去美元化"步伐，不利于重建美国金融体系的信心。因此，总体来看，在美国经济真正进入强劲增长之前，美元都将保持疲软态势，但继续大幅贬值的空间有限。而美元与油价之间存在典型负相关关系，美元疲软将会支撑油价上涨。

## （四）石油期货市场投机炒作力量可能会增加

总体来看，2011 年国际石油期货市场上投机炒作的影响力可能会有所增加。一是美国等国家重启量化宽松货币政策，进一步加大市场流动性，而实体经济增长乏力，使得注入的流动性进入股票、债券、商品市场，加大投机炒作的货币资金条件。二是石油期货市场上非商业性持仓比重一直在增加，投资和投机的力量在壮大（见图6）。三是 2011 年通胀预期强烈，石油是具有保值增值功能的战略资源，通胀上升意味着油价上涨。四是农产品、黄金等相关战略资源价格飙涨之后，已创历史新高，而石油价格与 2008 年的历史高点仍有较大的距离。从农产品、黄金与石油之间的比价关系来看，石油价格具有一定上涨空间。但是，2011 年随着金融改革的推进将进一步加强对商品期货市场的监管，特别是全球石油供求处于比较宽松的状态，与过去一轮扩张期石油供需紧平衡状态完全不同。因此，投机炒作对国际油价的推动作用可能会小于上一轮高涨期。

## （五）地缘政治风险始终困扰国际油市

地缘政治风险始终是影响国际油价的重要因素之一。任何时候都不能排除发生针对石油设施的恐怖袭击、石油工人罢工以及突发事件等风险。目前，伊朗铀浓缩

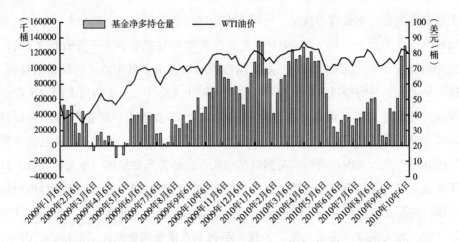

**图6  2009 年以来纽约市场基金净多持仓量与 WTI 油价走势**

资料来源：美国商品期货交易委员会（CFTC）。

项目取得了一定进展，伊朗核问题的风险进一步上升。以美国为首的西方阵营坚持对伊朗实行制裁，伊朗威胁如果美国进一步加强制裁，其可能会中断石油出口。作为世界重要的产油大国，特别是伊朗地处中东石油运输咽喉要道的战略位置，一旦发生重大地缘政治冲突，将会对国际石油市场带来巨大冲击。此外，中东阿以问题、朝核问题、伊拉克国内教派冲突等热点地缘政治问题将在较长时期存在。

## （六）基本结论

综上所述，2011 年，世界经济将低速平稳增长，国际油价运行区间将有所抬升，初步预计，全年纽约市场 WTI 原油期货平均价格为每桶 85 美元左右，同比上涨 8% 左右。如果世界经济增长前景好于预期，石油需求增长较快，那么，国际油价上行趋势将会更加明显。如果世界经济缓慢增长甚至部分国家出现二次衰退，那么，国际油价运行区间存在下移的可能。

近期，国际机构对 2010 年和 2011 年国际油价走势作出了预测。IMF《世界经济展望》秋季报告预计，2010、2011 年世界油价（WTI、Brent、Dubai 三个市场油价简单平均）分别为每桶 76.2、78.8 美元，同比分别上涨 23.3% 和 3.3%。美国能源情报署《10 月份短期能源展望》预计，2010、2011 年 WTI 油价分别为每桶 78、83 美元，同比分别增长 26.5% 和 6.4%。10 月底，路透社调查的 33 家国际机构预测显示，2011 年 WTI 原油均价预估为 83.3 美元。

# 2010 年世界主要经济体宏观经济政策分析及 2011 年展望

赵硕刚*

**摘　要**：2010 年，世界经济呈现不均衡的复苏态势，各国的宏观经济政策取向随之发生分化。一方面，新兴经济体与发达经济体的政策取向发生分化，新兴经济体先于发达经济体退出刺激性政策。另一方面，发达经济体内部的政策取向也出现分化：澳大利亚、加拿大等连续加息；美日在进一步放宽货币政策的同时，推出新经济刺激计划；欧盟各国则因主权债务危机，开始收紧财政。2011 年，新兴经济体的政策重心将主要着眼于扩大国内需求以及应对通货膨胀、资产价格上涨压力等方面，主要发达经济体则仍需要在维持经济增长、增加就业和削减政府债务之间做出权衡。

**关键词**：经济刺激计划　财政政策　货币政策

## 一　新兴经济体及部分发达国家逐步加息

在大规模经济刺激计划作用下，新兴经济体和澳大利亚、加拿大等发达国家自 2010 年第四季度以来保持了较快的经济增长态势，经济复苏势头已基本确立。伴随着经济复苏、大量流动性的投放以及国际资本的流入，这些国家出现了不同程度的通货膨胀和资产价格上涨现象。为应对通胀压力和资产泡沫风险，加息成为它们的必然选择。

### 1. 新兴经济体逐步加息

2010 年 3 月，马来西亚央行宣布加息 25 个基点，拉开了 2010 年新兴经济体

---

* 赵硕刚，经济学硕士，国家信息中心经济预测部，研究方向为世界经济。

加息的序幕。在这之后，印度、巴西、中国台湾、韩国、泰国等相继宣布提高本国或本地区基准利率水平。其中，印度央行为抑制国内高达两位数的通货膨胀率，自3月19日起连续6次加息，将回购利率和反向回购利率分别提升至6.25%和5.25%，4月28日，巴西央行宣布了该国近两年来的首次加息，将基准利率由8.75%提高至9.5%，之后又两次加息，累计加息幅度达到200个基点。

此外，俄罗斯、南非等部分新兴经济体国家，由于国内经济增长面临不确定性因素较多，且通货膨胀率相对较低，选择了调低基准利率的政策（见表1）。

表1　世界各国（地区）基准利率变动情况

| 国家（地区） | 基准利率名称 | 年初利率水平（%） | 目前利率水平（%） | 变动基点 | 调整次数 | 最近调整日期 |
|---|---|---|---|---|---|---|
| 澳大利亚 | 新现金目标利率 | 3.75 | 4.75 | 100 | 4 | 2010 - 11 - 3 |
| 加 拿 大 | 隔夜目标利率 | 0.25 | 1.00 | 75 | 3 | 2010 - 9 - 7 |
| 新 西 兰 | 官方现金利率 | 2.50 | 3.00 | 50 | 2 | 2010 - 7 - 29 |
| 瑞 典 | 再回购利率 | 0.25 | 1.00 | 75 | 3 | 2010 - 10 - 27 |
| 挪 威 | 银行同业存款利率 | 1.75 | 2.00 | 25 | 1 | 2010 - 5 - 5 |
| 巴 西 | Selic 目标利率 | 8.75 | 10.75 | 200 | 3 | 2010 - 7 - 22 |
| 印 度 | 回购利率 | 4.75 | 6.25 | 150 | 6 | 2010 - 11 - 2 |
| 中国台湾 | 重贴现率 | 1.25 | 1.50 | 25 | 1 | 2010 - 10 - 1 |
| 韩 国 | 基准利率 | 2.00 | 2.50 | 50 | 2 | 2010 - 11 - 16 |
| 马来西亚 | 隔夜政策利率 | 2.00 | 2.75 | 75 | 3 | 2010 - 7 - 8 |
| 泰 国 | 1天期回购利率 | 1.25 | 1.75 | 50 | 2 | 2010 - 8 - 25 |
| 智 利 | 货币政策利率 | 0.50 | 2.75 | 225 | 5 | 2010 - 10 - 14 |
| 秘 鲁 | 参考利率 | 1.25 | 3.00 | 175 | 5 | 2010 - 9 - 9 |
| 南 非 | 再回购利率 | 7.00 | 6.00 | - 100 | 2 | 2010 - 9 - 10 |
| 俄 罗 斯 | 再融资利率 | 8.75 | 7.75 | - 100 | 4 | 2010 - 6 - 1 |

资料来源：各国央行。

**2. 澳大利亚、加拿大等国逐步退出宽松货币政策**

由于经济形势好转及通胀风险加大，澳大利亚和挪威两国央行延续了2010年10月以来的加息政策。3月3日，澳大利亚央行率先加息，之后又分三次将基准利率提升至目前4.75%的水平。5月5日，挪威央行宣布加息25个基点，将基准利率提高至3%。此后，加拿大、新西兰等国鉴于国内良好的经济复苏形势，也开始逐步向常规货币政策回归。6月1日，加拿大央行宣布了三年来的首次加息，将基准利率提升25个基点。之后该行又两次加息至1%。新西兰和瑞典也分别在 6 月和 7 月启动加息进程。到目前为止，两国已分别累计加息 50 个和 75 个基点。

## 二 美日推出新一轮经济刺激计划，并进一步放宽货币政策

2010 年以来，美国和日本的经济复苏进程逐步减缓。面对低增长、高失业率与高财政赤字的两难处境，两国政府选择了前者作为当前政策主要着力点，而将解决财政赤字问题暂时搁置。为进一步刺激经济，增加就业，美日一方面陆续推出新的经济刺激计划；另一方面继续将基准利率维持在零或接近零利率的历史低位，并开始重启量化宽松的货币政策。

### 1. 推出新经济刺激计划

2 月 1 日，奥巴马政府向国会提交了总额超过 3.8 万亿美元的 2011 财年预算报告。其中包含了 1000 亿美元的新刺激经济计划，涉及个人及中小企业减税、基础设施开支及清洁能源计划等领域。3 月份，为扩大本国产品的市场，提升就业率，美国政府公布了首个以推动出口为目标的"国家出口战略"，计划将出口在未来 5 年内翻一番。随着第二季度经济增长放缓和国会中期选举临近，奥巴马在 9 月 6 日和 8 日接连提出了总额达 3500 亿美元的新经济刺激计划（见表 2）。

表 2　美日主要经济刺激计划

| 国家 | 规　　模 | 涉　及　领　域 | 发布日期 |
|------|---------|--------------|---------|
| 美国 | 1000 亿美元 | 个人及中小企业减税、基础设施建设、清洁能源开发 | 2010 年 2 月 |
| | 3500 亿美元 | 交通基础设施建设、企业研发税收优惠、企业减税 | 2010 年 9 月 |
| 日本 | 7.2 万亿日元 | 增加就业、帮助中小企业融资、促销环保类商品 | 2010 年 1 月 |
| | 9150 亿日元 | 刺激消费、增加就业、促进绿色产业发展、中小企业海外扩张及补贴农产品出口 | 2010 年 9 月 |
| | 5.05 万亿日元 | 刺激地区经济、改善基础设施和援助中小企业 | 2010 年 10 月 |

1 月 29 日，日本国会通过了鸠山内阁提出的 2009 财年第二次补充预算方案，授权政府实施总额 7.2 万亿日元的经济刺激计划，以改善就业、帮助中小企业融资和促销环保类商品。9 月 10 日，菅直人内阁推出了其上台后的首份经济

刺激计划，总额达到9150亿日元。10月8日，为应对通货紧缩和日元升值所带来的经济下行风险，日本政府在间隔不到一个月的时间内再次出台刺激措施，规模也上升至5.05万亿日元。

美日两国相继推出的经济刺激方案中既包含刺激消费、增加就业等短期目标，也涉及更新基础设施、扶持新兴产业等远期发展战略。但从资金分配看（见图1），其政策重心仍是力图在短期内通过减少个人和企业税收、增加政府公共支出来刺激国内消费和投资，达到带动经济增长、增加就业的目的。由于制造业和建筑业是美国在本轮衰退中失业最为严重的两个行业，就业人口分别减少了15%和25%，其刺激政策也相应集中在这两个行业以及零售业。而日本则由于出口对其经济增长和就业影响较大，政策重心较为偏向出口部门。

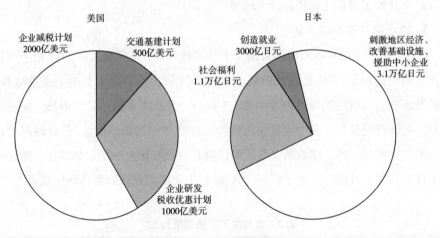

图1　美日两国最新一轮刺激计划资金分布

### 2. 进一步放宽货币政策

在陆续推出经济刺激计划的同时，两国央行继续实施低利率政策以维持国内宽松的信贷环境。美联储自2008年12月以来，一直将联邦基准利率的目标区间维持在0～0.25%不变，并一再重申将在较长时间内维持利率在"异常低位"。随着美国经济的大幅放缓，11月3日，美联储宣布了规模达6000亿美元的国债购买计划，以进一步刺激支出和信贷。

2010年10月，日本央行为阻止日元进一步升值和经济下滑，将隔夜拆借利率从0.1%降至0～0.1%，时隔四年再次实行零利率政策。降息的同时，日本央行还推出了 5 万亿日元的资产购买计划,在主要发达经济体中率先启动新一轮量化宽松政策。

此外,汇率政策也成为两国一系列经济刺激措施中的一个重要组成部分。美联储自实施低利率和量化宽松的货币政策以来,实际上是实行了美元贬值政策。弱势美元有利于减少美国的贸易赤字以及奥巴马政府五年出口倍增计划的实现。随着美元持续贬值,日元出现被动升值。为应对日元走强对出口造成的不利影响,日本政府要求日本中央银行进一步放松货币政策,必要时采取包括干预汇市等在内的措施以阻止日元升值。在 9 月 14 日日元汇率刷新 1 美元兑 83 日元的 15年低点后,日本央行开始在外汇市场上直接抛售日元以压低日元汇率,这也是日本央行 6 年多来首次直接干预汇市。

## 三 欧盟各国延续宽松货币政策,
## 并陆续推出财政紧缩计划

进入 2010 年,欧盟各国为刺激经济继续保持了宽松的货币政策。欧洲央行、英格兰银行分别将基准利率维持在 1% 和 0.5% 的水平上。而主权债务问题在2010 年以后逐渐由希腊一国蔓延至西班牙、爱尔兰、葡萄牙和意大利等欧盟国家,并在 4 月演变成为一场波及欧洲多个国家的债务和欧元信用危机。主权债务危机使得欧盟各国开始下决心整顿政府财政并相继出台了各自的公共支出紧缩计划。在各国推出的紧缩计划中,主要包含了"节流"和"开源"两方面的内容,"节流"主要是改革退休制度、削减公务员岗位和薪酬以及政府在社会保障和社会福利方面的支出;"开源"则主要是增税或开征新税以增加政府收入。

债务危机发生后,希腊、葡萄牙、爱尔兰、西班牙和意大利等国相继推出了公务员减薪和削减债务方案。6 月,德、法、英三国也提出了各自的紧缩计划。6 月 7 日,德国内阁通过了分 4 年削减 816 亿欧元的财政紧缩方案,计划将德国政府债务占 GDP 比重由目前的 5% 降至 3% 以内。方案包括裁减至多 1.5 万个公共部门的工作岗位,针对银行、航空旅行和核电业征收新税等措施。6 月 12 日,法国政府宣布采取紧缩措施,计划在未来 3 年中削减 450 亿欧元的公共开支,以便把法国国债占 GDP 比例由 8% 降到 3% 以下(见表 3)。6 月 22 日,英国公布了近 30 年来最严厉的财政紧缩预算。10 月 20 日,在"紧急预算案"基础上,英国政府推出了具体的财政紧缩措施。计划在未来4个财政年度内削减公共开支810亿英镑，目标是在2014~2015财年将财政赤字缩减到370亿英镑，并在下一财年实现零赤字。

表3 德、法、英财政紧缩计划

| 国家 | 规 模 | 涉 及 领 域 | 发布日期 |
|---|---|---|---|
| 德国 | 816亿欧元 | 减少公务员薪酬和职位、削减社会福利和军费开支、征收金融交易税 | 2010年6月 |
| 法国 | 450亿欧元 | 减少政府运作开支、取消部分避税免税优惠、对特定对象增税 | 2010年6月 |
| 英国 | 810亿英镑 | 削减社会福利开支，裁减公共部门雇员，提高增值税、资本利得税和银行特别税 | 2010年10月 |

# 四 各国宏观经济政策效果分析及展望

## 1. 新兴经济体进一步调整国内经济结构

多数新兴经济体退出宽松的货币政策将有利于抑制国内通货膨胀和部分资产价格过快上涨的势头，从而为经济实现平稳增长提供保证。但与此同时，由于仍存在诸多结构性问题，受货币政策收紧、财政刺激政策陆续到期以及发达国家经济疲弱造成的外需不振等因素影响，新兴经济体经济增长在未来一段时间内将出现放缓迹象。

对未来的政策取向，抑制通货膨胀和资产价格过快上涨、限制国际资本流入仍是这些国家一段时间内面临的主要问题；长期来看，新兴经济体需要及时调整经济结构，改变过度依赖外部需求的经济发展模式。IMF在其秋季《世界经济展望》中指出，"新兴经济体要实现危机前那种增长率，将需要进一步重新平衡其增长，使其转向依靠国内增长来源，这也有助于实现必需的外部重新平衡"。

## 2. 美国、日本经济刺激措施效果有限

美国和日本推出的新经济刺激计划短期内可以在一定程度上刺激两国的经济增长，长期来看则可能会给世界经济带来不利影响。两国出台的刺激政策中所涉及的个人及企业减税、商品销售、出口补贴以及基础设施建设等措施有助于提振国内消费和投资，拉动经济增长，但其对经济的刺激效果将十分有限。首先，此次两国推出的刺激计划总体规模要小于前一轮经济刺激计划，其对经济的刺激力

度可能要打一定折扣，难以使经济重现 2010 年第一季度的复苏势头。其次，计划中包含的更新基础设施、扶持新能源等战略新兴产业等措施虽然在长期内可能为经济增长提供持续动力，但目前看，受制于创新周期以及新技术大规模产业化应用的时间限制，短期内很难对拉动经济增长和增加就业起到实质性作用。再次，单靠一轮经济刺激计划无法从根本上解决美日两国经济中的结构性问题。对美国来说，要实现经济增长和增加就业，就需要扭转制造业持续下滑和贸易逆差不断扩大的趋势。但从目前来看，美国在低端制造业并不具备劳动力比较优势，高端制造业又面临日德等发达国家竞争，其工业产品很难在国际市场上取得竞争优势，依靠传统制造业难以实现"再工业化"和出口倍增计划的目标。日本经济的结构性问题则在于过度倚重出口，在外需不振和日元持续升值打击下，日本出口短期难以为拉动经济增长作出大的贡献。此外，奥巴马 9 月提出新一轮刺激计划的用意更多是为即将到来的国会中期选举造势，近期难以付诸实施。

长期来看，高额的政府债务可能将迫使两国政府采取财政赤字货币化措施。随着新一轮经济刺激计划的推出，两国政府债务将进一步高企。2010 年美国预算赤字将达 1.34 万亿美元，财政赤字占 GDP 比重为 9.1%。日本债务总额更是达到其国内生产总值的两倍多。在利率接近零的情况下，为刺激经济和缓解财政压力，两国央行只能重启购买国债的量化宽松政策为经济注入流动性和替政府债务融资。截至目前，美国和日本已经分别推出了 6000 亿美元和 5 万亿日元的资产购买计划。由于美元在国际货币体系中的特殊地位，美国重启量化宽松政策可以通过美元贬值向国外转嫁刺激经济的成本和削减外债水平，而其他国家货币被动升值将使各国采取竞争性货币贬值措施的可能性大大增加。这将加剧国际纷争、引发全球贸易保护主义，不利于世界经济的健康发展。

**3. 欧盟被迫放弃短期增长目标，着力经济结构调整**

欧盟各国推出的财政紧缩措施短期内将对欧洲经济复苏产生不利影响，但从长期来看，一方面可以降低成员国政府债务负担，使债务占 GDP 比重达到或接近欧盟《稳定与增长公约》3% 的标准，增强政府财政收支的可持续性，有助于重建市场对欧元乃至欧洲经济增长的信心；另一方面，各国推出的财政整顿计划在一定程度上有利于增强劳动市场活力和企业的竞争力，缓解欧盟内部的经济结构失衡，从而为欧洲经济提供持续的增长动力。

长久以来，欧洲社会福利和社会保障制度的过度发展使这些国家超过半数的公共开支都被用于国民收入的再分配领域，而政府在研究和创新等领域的投资相对不足。债务危机在某种程度上为欧洲各国解决这些长久困扰经济发展的制度性问题提供了一个契机。面对国内工会组织和反对党的抗议示威，各国政府形成了空前默契与共识，纷纷表明整顿财政的决心。在抗议活动最为激烈的法国，总统萨科齐近日就表示会将其推行的退休制度改革进行到底，并称这是作为国家元首的责任，而且各国暂时将增长目标让位于财政整顿是为了未来更为持久的经济增长。2010 年 6 月 17 日，欧盟夏季首脑会议公布了"欧盟 2020 战略"，该战略提出，在未来十年中将使欧盟经济实现以知识和创新为基础的"灵巧增长"，以提高资源效应、提倡"绿色"、强化竞争力为内容的"可持续增长"，以扩大就业、促进社会融合的"包容性增长"。

### 4. 全球经济复苏有赖于国际的政策协调

金融危机期间，世界主要经济体间的国际协商以及政策合作在恢复信心和避免危机深化方面发挥了重要作用，各国协作推出的经济刺激政策成功遏制了世界经济陷入衰退的趋势。然而，危机后世界经济不均衡的复苏态势使得各国进行政策协商和协调的难度不断加大，全球经济复苏进程变得更为脆弱。

在 6 月份举行的 G20 多伦多峰会上，各国首脑尽管在巩固财政基础、加强金融监管以及反对贸易和投资保护主义方面达成了一定共识，但在制定同步的经济刺激退出策略上的矛盾和分歧难以协调，会后声明不得不表示，各国可以根据各自国情量身定制自身的政策行动。各国各自为政的政策举措将导致全球经济中的摩擦加剧，并有可能进一步引发国际冲突或者贸易保护主义。

总之，2011 年，对多数新兴经济体来说，货币政策重心将放在应对国内流动性过剩和国际资本流入引发的通货膨胀、资产价格上涨等问题上；财政政策将转向刺激消费、扩大国内需求方面。主要发达经济体的宏观经济政策仍将在维持经济增长、增加就业和削减政府债务之间做出权衡。权衡的结果有赖于各国经济复苏步伐的快慢和财政承受力度。2011 年，世界经济增长的不均衡性仍将持续，国际摩擦和政策协调将成为影响世界经济整体复苏程度的一个重要因素。

# 产业发展篇

## Industrial Development

Ｇ.24

# 2010 年工业运行分析及 2011 年展望

陈 强*

**摘 要:** 2010 年以来,我国工业总体上由回升向好向稳定增长转变,主要经济指标在快速反弹至高位后逐季回落,其中,原材料工业增速回落幅度较大,消费品工业增速平稳,装备制造业高速运行。在稳定快速增长的同时,我国工业运行中部分行业产能严重过剩、成本上升压力加大的问题愈加突出。2011 年,我国工业运行在挑战中仍存在继续增长的动力和空间,总体上有望继续保持目前平稳较快增长的态势。面对人民币升值、资源约束、节能减排的考验,必须增强内需对工业增长的支撑作用、大力发展战略性新兴产业、调整优化工业结构,加快形成低消耗、可循环、低排放、可持续的产业发展新格局。

**关键词:** 工业 运行 预测

* 陈强,经济学硕士,国家信息中心经济预测部高级经济师,主要研究产业经济政策与分析。

# 一  2010 年工业运行情况

2010 年以来，在中央继续应对国际金融危机、加快推进经济发展方式转变一系列政策措施作用下，工业经济继续朝着宏观调控的预期方向发展，总体上呈现由回升向好向稳定增长转变的态势，工业生产保持较快增长，企业经营情况持续改善，内需拉动作用增强，外贸出口加快恢复，节能减排、淘汰落后产能稳步推进，工业结构继续优化升级。

## （一）工业运行趋于平稳，轻重工业协调性增强

1~9 月，规模以上工业增加值同比增长 16.3%，增速比上年同期加快 7.6 个百分点，其中第一季度增长 19.6%，第二季度增长 15.9%，第三季度增长 13.5%。虽然增速逐季下降，但考虑到上年同期基数逐月抬高因素的影响，工业运行正在由快速恢复转入正常平稳轨道。从轻重工业的增长情况看，轻工业保持稳定，重工业增速持续回落。1~9 月，轻工业增加值同比增长 13.6%，与上半年持平；重工业增加值增长 17.5%，比上半年回落 1.9 个百分点，轻重工业对经济增长的拉动作用进一步趋于协调。

## （二）工业品出厂价格稳步回升，企业经营效益好转

1~9 月工业品出厂价格同比上涨 5.5%，工业生产资料价格出现回升，部分有色、化工产品价格已基本达到了金融危机前的水平。分大类行业看，资源和原材料类相关行业产品价格回升尤为明显，石油加工、炼焦及核燃料加工业产品、黑色金属冶炼及压延加工业产品、有色金属冶炼及压延加工业产品价格上涨幅度较大。这些基础性行业价格的回升表明工业经济已经走出滞胀的小周期，进入新一轮繁荣中周期。主营业务收入的大幅增长、工业品出厂价格指数的上涨，推高了以现价计算的工业利润的增幅。1~9 月，规模以上工业企业实现利润 24937 亿元，同比增长 53.5%，增速明显高于同期主营业务收入的增长幅度。在 39 个工业行业中，除石油加工业外，37 个行业利润同比增长，1 个行业扭亏。

### （三）内需市场稳定增长，外贸出口逐步恢复

从工业品内需市场看，1～9 月，规模以上工业完成销售产值同比增长 32.4%，其中内销增长 33.1%，占全部销售产值的比重达到 86.8%，国内市场的回暖有力地支撑了工业的较快发展。随着固定资产投资增速回落，投资类产品生产增速有所放缓，原材料工业增速明显回落。1～9 月，原材料工业增加值同比增长 13.8%，增速比上半年减缓 2.3 个百分点。在国家扩大消费需求的一系列政策的刺激下，我国城乡市场持续活跃，消费品工业生产稳中有升。1～9 月，消费品工业增加值同比增长 15.1%，增速同比加快 5.4 个百分点，比上半年加快 0.2 个百分点，消费对工业增长的拉动作用增强。从工业品出口需求看，1～9 月，工业品出口交货值同比增长 27.4%，比 2008 年同期增长 8.5%，出口在上年较低基数上加快增长，出口规模已经超过全球金融危机前的水平。

### （四）高耗能行业增速开始回落，节能减排效果初步显现

国务院节能减排电视电话会议之后，各地区、各部门加大了节能减排和淘汰落后产能工作力度，高耗能、高污染行业"红灯"频闪，高耗能行业投资增速持续回落。1～9 月，六大高耗能行业完成投资 24053 亿元，同比增长 14.3%，比上年同期回落 8.3 个百分点。随着投资增速的回落，高耗能行业生产增长过快的趋势得到扭转。1～9 月，六大高耗能行业同比增长 14.8%，比同期规模以上工业低 1.5 个百分点。其中，9 月份六大高耗能行业增加值同比仅增长 9.7%，回落趋势更加明显。随着高耗能行业生产增速加快回落，工业能耗过快增长的势头开始放缓，实现了"保增长"与"调结构"的有机统一。

### （五）区域经济协调发展，高技术产业发展势头良好

2010 年以来，西部大开发、东北老工业基地振兴、中部崛起等战略向纵深推进，传统产业向中西部转移。家电、皮革、陶瓷和发酵等传统产业已开始由沿海地区向中西部转移，安徽、湖北、重庆、四川等中西部省市承接产业转移的能力增强。在大规模投资拉动下，渤海湾和北部湾等地区正在形成新的增长极，工业投资"北上西进"的趋势进一步显现。2010 年 1～9 月，东、中、西部地区工业增加值分别增长 15.6%、18.9% 和 15.6%，中西部地区工业呈现加快增长的

势头，占全国规模以上工业增加值的比重由 2008 年同期的 37.7% 上升到 40% 左右。随着工业结构调整战略的推进，高技术产业发展迅速。2010 年 1～9 月生物医药、新能源产业中的电机、电池制造的工业销售值都实现了两位数的增长，增速远高于同期工业的平均增长水平（见表 1）。

**表 1　2010 年 1～9 月主要高技术行业工业销售值增长情况**

单位：亿元，%

| 行　　业 | 2009 年 1～9 月 | 同比增长 | 2010 年 1～9 月 | 同比增长 |
|---|---|---|---|---|
| 生物、生化制品的制造 | 619.40 | 24.71 | 886.32 | 30.26 |
| 电子计算机制造 | 10877.59 | -4.69 | 13324.43 | 23.53 |
| 电子元器件制造 | 4203.70 | -2.42 | 6371.39 | 46.38 |
| 电机制造 | 2450.15 | 9.96 | 3681.44 | 39.69 |
| 电池制造 | 2067.79 | -0.17 | 2985.74 | 47.72 |

从目前运行态势看，第四季度工业仍将保持平稳增长的态势，但由于受投资增长趋于理性、房地产市场调控力度加大、过剩产能的加快淘汰等因素的影响，再加上上年同期基数较高，2010 年第四季度工业增速将较 1～9 月进一步回落，预计 2010 年全年工业增加值同比增长 14.9%，比 2009 年提升 4 个百分点。

## 二　主要工业行业发展格局

### （一）原材料工业增速大幅回落

2010 年 1～9 月，原材料工业增加值同比增长 13.8%，增速比上半年回落 2.3 个百分点。与此同时，主要原材料行业利润增速也出现回落。2010 年 9 月份，黑色金属冶炼及压延加工业实现利润下降 5.9%，有色金属冶炼及压延加工业实现利润增长 41.5%，增速比前 8 个月明显下降；化学原料及化学制品制造业和非金属矿物制品业实现利润分别增长 79.4% 和 39.3%，橡胶制品业实现利润下降 8.2%。石油加工、炼焦及核燃料加工业 1～9 月累计实现利润同比下降 23%。

### （二）装备制造业生产高位运行

2010 年 1～9 月，装备工业增加值同比增长 21.6%，比上半年回落 1.8 个百分点，其中 9 月份增长 17%。从利润情况看，装备制造业效益持续好转。2010 年 1~9 月，专用设备制造业、通用设备制造业累计实现利润同比分别增长 44.4% 和 56%；交通运输设备制造业实现利润同比增长 76.1%。

### （三）消费品工业稳中有升

2010 年 1~9 月，消费品工业增加值同比增长 15.1%，增速比上半年加快 0.2 个百分点。其中轻工、纺织分别增长 16.6%、12.4%，均比上半年加快 0.2 个百分点。随着出口的复苏和内需的增长，纺织行业效益状况良好，轻工行业利润增速稳步提高。2010 年 1~9 月，纺织业和服装鞋帽制造业累计实现利润同比分别增长 51.9% 和 30.4%；食品和饮料制造业累计实现利润同比分别增长 22.3% 和 23.3%；造纸及纸制品业、家具制造业和塑料制品业累计实现利润同比分别增长 38.1%、46.5% 和 38.8%。

## 三　工业运行存在的主要问题

### （一）部分行业产能严重过剩

超高投资率和长期低消费率的矛盾，使部分行业重复建设、产能过剩的问题日益严重。目前，我国钢铁产能已超过 7.5 亿吨，而国内市场粗钢表观消费量不到 6 亿吨，电石产能利用率只有 68%，焦炭产能闲置近亿吨，甲醇产能闲置过半。更为严峻的是，不但钢铁、水泥、煤化工、平板玻璃等部分传统行业产能过剩问题有进一步恶化的风险，而且随着新能源产业的投资过热，风电设备、多晶硅等新兴产业也出现了产业过剩的苗头。目前国内已建成多晶硅项目设计产能 4 万余吨，在建项目设计产能 6 万多吨，合计约 10 余万吨，部分产品滞销、价格下行、库存增加的问题开始显现。

### （二）企业成本上升压力加大

从主营业务成本看，随着能源、原材料价格快速上涨，规模以上工业主营业务成本增速呈逐月加快的趋势。2010 年 1~9 月，原材料、燃料、动力购进价格同比上涨 9.8%，快于工业品出厂价格 4.3 个百分点。从资金成本看，随着融资

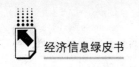

环境的进一步趋紧，企业的财务费用增长加快，中小企业反映融资难的呼声增加。从劳动力成本看，2010 年以来长三角、珠三角等沿海地区工资成本普遍上调 20%～25%，多数企业的工资较上年同期有较大幅度的上升。

### （三）淘汰落后产能的压力大

2009 年，全国共淘汰落后炼铁产能 2113 万吨，淘汰落后炼钢产能 1691 万吨。还有约 1 亿吨炼铁和 1129 万吨炼钢产能达不到产业政策要求，需要在 2011 年底前淘汰。从建材行业看，2009 年，淘汰落后水泥熟料产能 7416 万吨，落后平板玻璃产能 600 万重量箱。还有 2.5 亿吨水泥、3000 万重量箱平板玻璃产能达不到产业政策要求，需要在 2011 年底前淘汰。存量中高耗能、高污染的落后产能比重较高，资源环境承载力已难以为继，铁矿石、石油、铜、铀等资源对外依存度不断提高，潜在风险日益加大。

## 四　2011 年工业行业发展预测

2011 年，我国经济增长的内外环境将不会发生大的变化，工业发展仍有条件继续保持平稳较快增长的态势，但从大的发展格局看，则是积极变化和不利影响同时并存、短期问题和长期问题相互交织、国内因素和国际因素相互影响，工业经济运行仍面临诸多挑战。

### （一）2011 年我国工业发展的有利因素

从支撑条件看，在"十二五"的第一年，为取得一个良好的开局，我国将继续实施积极的财政政策与稳健的货币政策，统筹做好保增长、保民生、调结构的各项工作，保持国民经济的平稳较快发展，工业增长的国内政策和市场环境相对宽松，工业增长的势头将进一步巩固，经济结构调整、经济发展方式转变将迈出实质性步伐。

首先，全球经济复苏进程的延续将为我国工业的发展提供相对有利的外部环境。虽然美欧日经济仍可能出现一定反复，但 2011 年美欧日经济再度出现深度下滑局面的可能性较小。2011 年我国工业发展的外部环境将进一步改善。随着美欧日经济的企稳回升，我国主要贸易伙伴进口增速也将回归正常增长区间。

其次，固定资产投资的增长将带动相关投资品工业的发展。在信贷政策由"适度宽松"向"稳健"转变的背景下，新增信贷规模减少和对重复建设的政策约束将对投资增长产生一定抑制作用。但是，保障性住房和中小城市基础设施建设投资及新能源、节能汽车、医药和生物工程等战略性新兴产业投资的大幅增长，将增加对钢材、水泥、化工等投资品的需求，带动相关产业的发展。

再次，扩大消费的政策将促进消费品工业的持续增长。"十二五"规划提出了从"国强"向"民富"的转型，居民收入、社会保障等民生问题被提至新的战略高度。2011 年，政府将着手居民收入的倍增计划，城乡居民的消费能力将明显提升。同时，国家将继续完善刺激消费的政策措施，在推广家电、建材下乡、家电和汽车摩托车以旧换新的基础上，进一步扩大工业品消费补贴范围，促进城乡居民消费水平的提高，进而扩大工业品的国内消费市场。

## （二）2011 年工业发展面临的挑战

### 1. 工业进一步向好的基础仍不牢固

我国工业运行虽然步入了一个快速回升的通道，但增长的基础还不牢固。首先，投资对工业的拉动作用可能减弱。目前我国经济回升还主要依靠投资的拉动和政策支撑，2011 年继续保持现有的政策刺激强度已经不可能，而短期内受投资体制的约束，民间投资还不足以弥补政府投资逐渐退出的空间。其次，传统的廉价劳动力优势进一步缩小。为实现"十二五"期间居民收入与经济发展同步增长的目标，收入增长机制、分配体制都将发生重大的变革，从而对部分盈利能力较低的劳动密集型行业形成严重挑战。再次，随着宏观调控政策力度的加大，特别是楼市调控的延续和加码，部分周期性行业发展环境将趋紧。

### 2. 工业增长的国际环境存在较多不确定性

由于全球经济复苏进程将相当缓慢和曲折，随着原有刺激措施逐步到期，发达经济体开始推出新的经济刺激措施，全球货币泛滥愈演愈烈，主要经济体将持续放松货币刺激经济的预期强烈，大量资金可能向增长较快的新兴经济体流入。在流动性充裕和通胀预期较强的大背景下，一方面，会造成原油等大宗商品价格的继续上涨，加大工业的成本压力；另一方面，又会对人民币汇率的稳定造成冲击，导致人民币被动升值，削弱我国工业出口的竞争力。同时，贸易保护主义抬头，贸易摩擦增加。特别是发达国家的贸易保护主义倾向明显增强，针对我国的

反倾销、反补贴调查数量快速增长，直接影响我国相关产业的发展。

**3. 工业发展面临空前的环境挑战**

金融危机爆发后，西方国家纷纷倡导发展低碳经济，把转变能源消费模式为主的经济模式视为"新的工业革命"。面对全球低碳经济转型的背景，我国的资源、环境问题呈现复合性、综合性、压缩性的特点，推进工业化面临空前的环境挑战。改变不可持续的工业发展方式，已成为未来工业发展与结构调整的当务之急。

## （三）2011 年工业发展趋势预测

总体来看，我国工业已经进入金融危机后的周期性上升阶段。根据我国工业发展的内外条件及宏观调控政策取向，2011 年我国工业增加值仍将保持 14% 较高增长水平。分行业看，2011 年工业行业发展格局将呈现以下特点。

**1. 原材料工业增长放缓**

作为当前宏观调控的重点行业，原材料工业节能减排、淘汰落后产能任务艰巨，同时受固定资产投资力度减弱以及 2010 年基数较高等因素影响，2011 年增速将出现一定回落，预计原材料工业增加值增长 12% 左右。

**2. 装备制造业保持持续稳定较快增长**

装备制造业的发展存在很多有利条件。高端装备制造已被纳入战略性新兴产业发展规划当中，国家对装备制造业的政策支持力度将进一步加大。同时，结构调整力度加大，增加了对高端制造业的需求。今后一段时间，以汽车、电器、轨道交通等为主的消费升级领域和以能源结构调整为核心的能源装备领域，将成为我国装备制造业的发展主流。预计 2011 年装备制造业增加值将保持 20% 左右的增长水平，在整个工业中的地位进一步上升。

**3. 消费品工业将保持平稳运行态势**

消费品工业继续得益于国内消费的平稳增长和外贸出口的快速回升，保持平稳运行态势。随着收入水平的提高，以及国家对改善民生和扩大消费需求的一系列政策的落实，2011 年我国社会消费品零售总额将增长 18% 左右，从而拉动食品、医药等与生活消费相关行业的发展。预计 2011 年消费品工业增加值增长 14% 左右，经济效益进一步改善。

## 五 促进工业健康发展的政策建议

对当前工业发展，既要看到回升向好的积极一面，进一步增强信心，也要看到还存在诸多不确定、不稳定因素，把工业发展建立在创新驱动、环境友好、惠及民生、内生增长的基础上，坚持存量调整优化和增量严格准入相结合，进一步淘汰落后产能，大力推进节能降耗减排治污，加快形成低消耗、可循环、低排放、可持续的产业发展新格局。

### （一）增强内需对工业增长的支撑作用

一是利用东北老工业振兴、西部大开发的契机，统筹工业区域协调发展，加强工业基础设施建设，发挥政府投资对原材料工业的带动效应，创造新的有效需求，并增强这些地区工业发展的基础和后劲。二是继续实施促进家电、汽车消费政策，扩大工业品市场规模，同时采取财政补贴与税收减免等措施刺激节能、环保、绿色产品的消费需求，引导消费升级。三是在扩大工业消费品销售方面，可以考虑向城镇低收入人口和农村中的贫困人口发放代金券，刺激他们购买工业品，提高居民的消费水平。四是把工业化与城镇化结合起来，通过劳动力的转移，在城镇创造更多的就业机会。

### （二）大力发展战略性新兴产业

在培育发展节能环保、新一代信息技术、生物、高端装备制造、新能源、新材料、新能源汽车等战略性新兴产业方面，要抓好四个方面的工作：一是处理好战略性新兴产业发展和传统产业改造升级的关系，在不脱离现有工业基础的前提下，重视新兴科技与传统产业的融合。二是着力突破关键核心技术，依靠科技创新成果的产业化催生和发展新兴产业。三是发挥政府引导和市场推动的共同作用，消除制约发展的体制性障碍，注意市场准入、技术标准、发展规划等政策配套和要素整合，充分发挥市场配置资源的基础性作用。四是注重发展工业设计、现代物流、信息服务等生产性服务业，为新兴产业提供科技、商业、金融、信息等服务。

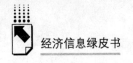

### （三）不断调整优化工业结构

一是要按照保增长、扩内需、调结构的要求，把劳动密集型、资本密集型和技术密集型工业发展结合起来，重视发展劳动密集型工业，以更好地吸收劳动力和减少失业，同时积极发展技术密集型工业，以提高工业品的附加值。二是在深化企业改革中促进企业之间的并购与重组，着力消除跨地区、跨所有制企业兼并重组的各种障碍，引导企业妥善解决好税收、债务处理、职工安置等突出问题，加强对钢铁、汽车等 10 大重点产业领域企业兼并重组的引导。三是要启动民间投资，提升未来民间投资的信心和意愿，推动民营企业投资逐步接过国企投资的"接力棒"，成为拉动工业经济增长的新引擎。

# 2010 年服务业运行分析及 2011 年展望

米建伟*

**摘 要**：2010 年，受国民经济平稳较快增长的拉动，服务业增速同比小幅加快，在国民经济中的比重略有下降，总体呈现温和增长态势，是稳定国民经济的重要力量。受经济刺激政策退出的影响，2010 年服务业投资增速明显回落。行业景气稳步攀升，服务贸易快速恢复，服务业综合改革试点开始启动。展望 2011 年，服务业增速将有所提高，金融业增加值平稳增长，房地产业增速结束下滑态势，文化创意产业、物流业、批发零售业、社会服务业增长明显快于服务业总体。

**关键词**：服务业 增加值 展望

## 一 2010 年服务业运行情况

**1. 服务业增长速度高于上年同期**

1~9 月份，我国服务业增加值完成 113735 亿元，同比增长 9.5%，增速同比加快 0.4 个百分点，比 1~6 月份增速回落 0.1 个百分点，低于同期 GDP 增速 1.1 个百分点。

从增长态势来看，服务业增长速度在第二、三季度出现下滑，主要来自三方面的原因：一是上年同期基数逐渐增大；二是第二季度开始的宏观调控政策发挥作用，直接导致第二产业的增速出现较大调整，影响了对生产性服务业的需求；三是国家对房地产业的调控力度较大，导致相关服务业的增长速度下降。

总体来说，在宏观经济保持稳定较快增长的前提下，服务业的运行环境比较

---

\* 米建伟，经济学博士，国家信息中心经济预测部产业处助理研究员，主要研究产业经济。

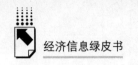

宽松，下游需求保持旺盛增长态势，除房地产和金融行业受政策影响较大外，其他主要服务行业受政策支持力度较大，增速明显高于总体 GDP 增速。

**2. 服务业在国民经济中的比重略有下降**

1～9 月，第三产业在 GDP 中的比重为 42.3%，比上年同期下降 0.9 个百分点。金融危机后，受国内经济刺激措施以及外围需求转暖的影响，第二产业出现加速增长，虽然第二季度受宏观调控影响出现回落，但 7 月份以来总体经济运行环境较为宽松，第二产业回升势头非常明显，突出表现为出口的高增速，受房地产调控的拖累，服务业增速落后于第二产业，导致在 GDP 中占比下降。

从对经济增长的贡献来看，1～9 月份，服务业对 GDP 增长的贡献率为36.9%，而上年同期服务业贡献率达到 75.3%。与之相对应的是第二产业对GDP 增长的贡献率从上年同期的 22.7% 提升到 53.9%。

从第二产业与服务业的运行趋势对比来看，近年来我国服务业增长相对比较平稳，在总体国民经济增长中起到了较好的稳定器作用，特别是在经济危机期间，成为防止国民经济过快下滑的重要力量。

**3. 投资增速明显回落**

1～9 月，第三产业城镇固定资产投资同比增长 26.7%，增幅比上年同期放缓 11.4 个百分点，比第一季度减缓 1.7 个百分点，但增速显著高于第一、二产业。其中，生产性服务业和传统服务业投资增幅明显回落，民生领域投资增速止跌回升，房地产业投资加快趋势得到遏制。从 2009 年以来的运行趋势来看，受金融危机期间中央加大铁、公、基领域投资的影响，2009 年服务业固定资产投资出现高速增长，2010 年随着刺激政策的逐步退出，投资增速逐月回落。

**4. 行业景气稳步攀升**

9 月份，我国非制造业商务活动指数达到 61.7%，比上年同期提高 2.8 个百分点，比 6 月份加快 4.3 个百分点。从运行趋势来看，服务业景气状况呈稳步攀升态势，自 2009 年下半年以来全部处于景气区间（50% 以上属于景气区间，2010 年 2 月受春节因素影响，非制造业商务活动指数为 46.4%），6 月份受总体经济增速放缓影响，景气指数略有下滑，7 月份以后恢复上行态势，预计第四季度服务业总体运行继续向好，行业景气持续攀升。

**5. 服务贸易快速恢复**

世界经济的回暖带动了我国 2010 年服务贸易的回升，从已经公布的相关指

244

标来看，服务贸易同比增速达到 30% 以上，而上年同期是下降 12%。服务贸易的快速向好主要表现在三个方面：一是反映服务贸易景气状况的非制造业出口订单指数自 2010 年 3 月份以来全部在景气区间运行，相比 2010 年初提高 3.1 个百分点。二是服务贸易大省（区、市）出口回升势头良好。以北京为例，1~6 月北京地区服务贸易结汇 172.9 亿美元，同比增长 37.9%；售汇 95.7 亿美元，同比增长 38.9%；顺差 77.2 亿美元，同比增长 36.8%。三是主要服务贸易行业增长指标高位运行，从侧面反映了服务贸易的良好运行状况。以航空运输业为例，2010 年前 9 个月我国国际航线总周转量连创新高，业务量同比增长 36.3%。随着世界经济的企稳，我国服务贸易出口快速恢复，有望重新回到高速增长的轨道上来。

**6. 服务业综合改革开始启动**

2010 年下半年，我国服务业综合改革试点工作开始启动，37 个区县纳入改革试点，为推动服务业实现快速发展和加快产业结构调整，各地将陆续出台促进服务业发展的各项配套政策，从审批、用地、补贴、税收等诸多方面对服务业发展进行扶持，清除历史遗留的不合理的市场准入限制，鼓励民间投资进入服务业重点领域，从目前进展情况看，各地在规划和调研工作方面动手较快，也普遍重视服务业在新一轮经济增长中的主导作用，预计 2010 年内政策效果还难以体现，但随着各地政策细则的陆续出台和到位，"十二五"时期服务业发展态势和发展潜力将明显好于制造业，服务业综合改革的长期效应将逐步显现。

## 二 服务业发展面临的主要问题

**1. 服务业发展过度依赖金融、房地产等行业**

"十一五"时期，我国服务业发展对于金融、房地产行业的依赖程度明显提高，其他生产性服务业发展相对滞后。2009 年，金融和房地产行业合计占服务业增加值比重达到 24.6%，比 2005 年大幅度提高了 5.1 个百分点，物流业和其他服务业占 GDP 的比例分别下降了 1.6 个和 2.6 个百分点。从细分行业发展态势来看，具有生产服务业特征的物流行业增速比 2005 年以前出现了明显下降，不利于国民经济总体竞争力的提高。尽管以软件业、文化创意、商务服务业为代表的新兴服务行业面临较为广阔的发展空间，同时也是解决我国就业难题的重要潜力行业，但目前更多的要素资源投向了金融和房地产业，而商品房价格过高抑

制了房地产业进一步的增长空间，同时也加大了金融风险，制约了金融行业的增速。因此，调整服务业增长结构，提高生产性服务业以及新兴服务业的比重成为当前服务业发展的重要课题。

**2. 中小企业发展环境仍有待继续优化**

服务业企业以中小企业和民营企业为主。从目前的发展环境来看，服务业中小企业在融资、准入方面仍处于弱势地位，国家近期出台的支持服务业、中小企业和民营企业发展的政策措施在具体执行层面仍未得到充分落实。一是保护中小企业的法律法规仍不健全，在服务的便利性方面仍然享受不到大型国企和外资企业的待遇；二是行业进入门槛比较高，审批手续严，尤其是一些利润较高、存在垄断利润的服务行业，各种隐形障碍限制了竞争者的进入；三是诸多中小型服务企业享受不到科技培训等方面的优惠政策和待遇；四是融资渠道不畅通，金融企业对于探索中小企业金融服务缺乏热情，限制了中小型服务企业的规模扩张和业务拓展。

**3. 承接服务业国际转移、发展生产性服务业力度偏小**

大规模的国际服务业转移已成为新一轮全球产业调整和布局的新趋势。长期以来，受投资驱动型增长方式的影响，我国各地在吸引外资的过程中倾向于制造行业，服务业虽然在吸纳劳动力和激活地方经济方面具有优势，但由于项目投资小、税收少，承接国际转移的进程相对缓慢。相对于制造业，服务业在政策创新、支持方式、市场开放等方面要求更高，导致我国服务贸易发展相对滞后。而同属劳动力大国、基础设施相对落后的菲律宾和印度近年来在发展服务外包方面却走在了我国前面。2008 年，印度软件外包行业出口值达到 470 亿美元，是我国的 3.3 倍。因此，承接服务业国际转移、发展服务外包是我国服务业发展的重点和难点。

# 三　2011 年服务业发展趋势展望

**1. 服务业增速高于"十一五"平均值，占比继续提升**

2011 年，国家将继续推进国民经济结构调整，在财政、货币政策保持平稳的条件下，服务业将获得更为有利的发展环境，增速将高于第二产业和 GDP 总体增速，并超过"十一五"时期平均速度，占国民经济的比例继续提高。预计2011 年服务业增加值增速将为 11%，占 GDP 比重达到 44%，比 2009 年占比提高 1.4 个百分点，三次产业结构继续优化。

**2. 金融业增加值平稳增长**

2011 年，为缓解通货膨胀压力，货币政策环境在基本稳定的前提下，存在小幅微调的可能性，同时由于基本建设投资和房地产贷款增速的减缓，预计新增信贷投放量相比 2009 年和 2010 年有所减少，预计 2011 年金融业增加值同比增长 14%。

**3. 房地产业增速结束下滑态势**

2011 年，房地产行业的发展仍将取决于调控政策的松紧，如果商品房价格能够回归合理区间，投资需求和投机需求逐步得到遏制，居民住房刚性需求将成为行业的主要支撑力量，住宅交易量有可能实现底部企稳，成交量较 2010 年下半年明显增加，政策预期的明朗也将刺激房地产企业增加投资，带动行业实现较快增长，预计 2010 年房地产业增长 10% 左右。

**4. 文化创意产业、物流业、批发零售业、社会服务业增长明显快于服务业总体**

相对而言，受国家政策鼓励的其他服务行业——文化创意产业、物流业、批发零售业、社会服务业在 2011 年的增长态势将明显强于金融业、房地产业和服务业总体。

2011 年，为实现产业结构调整，国家将在支持新兴产业上加大力度，文化创意产业将面临良好的发展前景和机遇，增长速度将超过"十一五"时期；物流业在金融危机后恢复较快，随着城镇化进程的持续加快，物流业的增长潜力仍将持续释放；收入分配改革方案即将出台，缩小收入差距、增加居民收入将为批发零售业和社会服务业带来长期增长动力。预计 2011 年文化创意产业、物流业、批发零售业和社会服务业的增长速度均在 15% 以上。

# 四 政策建议

**1. 抓住时机，努力推动服务业加速升级**

提高现代服务业在国民经济中的比重，是我国经济结构调整的一项长期任务，目前正是我国服务业大力发展的战略机遇期。一方面，重要服务业领域的开放格局已经形成，我国近期已经出台多项政策准予民营经济投资金融、电信、铁路、航空等部门，为这些重要支柱产业的未来发展注入新的活力；另一方面，软件外包、商务咨询、文化创意等现代新兴服务业部门在我国进入迅速成长期，增

长空间已经打开，有望成为我国未来经济增长的重要动力。为加速服务业升级进程，应当加快推出相关配套政策，对服务业部门的发展提供有力的资金支持和有效的公共服务。

**2. 以制度创新为核心，加快推动服务业综合改革试点**

服务业综合改革试点是我国"十二五"时期服务业发展能否取得突破性进展的关键，其中，推动制度创新是服务业综合改革的核心与重点。一是各试点地区要尽快出台服务业发展规划与实施细则，合理确定产业发展重点，量力而行；二是尽快研究落实促进服务业发展的各项补贴政策和税收政策，各项扶持政策先行先试，切实起到降低企业运营成本、鼓励企业发展的作用；三是加强信贷资金对服务业的扶持力度，积极引导金融机构为试点区的服务业企业提供资金支持，推动金融机构在试点区进行制度创新，优先支持服务业发展；四是加强协调和沟通，对试点区在改革推进过程中遇到的实际困难，从国家层面给予解决。

**3. 落实促进民间投资和鼓励中小企业发展的各项措施**

服务业以民营企业和中小企业为主，实质性改善民营中小企业发展环境是2011年服务业发展的重要内容。一是推动民间投资向垄断部门的竞争性领域拓展，推进垄断部门的国有资产重组和股份制改造，实现投资主体多元化；二是加快修改现行的服务业准入政策，破除体制性障碍，引导民营企业投资于电信、金融、航空、铁路部门，并由国家相关部门负责监督市场准入政策的调整情况，实现国有企业和民营企业同等待遇；三是在资金、税收、融资等方面采取切实有效的措施确保中小企业的生存和发展，通过借贷、资助、奖励、赔付、基金扶持等多渠道解决好中小企业短期流动资金需求的难题，进一步清理行政审批费用和简化流程，鼓励和引导中小金融机构发展，通过多种渠道帮助中小民营企业破解融资难题；四是推动行业组织建设，提高中小民营企业谈判能力。通过加强财政支持，引导中小企业、民营企业依托行业协会、商会成立战略联盟、产销合作平台、创新合作平台等，联合争取财政支持项目或参与政府采购。

**4. 以承接服务业国际转移为契机，大力发展生产性服务业**

按照加入世界贸易组织服务贸易领域开放的各项承诺，积极引进国外先进技术、人才和管理经验，鼓励外商投资服务业。提高服务业出口退税率，鼓励服务贸易。尽快研究出台指导性政策与规划，支持我国承接服务业的国际转移，鼓励外资进入咨询、会计、会展、设计、贸易等商务服务领域，清理限制承接服务业发展的不合理规章政策，推动外资兼并重组我国服务企业，提升我国生产性服务业的国际竞争力。加快培育服务外包基地，优先发展软件外包和业务流程外包。

**5. 推进长效机制建设，保障房地产业持续健康发展**

房地产业关联范围广、产业带动性强，不仅对投资的贡献率大，而且与消费升级高度相关，是拉动我国经济增长的长期动力之一，2011 年，在坚持已有调控措施的前提下，应着力推进长效机制建设，明确市场预期，保证行业平稳发展，避免过度波动。一是继续深入研究房产税改革政策，对改革推进的步骤和进度提前做出总体安排；二是加快推进保障性住房建设，研究住房保障体系长期运作模式，合理安排经济适用房、公租房、廉租房建设比例，大力推进棚户区改造，加快城镇化进程。

# G.26

# 2010 年房地产市场分析及 2011 年展望

邹士年 *

**摘　要:** 2010 年,中央不断加大房地产调控力度,房价涨势前高后稳,特别是 4 月和 9 月国务院出台的调控政策,力度被称为史上之最,房地产价格上涨的势头终于得到遏制。但目前调控的成果还不稳固。从目前中央对房地产调控的态度看,2011 年住房价格震荡下行的概率较大。但是要真正建立健康的房地产市场,必须从保障房供给、税收、信息和法律方面建立住房市场的长效机制。

**关键词:** 房地产调控　保障性住房　长效机制

## 一　2010 年房地产走势分析

我国房地产市场在经历了 2008 年和 2009 年第一季度的调整期后,2009 年第二季度开始快速升温,直到 2010 年第一季度一直保持供销两旺、价格快速上升的态势,房地产泡沫成分越来越严重,已严重影响经济和社会稳定。以至于2010 年上半年中央密集出台调控措施,抑制房地产价格上升的势头,使过热的房地产市场有所降温。

**1. 房地产开发投资保持高位**

1~8 月,房地产开发投资 28355.05 亿元,同比增长 36.7%。在建面积33.92 亿平方米,同比增长 29.1%;房屋新开工面积 10.48 亿平方米,同比增长66.1%。其中住宅投资 19876.18 亿元,同比增长 33.9%。分地区看,全国除西

---

* 邹士年,经济学博士,国家信息中心经济预测部发展战略研究室助理研究员,主要研究方向为宏观经济与可持续发展。

藏外都保持在两位数以上的增幅，其中房地产投资同比增速最快的是海南，为69.4%，其后为福建 66%、广西 60.7%；住宅投资同比增速最快的是北京，为70.6%，其后为海南 67.7%、广西 64.6%。

**2. 商品房销售总体开始降温**

年初以来，全国商品房销售面积增幅逐月快速回落，已由 1～2 月的 38.2% 回落到 1～8 月的 6.7%。销售面积增幅回落较多的主要是商品住宅，1～8 月销售面积仅增长 4.1%，而同期办公楼和商业营业用房销售面积保持快速增长，增幅分别为 30.3% 和 33.3%。从分地区看，1～8 月销售面积增速最快的依次是海南 89%、河北 52%、云南 41.9%，而销售面积出现大幅下跌的依次是西藏 -68.9%、北京 -40.8%、上海 -40.7%、浙江 -22.5%、福建 -12.1%、江苏 -10.8%，整个东部地区销售面积下跌 2.1%。

**3. 房屋销售价格涨幅有所调整**

70 个大中城市的房屋价格指数前 4 个月逐渐递增，到 5 月份开始下降，6～8 月份价格指数环比下降都在 1 个百分点左右（见图 1）。新建住宅和二手住宅的价格指数走势也都大致呈现前高后低之势，但二手住宅的价格指数只在 5 月份环比下降之后，就又进入上升趋势（见图 2）。10 月份，全国 70 个大中城市房屋销售价格同比上涨 9.5%，涨幅比上月提高 0.6 个百分点，环比上涨 1.6%，但涨幅比上个月低了 0.1 个百分点。

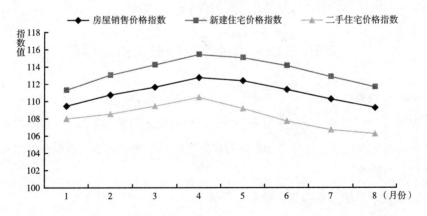

**图 1　2010 年 1～8 月房屋销售、新建住宅、二手住宅同比价格指数**

资料来源：根据万德数据整理得出，下同。

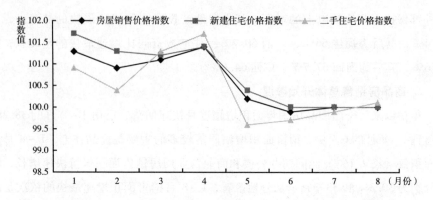

图2　2010年1～8月房屋销售、新建住宅、二手住宅环比价格指数

### 4. 房地产商资金压力加大

1～8月房地产商开发资金来源44363亿元，同比增长35%。其中国内贷款8460亿元，增长28%，增幅逐月放缓；自筹资金16628亿元，增长51%；其他资金18906亿元，增长27%，受销售放缓影响，增速较1～7月下滑9个百分点。其他资金中的定金及预收款10637亿元、个人按揭贷款5745亿元，分别增长22%和28%，增速均比1～7月有所下降。总资金中国内贷款占19%，自筹资金占37%，其他资金占43%，外资不到1%。国内贷款占比自年初以来逐月减少（8月份比年初下降7个百分点），而其他资金自6月份以来也呈下降趋势，显示信贷收紧和销售放缓后开发商资金压力加大。

## 二　2010年以来房地产调控政策效果评析

2010年以来中央的房地产调控，从1月10日出台"国十一条"到4月17日下发的《国务院关于坚决遏制部分城市房价过快上涨的通知》，再到随后一系列政策措施的出台，密集程度和严厉程度都可以称为史上之最，凸显政府对房地产市场调控的决心。

### 1. 房地产调控手段多样、密集、严厉

本轮房地产调控使用了行政、经济和法律的多种手段，但由于行政手段最直接，短期效果最明显，所以本轮行政性手段还是占主体，如二套房首付的规定，三套房贷款的禁止等；经济手段作用虽大，但往往具有一定的时滞，如存款准备

金率上调、个人住房贷款利率上调、土地增值税预征率提高等；法律性手段在本轮调控中显得较为薄弱。本轮调控手段也以密集著称，第一季度每月都有 3～4 项措施出台，4 月份调控政策更加密集，其中 4 月中旬几乎每天都有相关通知和政策出台。调控手段的严厉包括：从房地产供给的源头上打击房地产商囤地行为，从流动性资金管理、住房实名制以及二、三套房的贷款政策上严厉打击投机性需求。但是这些调控手段由于过于密集，可能存在一定程度的叠加效应，而且在操作中存在争议和疑问，也给执行造成一定的困难。

**2. 房地产调控决策机制更趋协调**

年初房地产调控措施虽然较多，但由于力度不大，房价攀升的趋势没有得到抑制。从 4 月开始，中央加大调控力度，各部门协调行动，财政部、发改委、住建部、税务总局等一致行动，纷纷出台相关政策和通知，并建立了各部委之间的协调沟通机制，对遏制"捂盘惜售、囤积房源"等行为和二套房以及多套房的认定等都发挥了积极作用，但中央和地方之间政策的协调性还需加强。

**3. 房地产调控政策初见成效**

随着对房地产市场调控力度不断加大，调控效果日益显现，全国 70 个大中城市房屋销售价格指数在 6 月份出现拐点，环比下降 0.1%，7、8 月份连续稳定在 6 月份水平，9 月份重拾升势，环比上升 0.5%，10 月份环比上升 0.2%。抑制房价过快上升的目标已经达到，但要使过高的房价有所回落，必须进一步把中央对房地产市场的调控政策落到实处，防止房价出现反弹。

## 三　2011 年房地产市场走势预测

**1. 调控政策取向将保持连续性**

在经历 7、8 月份房价环比持平后，9 月份的价格反弹已引起中央的高度关注，并在国庆节前出台了进一步调控的严厉措施，住房和城乡建设部部长姜伟新表示，调控政策必须坚定不移地贯彻，因为调控一旦放松，房价会强力反弹，调控政策毁于一旦，政府也会失信于民。李克强副总理也在 8 天内两次强调：要继续落实房地产调控政策，坚决抑制投机炒作行为。这些措施彰显了政府调控决心的坚定，也给社会释放出重要信号：本轮房地产调控不会半途而废，这也是社会各界对本轮房地产调控政策力度和可持续性担忧的最高层、最权威的回应。

因此，可以预见 2011 年房地产市场的调控政策会在 2010 年基础上以保持连续性为主，尤其是房价还没有出现大幅下滑的情况下，政府没有理由放松当前的政策，而且由于很多政策具有一定的时滞性，政府也会谨慎出台新的更严厉的政策，以防止出现政策的叠加效应，但是不排除如果房价出现反弹，会出台更严厉的政策措施的可能。

**2. 房地产投资将继续保持稳步增长趋势**

虽然房地产市场在 2010 年遭到国家严厉的宏观调控，但是，由于房地产市场需求的依然旺盛和房地产市场仍具有的较大利润空间，可以预计 2011 年房地产市场投资仍然会保持稳步增长趋势。虽然 2009 年房地产开发企业土地购置面积为 31906 万平方米，同比下降了 8.9%，但是 2010 年 1～8 月全国地产开发企业土地购置面积为 25691 万平方米，同比增长 37.9%。而 3～7 月国土资源部对闲置土地的清理也会促使开发商加快对前期土地的开发速度。虽然在严厉的宏观调控下，一部分中小企业的开发资金会受到影响，同时，随着 10 月 20 日央行开始加息，我国可能步入加息周期，对 2011 年的房地产开发投资会形成一定的负面影响，但是保障性住房投资的加大能有效弥补这部分投资的下降。预计 2011 年房地产开发投资将会保持在 20% 以上。

**3. 房地产价格震荡下行概率较大**

除了政策对房价上涨的坚决遏制外，从供需关系看房价也不具备大幅向上的可能。2009 年下半年房地产投资增长 26.2%，新开工面积增加 6.75 亿平方米，同比增长 53.0%，而 2010 年上半年房地产开发投资同比增长 38.1%，房屋新开工面积 8.05 亿平方米，同比增长 67.9%。这一时期的投资和新开工面积都对 2011 年形成较强的供给。而在需求方面，由于对二套房及以上的信贷控制还非常严格，能够继续有效遏制非自住需求，同时，2010 年大规模建设保障性住房，全年开工建筑面积将达 1.68 亿平方米，将分流商品房市场的一部分刚性需求。因此，只要政策方向不出现逆转，2011 年房地产价格整体上震荡向下的概率较大。

**4. 房地产市场结构更趋合理**

2010 年 1 月的"国十一条"明确，将加大对保障性安居工程建设的支持力度，力争到 2012 年末，基本解决 1540 万户低收入住房困难家庭的住房问题。4 月份的"新国十条"要求地方政府建立考核问责机制，明确住房保障工作实行省级人民政府负总责，市、县人民政府抓落实的工作责任制；明确要求各地要确定保障性住房建设数量和比例，保障性住房、棚户区改造和中小套型普通商品住房用地不低于住房建设用地供应总量的 70%，并优先保证供应，要大幅度增加公共租赁住房、经济适用住房和限价商品住房供应；要确保 2010 年完成建设保障性住房 300 万套、各类棚户区改造住房 280 万套的工作任务。这些将形成对 2011 年房地产市场强有力的供给，并使房地产市场结构更趋合理。

## 四　构建房地产宏观调控长效机制的政策建议

我国房地产宏观调控应该转向长效机制的建设，主要依靠税收、信贷等经济和法律的手段，使房地产调控成为一种机制化，尽量避免行政手段对房地产市场短期造成过强的冲击。对于 2011 年房地产市场调控有以下对策建议。

### 1. 加大有效供给

要有效抑制过快增长的房价，必须积极增加有效住房供给，要充分考虑普通居民的生活成本和居住成本，重点保证中低价位、中小套型普通商品住房和限价商品住房、公共租赁住房、经济适用住房、廉租住房的供给，严格执行"新国十条"关于保障性住房、棚户区改造和中小套型普通商品住房用地不低于住房建设用地供应总量的 70% 并优先保证供应的规定。根据住房供求和房价运行情况，科学合理地调节房地产用地供应量，把土地供应作为对房地产市场调控的重要手段。对于住房供应紧张、房价偏高、上涨偏快的城市，要适度增加住房建设用地供应总量，并积极探索一线城市城乡结合部集体土地的供给机制。

### 2. 遏制投机性需求

投机性需求是扰乱整个房地产市场的主要因素，遏制住这股需求对整个房地产市场健康平稳发展至关重要。2011 年应该继续坚定不移地遏制投机性需求，具体包括银监会要继续从资金上遏制投机性需求的住房信贷，继续采取差别化利率，如有需要，差别化程度可以更高，住建部要严格执行实名制购房的规定，对商品住房价格过高、上涨过快、供应紧张的地区应一律禁止三套房房贷。

### 3. 加快保障性住房建设

认真执行 1998 年《国务院关于进一步深化住房制度改革加快住房建设的通知》精神，按不同收入标准由市场化方式、政府补贴的方式和政府保障的方式分别解决住房问题。由于住房保障建设一直没有建立相应的地方考核机制，地方政府积极性不高，使得保障性住房体系建设严重不足，商品性住房体系过度发达，本该由各级政府承担的责任基本被推向了市场。过去几年全国保障性住房投资任务完成率通常只有1/3，经济适用房开工面积仅占商品房的5%，而保障性住房面积仅占商品房的16%。这种状况亟须改变。

**4. 尽快推出房产税**

房产税作为一种财产税，它的收取能够有效增加住房的持有成本，减少住房投资者投资的收益所得。在亚洲国家的一些大城市房地产税占地方财政收入的比重一般在23%~54%之间，而我国目前占比还只有3%左右。2010年5月底，国务院在批转发改委《关于2010年深化经济体制改革重点工作的意见》中明确提出要"逐步推进房产税改革"，"新国十条"也提到要"发挥税收政策对住房消费和房地产收益的调节作用"，一切都表明房产税的征收条件已经成熟。开征房产税，将明显增加投机房地产的成本，有利于抑制房地产投机。

**5. 建设房地产信息系统**

我国的房地产市场由于起步较晚，很多房地产市场的基础建设还很不健全，尤其是房地产信息系统建设缓慢，导致各部门在监管时缺乏统一协调的基础。而房地产信息系统的建设也有利于房地产调控长效机制的建立。

在房地产信息系统建设方面，第一，建立房地产公共信息服务子系统。对房地产政策法规、行业信息及时披露，有效减少权力寻租行为，增强房地产市场各方信息的对称性。第二，建立和完善房地产中介机构的信息子系统，严厉打击非法房地产中介欺骗消费者的经纪行为。第三，建立和完善商品房的质量信息子系统，加强购房者对住宅质量的了解。第四，建立和完善企业信用信息子系统，对企业的信用进行监督，便于各部门和公众进行查询。第五，建立和完善个人信息子系统，改变目前"二套房"难以认定的弊端，降低二套房认定的成本和复杂性。同时，将政府各部门及银行的信息互联、资源共享，使得房地产领域的违法违规者无处藏身。

**6. 加快制定《住房保障法》**

任何一个市场的健康规范发展都离不开健康规范的法制体系作支撑。我国房地产市场发展虽然已经有十几年的历史，但在法制建设方面却严重滞后。现有的一些规章制度大都属于行政法规或部门规章文件，层次较低。为了改变这种不利局面，我们必须加快房地产法制建设，全面推进相关行政执法和司法配套建设，当务之急就是加快制定《住房保障法》。

# G . 27
# 2010 年汽车行业形势分析及 2011 年展望

王 硕*

**摘 要:** 2010 年以来,国民经济回升势头明显,国内汽车需求继续呈现快速增长态势,汽车市场销量保持高速增长格局,1~9 月全国汽车累计销量达到 1313.84 万辆,同比增长 35.97%,增速比上年同期有小幅攀升。同时汽车行业经济效益大幅度改善,利润增速上升明显,显示出行业良好的景气。2010 年汽车行业的快速增长,仍然是国家鼓励汽车消费政策发挥作用的结果,同时居民收入增长和消费结构升级继续为促进汽车市场发展起着基础性作用,特别是二、三线城市汽车市场进入快速增长阶段,使得我国汽车市场良好的增长势头能够得以持续。从未来发展来看,政策刺激力度会有所减弱,汽车市场增速将回落至平稳增长轨道,未来汽车行业的节能减排力度会进一步增强,新能源汽车的市场空间将逐步展开。

**关键词:** 汽车 销量 进出口

2010 年以来,我国汽车市场销量继续呈现快速增长态势,延续了 2009 年的火爆行市,并在 3 月份再创单月汽车销量的历史新高。汽车产销量快速增长的同时,汽车进出口增长速度也快速回升,尤其是进口增势迅猛。良好的汽车产销形势促进了汽车行业经济效益的大幅度提升,行业工业总产值和利润都出现快速的增长,改变了上年同期量增利不增的局面。由于商用车和高端汽车的销量增长较快,比重上升,使得汽车市场呈现量利量增的良好景气。从发展环境看,2010

---

\* 王硕,经济学硕士,国家信息中心经济预测部高级经济师,主要研究产业经济分析与预测、行业景气研究。

年汽车市场的快速增长仍得益于促进汽车消费政策的有力支持，同时汽车市场在二、三线城市的快速扩张，促进了汽车行业增长速度的提升。展望 2011 年，由于国民经济已经走出金融危机的影响，因此国家鼓励汽车消费的政策力度不会继续增强，而且政策效应也在逐步减弱，这将使汽车销售增长速度面临一定的回落，未来汽车市场需求将进入相对稳定的增长阶段；由于节能减排压力不减，新能源汽车的推广力度会进一步增强；而政策支持和继续复苏的世界经济，将促进我国汽车出口继续呈现快速增长。

# 一　1～9 月份汽车行业经济运行分析

## 1. 汽车行业工业总产值快速增长，增速逐步回落

2010 年以来汽车行业延续了 2009 年的旺盛增长态势，受上年同期基数较低和汽车销售继续火爆的影响，前两个月汽车行业规模以上工业企业的总产值同比增速达到 81%，增势迅猛。此后随着增长基数的不断升高，行业工业产值增速逐步回落，1～8 月份，汽车行业规模以上企业累计工业总产值完成 27548.12 亿元，同比增长 42.38%，虽然增速与前几个月相比有一定回落，但依然是十分快速的增长。2010 年汽车工业继续获得鼓励汽车消费政策的支持，同时汽车市场向二、三线城市扩张的步伐没有减慢，使得汽车需求依旧保持较快增长，带动了行业生产增速的大幅度提升。同时从汽车销量的结构看，商用车销售增长速度大幅攀升以及 1.6 升以上排量的汽车销量比重有所提高，都使得汽车行业在销量增长快速的同时，工业总产值也同步呈现快速增长。

## 2. 汽车销量保持高速增长

2010 年我国汽车市场销量继续呈现快速增长态势，延续了 2009 年以来的销量逐月上升的势头，汽车销售持续向好，2010 年 1 月当月汽车销量就达到 166 万辆，改写了 2009 年创造的单月销量历史纪录；并在 3 月份实现了汽车单月销量 173 万辆，再次创造历史新高，达到目前月度汽车销售量的最高峰，表明汽车销售的行情依然火爆。从累计情况来看，1～9 月，全行业完成汽车销售量 1313.84 万辆，同比增长 35.97%，增长速度同比提高 1.73 个百分点。从增速的变化来看，2010 年汽车销量的增长速度呈现逐步回落的态势，前三季度汽车销量的增长速度分别比第一季度和上半年下降 35.81 个和 11.7 个百分点。这一方面是由

于上年汽车销量呈现逐月稳步回升的态势，使得 2010 年各月的增长基数不断抬升；另一方面是由于汽车的月度销量在 3 月份创造了历史新高之后，出现了一定的回落，进入较为平稳的销售轨道，使得汽车销量的增长速度逐步有所回稳。

　　分车型来看，1～9 月份汽车行业乘用车和商用车的销售量分别达到 989.75 万辆和 324.09 万辆，分别同比增长 36.68% 和 33.85%（见表 1），与上年同期相比乘用车的累计销售量增速下降了 5.22 个百分点，而商用车的累计销量增速大幅度上升了 18.26 个百分点。整体上，乘用车的销售继续保持较为快速的增长，而商用车的销量增速大幅度上升，是带动整体汽车销量增速仍能保持小幅度提升的主要原因。2010 年以来，国民经济呈现较为快速的增长，国民经济已经从金融危机的低谷中走出来，带动商用车的需求出现较为快速的增长。前 9 个月全社会固定资产投资依旧保持较高的强度，大量的投资建设进入施工阶段，带动了土建类货车的热销，同时交通运输业增长势头良好，特别是由于工业增速大幅度提升，带动了钢铁、矿石、建材等大宗工业原料的运输需求，使得运输类货车和客车的需求都明显增加。1～9 月份商用车中货车和客车的销量分别为 211.51 万辆和 26.22 万辆，分别同比增长 26.53% 和 35.26%，特别是客车的销量增长快速，已经明显从上年销量的低迷中大幅度回升。

表 1　2010 年以来乘用车、商用车的销售量及增长

| | 乘　用　车 | | 商　用　车 | |
|---|---|---|---|---|
| | 累计值（万辆） | 同比增长（%） | 累计值（万辆） | 同比增长（%） |
| 1 月 | 131.60 | 110.00 | 34.82 | 180.00 |
| 1～2 月 | 225.89 | 85.46 | 61.68 | 77.87 |
| 1～3 月 | 352.39 | 76.34 | 108.67 | 58.50 |
| 1～4 月 | 463.48 | 63.64 | 153.11 | 51.74 |
| 1～5 月 | 567.80 | 55.06 | 192.61 | 48.13 |
| 1～6 月 | 672.08 | 48.20 | 229.53 | 46.14 |
| 1～7 月 | 766.70 | 42.82 | 259.32 | 42.12 |
| 1～8 月 | 868.61 | 39.50 | 289.65 | 37.61 |
| 1～9 月 | 989.75 | 36.68 | 324.09 | 33.85 |

资料来源：中国汽车工业协会。

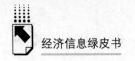
乘用车方面，1～9月，轿车销量达到680.44万辆，同比增长30.61%；多功能乘用车（MPV）销量为31.45万辆，同比增长88.62%；运动型多用途乘用车（SUV）销量达到93.91万辆，同比增长1.1倍；交叉型乘用车销售完成183.95万辆，同比增长29.24%。整体上，轿车销量的增速保持较快的水平，而MPV和SUV的销售继续呈现快速增长，特别是SUV的销量增长超过一倍，使得SUV对前9个月汽车销量增长的贡献率仅次于轿车，排在了第二位。

小排量乘用车方面，2010年1～9月份1.6升及以下乘用车销售占乘用车总量比重为68.24%，比上年同期下降1.48个百分点，受购置税优惠幅度降低的影响，小排量汽车的销售增长有所放慢，尤其是2010年上半年1.6升及以下乘用车销量所占比重下降幅度更大，单月下降幅度一度超过4个百分点，市场份额下降明显。该类车型销量所占比重在第三季度受益于国家汽车补贴新政策的实施有所回升，但整体依然低于上年同期水平。

### 3. 汽车行业企业利润增长迅速

2010年汽车行业在销量大幅度增长的同时，行业利润增速也快速上升。2009年由于行业去库存压力较大，特别是在经济曾经一度过热的时候积留的高成本库存产品较多，一度影响了汽车行业的经济效益。同时2009年汽车市场低端汽车销量增长快速，但对利润增长的贡献较低，使得2009年汽车行业在销量大幅增长的同时，利润增速相对较低，这使得2010年汽车行业利润增长的基数较低。而2010年以来，汽车销量保持了较高的增长速度，需求继续保持快速增长使得汽车行业的竞争形势相对缓和，汽车价格基本保持稳定，这有利于行业利润的增速上升；同时汽车市场结构有所改善，商用车增速大幅度上升，大排量汽车市场比重有所提高，使得汽车行业整体的经济效益出现大幅度增长。另外，2010年以来钢材、化工产品等上游原材料价格相对较为稳定，回升速度不快，汽车行业整体的成本压力没有显著回升，也促进了行业经济效益的大幅度提高。2010年1～8月份汽车行业累计销售收入完成2.59万亿元，同比增长48.32%；累计实现利润2255.36亿元，同比增长95.77%（见表2），利润规模巨大，居工业部门前列。从利润增速环比来看，呈现下降趋势，主要是因为上年同期的增长基数迅速增大所致。

表2　2010 年以来汽车行业经济效益

| | 销　售　收　入 | | 利　　润 | |
|---|---|---|---|---|
| | 累计值（亿元） | 同比增长（%） | 累计值（亿元） | 同比增长（%） |
| 1~2 月 | 5606.74 | 90.05 | 477.62 | 410.2 |
| 1~5 月 | 16178.42 | 63.34 | 1385.53 | 149.94 |
| 1~8 月 | 25927.26 | 48.32 | 2255.36 | 95.77 |

资料来源：国家统计局。

### 4. 汽车进出口增速迅速回升

2010 年国内经济回升势头较快，汽车市场依旧旺盛，世界经济也呈现复苏势头，使得汽车进口和出口的增长速度都出现大幅度的上升，特别是进口增长迅猛，反映出国内汽车市场需求的增长强势。根据海关统计，1~8 月我国累计出口汽车 34.5 万辆，同比大幅增长 59.2%，其中四轮驱动轻型越野车和小轿车的出口量较大，1~8 月分别达到 13.23 万辆和 10.39 万辆，分别同比大幅增长 100.3% 和 90.8%（见表3），对汽车出口的贡献较大。小客车的出口量为 2.58 万辆，同比增速达到 177.9%，是汽车出口增长的新亮点。进口方面，前 8 个月我国汽车累计进口 52.09 万辆，同比大幅度增长 140.9%，其中主要进口品种是小轿车和四轮驱动轻型越野车，进口量分别达到 22.9 万辆和 22.59 万辆，分别同比大幅增长 184.1% 和 94.3%。小客车的进口规模只有 5.21 万辆，但进口增长速度达到 294%。整体上，汽车进出口增长速度上升的势头很快，特别是进口需求呈现倍数的增长，进口量比 2008 年前 8 个月进口量增长了 84%，汽车进口已经远高于金融危机发生前的水平，显示出我国汽车市场蓬勃的增长势头。另外，小客车进出口增长速度都达到倍数以上，显示出经济复苏中，商用车市场需求快速上升的势头。

表3　2010 年 1~8 月汽车进出口数量及增长

| | 出口量（万辆） | 同比增长（%） | 进口量（万辆） | 同比增长（%） |
|---|---|---|---|---|
| 汽　　车 | 34.50 | 59.2 | 52.09 | 140.9 |
| 四轮驱动轻型越野车 | 13.23 | 100.3 | 22.59 | 94.3 |
| 卡　　车 | 13.22 | 19.9 | 0.82 | 97.0 |
| 小轿车 | 10.39 | 90.8 | 22.90 | 184.1 |
| 小客车 | 2.58 | 177.9 | 5.21 | 294.0 |

资料来源：海关统计。

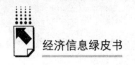

## 二 汽车市场主要影响因素

**1. 鼓励汽车消费的政策力度具有较大的影响作用**

2009 年小排量汽车购置税减半征收以及汽车下乡补贴政策有力地激发了消费者的购车热情，使得小排量汽车的销售快速增长，带动了整个汽车行业销售的火爆，2009 年 1.6L 及以下排量乘用车销售 719.55 万辆，同比增长 71.3%，市场占有率同比提高了近 8 个百分点，达到 69.65%。2010 汽车行业继续获得鼓励汽车消费政策的支持，但政策优惠力度有所下降，2010 年初国家调整的购置税优惠幅度，对 1.6L 及以下乘用车购置税率从 5% 上调至 7.5%，同时政策刺激效应有所减弱，2009 年购买小排量车的消费需求已经得到较为充分的释放，使得 2010 年小排量车市场销量增速明显回落，市场占有率也比上年同期有所下降。特别是在上半年，1.6L 及以下排量乘用车占乘用车销量的 68.83%，市场占有率同比下降 1.8 个百分点。随后，在 2010 年 6 月份国家新出台了针对低排量汽车的鼓励消费政策，6 月 1 日，三部委联合下发了《关于印发"节能产品惠民工程"节能汽车推广实施细则的通知》，将发动机排量在 1.6L 及以下，综合油耗比现行标准低 20% 左右的汽油、柴油乘用车（含混合动力和双燃料汽车）纳入"节能产品惠民工程"，直接为消费者提供购车补贴，并将在全国范围推广，这一政策对日渐下滑的小排量汽车销售提供了新的刺激，使得第三季度小排量汽车销量市场占有率下降势头有所缓解，前三个季度比上年同期下降了 1.48 个百分点，下滑程度有所收窄，反映出新的优惠政策已经起到了一定的效果。总体来看，当前汽车市场的良好销售形势在一定程度上得益于鼓励汽车消费政策的积极作用，政策力度的大小对汽车市场销售形势具有较大的影响。

**2. 二、三线城市成为汽车销量增长的主要市场**

我国国民经济已经连续多年保持快速增长，促进了居民收入水平的不断提高，2000～2009 年间我国城镇居民可支配收入平均增速达到 11.8%，带动了汽车市场逐渐走向繁荣，城镇地区家庭汽车拥有量增长迅速，2000 年我国城镇地区百户居民家庭家用汽车保有量仅为 0.5 辆，到了 2009 年这一指标已经达到 10.89 辆，平均增速达到 41.4%，表明这一时期是我国汽车需求快速增长时期，特别是 2003 年以来，城镇家庭的汽车普及率呈现加快发展态势。

根据经济理论和国际轿车市场的发展历史，一个国家或者地区的汽车价格和人均 GDP 的比值达到 3 以下，轿车开始大规模进入家庭，而中国加入 WTO 后，汽车价格明显下降，同时 GDP 保持平稳较快增长，使得我国一线城市的车价和人均 GDP 的比值早已达到 2，二、三线城市的车价和人均 GDP 的比值也陆续达到 3 以下。2009 年全国人均 GDP 已经达到 3700 美元左右，而部分一线大城市已经远超过这一水平，如深圳、上海、广州的人均 GDP 已经超过 1 万美元，北京人均 GDP 也在 2009 年突破 1 万美元。这样的背景下，一线大城市的汽车市场率先启动，一度成为汽车销售的主要市场，但经过"十一五"的快速增长，一线城市的汽车市场已经逐渐进入平稳增长，更新需求的比重越来越大，新增的汽车需求逐渐向郊区转移；同时，二、三线城市的人均收入快速增长，逐步进入消费升级阶段，导致汽车需求快速启动，成为推动"十一五"期间我国汽车市场快速增长的重要推动力。根据国家信息中心的研究，2009 年一线城市的汽车销量增长速度为 42.6%，而二、三线城市的汽车销量增长率分别达到 56.5% 和 67.7%。从市场份额来看，2009 年三线城市的汽车市场份额已经达到 29.3%，一线城市的汽车市场份额近几年则每年下降 2~3 个百分点，2009 年已经下降到 30.8%。二线城市的市场份额 2009 年已经达到 39.9%。

从汽车保有量来看，2009 年我国东部地区的城镇家庭百户汽车保有量已经达到 17.33 辆，而中部地区、西部地区和东北地区的城镇家庭百户汽车保有量仅分别为 5.08、7.47 和 5.64 辆，远低于东部地区，市场潜力依然很大。整体上，部分一线大城市的汽车保有量正在逐渐接近城市的承载容量极限，如北京、上海，而二、三线城市的汽车保有量还比较低，增长空间还十分广阔。

## 三 汽车行业 2011 年发展展望

### 1. 2011 年汽车销量、利润的增速将明显下降

2011 年是"十二五"的开局之年，而汽车工业经过"十一五"期间的快速发展，增速将逐渐回落，进入平稳增长阶段。首先，2009~2010 年间的汽车销量的快速增长是政策刺激和居民消费升级双重作用的结果，而政策刺激的力度在 2011 年应该会有所减弱，因为整个国民经济目前已经逐渐走出金融危机的低谷，虽然刺激消费仍然是政策调控的主要方向，但政策的刺激力度不会进一步增大，

同时政策作用的效果也在逐渐减弱，特别是 2010 年国家已经把 1.6L 及以下汽车的购置税从 5% 提高到了 7.5%，对小排量汽车的销售产生了一定影响。其次，价格方面，目前汽车市场价格已经呈现多层次分布，过去长期受制于价格因素而被抑制的汽车需求已经得到了较为充分的释放，未来汽车价格的变化对汽车销量的刺激效应也会明显减弱。再次，居民消费结构升级仍然是推动汽车销售增长的重要因素，但由于汽车保有率的提高和销售基数迅速扩大，使得消费结构升级带来的增长效应明显弱化。

2010 年汽车行业利润大幅度增长是从金融危机造成的行业经济效益低谷中的强势反弹，不具备可持续性。2011 年汽车市场销量增速将有所下降，而汽车市场的竞争形势会趋于激烈，由于各厂家的产能扩张相对市场需求增长来说更快，汽车市场的竞争会使得汽车行业的销售成本增加，同时汽车价格仍存在较大的下降空间，特别是市场规模扩张较快的高端汽车价格存在继续下降的可能，这也将使汽车行业的利润增长面临困难，另外钢铁、化工等上游原材料的价格会随着经济形势的好转持续回升，增大汽车行业的成本压力，因此 2011 年汽车行业利润增速会大幅度回落。

**2. 节能降耗压力增大，新能源汽车销售继续保持快速增长**

2010 年 10 月，我国汽车保有量已经达到 8500 万辆以上，已经超过日本成为世界第二大汽车使用国。汽车的快速普及带来了能源紧缺、道路拥堵、环保压力增大等问题。目前我国车用汽油和柴油的消耗量所占的比重分别达到 87% 和 51%，而我国保有的汽车中主要是能耗高的车型，节能环保的新型车比例相对较小，这使得我国乘用车的平均油耗远大于国际先进水平。目前欧洲乘用车百公里平均油耗为 6.6 升，日本仅为 5.9 升，我国乘用车的百公里平均油耗仍在 8 升以上，较高的油耗水平加剧了我国能源需求紧张的格局。目前我国原油的进口依存度已经超过 50%，汽车市场的快速增长给能源供应增加了很大的压力。交通拥堵方面，2009 年我国城市道路总长度 26.7 万公里，城市道路面积 48.2 亿平方米，人均拥有城市道路面积仅 12.83 平方米，同比仅分别增长 2.8%、6.54% 和 0.62%，这一增速远远低于汽车销量 46.15% 的速度。汽车保有量的快速上升给城市交通和环境保护都带来了巨大的压力。

整体上汽车行业面临的节能减排压力较大，面对持续较快增长的市场需求，汽车行业必须加快进行新能源汽车的研发和生产，以缓解汽车保有量快速提升带来的能源、交通和环境的压力。根据工信部的统计，目前我国新能源汽车生产企业已经达到了 60 多家，新能源汽车产品已经达到了 240 多个，13 个新能源汽车示范推广城市的试验工作取得了积极进展，部分技术已经具备国际先进水平。由于看到了新能源汽车发展的必然趋势和广阔市场前景，主要汽车生产企业均加大了新能源汽车的研发、生产和推广力度，纷纷抢占新能源汽车的市场先机，同时国家对新能源汽车的购买提供了补贴。直接补贴给消费者的形式，对新能源汽车的推广也将产生积极的推动作用。虽然整体上，目前我国新能源汽车产业的发展仍处于探索阶段，2009 年新能源汽车总体市场保有量只有一万多辆，新能源汽车企业在我国刚刚完成从概念到市场的起步，离规模化、产业化的发展还有一段距离，但是新能源汽车销售已经出现了爆发增长势头，2010 年 1 ~ 7 月份我国新能源商用车和乘用车分别销售 3698 辆和 7386 辆，虽然规模相对很小，但同比增长分别达到 2.2 倍和 23 倍以上，显示出新能源汽车蓬勃的市场活力。预计 2011 年新能源汽车的示范推广力度会明显增大，由于 2011 年是"十二五"开局之年，加强节能减排力度、调整经济结构依旧是"十二五"时期经济发展的重点，新能源汽车面临的政策环境无疑会更为有利。

**3. 汽车出口机遇和挑战并存**

出口方面，目前我国汽车出口面临较多的有利条件，有利于支持汽车出口保持较快增长。一是我国低端汽车具有较高的性价比，在发展中国家市场有较强的竞争力，这一竞争优势在一定时间内不会改变，2011 年世界经济有望继续好转，特别是新兴市场国家的经济增长势头回升相对较快，有利于我国汽车出口的增长；二是商务部等六部门 2009 年 11 月联合发布了《关于促进我国汽车产品出口持续健康发展的意见》，政策支持力度较强，这一政策效果会继续发挥作用，特别是对于具有较强技术和资金实力的自主品牌汽车企业，鼓励扩大出口的政策支持力度不会减弱；三是我国与世界各国和地区的双边贸易协定谈判进展顺利，2009 年以来，我国已经先后和智利、秘鲁、东盟六国等国家和地区签订了自由贸易协定，由于我国的汽车出口主要集中在发展中国家，这些自由贸易协定的生效，有利于我国汽车产品进一步扩大在发展中国家的市场。但汽车出口也面临一定的不利条件：一是国际上的贸易保护主义在金融危机之后更为强烈，将对我国汽车出口产生一定负面影响，如俄罗斯对进口中国汽车采取了明显的保护措施，使得我国对俄罗斯的汽车出口明显减少；二是人民币升值的压力始终存在，市场整体上对人民币在未来仍存在较强的升值预期，不利于我国汽车出口的稳定增长。此外，我国汽车企业还没有在国外建立完善的营销和服务体系，而这一体系的建设需要较长的时间，从而不利于我国汽车出口的持续快速增长。

综合分析，我们预计 2010 年我国汽车销售量会达到 1700 万辆，同比增长24.5%；2011 年我国汽车销量将达到 1900 万辆，同比增长 12%。

# Gr.28

# 2010 年煤炭行业运行分析及 2011 年展望

张　峰*

**摘　要：** 2010 年以来，在国民经济企稳向好的大环境下，随着"有保有控"宏观调控政策的实施，经济增长逐渐转向平稳运行，煤炭产销高位放缓，市场供需总体平衡，煤炭价格高位波动，煤炭净进口继续增加，企业经济效益大幅提高。从发展趋势来看，世界经济复苏步伐减缓，国内经济持续平稳增长，煤炭需求增势趋缓，煤炭产能持续增加，2011年我国煤炭市场将呈现总体供需平衡态势，但供大于求的压力增大，煤炭价格将震荡回落。推进经济发展方式转变将加快煤炭行业结构调整步伐加快。

**关键词：** 煤炭　供需平衡　价格

2010 年以来，在国民经济企稳向好的大环境下，随着"有保有控"宏观调控政策的实施，经济增长逐渐转向平稳运行，结构调整步伐加快，为我国煤炭经济运行创造了较好的发展环境。煤炭产销高位放缓，市场供需总体平衡，煤炭价格高位波动，煤炭净进口继续增加，固定资产投资增幅回落，企业经济效益大幅提高，兼并重组不断推进，经济运行质量进一步提高。从发展趋势来看，世界经济复苏步伐减缓，国内经济持续平稳增长，煤炭需求增势趋缓，煤炭产能持续增加，预计 2011 年我国煤炭市场将呈现总体供需平衡态势，但供大于求的压力增大，煤炭价格将震荡回落。国家推进发展方式转变将加快煤炭行业结构调整步伐。

---

* 张峰，经济学硕士，国家信息中心经济预测部高级经济师，主要研究产业经济预测与分析、行业景气分析。

# 一 2010 年煤炭行业运行分析

## （一）煤炭生产增势放缓，煤炭供需大体平衡

生产增速高位回落。2010 年前几个月，在国民经济快速增长的作用下，我国煤炭工业生产延续上年末的快速反弹势头，受煤炭产地加快兼并重组和资源整合导致上年同期基数较低的影响，增长速度同比大幅提高。随着国民经济由快速回升转为稳定增长，以及房地产调控、节能减排力度的加大，煤炭工业增加值增速呈现高位回落态势（见图 1）。8 月份煤炭开采和洗选业工业增加值同比增长12%，为 2010 年以来的次低点。1～8 月累计工业增加值同比增长 18.4%，增幅同比提高 14.6 个百分点，但比上半年、第一季度分别回落 2 个、5.6 个百分点。

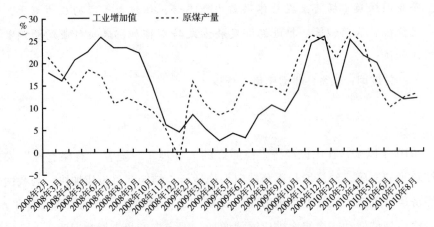

**图 1 煤炭开采和洗选业工业增加值及原煤产量月度增长速度**

资料来源：国家统计局、国家煤炭工业网。

2010 年以来，我国煤炭产量出现恢复性的快速增长，在市场需求逐步放缓及企业并购重组和安全生产的作用下，煤炭产能扩张受到抑制，产量增幅逐步回落。据行业协会统计，1～8 月份累计原煤生产 24.65 亿吨，同比增加18.1%；日均产量由 1 月份的 850 万吨上升到 6 月份的 979 万吨，8 月份回落到 954 万吨。作为我国最重要的煤炭资源集中地，1～8 月份内蒙古原煤产量 47722 万吨，同比增长 20.16%；山西原煤产量 45737 万吨，同比增长

22. 25％；陕西原煤产量 22877. 63 万吨，同比增长 45. 58％，增幅均明显高于全国平均水平，在煤炭供给中的地位得到了进一步强化，大型企业集中度进一步提高。2010 年 1～8 月各月原煤产量见图 2。

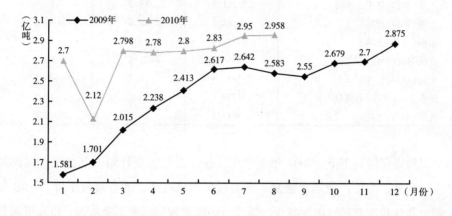

**图 2　全国原煤生产量**

市场需求逐步放缓。随着国家一揽子经济刺激政策的实施，2010 年上半年重工业生产快速增长，带动煤炭需求延续上年的快速回升态势。4 月份以来，政府陆续出台了房地产调控、淘汰落后产能、节能减排、取消部分高耗能产品出口退税等一系列政策措施，占煤炭消费量超过 70％的电力、钢铁、建材、化工四大行业都成为政策关注的重点行业。从 5 月份开始，化肥、水泥、生铁、粗钢、钢材等行业月度产品产量均出现不同程度的下滑。8 月份，全国火力发电量同比增长 9. 9％，比 5 月份回落 11. 7 个百分点；生铁产量继 7 月份首次出现下降后，继续同比下降 0. 9％，比 5 月份减少 342 万吨；粗钢产量出现年内首次回落，同比下降 1. 1％，比 5 月份减少 451 万吨；钢产量比 5 月份减少 154 万吨；水泥产量比 5 月份减少 577 万吨；化肥产量同比下降 4％，比 5 月份减少 33 万吨。随着"十一五"减排目标的日益迫近，相关下游耗煤行业增长明显回落，特别是受房地产调控政策影响严重的钢铁行业需求下降明显，直接导致国内煤炭需求出现大幅下滑。此外，水电机组利用率回升、进口煤炭增加较多等因素共同导致煤炭市场呈现"淡季不淡、旺季不旺"的特点。1～8 月份，全国煤炭销量累计完成 20. 86 亿吨，同比增加 3. 39 万吨，增长 19. 43％，增幅比 1～5 月份、1～2 月份分别回落 6. 1 个、16. 2 个百分点，呈现平稳回落态势。1～8 月份主要耗煤产品产量及增长情况见表 1。

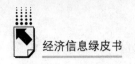

表1　1~8月份主要耗煤产品产量及增长情况

|  | 累计产品产量 | 同比增长(%) | 增幅变化(百分点) |
|---|---|---|---|
| 发电量(单位:亿千瓦小时) | 27404.7 | 17.2 | 16.4 |
| 火电(单位:亿千瓦小时) | 22211.3 | 18.2 | 19.7 |
| 生铁(单位:万吨) | 40363.4 | 12.6 | 3.4 |
| 粗钢(单位:万吨) | 42577.4 | 15.3 | 10.1 |
| 成品钢材(单位:万吨) | 53558.1 | 21.4 | 11 |
| 水泥(单位:亿吨) | 117848.5 | 16.7 | -0.5 |
| 平板玻璃(单位:万重量箱) | 41774.4 | 13.4 | 12.5 |
| 化肥(单位:万吨) | 4411.3 | 4.4 | -6.2 |

煤炭库存居高不下。2009年下半年,在4万亿投资计划的刺激下,国民经济快速回升,房地产业迅速恢复,带动煤炭需求旺盛,库存逐月下降。2010年头两个月煤炭库存同比继续减少。随着市场需求抑制因素不断增加,以及资源整合后产能的快速释放,社会煤炭库存逐月上升,7月末全国煤炭社会库存达到年内高点22657万吨,8月末全国煤炭社会库存有所下滑,达到21736万吨,比上年同期高出2056万吨。8月末,秦皇岛港存煤719万吨,比上月末增加16.6万吨,同比增加224.5万吨;4月份以来,全国重点电厂库存数量快速升高,可用天数从12天达到最高的19天,8月末全国重点电厂存煤5860万吨,平均可用17天。

铁路运量快速增长。随着煤炭铁路运力增加,有力缓解"北煤南运"和"西煤东运"的运力紧张状况。1~8月份,全国煤炭日均装车累计完成62088车,同比增加9369车,增长了18.0%。

## (二) 进口快速增长,出口继续回落

2010年以来,煤炭进口继续保持较高水平,出口则继续回落,我国煤炭进出口延续了自2009年以来的净进口态势。究其原因,一方面是国内经济回升向好,煤炭需求快速增加,另一方面是国内外煤炭价格倒挂依然存在,截止到2010年9月30日,发热量为5800大卡/千克的大同优混煤秦皇岛价格为760元/吨,相比国际澳大利亚纽卡斯尔港到广州港煤价高出近75元/吨,在国内运力及限制出口、鼓励进口政策等因素影响下,自年初以来我国煤炭连续出现净进口局面。前8个月累计,煤炭出口1323万吨,下降10.8%,累计出口均价为111.1

美元/吨，减少 3.4%；进口 10692 万吨，增长 46.1%，累计进口均价为 99.2 美元/吨，比上年的 63.9 美元/吨，同比上涨 55.3%；煤炭净进口量 9369 万吨，比上年同期增加 3139 万吨。值得关注的是，由于国际、国内煤炭市场价格涨跌变化，从 5 月份开始我国煤炭单月进口量已连续 4 个月呈现逐月递增的势头。而自 2010 年 4 月份以来，我国煤炭当月出口量一直维持 200 万吨以下（见表 2）。

表 2　1～8 月我国煤炭月度进出口情况

单位：万吨，%

| 月份 | 当月出口量 | 增长率 | 当月进口量 | 增长率 | 净进口 |
|---|---|---|---|---|---|
| 1 | 181 | −50.37 | 1607 | 438.33 | 1426 |
| 2 | 162 | 12.17 | 1310 | 184.42 | 1148 |
| 3 | 226 | −0.39 | 1523 | 166.22 | 1297 |
| 4 | 170 | −12.91 | 1351 | 47.55 | 1181 |
| 5 | 146 | 22.58 | 1100 | 16.59 | 954 |
| 6 | 127 | 11 | 1210 | −24.7 | 1083 |
| 7 | 139 | 11.7 | 1309 | −5.9 | 1170 |
| 8 | 170 | −10.9 | 1326 | 13.1 | 1156 |

资料来源：海关总署。

### （三）煤炭价格高位波动

2009 年下半年，在经济好转预期增强的情况下，煤炭价格出现持续明显回升。2010 年以来，煤炭价格延续高位波动态势，近两个月有所下跌。国家发改委信息显示，2～9 月份，主产省份煤炭平均出矿价格分别为每吨 704、714、714、715、715、711、714、712 元。其中，动力煤平均价格分别为每吨 525、528、525、523、520、517、524、524 元。主要煤炭中转港秦皇岛港 2～9 月动力煤平仓价分别为每吨 710、637、640、675、690、689、678、665 元。截止到 9 月 30 日，秦皇岛港 5800 大卡大同优混、5500 大卡山西优混、5000 大卡普通大混、4500 大卡普通混煤最低平仓价分别为 755、710、615、540 元/吨，与上年同期相比，分别提高 130、120、80、75 元。从工业品出厂价格指数看，经过年初的上涨之后，当前价格指数呈现平稳略降态势（见图 3）。8 月份，煤炭开采和洗选业工业品出厂价格指数上涨 4.3%，而上年同期为下降 11.4%。

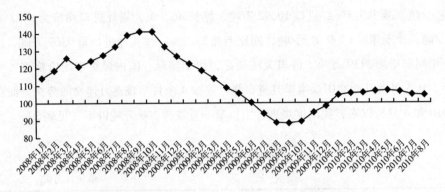

**图3 煤炭开采和洗选业工业品出厂价格指数变动情况**

资料来源：国家统计局。

国际煤炭价格在上年3月触底后，随着世界经济的缓慢复苏而开始反弹。澳大利亚纽卡斯尔动力煤现货月度平均价格由上年3月的61.37美元/吨逐步反弹到2010年1月份的95.2美元/吨（这一价格已略高于国际金融危机前2008年1月的水平）。受世界经济复苏不确定因素增多、欧洲债务危机蔓延升级和异常气候条件等多重因素影响，上半年以来国际煤炭价格一直在95美元/吨"平台"附近高位盘整，6月份澳大利亚纽卡斯尔动力煤现货月度平均价格为98.79美元/吨，在长达半年时间内微涨3.59美元/吨，涨幅仅为3.8%。受中国经济减缓和水电超发等影响，自7月上旬开始，国际煤炭价格在消费旺季却逆势下行，至8月13日下跌至86.95美元/吨，降幅达12%。随着中印等国部分电厂补库存、强降雨导致煤炭生产和运输受到影响，8月27日价格回升至91.03美元/吨。随着美元贬值导致国际原油价格大幅上涨，作为石油的替代品煤炭价格随之水涨船高，9月煤炭价格同比上涨约6%，呈小幅上涨走势。

**（四）经济效益增势放缓**

2010年以来，随着煤炭行业产销快速增长、价格水平大幅上涨，煤炭工业效益明显好转。在国家"主动"调控政策及加大节能减排力度的影响下，市场需求有所减弱，随着上年基数逐渐抬高，企业经济效益猛增势头逐月放缓。1～8月份煤炭开采和洗选业主营业务收入增幅比上年同期提高36个百分点，但比1～5月、1～2月分别减缓7.2个、14个百分点；企业利润由上年同期下降9.4%转为增长65.2%，但比1～5月、1～2月分别减缓15.8个、26.8个百分点。子行业中，烟煤和无烟煤生产业在煤炭行业中占据主导地位，1～8 月主营业务收入增幅同比提高 36.3 个百分点，利润增幅同比提高 77.2 个百分点，但与前几个月相比，增幅回落态势明显。煤化工的快速发展对褐煤生产和效益的拉动作用明显，1～8 月褐煤开采洗选业主营业务收入增幅提高 29.9 个百分点（见表 3），比 1～5 月、1～2 月分别提高 17.2、36.7 个百分点；利润增幅提高 81.2 个百分点，比 1～5 月、1～2 月分别回落 1.1 个、11.6 个百分点。煤炭行业兼并重组带来的规模效应正在逐渐显现，行业盈利能力进一步增强。

表 3　1～8 月煤炭行业效益增长情况

单位：亿元，%

| | 主营业务收入 | | | 利　润　总　额 | | |
|---|---|---|---|---|---|---|
| | 实际值 | 增　长 | 增幅变化 | 实际值 | 增　长 | 增幅变化 |
| 煤炭开采和洗选业 | 14461.6 | 42.93 | 35.96 | 2046.00 | 65.15 | 76.98 |
| 烟煤和无烟煤开采洗选业 | 13555.9 | 1.82 | 36.25 | 1962.00 | 64.43 | 77.18 |
| 褐煤开采洗选业 | 883.1 | 62.52 | 29.88 | 82.23 | 85.20 | 81.20 |

资料来源：国家统计局。

### （五）投资增幅有所回落，结构调整取得进展

受前几年投资大幅增长、资源整合、淘汰落后产能影响，在"有保有压"宏观调控政策作用下，2010 年以来煤炭采选业成固定资产投资增速逐步回落。前 8 个月，完成固定资产投资 2078 亿元，同比增长 20.9%，低于城镇固定资产投资增幅 3.9 个百分点，比上半年、第一季度、上年同期分别回落 1 个、9 个、15.1 个百分点。同时，淘汰落后产能工作进一步加强，截至 9 月末，全国已关闭小煤矿 1611 处，淘汰落后产能 13459 万吨，超额完成关闭小煤矿 1539 处、淘汰落后产能 12167 万吨的任务；关闭到位矿井 1355 个，淘汰落后产能 12519 万吨，分别为计划目标的 88% 和 103%。煤炭行业产业布局日趋优化，煤炭上下游产业联合发展机制逐步建立，传统以煤炭生产为主的产业格局悄然变化。

## 二　2010～2011 年煤炭行业发展趋势展望

在世界经济复苏步伐放缓、国内经济平稳运行、结构调整加快的背景下，我

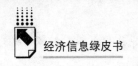

国煤炭行业将保持平稳运行态势，煤炭需求将有所放缓，产能释放将导致煤炭供需平衡宽松，煤炭价格下行压力加大，净进口局面依然持续，煤炭行业转变发展方式的任务依然艰巨。

## （一）煤炭供需不平衡压力增大

### 1. 煤炭需求增长趋缓

第一，尽管世界经济复苏的复杂性和不确定性有所增加，但"二次探底"的可能性不大，部分发达国家已采取"二次政策刺激"，根据国际货币基金组织（IMF）预计，2010年和2011年世界经济增幅分别为4.8%和4.2%，依然保持较快增长。2010年我国经济稳定增长，前三季度GDP增长速度分别达到11.9%、10.3%、9.6%，2011年是我国"十二五"规划的开局之年，国家将保持宏观经济政策的连续性和稳定性，国民经济将继续保持平稳较快发展，为煤炭行业平稳发展创造了稳定环境。

第二，当前我国处于工业化中期阶段，工业用电强劲增长，带动全社会用电量保持较高的增长速度，对煤炭消费形成强有力的支撑。但2010年以来，国家加快结构调整，房地产调控措施加强，节能减排、淘汰落后产能力度加大，9月前强制关闭2087家落后产能企业，水泥、焦炭、炼铁、铁合金等高耗煤企业数就占61%，对煤炭需求的抑制作用明显。为完成"十一五"规划GDP能耗降低20%目标，国家发改委9月再次部署节能减排工作，13个节能减排形势严峻的省份工作力度将进一步加强，作为重点对象的高煤耗的钢铁、电力、化工、建材等行业煤炭需求将会受到更大幅度影响。特别是房地产调控政策的影响，考虑到效应释放的滞后期，房地产开发投资对煤炭需求的拉动效应在2011年会明显衰减。"十二五"规划开局之年，国家把转变经济发展方式作为工作重点，产业结构调整、能源结构调整、节能减排等步伐加快，使得能源需求增速将呈现平稳下滑态势。为完成2020年单位国内生产总值二氧化碳排放比2005年下降40%～45%的目标，国家将启动新一轮节能减排工作目标分解任务，进一步加快淘汰落后产能并严格控制产能过剩行业的新增产能投资，经济增长对煤炭需求的拉动作用将有所下降。

第三，随着全球经济持续复苏，我国煤炭主要出口市场的日本、韩国等国家进口需求将持续增长，国际煤价保持较高水平，为我国煤炭出口创造了相对有利的条件。但 2011 年国际市场煤炭需求增长动力不足，加上欧盟开始征收碳关税等国际低碳约束进一步增强，我国煤炭出口大幅增长的局面难以再现。

第四，"寒冬"煤炭储备可能提高 2010 年第四季度煤炭市场需求。尽管当前电力企业的煤炭库存维持在偏高水平，但是由于 2010 年冬天可能将面临低温，可能对冬季煤炭需求带来更加积极的影响，还可能导致煤炭公路运输受阻、铁路煤炭运输"冻车"、港口煤炭运输"冰封"，进而影响正常的煤炭供求关系。

**2. 煤炭供给持续增加**

第一，受近年来大型煤炭基地的加快建设、煤炭行业固定资产投资快速增长以及大型现代化高效矿井的大量建成投产影响，我国煤炭新增产能快速增长。而一些主要产煤省份资源整合、企业兼并重组取得了阶段性成效，2010 年底前将全面完成矿产资源整合工作，整合后的煤炭产能释放速度可能加快。据国家煤监局统计，2009 年有在籍煤矿能力 32 亿吨，高于煤炭产量和需求，其中正常生产煤矿能力 26.3 亿吨，低于煤炭产量和需求。山西、内蒙古、河南、陕西、贵州 5 省区 2010 年初步安排产量增量超过 2 亿吨，尽管国家加大了对小煤矿的关停力度，但煤炭产能增长速度仍明显快于煤炭需求增长速度。同时，煤炭转运能力大幅增加，大秦铁路 4 亿吨扩能改造施工圆满完成，大秦线、大包线、迁曹线等干线检修结束后运输效率大大提高，能基本满足运输需求。随着煤炭储备体系和供需衔接的不断改善，煤炭有效供应程度提高。

第二，煤炭净进口局面持续有利于扩大煤炭供应。2010 年以来，国际动力煤价格维持在较高水平，但国内旺盛的市场需求导致煤炭进口快速增长而出口有所回落，煤炭贸易第二年出现净进口局面。随着美元贬值导致国际初级产品价格明显上涨，进口煤的价格优势正在逐步减弱，受上年第四季度基数较高影响，今后几个月煤炭进口将继续保持增长，但增速将放缓。全年将达到 1.2 亿吨左右，比上年的 1.03 亿吨明显提高，对国内煤炭市场供应造成较大冲击。

2011 年，国内外煤炭需求减弱将影响煤炭进口的增长。同时，2011 年美元贬值预期将继续存在，全球大宗商品市场价格将继续高位波动，已经高企的国际煤价将获得一定支撑，与国内煤价相比优势逐步丧失，我国煤炭进口增长势头将有所减缓，但与出口变化相比，煤炭贸易仍将连续第三年出现净进口局面，这将有利于调节煤炭市场供求关系，不会对我国能源安全产生重大影响，国内以销定

产的供求格局也不会改变。

综合上述因素，宏观经济环境为煤炭行业平稳运行创造了条件，经济结构调整、节能减排、淘汰落后产能等政策的进一步落实将抑制煤炭需求，而煤炭产能将继续有所增加，煤炭净进口规模有所缩小。初步预计，2010 年煤炭开采和洗选业工业增加值增长 15% 左右，按 2010 年以来平均日均产量推算，全国煤炭产量将达到 33 亿吨左右，较 2009 年增长 3 亿吨；2011 年煤炭开采和洗选业工业增加值增长 12%，全国煤炭产量将达到 35 亿吨，同比增长 7% 左右，煤炭市场供需呈现平衡宽松局面。

### （二）煤炭价格稳中趋降

2010 年以来，我国煤炭市场价格呈现高位波动态势，煤炭市场供求较为宽松，煤炭库存大幅增加。第四季度，煤炭价格出现明显上涨的可能性不大，但由于国际煤炭价格出现明显上涨，秦皇岛煤价业 10 月出现四个月来的首次上升，考虑到 2010 年冬季可能出现的极寒天气将促进煤炭需求提高及给交通运输造成困难，预计第四季度煤炭价格将呈现震荡走高的趋势。2011 年，我国煤炭市场继续处于供求较为宽松状态，将对煤炭价格产生较大压力。

由于我国煤炭净进口规模的扩大，国内煤价与国际煤价进一步接轨。当前 1 亿吨左右的进口量在国内需求中占比很小，但已占到国际煤炭海运贸易量的 11%、亚太地区贸易量的 30% 以上，对国际煤炭价格的支撑起到举足轻重的作用，而国际煤价也会反过来支撑国内煤价。从发展趋势看，一方面，世界经济继续处于复苏进程，国际市场煤炭需求有望继续增加，支撑国际煤价稳定波动。另一方面，2009 年全球主要国家救市资金超过 5 万亿美元，2010 年发达国家采用"二次政策刺激"来对冲"二次衰退风险"，将严重影响各国宽松货币政策退出的节奏，全球流动性将会进一步宽松，全球大宗商品市场价格出现高位波动。其中，美联储为刺激经济而计划再度启动"量化宽松"政策，导致美元指数自 6 月 7 日以来屡创新低。从长期来看，众多因素仍将导致美元贬值预期长期存在，将对包括煤炭在内的国际市场大宗商品价格提供重要支撑。

总体来看，国内节能减排对煤炭价格的压制作用将大于国际煤炭价格的支撑作用，如果没有突发或极端性事件的刺激，预计 2011 年我国煤炭市场价格将呈现稳中趋降态势，但不排除局部地区和个别时段出现供需失衡现象。受供需结构和产品价格变化的影响，2011 年我国煤炭企业将继续取得较好经济效益，但在上年基数相对较高的影响下，煤炭行业利润增速将出现明显减缓。

### （三）煤炭结构调整将进一步深化

近年来，我国煤炭结构调整取得明显成效，但影响煤炭行业健康发展的矛盾和问题依然存在。一是煤炭总量过剩的矛盾突出，全国煤矿总产能已超过 36 亿吨，但在建煤矿项目 7000 个，总规模 15 亿吨/年；二是结构不合理、发展方式粗放的问题依然严重，30 万吨以下的小型煤矿占全国煤矿总数的 80% 以上，产业集中度低的问题没有根本性改变，淘汰落后生产能力，实现行业节能减排仍需付出巨大努力；三是行业经济效益增长主要源于产量增加和价格上涨，经济发展质量没有根本性转变；四是煤炭资源开发与环境保护和经济社会可持续发展的矛盾日益突出；五是体制机制制约依然存在；六是煤矿安全生产基础工作仍不牢固。

随着"十二五"时期的到来，煤炭行业必须抓住有利时机，树立煤炭科学产能观念，切实转变煤炭发展方式，努力实现煤炭行业由产量速度型向质量效益型转变。大力推进大基地和大集团建设，带动产业集群发展，提高煤炭行业准入标准，推进产业、产品和组织结构优化升级，提高煤炭产业的竞争力；大力推进科技兴煤战略，实现由单一煤炭生产向煤炭综合利用、深加工方向转变，以资源开发生产为龙头，积极推动煤电、煤焦化、煤建材等上下游产业一体化联合发展；推动以煤为主的产业园区建设和产业链构建，发展产业集群，实现集聚、集约发展，使物流、技术等资源集成，信息与基础设施共享，不断完善和优化产业格局；推进煤矿绿色开采，建立矿区生态环境恢复与治理机制，实现由资源环境制约向生态环境友好型转变。

# G. 29
# 2010 年钢铁行业运行分析及
# 2011 年展望

米建伟*

　　**摘　要**：2010 年，受房地产市场调控、节能减排措施以及主要原材料成本上升的影响，钢铁行业生产总体呈现逐步放缓趋势，利润增速逐步放慢，主要产品价格连续探底后小幅回升，外需增长乏力导致出口持续低迷，原材料成本居高不下，库存持续出现回落，供大于求的矛盾得到一定程度缓解。预计 2011 年国内市场需求保持稳定增长，行业兼并重组继续推进，主要产品增速明显下降，市场价格稳中有升。针对行业目前存在的主要问题，建议加大节能减排政策的执行力度，加快淘汰落后产能，加快行业兼并重组步伐，提高行业集中度，建立完善原材料采购体系，提高行业的国际定价能力。

　　**关键词**：钢铁　展望　政策建议

## 一　2010 年钢铁行业运行分析

### 1. 生产逐步放缓使供需压力得到一定缓解

　　2010 年，受房地产市场调控、节能减排措施以及主要原材料成本上升的影响，钢铁行业生产总体呈现逐步放缓趋势（见图 1）。1~9 月份，全国生铁、粗钢、钢材产量合计分别为 4.5 亿、4.7 亿和 6 亿吨，同比分别增长 10.1%、12.7% 和 19%。

　　从最新的钢铁生产数据来看，9 月份全国日产粗钢 161.84 万吨，环比减少

---

　　* 米建伟，经济学博士，国家信息中心经济预测部产业处助理研究员，主要研究产业经济。

2.84%，连续第五个月环比下降，同最高的 4 月份粗钢日产水平 184.68 万吨相比，下降了 12.37%；日产生铁 152.40 万吨，环比下降 3.27%；日产钢材（含重复材）216.65 万吨，环比下降 3.62%。在市场逐渐进入需求旺季的环境下，钢铁产量逐渐压缩，供过于求的不利市场环境得到改善，促使钢材价格企稳回升。

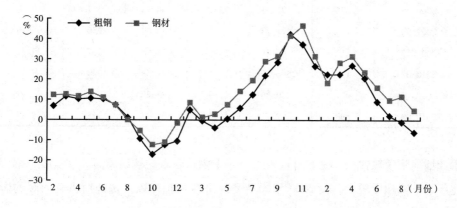

**图 1　2008 年 2 月~2010 年 9 月我国粗钢和钢材单月产量同比增速**

从 2010 年第二季度以来钢铁行业的总体走势来看，在经过长达 5 个月的大幅调整后，产能过快扩张的势头得到遏制，第三季度粗钢产量环比下滑 8.5%，这是近十年来我国第三季度粗钢产量除 2008 年第三季度外的第二次下滑，且下滑幅度高于 2008 年。房地产调控带来的下游需求冲击逐步消化，供过于求的不利态势也相应得到缓解，行业发展趋势总体上更为健康、更具可持续性。

**2. 利润增速逐步放慢**

从全行业利润指标来看，1~8 月利润增长势头明显减弱，同比增速比 1~5 月份明显收窄。1~8 月，钢铁行业利润总额累计达到 890 亿元，同比增长 99.7%，而 1~5 月份利润同比增长 30 多倍。1~8 月份亏损企业数为 1622 家，相比上年同期减少 26.17%，亏损企业亏损总额为 135 亿元，比上年同期减少 46.89%（见表 1）。

第二季度以来行业利润环比大幅减少，6~8 月共计实现利润 229 亿元，而 3~5 月利润总额达到 484 亿元，减少原因主要有二：一是产量增长受到抑制，受下游需求特别是房地产投资增速下降拖累，加上节能减排执行力度加大，钢铁

表1　2009~2010年黑色金属冶炼及压延加工业利润增长状况

| | 黑色金属冶炼及压延加工业 | | | | | |
|---|---|---|---|---|---|---|
| | 利　润　总　额 | | 亏损企业数 | | 亏损企业亏损总额 | |
| | 实际值（亿元） | 同比（%） | 实际值（家） | 同比（%） | 实际值（亿元） | 同比（%） |
| 2009.02 | -8 | -103.01 | 2367 | 51.93 | 128 | 315.86 |
| 2009.05 | 26 | -97.23 | 2541 | 98.52 | 297 | 680.88 |
| 2009.08 | 455 | -71.74 | 2274 | 76.69 | 256 | 295.16 |
| 2009.11 | 812 | -42.58 | 2099 | 21.68 | 267 | 25.71 |
| 2010.02 | 177 | 2566.90 | 1841 | -21.53 | 40 | -69.06 |
| 2010.05 | 661 | 3289.54 | 1589 | -35.27 | 69 | -76.92 |
| 2010.08 | 890 | 99.7 | 1622 | -26.17 | 135 | -46.89 |

生产增速下滑较快；二是5月份以来市场上供过于求的被动局面一直延续，钢价比年初下降幅度较大，而2009年同期受经济复苏预期以及房地产市场回暖的影响，钢价呈现快速上升走势，价格高位运行一直延续到2010年1~4月。

**3. 价格连续探底后小幅回升**

2010年，受供需矛盾加大、库存连续高位的影响，钢价走势较为低迷，除了年初钢价走势较为坚挺外，4~7月份价格持续走低，7月份以后，受淘汰落后产能、市场供需矛盾缓解的影响，钢材市场价格连续小幅回升。截至9月末，CSPI国内钢材综合价格指数为119.43点，比8月末上升2.87点，升幅2.46%，与2009年同期相比，综合价格指数上升了16.78点，升幅16.35%。

从价格回暖的成因来看，供、需、成本三方面均存在支撑钢价反弹的有利因素。一是节能减排力度加大使得钢铁生产主动收缩，各省份的限产限电措施制约了产能的释放，市场供应趋紧；二是宏观政策稳定、流动性较为宽松使得国民经济基本面保持良好，工业生产特别是制造业生产能够保持较快增速，钢铁需求仍有较强支撑；三是钢铁行业的原燃料成本仍处历史高位，原燃料成本同比大幅上涨，企业利润空间受到大幅度压缩，钢价客观上存在反弹要求。

预计第四季度钢材价格的走势将以小幅回升为主。一方面，为保证"十一五"节能减排目标的实现，钢铁行业限产措施不会出现明显松动，市场供给有继续收缩的趋势，供求矛盾将进一步缓解；另一方面，总体经济在第四季度仍将保持较快增长，通用设备制造、交通运输设备制造、家电、通信设备制造等主要下游行业增速有所加快，对钢材需求进一步增加，也将对钢铁价格形成有力支撑。但由于前期钢铁产能过剩矛盾突出，2009 年我国为应对金融危机所采取的经济刺激措施逐步退出，基本建设投资增速放缓，房地产投资受调控政策的抑制比较明显，导致钢铁价格上行没有足够动力，小幅上升可能是第四季度钢价运行的主要趋势。

### 4. 外需增长乏力导致出口持续低迷

2010 年，受世界钢铁产能过剩、钢价低位运行的影响，我国钢材出口持续低迷。1～9 月份，我国出口钢材 3394 万吨，虽然同比增长 116.1%，但与金融危机前的差距仍在 2000 万吨以上，从近期运行趋势看，9 月份钢材出口环比小幅增长，短期内还不具备快速回暖的基础。

第四季度，钢铁行业仍将面临不利的出口形势。一是国际市场需求增长有限，美国制造业扩张速度放缓，9 月制造业 PMI 为 54.4，比 8 月份下滑 1.9。J. P. Morgan 统计的 9 月全球 PMI 为 52.5，为 14 个月来的最低点，欧美逐渐进入传统假日，且随着冬季来临，钢材需求环比会逐步回落，10 月 2 日结束的一周美国粗钢产量跌至 167.5 万短吨，环比下降 2.2%，产能利用率 69.3%。由于国内需求不足，部分欧洲主要钢企已下调对邻国的出口价格 20～30 欧元/吨。二是出口退税率调整对钢材出口形成抑制。7 月 15 日起我国取消部分钢材出口退税率，涉及热轧板卷、型钢、宽度小于 600mm 的带钢等品种，约占当前钢材出口总量的 45%，政策调整后钢材出口成本明显提高。三是国际市场贸易保护主义严重，针对我国钢铁产品出口的限制性措施的影响逐步显现，制约钢材出口增长，而此前我国调整资源型商品的出口退税政策，其主要目的之一也是主动调整出口结构，应对国际贸易保护主义。

综合以上分析，钢铁行业出口在第四季度将会保持低位运行状态，行业景气取决于国内市场能否持续回暖。

### 5. 原材料成本居高不下

2010 年，由于原燃材料价格的高位坚挺，钢铁企业全年面临成本高、盈利水平低的压力。截至 9 月份，进口铁矿石平均到岸价格为 143.0 美元/吨，比 8 月份上升 3.35 美元/吨，升幅 2.4%，同比上升 65.61%；国产铁精粉价格虽小幅下降，但仍处于高位，1～9月份同比上升47.29%；冶金焦、废钢价格分别环比上涨了2.76%和1.47%；海运费价格9月前两周一直上涨，后两周略有下降，巴西和澳大利亚至中国海运费价格分别为24.84美元/吨和10.16美元/吨，环比分别下降1.73%和0.17%。铁矿石、废钢、冶金焦和炼焦煤等原燃材料价格均高于上年同期水平，特别是进口铁矿石价格涨幅最大，企业成本压力处于历史高点，短期内面临的经营困难较大。

第四季度钢铁行业的原材料价格仍将维持在高位，原因主要来自三方面：一是第四季度属于燃料需求旺季，煤炭价格下调可能性不大；二是受下游需求继续保持平稳增长的影响，钢铁行业产能不会大幅度收缩，对于原材料需求形成较强支撑；三是国际铁矿石供应商没有大幅度下调铁矿石价格的意愿，除非出现钢铁产能大幅度收缩，铁矿石价格总体上仍然较为坚挺。

**6. 库存持续出现回落，供大于求的矛盾得到一定缓解**

截至2010年9月末，全国26个主要钢材市场五种钢材社会库存量合计为1478万吨，环比连续下降5个月，与上年同期相比差距继续收窄（见图2）。

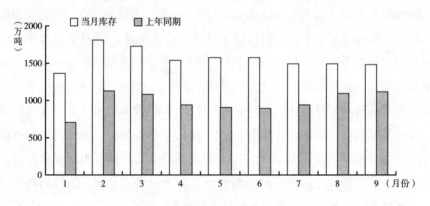

**图2　1～9月份当月钢铁库存**

从运行趋势看，2010年下半年供过于求的矛盾得到一定程度缓解，库存压力有所减轻。第二季度以来，我国节能减排政策执行力度明显加大，对于钢铁等高耗能行业采取了一系列的限产措施，加之房地产调控使得约占总产量一半的建筑用钢需求受到严重影响，市场价格低迷，企业生产计划安排较为谨慎，库存持续减少。但从绝对水平来看，目前钢铁库存仍处于历史高位，其中下游需求不振是主要原因，同时也对钢价形成较强制约。

## 二  2011 年钢铁行业展望

### 1. 国内市场需求保持稳定增长

2011 年，在全球钢铁行业产能过剩、钢价低迷不振的外部需求环境下，国内市场消费仍将是钢铁行业的主要支撑点。宏观经济保持平稳较快发展为工业行业带来较为宽松的运行环境，"十二五"产业规划的实施以及居民消费结构加速升级成为行业增长的持续推动力，机械、轻工、汽车等主要下游行业仍将保持较高增速（预计在 10% 以上），带动钢铁行业的市场需求回暖，建筑行业受房地产调控影响，行业增长速度相比"十一五"时期可能有所放慢，但保障房建设力度的加大将在一定程度上填补商品房开发投资的减少，同时单位建筑面积用钢有所上升，因此用钢需求仍将继续保持正增长。

### 2. 行业兼并重组继续推进

作为钢铁行业调整优化的中心任务，2011 年钢铁企业兼并重组仍将持续推进，鞍本、山钢等大型钢企有望基本完成合并重组，中小型钢企数量继续减少，行业集中度明显提高。从目前钢铁行业的重组进程来看，前期由于重组涉及复杂的人、财、物关系，推进过程中遇到一定困难和阻力，而 2011 年政策环境有利于钢铁行业重组的快速推进，原因在于，一方面国家节能减排和淘汰落后产能的政策执行力度加大，钢铁行业不再批准新增产能，使得地方政府有通过兼并重组提高行业规模的压力和动力，另一方面前期在重组过程中遇到的矛盾和问题逐步得到梳理和解决，工信部等相关部委在协调相关利益和支持兼并重组方面陆续出台了有针对性的政策和措施，政策效果可能在 2011 年逐步显现。

### 3. 主要产品增速明显下降

预计 2011 年钢铁行业主要产品产量增速比"十一五"时期明显下降，主要原因在于房地产市场调控措施严厉，房地产投资增速预计出现较大回落。工业用钢增速相对平稳，主要原因在于 2011 年工业行业仍将保持较快发展势头，制造业的调整升级是国家重点支持方向，下游产业如机械、汽车、轻工等行业用钢需求较为旺盛。预计 2011 年粗钢产量累计达到 6.6 亿吨，增长 7%，钢材产量累计达到 8.5 亿吨，同比增长 8%，其中棒材、线材、热轧薄板、冷轧薄板等几个主要品种的同比增速将分别达到6%、6%、12%和12%（见表2）。

表2　2011年钢铁行业主要产品产量预测

| | 粗　钢 | 钢　材 | 棒　材 | 线　材 | 热轧薄板 | 冷轧薄板 |
|---|---|---|---|---|---|---|
| 产量（万吨） | 66000 | 85000 | 6900 | 11000 | 760 | 2200 |
| 同比增长（%） | 7 | 8 | 6 | 6 | 12 | 12 |

2011年钢铁行业增加值增速有望反弹。虽然从2010年情况来看，钢铁行业增加值出现逐季回落趋势，但主要原因在于市场供过于求导致钢铁价格低迷，而随着供求矛盾的逐渐缓解，钢铁价格有望在2011年走出低谷，将会对钢铁行业增加值形成有力拉动，同时考虑到产量增速有所回落，预计2011年钢铁行业增加值增速为10%，低于全部工业增加值增速。

**4. 市场价格稳中有升**

2011年，钢铁产品市场价格预计将呈现稳中有升态势。一方面，从产品供求来说，行业整合的加快和淘汰落后产能政策的严格实施将限制产能过快增长，市场供过于求的形势将得到进一步缓解，钢铁库存可能出现高位回落；另一方面，铁矿石价格坚挺，焦炭等主要燃料价格将持续攀升，推动企业生产成本维持高位水平，目前的钢价已经结束持续回落趋势，开始从底部逐步回升，预计2011年有进一步上升的动力，同时国际市场钢价随世界经济的回暖而探底回升，也对国内钢铁价格形成间接拉动。

# 三　政策建议

**1. 加大节能减排政策的执行力度，加快淘汰落后产能**

钢铁行业能耗占全国总能耗的15%，污染物排放占全国的11%。直接关系到我国经济结构调整和"十一五"节能减排目标的实现，同时，目前也是钢铁行业调整结构的良好契机。从第二季度以来钢铁行业生产情况看，节能减排政策取得了一定的效果。主要钢铁产品产量环比连续下降，产能过剩情况得到一定缓解；1～6月份，纳入中国钢铁协会统计的大中型钢铁企业吨钢综合能耗同比下降 2. 15%，吨钢耗新水量同比下降 9. 06%，外排废水中的化学耗氧量同比下降 4. 09%，外排废气中的二氧化硫总量同比下降 5. 02%，烟尘外排总量同比下降 3. 97%。

产能过剩是制约钢铁行业长期发展的主要问题，而目前是行业调整、升级的较好契机，不仅要利用国际市场、国内市场在短期内形成的倒逼机制来淘汰行业落后产能，更重要的是要利用主动调控手段实现产业调整和升级，建议继续加大节能减排力度，严格执行相应的环保标准，重点加大对中小型钢企的环保核查力度，维护公平竞争环境。同时，建立中央对地方节能减排政策执行情况的监督核查机制，确保政策的实际实施效果。

### 2. 加快行业兼并重组步伐，提高行业集中度

加快行业兼并重组是当前钢铁行业发展的另一项重点任务，通过兼并重组形成若干大型企业集团是钢铁行业发展的大趋势，鉴于目前我国推进经济结构调整的外部环境已经形成，转换经济增长动力已经进入实质性阶段，钢铁行业作为急需调整升级的重点行业，在当前背景下应当加快重组步伐，重组工作完成越早，越有利于争取良好的国际竞争环境，提高行业的可持续发展能力。

2010 年以来，钢铁行业兼并重组步伐有所加快，行业集中度有所提高，但实际操作中也面临诸多困难。2010 年，鞍钢集团与攀钢集团进行重组合并，本钢集团合并北台钢铁，天津冶金集团、天钢、天津钢管、天铁联合重组为天津渤海钢铁集团，首钢集团合并重组通化钢铁正式签约，1 ~ 6 月份，最大的 10 家钢铁集团粗钢产量达到 14105. 87 万吨，占全国粗钢总量的 43. 65%，比 2009 年同期提高 2. 76 个百分点，全行业产业集中度有所提高。但从实际操作过程来看，由于兼并重组涉及较为复杂的人、财、物关系，目前多数企业集团的兼并重组工作处于攻关阶段，面临的障碍短期内不易解决，如济钢和莱钢的合并工作已经实施一年，目前面临重新制订重组方案的局面，工作阻力较大。因此，从目前进度来看，2011 年完成行业兼并重组的大部分工作存在较大困难。建议尽快研究确定钢铁行业兼并重组的最终期限，加快促进重点钢铁集团的重组工作。

### 3. 建立完善原材料采购体系

铁矿石谈判已经成为多年困扰我国钢铁行业的问题，从谈判形势的变化来看，供应方的优势地位越来越明显，铁矿石定价体系的变革也已拉开序

幕，铁矿石的"指数化"、"金融化"是长期发展趋势。因此，及时采取措施扭转我国钢铁企业在铁矿石谈判体系中的不利地位、尽快适应新的定价体系已经成为关系到行业长远发展的亟待解决的问题。我国钢铁行业在完善原材料采购体系方面应当重点做好两方面的准备工作，一是加快建立行动统一、强力高效的行业联盟，加强钢铁企业间在市场采购行动中的一致性和有序性，提高整体谈判能力；二是借鉴国外商品期货市场规则和运行机制，尽快建立和完善中国铁矿石期货市场，增强国内外企业参与中国期货市场进行铁矿石期货交易的信心，扩大中国铁矿石期货交易市场的影响力。

# G.30
# 2010 年石油化工行业形势分析及
# 2011 年展望

王 硕[*]

**摘 要：** 2010 年以来，国际市场原油价格整体比上年同期上涨 35% 左右，促进了油气开采业经济效益的大幅度提升；而炼油行业则受制于成品油价格调整幅度有限，不足以弥补原油价格上涨带来的成本压力，从而经济效益大幅度下滑。化工行业随经济形势明显好转，呈现周期性景气回升势头，行业增长速度明显加快，产品价格回升，产量增速提高，使得经济效益大幅度增长。随着原油价格的进一步上升，油气开采业景气继续高涨，而炼油行业的成本压力继续增大，增长困难增加。整体上国民经济将进入稳定增长阶段，扩张性的宏观调控政策已经开始逐渐收缩，化工行业的景气也将有所回落，增速将进一步放缓。在节能减排压力增大的情况下，化工行业的结构调整将进一步深入，主要是淘汰落后产能，发展清洁生产，增强可持续发展能力。

**关键词：** 石油 化工 原油价格

2010 年石油化工行业增速出现明显提升，行业增长呈现较为良好的态势。炼油业和化工行业增加值增长速度大幅度提升，油气开采业和化工行业经济效益大幅度改善，利润增长快速。由于 2010 年以来，原油价格整体上比上年同期出现大幅回升，促进了油气开采业利润出现快速增长，但也增加了炼油行业的成本压力，在成品油价格上调受限的情况下，炼油行业的利润同比出现较大下滑。由

---

[*] 王硕，经济学硕士，国家信息中心经济预测部高级经济师，主要研究产业经济分析与预测、行业景气研究。

于国民经济企稳回升态势明显，特别是汽车、家电、建材、纺织等下游行业复苏明显，带动了化工产品的需求增长，化工行业景气明显回升，化工产品价格上涨，产量增长加快，经济效益明显改善。展望未来石化行业的发展，原油价格有望进一步上涨，将促进油气开采业利润保持较快增长，而炼油行业则由于成本压力增大而难以实现经济效益的改善，利润增速将受原油价格和成品油价格调整双重因素的作用，不确定性增大。化工行业的增速将面临一定调整，由于部分产品产能过剩问题突出，行业增长速度受到限制，而下游行业面临增速回落的态势，化工行业也将进一步减速。在节能降耗、环保减排压力增大的情况下，化工行业的结构调整步伐将进一步加快。

## 一　2010 年 1～8 月石油化工行业增长形势

**1. 油气开采业增加值小幅下降，原油加工和化工行业增加值增速逐渐回落**

石油和天然气开采业在 2010 年工业增加值一直呈现小幅下降的态势，1～8 月累计工业增加值同比下降 1.4%，但自 4 月份以来，油气开采业的增加值降幅呈现逐渐收窄的趋势，前 8 个月的累计增加值降幅比前 4 个月收窄了 1 个百分点，回升势头稳定。2010 年油气开采业增加值同比没有保持增长势头，主要原因在于 2009 年国际市场原油价格从金融危机的低谷中迅速反弹，带动石油及天然气开采业增加值同比增速大幅度上升，2009 年 1～8 月油气开采业的增加值同比增速达到 9.2%，这种从低谷的快速反弹直接增大了 2010 年的增长基数，同时 2010 年原油产量增速回升较快主要是由于海油产量增长较快带动，海油的增加值率相对较低，降低了行业整体的增加值率，使得油气开采业的增加值同比没有保持增长格局。随着油气开采的难度增大，需要的中间投入也明显增大，石油及天然气开采业的增加值增长困难会越来越大。

炼油业和化工行业的工业增加值增长较为快速，但增速呈现逐月回落的态势。2010 年 1～8 月石油加工、炼焦和核燃料加工业累计工业增加值同比增长 11.1%，增长较快，但与第一季度和上半年相比，增速分别回落了 6.0 个和 2.3 个百分点，整体上呈现明显的逐月回落态势。2010 年国民经济继续回升，成品油需求增长较快，直接带动了炼油业的增加值增速回升，第一季度的增加值同比增速一度达到 17.1%，前 8 个月的增加值增速也比上年同期大幅度回升

12.3 个百分点。由于上年的增长基数逐渐增大，相应使得 2010 年的增长速度逐渐有所回落（见图 1）。

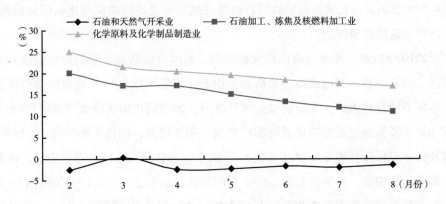

**图 1　2010 年 2~8 月石油化工行业累计工业增加值同比增速**

资料来源：国家统计局。

化工行业工业增加值快速增长，增速逐月有所下降。化工行业是典型的周期性行业，受金融危机的影响较大，2009 年增加值增速一度接近 0。但受益于国家有力的宏观调控政策，投资力度增强对化工行业形成了有力的拉动，2009 年化工行业增加值增速逐渐回升。进入 2010 年国民经济回升态势更为明显，下游房地产业、汽车、家电、纺织等行业都出现了快速的回升，带动化工行业快速增长，第一季度化工行业的增加值增速达到 21.6%，但一方面由于增长的基数明显逐渐放大，使得化工行业的增加值增速出现自然的回落；另一方面国家开始防止国民经济出现过热势头而逐渐收敛了扩张性宏观调控政策的力度，使得整个国民经济的增长速度有所回落，化工行业的增速也逐渐有所下降。2010 年 1~8 月化学原料及化学制品制造业工业增加值同比增长 17%，分别比第一季度和上半年回落 4.6 个和 1.5 个百分点，但与上年同期相比，仍有 7.9 个百分点的大幅度回升。

**2. 石油及天然气开采业利润快速增长，炼油业利润同比大幅度下降，化学工业经济效益明显回升**

原油价格上升带动了油气开采业利润增速的大幅度上升。1~8 月石油天然气开采业全行业累计实现利润 2126.85 亿元，同比大幅增长 93.15%，改变了上年同期利润大幅下滑的格局。原油价格在 2009 年初到达谷底，石油及天然气开采业在 2009 年 2 月份的累计利润一度同比下降 86.06%，较低的增长基数和原油价格的整体上扬使得 2010 年前两个月油气开采业的利润同比增速一度达到 354.23%，随着增长基数的抬高，石油及天然气开采业的利润增速也明显回落，但绝对增速依然很快。

2010 年以来，原油价格出现大幅回升，但国内成品油价格的调整幅度相对有限，前 8 个月，国内成品油价格的平均上涨幅度不到 20%，使得炼油行业的成本压力明显增大，行业经济效益增长乏力，利润同比出现较大下降。1 ~ 8 月石油加工及石油制品制造业累计实现利润 409.3 亿元，同比大幅下降 39.14%，炼油行业经济效益明显下滑（见表 1）。由于国民经济企稳回升态势明显，成品油需求增长较快，炼油行业面临的主要问题就是成本上涨。2010 年前两个月炼油行业利润仅同比下降 7.85%，但随着原油价格保持高位震荡，而成品油价格的上调幅度有限，6 月份还下调了一次，整体上成品油价格的上升幅度相对较小，同时上年同期的利润增长基数较大，使得炼油业的利润同比降幅不断扩大。

表1　2010 年 1 ~ 8 月份石油化工行业经济效益增长情况

| | 销 售 收 入 | | 利 润 | |
| --- | --- | --- | --- | --- |
| | 实际值（亿元） | 同比增长（%） | 实际值（亿元） | 同比增长（%） |
| 石油及天然气开采业 | 6421.05 | 41.38 | 2126.85 | 93.15 |
| 石油加工及石油制品制造业 | 15380.45 | 45.69 | 409.3 | - 39.14 |
| 化学产品制造业 | 29427.28 | 34.05 | 1640.92 | 49.55 |
| 基本化学原料制造业 | 7778.9 | 39.52 | 349.49 | 116.48 |
| 化学肥料制造业 | 3599.3 | 24.71 | 149.6 | 38.7 |
| 化学农药制造业 | 1007.39 | 22.48 | 61.03 | 5.56 |
| 涂料油墨颜料制造业 | 2354.14 | 28.11 | 161.67 | 37.63 |
| 合成材料制造业 | 5117.71 | 38.84 | 245.66 | 47.94 |
| 专用化学产品制造业 | 7920.63 | 37.68 | 532.28 | 51.47 |
| 日用化学产品制造业 | 1649.19 | 18.48 | 141.2 | 4.43 |

资料来源：国家统计局。

化工行业经济效益明显回升，虽然原油价格的上升在一定程度上增加了化工行业的生产成本，但由于国民经济回升态势明显，化工产品的需求明显增大，化工产品的价格也出现大幅度回升，特别是行业去库存的过程在 2010 年已经完成，企业开工率回升，都刺激了化工行业的经济效益的改善。2010 年 1～8 月份，化学产品制造业累计实现利润 1640.92 亿元，同比大幅度增长 49.55%，经济效益改善势头明显。子行业中，基本化学原料制造业、合成材料制造业和专用化学产品制造业的利润增长幅度最大，分别同比增长 116.48%、47.94% 和 51.47%，反映出工业用化学产品的需求增长旺盛的态势，由于受金融危机的影响较为明显，其经济效益波动较大，而日用化学产品制造业的经济效益增长相对稳定，受金融危机的影响较小。环比来看，化学产品制造业的利润增速也呈现逐渐回落的态势，经济效益增长势头趋于稳定。

**3. 原油产量和加工量增速明显回升，多数化学产品产量增速大幅上升**

原油及天然气生产方面，1～8 月全国累计生产天然原油 13310.9 万吨，同比增长 5.44%；天然气累计产量完成 624.57 亿立方米，同比增长 12.59%，增速比上年同期提高 4.45 个百分点。

成品油生产方面，1～8 月份全行业累计原油加工量完成 27583.62 万吨，同比增长 14.86%，增速比上年同期大幅上升 11.42 个百分点，成品油需求明显回升。细分产品来看，1～8 月份汽油产量累计 5037.83 万吨，同比增长 5.34%，增速比上年同期下降 8.83 个百分点；煤油产量 1151.32 万吨，同比增长 23.05%，增速继续上升；柴油产量 10320.34 万吨，同比增长 13.77%，增速比上年同期提高 12.55 个百分点。燃料油产量 1423.16 万吨，同比增长 12.73%，改变了上年同期大幅下滑的局面（见表 2）。

无机化工产品产量方面，1～8 月累计，硫酸产量 4444.05 万吨，同比增长 20.97%；浓硝酸产量 153.65 万吨，同比增长 14.02%；盐酸产量 551.58 万吨，同比增长 9.01%。烧碱产量 1382.11 万吨，同比增长 17.12%；纯碱产量 1385.79 万吨，同比增长 11.38%。"三酸两碱"产量的快速增长，得益于工业生产增速回升、无机化工原料的需求增长加快。

有机化工产品产量增长迅速，1～8 月乙烯产量累计完成 925.06 万吨，同比大幅度增长 39.9%；纯苯产量累计完成 354.63 万吨，同比增长 21.89%。全国精甲醇产量累计完成 1051.87 万吨，同比增长 37.68%。冰醋酸产量累计完成 258.43 万吨，同比增长 42.09%。主要有机化工产品产量均呈现快速增长，速度同比大幅度攀升，反映出行业景气上升势头明显。

表2　2010年1～8月石油化工行业主要产品产量

| | 产　量<br>（万吨） | 同比增长<br>（%） | 增速减上年同期<br>（个百分点） |
|---|---|---|---|
| 天然原油 | 13310.90 | 5.44 | 6.06 |
| 天然气（单位：亿立方米） | 624.57 | 12.59 | 4.45 |
| 原油加工量 | 27583.62 | 14.86 | 11.42 |
| 汽油 | 5037.83 | 5.34 | -8.83 |
| 煤油 | 1151.32 | 23.05 | 1.29 |
| 柴油 | 10320.34 | 13.77 | 12.55 |
| 润滑油 | 554.39 | 15.02 | 15.78 |
| 燃料油 | 1423.16 | 12.73 | 33.64 |
| 硫酸 | 4444.05 | 20.97 | 13.62 |
| 盐酸 | 551.58 | 9.01 | 8.64 |
| 浓硝酸 | 153.65 | 14.02 | 12.45 |
| 烧碱 | 1382.11 | 17.12 | 19.56 |
| 纯碱 | 1385.79 | 11.38 | 14.48 |
| 乙烯 | 925.06 | 39.90 | 43.51 |
| 纯苯 | 354.63 | 21.89 | 20.66 |
| 精甲醇 | 1051.87 | 37.68 | 43.79 |
| 冰醋酸 | 258.43 | 42.09 | 43.91 |
| 农用化学肥料 | 4411.49 | 4.40 | -6.21 |
| 化学农药原药 | 177.98 | 19.70 | 8.53 |
| 聚乙烯树脂 | 672.96 | 34.64 | 36.73 |
| 聚丙烯树脂 | 602.72 | 16.50 | 11.23 |
| 聚氯乙烯树脂 | 744.13 | 15.49 | 18.2 |
| 合成橡胶 | 200.08 | 12.76 | 8.56 |
| 合成纤维单体 | 905.87 | 20.37 | 20.99 |
| 合成纤维聚合物 | 925.40 | 6.13 | -9.93 |
| 聚酯 | 818.57 | 5.09 | -12.17 |

资料来源：国家统计局。

化肥产量增速有所下降，化学农药产量增速上升明显。1～8月全国农用化肥产量累计完成4411.49万吨，同比增长4.4%，增速同比下降6.21个百分点。化学农药1～8月累计产量177.98万吨，同比增长19.7%，增速比上年同期提高8.53个百分点。

合成材料的产量方面，1～8月累计，聚氯乙烯树脂、聚乙烯树脂的产量分别完成744.13万吨和672.96万吨，分别同比增长15.49%和34.64%。聚丙烯树脂产量完成602.72万吨，同比增长16.5%；合成橡胶的产量累计完成200.08万吨，同比增长 12.76%。合成纤维单体产量完成 905.87 万吨，同比增长 20.37%。聚酯产量完成 818.57 万吨，同比增长 5.09%。除合成纤维聚合物和聚酯的产量增速同比有所下降外，其他合成材料产品的产量增速均有较大幅度的上升。

**4. 原油进口快速增长，成品油出口增长较快，进口继续下降；化工产品进出口贸易大幅度回升**

原油进出口方面，2010 年 1～8 月份我国累计进口原油 15787 万吨，累计同比增长 22.6%，增长速度比上年同期提高 15.2 个百分点；原油进口金额达到 883 亿美元，同比增长 77.6%，金额同比增速明显较快，反映出进口原油平均价格明显上升的态势。原油出口方面，我国 1～8 月累计出口原油 156 万吨，同比下降 56.2%，原油出口量大幅度下降（见表 3）。

表 3　2010 年 1～8 月原油及成品油进出口情况

| | 出口量(万吨) | 同比增长(%) | 进口量(万吨) | 同比增长(%) |
|---|---|---|---|---|
| 原油 | 156 | −56.2 | 15787 | 22.6 |
| 成品油 | 1896 | 26.8 | 2388 | −8.5 |
| 其中:汽油 | 372 | 41.7 | 79(吨) | −99.8 |
| 煤油 | 420 | 12.6 | 323 | −15.8 |
| 柴油 | 354 | 19.2 | 100 | −30 |
| 其他燃料油 | 660 | 28.7 | 1566 | −11.4 |

资料来源：海关总署。

成品油出口增长快速，成品油进口继续小幅下降。1～8 月份，成品油累计出口 1896 万吨，同比增长 26.8%，增速仍然很快，但比上年同期下降 9.5 个百分点。其中汽油出口 372 万吨，同比增长 41.7%；煤油出口 420 万吨，同比增长 12.6%；柴油出口 354 万吨，同比增长 19.2%；其他燃料油出口 660 万吨，同比增长 28.7%。进口方面，1～8 月份全国累计成品油进口 2388 万吨，同比下降 8.5%。其中汽油进口 79 吨，同比大幅度下降 99.8%；煤油进口达到 323 万吨，同比下降 15.8%；柴油的进口规模为 100 万吨，同比下降 30%。其他燃料油进口量达到 1566 万吨，同比下降 11.4%。成品油进口继续减少，而出口增速保持较快水平，反映出国内成品油供给相对充足，而成品油价格上涨受限，刺激企业增大了出口的力度。

化工产品进出口增长较快，增速大幅度回升，化工产品进出口贸易重新活跃，逐渐走出金融危机造成的低迷，其中出口回升较快，化工贸易逆差继续扩大，但增速有较大回落。2010年1~8月累计，化学工业及相关产品进出口总额为1070.4亿美元，同比大幅度增长37.85%，改变了上年同期的下滑局面；其中出口472.4亿美元，同比增长39.5%，增速较快；进口598亿美元，同比增长36.6%；化工贸易逆差为125.7亿美元，比上年同期增长27.3%，逆差增速比上年同期回落40.5个百分点。整体上，化工产品对外贸易反弹快速，其中进口规模已经基本恢复至危机前水平，而出口规模也快速回升，化工对外贸易已经摆脱金融危机带来的冲击，回到上升轨道。

## 二　石油化工行业面临的问题

### 1. 原油价格上涨直接增大了炼油行业的成本压力

2010年以来，国际市场原油价格始终在每桶70~80美元一线波动，呈现箱体震荡的格局（见图2），前10个月国际市场原油价格平均为77美元/桶，比上年同期上涨了35%左右，这直接增大了油气开采业的利润，但也使得炼油业承受着巨大的成本上涨压力。2010年1~8月原油加工和原油制品制造业累计主营业务成本同比增幅高达59.64%，比同期销售收入的增幅高13.95个百分点，成本增长相对过快，使得炼油业的利润同比出现较大下滑。虽然我国成品油价格跟国际市场原油价格的联动性更强，但成品油价格的调整仍是多重因素综合考虑的结果，特别是2010年以来国内CPI涨幅不断提高，9月份的单月CPI涨幅已经达

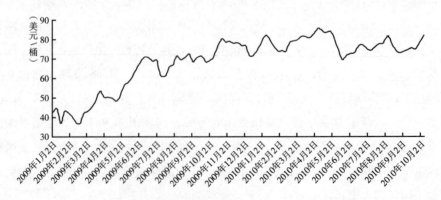

**图2　纽约期货交易所原油期货价格走势**

到 3.6%，国内通货膨胀压力明显增大，这种情况下成品油价格的上调存在一定的难度，拉大了原油价格和成品油价格涨幅的差距。2010 年前 10 个月，国内成品油价格的平均上涨幅度不到 20%，低于原油价格上涨幅度 15 个百分点左右。

**2. 部分基础化工产品的产能过剩限制了产品价格的上涨**

2010 年化工行业呈现良好的回升态势，行业经济效益大幅增长，产品产量增速快速回升，但化工行业景气回升并不能掩盖部分基础化工行业产能过剩的矛盾，而且这一矛盾有加剧的趋势。2009 年末，合成氨、电石、甲醇等行业被国家列入产能过剩和重复建设严控目录范围，而磷肥、纯碱、烧碱等行业产能相对过剩问题也较为明显。根据石油化工协会的统计，2010 年上半年乙烯装置开工率约为 84%，烧碱和纯碱装置开工率分别约为 69% 和 88.1%，磷肥装置开工率约为 75%，甲醇装置开工率约为 44%。其中乙烯和纯碱装置开工率分别比上年同期下降 4 个和 10 个百分点，甲醇的装置开工率已经很低，但仍继续比上年同期下降。虽然 2010 年磷肥装置开工率有所回升，但仍显得相对不高，而 2010 年上半年磷肥行业的投资增速仍高达 78%，产能过剩的矛盾有加剧的势头。

以烧碱、纯碱、甲醇为例，2009 年底，我国纯碱总产能达到 2400 万吨/年，约占全球纯碱总产能的 28%，2009 年国内纯碱开工率约为 84.2%，富余产能近 400 万吨，2010 年仍有约 230 万吨产能投产，将有 630 万吨的过剩产能。烧碱方面，截至 2009 年底，我国烧碱装置能力已达 2793 万吨，装置开工率仅为 70% 左右。2010 年上半年，国内计划新建的烧碱项目产能将达 297.5 万吨，下半年还将增加 300 万吨。这使得纯碱和烧碱行业产能过剩有增大趋势，需求量的增长速度远远低于产能的增长速度。甲醇方面，2010 年国内甲醇产能将达到 2890 万吨，但国内甲醇需求量约为 1800 万 ~2100 万吨，考虑到甲醇的进口规模占表观消费量的 35% 以上，使得我国甲醇的过剩产能仍达到 60% 左右。由于产能过剩矛盾较为突出，使得产品价格上涨乏力，2010 年以来乙烯、纯碱、烧碱、硫酸的价格上涨幅度有限，甚至有下滑态势，整体上产能过剩的矛盾仍是部分基础化工产品行业面临的首要问题。

**3. 节能降耗压力大，增大了化工行业成本**

2010 年是"十一五"收官之年，国内节能降耗的工作力度进一步增大，5 月 12 日，国家发改委、国家电监会、国家能源局联合下发《关于清理对高耗能企业优惠电价等问题的通知》，全面清理对高耗能企业的用电价格优惠。6 月 29

日，中国石油和化学工业联合会印发了《关于促进石油和化学工业节能减排工作的意见》，提出将从产业结构调整、节能减排技术推广、企业能源和环保管理等方面着手，加强行业节能减排工作，促进"十一五"行业节能减排目标实现。由于优惠电价的取消、新技术的推广、环保成本增加等因素，化工行业的生产成本出现一定上涨，由于2010年较好的宏观经济形势，特别是下游的房地产、汽车、家电、纺织等行业景气均呈现明显的上升势头，使得化工行业存在产品价格上涨的空间，从而消化成本增加的压力。整体上，化工行业的成本增大的压力将一直存在，而能否持续通过涨价来转移成本压力，取决于宏观经济形势能否保持良好的势头，这使得化工行业面临较大的增速回落的风险。

## 三 石油化工行业 2011 年展望

**1. 原油价格存在较强的上涨动能，油气开采业的增长形势良好**

2010年原油价格箱体震荡格局，表明在每桶70~80美元一线原油价格存在较强支撑。目前原油供需相对均衡，供求角度上不存在导致原油价格大幅波动的因素，原油价格更多呈现其金融属性。而从国际金融市场的态势来说，2010年以来国际市场流动性泛滥的格局没有改变，而且进一步扩大，这是原油价格获得支撑的重要原因。展望未来，由于世界经济复苏的进程仍然缓慢，欧美国家失业率居高不下，这使得各国的低利率政策持续，特别是日本和美国相继推出第二轮量化宽松货币政策，使得美元指数应声下跌，而国际原油期货市场出现了原油价格上冲的动作。从趋势上看，无论从世界经济进一步回暖还是美元进一步贬值的角度来看，原油价格都有进一步上涨的动能。原油价格继续上涨，将直接促进油气开采业的景气进一步上升，行业增长前景良好。

**2. 炼油业的成本压力不会得到根本释放**

虽然成品油定价机制日益灵活，增强了和国际市场原油价格的联动性，但成品油价格对CPI的影响，也将始终是调控所考虑的重要因素，2010年通胀压力较大，因此成品油价格大幅度上调难度很大。展望2011年，由于原油价格上涨预期强烈、动能较足，因此炼油行业的增长形势将直接受成品油价格调整的影响。由于2010年成品油价格上涨的幅度落后于原油价格上涨幅度很多，而且差距不断扩大，短时间内很难扭转这一格局，同时2011年流动性泛滥的格局不会根本改变，通胀压力仍将存在，成品油价格的调整幅度仍受到一定限制，因此炼油行业 2011 年仍面临较大的成本压力。

**3. 化工行业增速将有所回落**

2010 年化工行业良好的增长形势得益于国家有利的宏观调控政策，特别是投资力度增大，以及一系列刺激家电、汽车购买等消费政策发挥作用，使得化工产品的下游需求增长快速，带动了化工行业的景气上升。展望未来化工行业的发展，首先是国民经济已经走过快速反弹阶段，未来将进入平稳增长轨道，这使得化工行业的增速也将继续有所调整。特别是家电、汽车等下游行业 2010 年的快速增长得益于刺激消费政策的效应明显，而 2011 年这些政策是否持续存在不确定性，即便继续存在政策效应也将减弱，同时房地产业受到国家调控政策较强控制，增长形势不乐观。这些下游行业的需求增速放慢，将导致化工行业的增速放慢。其次是化工行业自身存在的产能过剩问题，短时间内难以解决，特别是纯碱、烧碱、甲醇、硫酸等基础化工产品仍将面临开工率不足的矛盾，限制了行业增速的上升。尤其是大量落后产能的存在，限制了化工行业结构升级的速度，结构调整进展缓慢，也将影响化工行业的整体增速。

**4. 化工行业的节能减排压力仍然很大，结构调整将进一步加快**

目前我国石油化工行业的规模已居世界前列，已然成为世界石油化工大国之一。但由于国内石油化工行业大部分都是中小企业，技术工艺水平较为落后，生产的大都是属于"两高一资"产品，与世界石油化工强国的差距较大。目前我国原油加工、乙烯、合成氨、烧碱、纯碱、电石、黄磷等产品的平均能耗与国际先进水平的差距在 5%～15%。近年来，随着资源短缺和环境污染等问题日益凸显，石油化工行业的清洁生产也成为发展重点，我国石油化工行业的节能减排压力仍然比较大。2011 年是"十二五"的开局之年，化工行业的节能减排力度将进一步增大，结构调整的步伐将进一步加快。展望化工行业的未来发展，国内传统基础化工行业需要进一步淘汰落后产能，整合分散产能，同时逐渐向差别化、专业化、精细化方向发展，精细化工、化工新材料等产业发展空间广阔。

综合分析，初步预计 2010 年我国原油产量将达到 1.98 亿吨，同比增长 5%；原油加工量将达到 4 亿吨，同比增长 8.8%；化工行业工业增加值增长速度为 14% 左右。2011 年，我国原油产量将达 2.02 亿吨，同比增长 2%；原油加工量 4.22 亿吨，同比增长 3.5%；化工行业工业增加值增长速度为 10% 左右。

# 区域经济篇

Regional Economies

## G.31

# 2010 年区域经济发展分析与 2011 年展望

胡少维*

　　摘　要：区域协调发展战略初见成效，中西部地区经济增幅持续高于东部沿海地区，以人均 GDP 计算的变异系数①也呈现下降趋势，表明区域经济发展差距正在逐步缩小。2011 年，在加快转变经济发展方式的大背景下，区域发展环境会发生一定变化，产业转移继续加快。中西部地区经济领先增长的局面将延续；中西部以及东北地区的固定资产投资增幅仍维持高位；在国家收入分配体制改革推进影响下，居民收入特别是中西部地区居民收入有望保持较高增幅，中西部消费增幅有望略微高于东部，但整体消费增幅差异不大。为进一步促进区域经济协调发展，建议完善财政转移支付体系，注重不同区域竞争优势的培育，不同区域市场规则应具统一性，完善地方政府政绩考核机制，营造良好的区域文化氛围。

　　关键词：区域经济　区域政策　发展趋势　问题与建议

---

*　胡少维，高级经济师，国家信息中心经济预测部，主要研究宏观经济、区域经济等问题。
①　变异系数也称标准差率，标准差与平均数的比值称为变异系数。

"十一五"以来，我国区域经济政策逐步细化，各有侧重、各具特色的区域政策体系逐步完善，各区域比较优势进一步凸显。各地区立足自身特色，发挥比较优势，自我发展能力逐步增强，区域合作机制不断完善，区域发展的协调性进一步增强。目前，区域经济发展已成为宏观调控和结构调整的重要着力点，备受各方关注，相关政策措施也不断细化，区域协调发展的良好势头将得以延续。针对区域协调发展中的问题，需要在"硬"环境改善的情况下，不断完善"软"环境建设，突出各区域的鲜明特色，促进区域之间由竞争走向竞合。

## 一　区域经济发展差距呈缩小趋势

　　自从 2008 年以来，持续了 30 多年的东高西低增长格局开始出现变化，中部、西部和东北地区经济增幅全面超越东部地区，进入 2010 年后这种态势更为明显，上半年尽管各地区增幅均出现回落，但回落幅度不一，其中东部地区更为明显，中西部、东北地区与东部地区的经济总量相对差距缩小的趋势已初步形成（见表1）。

表1　各区域 GDP 增幅

单位：%

|  | 地区合计 | 东　部 | 中　部 | 西　部 | 东　北 | 长三角 | 京津冀 | 广　东 |
|---|---|---|---|---|---|---|---|---|
| 2007 年全年 | 14.24 | 14.20 | 14.18 | 14.49 | 14.13 | 14.38 | 13.10 | 14.50 |
| 2008 年第一季度 | 12.57 | 12.41 | 12.44 | 12.87 | 13.44 | 12.58 | 12.35 | 10.50 |
| 2008 年上半年 | 12.65 | 12.30 | 13.32 | 12.43 | 13.96 | 12.19 | 12.41 | 10.70 |
| 2008 年前三季度 | 12.32 | 11.66 | 13.19 | 12.73 | 13.81 | 11.65 | 11.14 | 10.40 |
| 2008 年全年 | 11.77 | 11.13 | 12.17 | 12.51 | 13.38 | 11.03 | 10.98 | 10.10 |
| 2009 年第一季度 | 7.93 | 6.99 | 8.03 | 10.63 | 8.49 | 6.47 | 9.16 | 5.80 |
| 2009 年上半年 | 9.50 | 8.76 | 9.04 | 11.85 | 10.83 | 8.52 | 9.88 | 7.10 |
| 2009 年前三季度 | 10.55 | 9.80 | 10.36 | 12.55 | 11.80 | 9.49 | 10.89 | 8.60 |
| 2009 年全年 | 11.62 | 10.78 | 11.72 | 13.52 | 12.60 | 10.42 | 11.37 | 9.50 |
| 2010 年第一季度 | 15.23 | 14.71 | 15.51 | 16.44 | 15.38 | 15.19 | 14.90 | 12.50 |
| 2010 年上半年 | 13.89 | 13.03 | 15.00 | 15.00 | 14.59 | 12.64 | 14.23 | 11.20 |

　　资料来源：依据国家统计局景气月报计算而来。

　　若以人均 GDP 来衡量，近年来我国区域差异也逐步缩小，表 2 显示了以 2005 年价格人均 GDP 计算的变异系数，从中可见，自 2002 年起，变异系数逐步降低，呈现稳步下降态势。人均 GDP 最高值与最低值（上海与贵州）相比，也略有下降。但若剔除北京、天津和上海三大直辖市的话，变异系数变化不大，呈基本稳定状态，人均 GDP 最高值与最低值（浙江与贵州）相比，呈先升后降的轨迹。这一方面说明过去三大直辖市与其他地区的发展水平差距太过明显，另一方面也说明近年三大直辖市在吸纳外来常住人口、化解区域经济发展差距方面作出了比较大的贡献。

表2　以 2005 年价格人均 GDP 计算的变异系数

| 年　份 | 2002 | 2003 | 2004 | 2005 | 2006 | 2007 | 2008 | 2009 |
|---|---|---|---|---|---|---|---|---|
| 变异系数 | 0.70 | 0.68 | 0.68 | 0.67 | 0.66 | 0.65 | 0.63 | 0.61 |
| 最高/最低 | 10.57 | 10.33 | 10.50 | 10.26 | 10.11 | 9.97 | 9.69 | 9.31 |
| 变异系数 | 0.39 | 0.40 | 0.41 | 0.42 | 0.42 | 0.42 | 0.42 | 0.41 |
| 最高/最低 | 5.06 | 5.28 | 5.43 | 5.40 | 5.39 | 5.32 | 5.21 | 5.07 |

　　注：差异系数为剔除北京、上海、天津市后其他 28 个省份的变异系数；最高/最低为不包括北京、上海、天津市的比值。

## 二　区域经济协调发展仍存在问题

### 1. 区域间基本公共服务水平仍有较大差距

根据有关专家构建的地区间公共服务均等化水平指标体系测算结果，我国地区间公共服务水平差距在 2000～2008 年期间没有缩小，尽管在其中若干年度出现下降，但总体上看，还是呈现上升的趋势，起码没有出现缩小趋势（见表3）。

表3　各地区公共服务均等化水平变化情况

| 年　份 | 2000 | 2001 | 2002 | 2003 | 2004 | 2005 | 2006 | 2007 | 2008 |
|---|---|---|---|---|---|---|---|---|---|
| 变异系数 | 0.25 | 0.30 | 0.30 | 0.29 | 0.27 | 0.29 | 0.27 | 0.31 | 0.30 |
| 极差率 | 2.89 | 3.71 | 3.09 | 3.08 | 2.79 | 2.82 | 2.96 | 3.34 | 3.37 |

　　资料来源：参见安体富、任强《政府间财政转移支付与基本公共服务均等化》，《经济研究参考》2010 年第 47 期。

### 2. 深层次区域合作仍存在诸多障碍

尽管经济发展的区域化以及区域之间的合作是大势所趋，适应自身发展需要的经济联合与协作不断展开，区域合作的形式日益多样与丰富，但许多关键领域的一体化进程还未能有效推进，区域合作缺乏稳定的制度基础和有效的运作机制。在产业合作领域推进的难度非常大，一些高产值、高税收的产业成为各地竞相争取的项目，区域之间的竞争远远大于合作。

**3. 区域特色还不够明显**

不同区域有各自不同的比较优势，本应有各自不同特色的产业构成，但目前我国各地区的产业雷同情况十分严重。很多地方均将产值高、利税高的钢铁、煤电、化工等列为产业发展的重点。尽管一些行业早就出现了低水平的产能过剩，但这种现象非但没有改变，反而还有进一步加剧的趋势，特色产业在区域经济发展中的比重不大，作用不够强。

# 三 区域政策取向以及发展趋势判断

## （一）区域政策走向

2011 年，是"十二五"规划的第一年，我国将继续实施区域协调发展总体战略。其中，西部大开发从"坚持"到"深入"，东北老工业基地强调"全面"，中部地区崛起重"着力"，东部地区"继续深化改革开放"，少数民族地区仍然把保障民生作为发展重点。

就区域政策体系框架而言，将研究制定符合主体功能区理念的区域政策体系，提高区域政策的针对性和有效性。对优化开发区，严格限制污染，实行最严格的耕地保护制度和节约集约用地制度；对重点开发区，增强人口和产业的集聚能力；对限制开发区和禁止开发区，增加用于公共服务和生态环境补偿的财政转移支付，严格土地用途管制，建立生态环境补偿机制，鼓励生态移民。

分区域看，西部地区是中国资源丰富的宝藏，西部大开发的重点在于怎样让资源优势转化为产业优势，因此，加快出境、跨区通道建设，引导资源富集地区、重点边境口岸发展就将成为工作的重点。

东北老工业基地将把产业升级作为振兴的关键，促进发展先导产业和产业集群，加快产业结构优化升级，发展现代农业，加强重大基础设施建设，加快资源枯竭型城市经济转型，促进资源节约和综合利用。

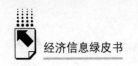

中部地区将加强粮食生产基地建设，稳步推进能源原材料基地建设，提升装备制造和高技术产业发展水平，加快综合交通运输枢纽建设，推进重点经济带（区）加快发展，加强两型社会建设。

东部地区需要继续做好区域发展的领头羊和对外窗口，加快构建现代产业体系，加快综合运输通道建设，加快海洋开发步伐，发挥中心城市辐射带动作用，率先建立资源节约型和环境友好型社会。

## （二）区域经济发展环境

### 1. 非均衡发展向非均衡协调发展转变

首先，有别于以前东部地区以点状或线状开发为特色的非均衡发展模式，目前是一种新的、动态均衡的网格状方式的发展道路。将从地域空间入手，从根本上解放生产要素，缓解结构性矛盾，缓和城乡差距、地区差距及收入差距。

其次，各地的资源禀赋与区位优势正在得到市场化重估，过去主要靠行政手段将生产要素向东部过度配置的格局正在被打破。新格局将会更多地发挥市场对资源的配置作用。以往那种主要靠优惠政策来谋取竞争优势的做法，在未来一段时间也许还会有用，但新形势下各地只有发挥本地的禀赋优势或区位优势，才能获取更多话语权、议价权，把经济增长的根系深植在自己的乡土上。

再次，劳动力市场将出现一定变化，劳动力的地域流向会有新的态势，过去那种大量农民工往东走的景象会慢慢淡化。由于生产成本与生活成本日益高昂，东部地区经济增速将不可避免地进入慢通道，中西部由于比较优势明显，出于资本逐利性的考虑，有可能出现东部资金、技术和人流往内地走的景象。

在各地区的比较优势重新洗牌之后，整个社会的各种资源，包括人流、物流、资金流、技术流、资本流、信息流等，都会根据市场化原则进行"大开大合"的重组配置。将对不同偏好的资金、技术、资本、人才流向构成影响，也将非常有利于多样化区域经济发展新格局的形成。

### 2. 低碳经济模式缩小了不同地区的起点差距

我国正处于加速工业化、城市化进程中，对资源尤其是能源矿产资源的消耗仍有较大增长空间，资源供给与经济发展需要之间的矛盾会越来越突出，环境保护和应对全球气候变化的压力也越来越大。要实现社会经济的各项发展目标，解决目前存在的环境和发展矛盾，走低碳经济道路是最佳选择，这不仅可以实现温室气体减排，也可以促进环保，改善人民生存环境。2009 年 11 月 26 日，中国政府宣布，到 2020 年，我国单位国内生产总值二氧化碳排放比 2005 年下降 40% ~ 45%，并将其作为约束性指标纳入国民经济和社会发展中长期规划。目前，无论是发达国家还是发展中国家，都处于低碳经济的起步阶段，技术不成熟，产业化方向不明确，中国与发达国家在这方面的差距并不大，基本上站在同一起跑线上。同样，国内不同地区也基本站在同一起跑线上。

### （三）区域经济发展趋势

#### 1. 产业集群发展对区域经济发展的影响力增大

目前，促进产业集群发展升级已成为调整优化产业结构、建设现代产业体系进而推动经济又好又快发展的有效抓手。现在可以观察到这样的趋势：就同类产品而言，采取产业集聚方式生产的那些地方的竞争力显著地强于没有采取这种方式的地方，而且出现了其他地区的企业向产业集聚地区转移的势头，产业集聚与产业竞争力的关联度逐步增强。

从各地发展规划来看，大部分地区都把培育产业集群作为推动区域经济发展的主要战略之一。同时，各级各类开发区的存在，为产业集群式发展提供了空间依托。随着转变经济发展方式的一系列方针政策的落实和国家自主创新战略的实施，在既有的产业集群之外，将成长一批高新技术的产业集群。可以讲，区域经济的发展水平和持续性一定程度上将取决于该区域产业集群的发展状况。

#### 2. 区域产业转移将加快

从政策上讲，2010 年 9 月 6 日，经国务院常务会议审议通过，正式印发了《国务院关于中西部地区承接产业转移的指导意见》，在财税、金融、投资、土地等 6 个方面对中西部地区承接产业转移给予支持，力促我国中西部地区成为产业转移的首选地。

从产业发展看，长三角、珠三角、环渤海等东部沿海地区资本相对饱和，加之土地、劳动力、能源等要素供给趋紧，资源环境约束矛盾日益突出，外延型发展方式难以为继，加快经济转型和结构升级刻不容缓。同时，中西部地区的投资环境已经得到了很大的改善，交通运输条件有了很大的提高，特别是中西部地区能源资源丰富，劳动力充足且价格较低，对于企业来说，把一些资源型和劳动力密集型产业逐步向中西部转移，一方面可以使产品更加靠近原料产地，降低运输

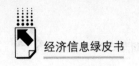

成本，另一方面也能获得廉价的劳动力，从而减少生产成本。因此，东部沿海的传统和劳动密集型产业有向内地转移的迫切需求。

**3. 中西部GDP将继续保持领先增长势头**

未来中西部地区将是我国工业化、城镇化的主战场。目前我国东部地区工业化、城镇化水平已经比较高了，而中西部地区城镇化率较低，正处在快速发展时期，工业化也尚有巨大的发展空间。因此，总体上看，未来我国工业化、城镇化的重点将向中西部转移，这将有利于中西部地区继续保持经济快速增长。特别是在新的区域发展环境下，产业转移有加速趋势，东部相关产业、人才、资金等要素纷纷向中西部转移，也将推动中西部地区的经济增长。因此，在政策和市场共同作用下，中西部以及东北地区经济仍将保持较高增幅，持续向好的趋势不会逆转。另外，尽管经济转型是各地区共同面临的任务，但相对而言，东部沿海地区面临的压力更大，因经济转型短期内速度损失会更大一些。两相比较，中西部继续保持领先增长的态势将会凸显。

**4. 东部与其他区域固定资产投资增幅差距会略有缩小**

固定资产投资一直是拉动我国经济增长的主要动力，甚至是欠发达地区实现跨越式发展的不二法门。尽管国家将扩大内需的重点放在消费上，而且4万亿投资计划也行将完结，政府性投资将减弱，加上资金过于宽松的情况逐步走向常态，固定资产投资增长回归正常乃情理之中。但2011年是我国"十二五"规划的起始年，一批规划项目将陆续上马，加上地方政府投资的冲动，投资增速不大可能大幅下降；促进民间投资的政策措施逐步落实，民间投资积极性不断提高，将一定程度上弥补政府性投资留下的缺口；城市化步伐加快，城镇基础设施投资仍将处于高速发展期，带动相关行业投资的增长；新兴战略性产业规划出台，拓展了产业投资空间；涉及民生方面的投资力度会继续加大；企业效益比较好，为投资增长提供了资金支持；等等。这些因素决定了固定资产投资增幅仍将保持较高水平。不过，由于民间投资的地位不断上升，而在这方面东部沿海地区具有比较优势，因此，东部与其他区域固定资产投资增幅差距会略有缩小。

**5. 中西部地区社会消费品零售总额增幅略高于东部**

尽管各地区消费增幅相对平稳，增幅差距也不是很大，但近两年社会消费品零售总额增幅已初步呈现东部地区相对低、其他地区相对高的局面。其原因在于：一是城镇居民收入增幅各地区差别不大，而农村居民收入在国家相关惠农政策的影响下增幅不断提高，欠发达地区相对受益比较多，农民收入提高幅度大一些；二是不同地区居民收入水平处在不同层次，因而其消费倾向略有差异，东部地区相对低一些；三是物流市场发展迅速，全国消费大市场基本形成，各地区居民在地区外消费的比例逐步下降。展望未来，应该说上述影响消费增长格局的因素依然存在，因此，目前这种消费增长格局有望持续。

### 6. 欠发达地区外贸活跃度相对提升

2010 年，在上年基数较低和国家相关政策的共同作用下，我国进出口增幅较高，而其中一个突出的特点是，中部、西部、东北地区无论是进口还是出口（按经营单位所在地分）增幅均比东部地区高，显示欠发达地区外贸活跃度相对提升，在外贸顺差占比中，这些地区也有比较大幅度的提升。究其原因，一是近年这些地区经济发展水平提高，产品层次有所提升；二是受成本因素和资源条件影响，一些外贸企业内迁，相应带动了当地外贸的发展；三是东部地区正处于转型期，更具竞争力的外贸产品结构尚处于形成过程之中。短期内这些因素很难改变，因此，这一态势会延续下去，外贸进出口对其经济增长贡献度中部、西部、东北地区会相对大一些。

## 四 促进区域协调发展的建议

### 1. 完善转移支付方式

我国公共服务提供不均有若干原因，就短期来看，一个科学有效的财政转移支付制度是实现公共服务均等化的重要途径。但我国现行转移支付制度存在一定的缺陷：一是转移支付形式过多，相互之间缺乏统一的协调机制。二是税收返还的制度设计不利于公共服务均等化，由于采取的对所有地区无差别的基数税收返还，不仅未解决因历史原因所造成的财力分配不均和公共服务水平差距大的问题，反而肯定了这一差距，不利于缓解地方收入分配不合理、不公平的现象。三是一般性转移支付规模过小，均等化作用有限；四是专项转移支付规模过大，且运行不规范。建议进一步明确中央政府与地方政府以及地方各级政府之间在提供义务教育、公共卫生、社会保障和生态环境等基本公共服务方面的事权，健全财力与事权相匹配的财政体制；试行纵向转移与横向转移相结合的模式；完善转移支付形式；逐步取消税收返还和体制补助，调整财政性转移支付。

**2. 重视比较优势发挥，更注重竞争优势的培育**

如果简单地基于比较优势理论发展经济，很容易弱化主导产业发展能力，自困于传统工业化发展思维，就有可能步入"比较优势陷阱"。因此，要走出片面强调比较优势理论而形成的一系列认识误区，调整基于此理论之上的政策措施，抓住新一轮国际、国内产业新裂变的机遇，在产业结构上不断创新、不断提升、不断延伸，形成多元化高级化的产业结构，将静态的比较优势转化为动态的比较优势，并且将产品的比较优势转化成在市场上的竞争优势，促使区域经济持续、快速、健康增长。

**3. 区域规划以及区划调整要避免形式化**

近两年，我国先后批准了十多个区域经济发展规划，其中一些区域发展规划相继上升为国家战略。不仅如此，一些城市也开始了大规模的行政区划调整。区域规划的覆盖面涵盖了全国几乎所有地区，新的区域经济版图也逐渐成形。毫无疑问，区域发展规划如今已成为促进我国经济发展的重要"抓手"，每一份"发展规划"获得批复后，上到政府、资本，下到企业、民众无一例外地迸发出大干一场的强烈热情。尽管这对解决区域发展不平衡、主体功能不突出以及产业重复建设和结构趋同等问题有积极的作用，但如果区域经济发展不能解决好核心问题，区域规划以及区划调整只注意外在形式而不重视内在关系的协调，甚至成为争政策、争投资的手段，那么，其功效将大打折扣。

**4. 完善地方政府政绩考核机制**

在市场经济转型"过渡期"，在政府主导型经济模式下，除企业是市场主体外，政府也是代表地方利益的市场主体。因此，在当地政府以 GDP、税收、就业等为基本考核目标的约束下，政府行为出发点就是本地区利益的最大化。要改变以经济利益为导向的政府考核机制，全面、正确地引导转变政府的价值取向和行为模式，规范地方政府行为，促进地方政府间的合作，改善政府间的利益关系，应把政府政绩考核的理念统一到两点：一是本地区可持续发展的能力；二是本地区社会效益和经济效益，即综合效益的体现。要建立科学的绩效评价体系，从战略发展的角度考核政绩。

**5. 区域市场规则应具统一性**

区域经济一体化的实质是降低交易成本，推高资源配置效率，推高整体竞争力，形成全国统一大市场。政府要废除区域内限制商品流通的贸易壁垒，逐步扫除限制区域内各种生产要素自由流动的障碍，实现劳动力、资本、资源的自由流动和市场准入。区域政府应实行统一的非歧视性原则、市场准入的原则、公平交易的原则、公平透明的原则，促进要素市场的发育与完善，引导生产要素在行政区域间合理流动，制定统一规范的市场规则，促进市场的发育与完善。

**6. 营造良好的区域文化氛围**

一个地区的地理环境和经济社会发展态势在长期的历史积淀中会形成特定的人文历史条件，发展为该地区的区域文化。区域文化会对该区域人们的思维方式和心理素质产生累积性影响，形成该区域具有普遍性的思维模式和心理定式。这种思维模式和心理定式作为一种"集体无意识"，在相当程度上影响着人们的生活习惯和行为方式，以至于成为该区域人们的对外形象和外界对该区域人们的基本评价。它不以个别人的意志为转移，单凭个体力量也无法改变，从而在区域发展中呈现强大惯性，促进或阻碍该区域经济社会的发展。

先进文化不仅能为区域现代化发展提供广泛的智力支持，而且能使一个区域形成独特的文化气质、浓郁的文化氛围等，使一个区域的人们形成较高的文明素质、健康的生活方式、良好的精神状态等，进而形成该区域特有的文化软实力，成为推动区域发展的强大动力。因此，在区域发展中，应注重对文化的传承、创新甚至改造和整合，营造良好的发展环境和氛围，提升区域综合竞争力，从而促进整个区域经济发展和社会进步。

# G. 32

# 2010 年长三角地区经济形势分析与 2011 年展望

刘伟良　徐建荣*

**摘　要：** 2010 年长三角地区经济增长高位开局，全年将形成前高后稳的增长态势。2011 年，长三角地区存在着良好的经济发展机遇，同时又面临着世界经济复苏不确定、经济增长放缓、人民币升值、要素成本上升等复杂环境，预计全年经济增幅略有回落。长三角地区需要准确分析判断复杂经济形势，注重政策实施的灵活性，积极培育内部需求，加快产业结构调整，着力发展新兴产业和现代服务业，注重保持经济增长的平衡性。

**关键词：** 长三角　经济增长　结构调整

2010 年以来，长三角地区两省一市积极贯彻落实国家宏观调控政策，有效应对后金融危机时期的各种挑战，紧紧抓住长江三角洲区域规划实施和上海世博会召开带动的巨大发展机遇，积极推进长三角一体化发展，整体经济较快恢复性增长。

## 一　2010 年长三角地区经济运行态势

### 1. 从产出看：速度快、效益好

（1）经济增长处于高位并逐步趋稳。2010 年以来，在国家积极财政政策和

---

\* 刘伟良，经济学硕士，江苏省信息中心副主任，研究员，主要研究领域为数量经济、区域经济；徐建荣，管理学博士，江苏省信息中心副处长，助理研究员，主要研究领域为产业经济、经济信息化。

适度宽松货币政策的刺激性措施下，长三角经济延续了 2009 年的恢复性增长态势，经济惯性推动了增长的高位运行。第一季度，江苏、浙江、上海两省一市GDP 增长分别高达 15.4%、15%、15%，均处于历史高位，分别高出上年同期5.2 个、11.6 个、11.9 个百分点。到第三季度，江苏经济增速下降到 14.1%，浙江回落至 12.5%，上海 12.7%。总体呈现高位回稳的发展态势。

（2）工业企业效益较好。1～9 月，江苏、浙江规模以上工业增加值分别增长 16.3%、17.5%，增幅比上年同期分别提高 3.3 个、14.5 个百分点，上海规模以上工业总产值同比增长 25.1%，增速加快 27.2 个百分点。在工业生产加快增长的同时，企业效益进一步提升，江苏、浙江 1～8 月亏损企业亏损额同比分别减少 35%、32.9%，利润总额扩大显著。上海市工业企业 1～8 月实现利润总额比上年增长 82.39%，电子信息产品制造业、汽车制造业等六个重点发展的工业行业实现利润总额增长 1.2 倍。

**2. 从投入看：规模大、价格升**

（1）投资规模扩大明显。前三季度，江苏城镇固定资产投资总额接近 1.2万亿元，同比增长 22.6%。浙江 1～9 月限额以上固定资产投资 7891 亿元，比上年同期增长 17.7%，增速比 1～8 月加快 0.9 个百分点，同比加快 2.8 个百分点。受世博配套项目竣工对投资带动效应的减弱以及产业结构调整形成的工业投资下降等因素影响，上海固定资产投资出现了一定萎缩，1～9 月全社会固定资产投资 3456.49 亿元，同比减少 7.4%。

（2）劳动力成本快速上升。近年来，长三角地区经济快速发展，劳动力需求量巨大，劳动力供需关系呈现一定程度的偏紧状态，促进了工资水平的上升。同时，生活成本的提升也催生了工资的快速上涨。2010 年，苏浙沪两省一市最低工资标准均进行了较大幅度调整，企业用于支付人工工资的费用大幅增加。江苏率先在全国上调最低工资标准，从 2010 年 2 月 1 日起省内各类地区的最低工资涨幅超过 12%，一类地区月最低工资达到 960 元。上海市从 4 月 1 日起，最低工资标准从 960 元调整为 1120 元，增加数额为历来之最，工资标准居全国首位。浙江省也从 4 月 1 日起将最低月工资标准进行了调整，最高一档标准为 1100 元，此次各档工资增幅最高达到 15.9%，最低也在 14.6%。

（3）物价上升压力增大。2010 年以来，长三角地区物价上行压力加大，粮食、蔬菜等食品类价格涨幅较高，直接带动居民消费价格上升。前三季度，江苏、浙江、上海居民消费价格指数累计分别达到 103.3、103.5、102.7，分别高于上年同期 4.1 个、5.7 个、3.4 个百分点。从逐月增长情况看，除个别月份，苏浙沪两省一市居民消费价格呈上行趋势，9 月份江苏同比增长 4.6%，为 2010年以来最高水平，也是 2008 年 9 月以来的最高值，浙江、上海也分别达到了3.6%、3.8% 的高位，通货膨胀压力增大，具体见图 1。

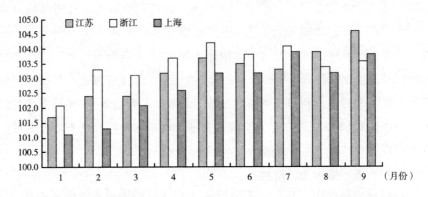

**图 1　1~9 月江苏、浙江、上海居民消费价格指数**

**3. 从消化看：消费旺、出口升**

（1）消费需求持续旺盛。长三角地区在本轮国际金融危机中率先复苏，经济恢复性增长动力强劲，对城乡居民消费增长形成了良好的预期。苏浙沪两省一市采取了各项改善民生的有利举措，大幅提高工资收入，积极开展家电下乡活动，落实以旧换新补贴政策，使经济高速发展的成果惠及城乡居民，奠定了居民消费支出的基础，有效培育了消费需求的旺盛局面。同时，上海世博会带来的 7000 多万人的巨大旅游消费人群，积极辐射到江苏、浙江，对长三角地区消费市场形成了巨大的拉动。2010 年 1~9 月，江苏、浙江、上海全社会消费品零售总额分别高达 9735.16 亿元、7303 亿元、4457.64 亿元，同比分别增长 18.4%、19.4%、17.6%，增幅较上年同期分别加快 0.7 个、5.1 个、3.6个百分点。

（2）外需增长提升较快。2010 年以来，发达国家经济逐步复苏，对长三角企业的订单需求增多，同时新兴发展中国家经济增长较快，对我国产品购买力增强，企业自身也加强了出口产品的营销，使得长三角地区出口保持快速增长态势。前三季度，江苏出口 1949.12 亿美元，同比增长 39.6%。浙江 1~9 月出口

1329.8 亿美元,同比增长 38.1%,月均出口规模超过金融危机前水平。上海 1 ~ 9 月出口 1316.1 亿美元,比上年同期增长 31.7%。

## 二 2011 年长三角地区经济发展面临的形势

### 1. 经济增长面临的有利因素

(1)国内整体环境有利于经济增长的持续。十七届五中全会的召开为"十二五"时期提出了总体的发展战略和定位,也为经济发展拓展了更为广阔的空间,包容性增长战略思想将更加关注经济增长的质量,重视社会公平正义,让不同阶层、更多人群共享发展改革成果,增强城乡居民收入能力,为内需增长增添更强动力。从 2011 年经济增长的具体政策看,为了应对国外脆弱的经济复苏环境和诸多不确定性因素,预计国家将强调稳字当头,适度调低经济增长目标,在财政政策和货币政策上以微调为主,注重经济结构调整、内需培育和民生改善,保护国内增长的积极性。另外,2011 年是"十二五"规划实施的第一年,各地政府会全力保障有一个好的开局。因此总体上说,国内整体发展环境将有助于推动长三角地区经济增长。

(2)区域规划实施提升长三角经济效率。长三角地区区域规划已上升为国家发展战略。规划对长三角地区的整体定位、分工协作、产业发展、社会改革等诸方面进行了明确,对长三角地区跻身世界知名经济圈起到积极的引导作用。2011 年,长三角地区将深入实施该区域规划,进一步破除行政区域对经济要素流动整合的禁锢,有效加强产业分工协作,弱化产业同构现象,进一步构建资金流、物流、劳动力流等要素流的一体化运作体系。按照区域规划目标分解实施,将提升长三角地区资源整合力度,增强区域协作水平,提高整体经济运行效率,改善增长质量。

(3)收入增长增添内需动力。2010 年前三季度浙江、上海城镇居民人均可支配收入高达 21000 余元,江苏城镇居民人均可支配收入达 19040 元,财产性收入大幅增加。2010 年苏浙沪大幅提高了最低工资标准,收入的持续增长将推动消费的旺盛发展,为内需培育增添持久动力。当前,长三角地区也进入了消费快速爆发时期,2011 年江苏、浙江人均 GDP 均将超过 7000 美元,达到 20 世纪 80 年代的韩国、新加坡、中国香港和台湾等发达国家和地区水平,上海、杭州、无锡等城市向更高水平的发达程度迈进，这表明长三角地区居民正处于消费升级的阶段，居民用于医疗、教育、娱乐等更高水平的消费支出明显增加，有利于扩大整体消费规模。

（4）经济结构性调整带动经济发展。长三角地区作为国家区域发展的先行区和改革开放的试验区，经济结构调整持续推进，结构效益改善明显。产业结构持续优化，各地均采取了积极措施扶持新兴产业发展，积极培育现代服务业，加强淘汰落后产能，这将为2011年经济增长提供良好的产业发展环境。投资结构调整推进投资的有效扩大，长三角各地按照国家促进民间投资发展的"新36条"出台的各项措施，激发社会投资的积极性。落实国家房地产调控政策，政府加大保障房建设投入将带动家电、建材、水泥、规划、建筑等众多行业发展，引导社会资金扩大投资。

**2. 经济增长面临的负面因素**

（1）世界经济复苏存在不确定性。目前世界经济发展面临着诸多不确定因素，经济复苏的脆弱性特征明显。

（2）人民币升值和贸易保护主义加深对长三角地区出口影响加大。据中国机电产品进出口商会测算，若人民币在短期内升值3%，家电、汽车、手机等生产企业利润将下降30%至50%，许多议价能力低的中小企业将面临亏损，在其他生产要素成本和价格不变的情况下，人民币升值1个百分点，纺织企业利润就减少1%。这些产业在长三角地区占有比较大的比重，人民币升值对产业利润形成了严重的侵蚀，压制产品出口。事实上，长三角地区出口增速已经出现了下降势头。在经济增长前景不明朗的压力下，国际贸易保护主义有盛行之势，仅2010年10月1日至15日半个月的时间，美国商务部对华贸易救济和相关案件多达24起。2010年7月欧盟对中国无线宽域网络调制解调器进行反倾销调查和保障措施调查，中国成为唯一的遭受双案调查的国家。以压迫人民币升值为主要特征的一系列贸易保护主义行为在2011年将难有减弱，长三角地区出口规模势必受到较大冲击。

（3）投资增长受到政策周期、房地产调控、政府投融资平台清理等影响。2008年第四季度国家为削弱国际金融危机影响，出台了4万亿经济刺激计划，对2009年持续至今的经济增长起到了巨大的支撑作用。2011年，这一计划的新增项目资金相比前两年将有所减少，政策刺激的边际效用进一步下降，对长三角地区投资发展的拉动减弱。

2010 年以来，长三角地区商品房价格上涨加快，积累了一定泡沫，为了抑制房地产价格过快上涨，国家在 4 月底和 9 月底分别两次出台调控政策进行坚决调整，上海、南京、杭州、宁波等城市出台了具体调控细则，收紧住房贷款，停发第三套及以上房贷，限购商品房套数，预计上海还将进行房产税试点，上述政策措施对商品房销售将形成较大抑制。2011 年，商品房供需双方的观望将持续，在房价未调整到适当价位的时期，观望期的拉长将限制开发资金的扩大，从而影响开发投资的扩大。同时，国家为防范金融风险，对地方政府融资平台进行清理，抑制地方政府融资规模，减少地方政府的投资冲动行为。

（4）要素价格上升增加成本支出。要素价格上升主要体现为劳动力成本、资源使用成本、环境保护费用、资金应用成本等的上涨。长三角地区经济容量大，对劳动力需求多，然而国家区域开发政策的实施和产业转移发展形成的产业梯度布局已吸引安徽、河南、江西、四川等传统流出区域的劳动力回流，如富士康在河南设立的新厂就吸引了数十万本地外出务工劳动力返回当地，这种形势将持续影响长三角地区的劳动力成本，2010 年江苏、浙江、上海最低工资标准的大幅上涨已经表明劳动力工资进入快速上涨通道。低碳化、绿色化是未来经济发展的必然趋势，环境保护的费用支出将加大。2010 年中央决定在新疆率先启动改革，将原油、天然气资源税由从量计征改为从价计征，表明资源使用价格将提升，依赖外部资源的长三角地区对此将增大经济增长成本支出。在资金使用方面，受到地方政府融资平台清理的影响，政府投资资金存在较大缺口，同时央行货币政策放松的可能性较小，资金利用成本预计会有所抬升。

## 三　2010～2011 年长三角地区经济发展总体判断及展望

### 1. 2010 年经济发展总体判断

从 2010 年前三季度的经济运行看，长三角地区经济增长从年初的高位运行呈现回稳之势，回稳调整特征明显，全年前高后稳的态势基本确立。这种增长趋势，一是缘于 2009 年经济处于恢复回升初期，基数较低；二是 2010 年经济增长是 2009 年经济增长惯性的延续，总体上仍未摆脱自我修复、调整巩固的阶段，在这一阶段，政府刺激性政策和国外经济复苏拉动长三角地区出口共同构成了强

有力的经济增长支撑。受到刺激政策的实施周期所产生的边际效力弱化及国外经济复苏不确定性、脆弱性的影响,长三角地区经济增长必然出现应有调整,这种调整是系统内在的再平衡,不会损害经济自身的发展。

**2. 2011 年长三角地区经济增长展望**

展望 2011 年,长三角地区两省一市在十七届五中全会精神的指引下,将充分利用"十二五"开局之年的大好发展机遇,密切关注国内外经济环境变化,注重经济发展方式转变和经济转型升级,着力发展新兴产业,加快现代服务业发展,深化收入分配改革,积极培育消费、投资内需市场,推动经济走向低碳化、绿色化轨道。综合各种因素看,2011 年长三角地区经济发展仍将保持较快速度,两位数增长依然可期,但经济转型存在难度、房地产新政引发的需求回落、经济刺激政策力度减弱以及世界经济复苏不确定性等带来的冲击,经济增速相比2010 年将略有回落。分地区看,江苏提出了新兴产业倍增计划、现代服务业提速计划、传统产业改造升级计划,技术创新投入占比在长三角中最高,创新动力强劲,产业升级所带动的投资需求巨大,对经济增长形成比较大的促进作用,预计江苏经济增长将在长三角地区处于领先地位;浙江民间资金丰富,社会投资活跃,可以有效弥补政府投资的不足,带动经济发展,经济增长回落幅度相对较小;上海市经济结构与江苏、浙江有着较大差距,服务业占比较高,而投资增长在本轮经济复苏中占有举足轻重的地位,在世博会项目结束后,上海无论在工业领域还是城建领域都缺乏重量级的项目,服务业受制于服务范围和需求因素,其投资规模将无法完全弥补这一缺口,因此上海 2011 年投资形势不容忽视,预计上海市经济增速调整幅度在长三角中最大。

长三角地区两省一市经济增长预测数据见表 1。

表 1　2010 ~ 2011 年江苏、浙江、上海 GDP 增长预测*

单位:%

| 地　区 | 2010 年预测 | 2011 年预测 | | |
|---|---|---|---|---|
| | | 高方案 | 中方案 | 低方案 |
| | 增　长 | 增　长 | 增　长 | 增　长 |
| 江　苏 | 13.8 | 14.3 | 13.5 | 12.7 |
| 浙　江 | 12.0 | 13.0 | 12.2 | 11.5 |
| 上　海 | 12.2 | 11.5 | 10.8 | 10.2 |

* 速度为地方口径。

## 四　推动长三角地区经济增长的对策建议

### 1. 加强对经济发展复杂形势的分析把握

开放的长三角吸引了国内外各种资源支撑经济发展，但融入世界经济也加剧了经济增长环境的复杂性，2011 年长三角面临的不确定因素仍然不少，需要加强对复杂形势的分析把握。要进一步加强经济预测预警队伍建设，增加人员和经费投入，在政府相关部门、研究机构、企业组织中进行经济分析预测预警能力的培训。要加强对国内外经济形势的跟踪掌握，重点关注国外经济政策调整、人民币升值动向、贸易摩擦、资源供需变动、物价发展变化等问题，着力提高预判能力，根据经济形势动态变化调整政策实施时机和力度，保持短期政策与中长期政策的有效结合，注意防止调控政策的叠加效应，积极保护经济增长的有利因素。

### 2. 积极培育内需，推动经济平衡增长

从扩大内部需求规模、优化经济增长结构、平衡经济增长动力的角度，高度重视培育内需工作。要把民间投资和消费的发展作为内需培育的重要方向，有效化解外需不确定性和贸易摩擦纠纷对经济增长的冲击。要按照国家促进非公经济发展"新 36 条"和长三角地区出台的具体扶持政策，进一步放开民间投资领域，探索推进社会资本参股经营垄断企业非核心业务，采取政策扶持民间闲散资金成立投资公司、投资基金、金融合作机构，服务中小企业和高科技创新型企业，加快经济适用房、廉租房等保障型住房建设，除土地、规划等环节外大力吸引社会资金参与，进一步清理整顿不合理收费项目，积极研究落实促进民间投资发展的税收优惠措施，减少社会投资的发展成本。按照十七届五中全会精神，推进收入分配改革，大力增加普通百姓收入水平，增强百姓消费支付能力，持续加大民生领域投入，提高医疗、教育、住房等事关百姓生活的财政补贴投入，减轻居民消费负担，研究延长家电、汽车等领域以旧换新、退税相关补贴政策，鼓励居民消费升级，完善消费信贷政策，创新消费信贷产品，推进信贷消费发展。

### 3. 加快新兴产业和现代服务业发展

应对低碳化、绿色化、发达国家再工业化的挑战，加快产业结构调整，发挥长三角地区智力资源丰富、技术创新主体完备、金融服务体系完善的优势，加大技术创新推进，支撑新兴产业发展。充分利用长三角一体化优势，全面加强新兴

产业发展的分工协作，明确各地重点突破的产业方向，在新能源、新材料、生物技术和新医药、节能环保、软件和服务外包、物联网、智能电网等新兴产业领域构建起具有地区特色的优势产业，培育地区新增长极。长三角地区经济发展水平进入产业结构转换的重要时期，服务业正进入快速增长期，要通过政府引导、财税优惠、技术创新应用等手段鼓励制造企业将生产服务环节外包，壮大生产性服务业，积极优化法律、政策、创新环境，重点加强知识产权保护力度，吸引社会资本进入商务服务、科技服务、金融服务等现代服务业。顺应信息化发展新趋势，大力发展电子商务、互联网内容产业、网络电视等新兴服务业。

# 2010 年中部地区经济形势分析及 2011 年展望

阮华彪　王莉莉*

**摘　要**：2010 年，中部六省认真贯彻落实中央各项宏观调控政策措施，着力协调稳增长、促转型、防通胀的关系，经济延续上年稳步回升向好的态势，主要指标恢复性增长明显，总体处于高速增长区间，国民经济高开稳走，经济增长继续在较高平台上稳健运行。2011 年，随着全球经济的稳步复苏、国内经济环境总体保持稳定以及《促进中部地区崛起规划》和四个指导国家级区域规划的推进实施，中部地区经济将迎来加快发展的难得机遇。初步预计，2011 年中部六省 GDP 增长 12% 左右。

**关键词**：中部　形势分析　展望

## 一　2010 年中部地区经济运行态势

### 1. 经济总体继续在较高平台稳健运行

2010 年以来，中部六省经济运行延续了上年下半年以来企稳回升的良好态势，呈现"高位较快增长、增幅平稳回落、回落趋势放缓"的运行轨迹。前三季度，中部六省实现 GDP 达 60231.8 亿元，占全国的比重由上年同期的 20.9% 提高到 22.4%，比重提高了 1.5 个百分点。GDP 增长 14.1%，增速较上年同期提高 3.7 个百分点，比上半年回落 0.9 个百分点，比全国同期（10.6%）高出 3.5 个百分点（见图 1）。从总量看，河南 GDP 总量 16938 亿元，继续居中部首

---

\* 阮华彪、王莉莉，均为安徽省信息中心预测部经济师。

位；从速度看，中部六省均保持两位数增长，且增幅均高于全国，山西增长
15.7%，居中部首位。

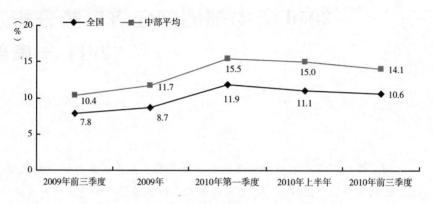

**图1 中部与全国 GDP 增速比较**

**2. 工业生产保持较快增长**

与2009年相比，2010年各省工业增长明显加快。由于政策效应递减和同期
基数走高，中部六省工业增速于第一季度达到危机以来最高点之后逐月回落，总
体上保持"高开稳走"良好态势。1~9月份，中部六省规模以上工业增加值增
速不仅高于全国平均增速（16.3%），且均超过20%（见表1）。其中，湖北增
长24%，增速较上年同期加快9.3个百分点，快于全国同期7.7个百分点，居全
国第4位，中部首位。湖南股份制企业增长26.4%，拉动全省规模工业增长15
个百分点，六成行业增速较上年同期加快，高加工度工业和高技术产业分别增长
33.7%和28%，增势强劲。江西全部工业对经济增长的贡献率达到近2/3。河南
非公有制工业增速（22.9%）快于全省平均水平，安徽近1/3的行业增速在
30%以上。

工业运行质量进一步改善，经济效益继续回升。前三季度，湖南、安徽规模
工业企业主营业务收入分别增长41.7%和48%，较上年同期分别提高29.6个和
39.2个百分点；盈亏相抵后分别实现利润增长54%和83.9%。其中，湖南38个
大类行业中，37个行业实现盈利。安徽工业企业经济效益综合指数为250.7，同
比提高38.8个百分点，再创历史同期新高。

**3. 固定资产投资保持快速增长**

继扩大内需项目促进了各省基础设施、社会事业和民生领域投资增长之后，

表1　中部六省规模以上工业增加值增速比较

单位: %

| | 2009 年 1 ~ 9 月 | 2009 年 | 2010 年第一季度 | 2010 年上半年 | 2010 年 1 ~ 9 月 |
|---|---|---|---|---|---|
| 山　西 | - 8. 5 | 2. 5 | 39. 8 | 30. 4 | 23. 3 |
| 安　徽 | 19. 3 | 22. 6 | 26. 5 | 26. 3 | 23. 6 |
| 江　西 | 16. 8 | 20. 1 | 26. 1 | 25. 1 | 22. 5 |
| 河　南 | 10. 5 | 14. 6 | 27. 9 | 24. 8 | 20. 0 |
| 湖　北 | 14. 7 | 20. 1 | 30. 3 | 27. 8 | 24. 0 |
| 湖　南 | 18. 1 | 20. 5 | 27. 4 | 26. 2 | 23. 7 |
| 全　国 | 8. 7 | 11 | 19. 6 | 17. 6 | 16. 3 |

中部多个国家层面区域规划的获批和启动,为当前投资增长注入了新的动力。1 ~ 8 月份,中部六省城镇固定资产投资规模达 31349. 2 亿元,增长 27. 2%,增速快于全国平均 2. 4 个百分点(见图 2)。除山西、河南外,其余各省增速均高于全国平均水平。六省城镇固定资产投资总额占全国比重有所提升,由上年同期的 22% 增加到 22. 2%。其中,湖北固定资产投资增长 34. 5%,增速居全国第 7 位,中部首位。

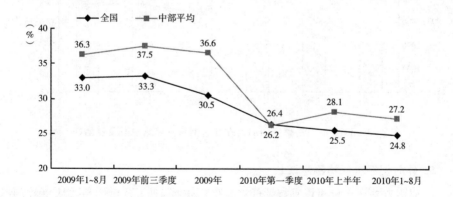

图 2　中部与全国城镇投资增速比较

投资结构呈现积极变化,工业投资增长强劲。1 ~ 8 月份,湖南工业完成投资 1989. 6 亿元,占投资比重的 39. 5%,增长 36. 7%,比投资平均增速快 7. 5 个百分点。湖北、安徽制造业分别完成投资 1998 亿和 2657. 7 亿元,分别增长 44% 和 47. 5%,分别快于本省投资增速 9. 5 个和 16. 7 个百分点。

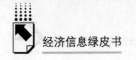

**4. 消费市场表现活跃**

在家电下乡、汽车下乡、提高城镇低收入群体补贴等政策刺激下，随着居民收入的稳步增长，城乡居民消费增长较快，消费市场持续繁荣。1~9月份，中部六省实现社会消费品零售总额21741.3亿元，增长18.8%，比全国高0.5个百分点，占全国比重19.6%。其中，安徽、江西消费均增长19.2%，居中部首位（见图3）。从重点商品来看，家电持续旺销。前三季度，河南和安徽分别销售家电下乡产品685.2万和574.9万台（件），销售额分别达148.1亿和129.4亿元，分居全国第1位和第4位。在节能汽车补贴等扩大汽车消费政策的作用下，汽车类消费增速加快。安徽和湖南汽车零售额分别增长42.5%和42.1%。消费结构升级相关商品增长较快，湖南家用电器和音像器材类、金银珠宝类、化妆品类和建筑及装潢材料类零售额分别增长41.7%、39%、36.4%和46.3%。

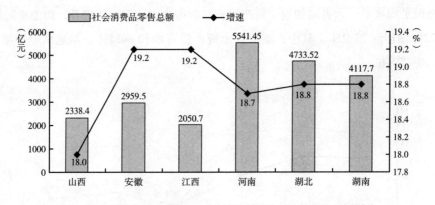

图3　2010年前三季度中部六省社会消费品零售总额及其增速

**5. 外向型经济保持稳定增长**

中部六省外贸自危机以来持续低迷，出口连续12个月负增长，从2010年1月开始出现恢复性增长，外贸复苏势头强劲，特别是第二季度以来，加速增长趋势明显。1~9月份，中部六省外贸出口总额441.1亿美元，增长52.7%，增幅比全国平均（34%）高出18.7个百分点（见表2）；占全国出口总额的3.9%，较上年同期提高0.5个百分点。其中，江西出口增长82.7%，增速居中部首位。高新技术产品和机电产品出口大幅增长，成为出口增长新动力。湖南机电产品、高新技术产品出口分别增长55.9%和81.7%。江西机电产品、高新技术产品出口分别增长 1.4 倍和 80%，占全省外贸出口商品比重超过 30%。民营企业出口中，江西持续保持高速增长势头，出口 41.34 亿美元，增长 1.4 倍。

表2    中部六省外贸出口增速比较

单位：%

|  | 2009 年 1~9 月 | 2009 年 | 2010 年第一季度 | 2010 年上半年 | 2010 年 1~9 月 |
|---|---|---|---|---|---|
| 山　西 | -73.4 | -69.3 | 45.7 | 74.5 | 68.6 |
| 安　徽 | -26.1 | -21.8 | 26.8 | 36.4 | 38.5 |
| 江　西 | -17.1 | -4.7 | 31.1 | 74.7 | 82.7 |
| 河　南 | -37.2 | -31.5 | 33.1 | 45.6 | 42.7 |
| 湖　北 | -21.3 | -14.8 | 43.6 | 54.5 | 48.7 |
| 湖　南 | -38.8 | -34.7 | 22.8 | 40.8 | 40.1 |
| 中部平均 | -30.5 | -23.7 | 33.9 | 53.0 | 52.7 |
| 全　国 | -21.3 | -16.0 | 28.7 | 35.1 | 34 |

外商直接投资保持增长。1~8 月份，六省实际利用外资 170.4 亿美元（各省见图 4），增长 20.6%，增速较上年同期加快 14.1 个百分点。其中，河南前三季度实际利用外资 43.5 亿元，增长 28.9%，规模和增速均位居中部首位，其中实际到位 1000 万美元以上项目 143 个。安徽实际利用外资受大项目支撑作用明显，外商投资企业再投资增创新高，前三季度，大项目到资占外商直接投资比重的 78.8%。

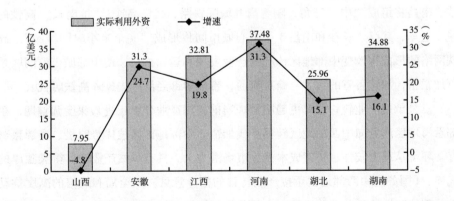

图4    中部六省 2010 年 1~8 月份实际利用外资及其增速

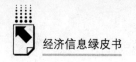

## 二 2011年中部地区经济发展环境分析和增长预测

### (一) 面临的有利因素

一是外部环境总体较为有利。世界经济逐步摆脱国际金融危机阴影，呈缓慢复苏态势。IMF预测2010年全球经济的增长率将达4.8%左右，2011年，世界经济增长的步伐可能将略有放缓，但经济增长率仍将达到4.2%。从国内看，前三季度经济增长10.6%，目前经济的增长动力依然较强，全年经济预计增长10%左右。在当前形势下，经济增速的适当回落有助于防止经济增长由偏快转向过热，有利于加快经济结构调整和发展方式转变。下一阶段，国家仍将继续保持宏观经济政策的连续性和稳定性，加大对新兴产业发展的支持力度，加快经济发展方式转变和经济结构的战略性调整，这对保持整体经济的稳定增长较为有利。

二是中部崛起条件更加成熟。国家《促进中部地区崛起规划》及其实施意见、《国务院中西部地区承接产业转移的指导意见》和《关于促进中部地区城市群发展的指导意见》等一系列政策性文件的相继出台，为中部地区发展开拓了更为广阔的空间。在国家政策的支持下，中部各省加快"三基地一枢纽"和"六大城市群"建设。产业基础得到进一步巩固。传统资源性产业加大了改造升级力度，产业竞争力明显增强，新能源、电子信息、新能源汽车、现代装备和文化等新兴产业呈现良好发展态势。区域基础设施协调共建明显增强。武汉、长沙、南昌将组成"中"三角，随着昌九城际铁路、武广高铁、"杭南长"高铁的建成通车，武汉、长沙和南昌3个中心城市间将形成"一个半小时同城圈"。高铁网络的形成将改变中部地区传统的产业发展和运输格局，使中部城市群间联系更加紧密，加速各省的人才、信息流通，带领中部经济率先进入高铁时代。

三是承接产业转移态势更趋明显。当前我国产业分工正进入深度调整期，东部沿海地区产业向中西部地区转移步伐加快。中部地区区位优势明显、资源禀赋好、环境承载力较强、要素成本低、市场潜力大，具有承接产业转移得天独厚的优势。《国务院中西部地区承接产业转移的指导意见》从全局和战略的高度推动中西部地区抢抓产业转移机遇，中部各省围绕皖江城市带、武汉城市圈、中原城市群、长株潭城市群、环鄱阳湖城市群等城市群建设，进一步改善发展基础。这使得中部各省承接产业转移既有宏伟的蓝图，又有坚实的载体。以安徽为例，2010 年前三季度，全省利用省外资金项目实际到位资金 5303.1 亿元，增长51%，其中皖江城市带实际到位资金占全省 1000 万元以上项目实际到位资金的73.8%。在中博会上，六省共签约合同外资达到 28 亿美元，内资项目合同资金超过 2700 亿元。中部正成为投资热点地区。

### （二）面临的挑战

一是节能减排压力。不久前，国家发改委公布了 2010 年前 7 个月各地区节能目标完成情况，并对节能目标完成情况进行预警，其中河南属于节能形势十分严峻的一级地区，江西、湖南为节能形势比较严峻的二级地区，山西、安徽、湖北为节能工作进展比较顺利，但须密切关注能耗强度变化趋势的三级地区。不少地方为确保完成 "十一五" 节能目标，对高耗能产业采取限产限电或关停等措施。由此可见中部地区节能减排总体压力不小。从长期来看，国家对节能减排的推进力度只会增大不会减少，中央《关于制定国民经济和社会发展第十二个五年规划的建议》已经明确提出，单位国内生产总值能源消耗和二氧化碳排放要大幅下降。与东部地区相比，中部地区煤炭、有色、钢铁、水泥等高能耗行业比重仍然较高，这些产业的生产过程具有明显的高消耗、高排放特点，重化型的产业结构使中部地区面临更大的节能减排约束。

二是区域竞争日益激烈。自 2009 年以来，全国在短短一年多的时间内连续制订并颁布了多个区域性规划，在有限的要素资源和市场空间条件下，各区域围绕资金、资源、技术、市场和人才等方面的竞争将更趋激烈。中部六省区位相近，资源禀赋相似，政策环境相同，发展基础处于同一起跑线上，相互之间各有所长。产业发展载体仍不健全，配套能力还不完善，支持政策不足，仍然存在着地区间产业承接无序无度、恶性竞争等突出问题。加之周边国家和地区利用劳动力低成本和资源等优势参与争夺外来产业和资本，中部地区面临日益激烈的竞争。

三是城市经济的带动能力不强。中部地区农业比重仍然较高，第一产业比重比全国平均高 3.3 个百分点。按照 2008 年的数据，中部地区城市化率为 40.9%，比东部低 15 个百分点，比全国平均水平低 4.8 个百分点，甚至比西部低 0.6 个百分点，中部地区已成为我国城市化的 "洼地"。尤其是，当前城市发展正在由过去单个城市之间的竞争转向以城市群为主体的群体竞争。而中部各主要城市群

都存在中心城市辐射带动作用不强、资源要素整合有限、产业集聚度不高、创新能力较弱、城市间分工协作程度较低等突出问题。如何加快城市化进程，培育有较高承载能力和较强带动作用的中心城市，是中部地区发展的紧迫问题。

综合判断，2011 年中部地区经济发展机遇与挑战并存，但机遇大于挑战，2011 年中部地区经济仍将保持平稳较快增长。初步预计，2011 年中部六省 GDP 增长 12% 左右。

## 三　加快中部地区发展的建议

### 1. 加快战略性新兴产业的发展

从目前的情况看，在国家扩内需、保增长的宏观政策指引下，中部各省经济很快摆脱了金融危机的影响，重回快速增长通道。但金融危机仍然暴露出中部地区产业结构不合理、资源型产业比重过高等问题。从长远来看，要保持中部地区经济持续稳定增长、真正实现崛起，必须抓住当前国家大力扶持战略性新兴产业发展的政策机遇，加快战略性新兴产业的发展，以此推动产业结构调整和发展方式的转变，抢占新一轮经济发展制高点：一要调整产业发展重点，围绕信息技术、新能源、新材料、医药、生物工程等产业，加大招商引资力度，制定相关政策措施，培育新的支柱产业。二要加大现有支柱产业转型升级力度，鼓励骨干企业加大技术研发投入，积极向新能源汽车、高端装备制造、节能环保等领域延伸产业链条，提高产业附加值和企业核心竞争力。三要充分利用中部各省优势资源，加快文化、旅游和绿色农业等市场前景较好的新兴产业发展。尤其是文化产业要充分挖掘中部地区的历史文化资源，推动文化与科技、资本的融合，全面提升区域软实力。

### 2. 增强区域中心城市的辐射带动能力

当前国内的区域竞争，在很大程度上是中心城市的竞争。国内外的发展经验表明，中心城市在集聚产业、集聚要素、辐射带动周边地区发展等方面具有重要作用。因此，加快中部地区发展的过程中，做大做强中心城市至关重要。中部各省的省会中心城市均处在国家"两纵两横"的重要战略节点上，国家的《促进中部地区崛起规划》也明确要求，把资源环境承载能力强、经济社会发展基础好、发展潜力大的六大城市群作为开发重点，促进产业和人口集聚。一要注重提升城市的软实力。在加快工业化的同时，更加注重服务业尤其是生产性服务业的发展，更加注重对城市历史文化的传承，更加注重对高端人才的引进。以完善的城市功能，使中心城市成为区域资本、高端产业和人才的集聚地和创新创意的发源地。二要注重构建科学合理的城镇体系。以区域一体化为发展方向，加快推进城市群的发展，结合不同区域的发展定位，编制好各个层次和各种类型城镇的规划，合理确定城镇的布局、功能和发展目标，统筹安排公共服务设施建设。加强区域间产业分工、交通网络、城市建设、环境保护、要素流动等方面的协调，逐步形成科学合理的城镇体系，推进大中城市和小城镇协调发展。

### 3. 进一步完善政策支撑体系

2010 年初，国家通过了《促进中部地区崛起规划》，规划中明确了 2015 年中部地区崛起的 12 项主要量化目标和一系列定性的任务要求，以及相应的政策支持体系。为确保规划目标的顺利实现，还要进一步细化实化相关政策，提高政策的可操作性。并且及时研究规划实施过程中出现的新问题，及时调整。一要健全对粮食生产区的利益补偿机制。考虑扩大粮食直补和良种补贴标准和规模，建立由销区主要承担粮食风险基金的机制，完善粮食储备制度，增加对粮食主产区农田水利基础设施建设的投入。二要加大中央财政对中部地区的支持力度。建立以产业为导向的税收优惠政策，对优势资源深加工、可再生能源利用、农产品加工等符合加快转变经济发展方式的产业行业实行税收优惠，支持资源型城市接续替代产业的发展，加大对中部地区农村基础设施、环境保护、农民培训、社会事业等薄弱环节的投入，尽可能减少地方配套比例。三要探索建立跨区域生态补偿机制。探索建立生态补偿的政策体系，健全公共财政政策和投资政策。在重要的生态功能区、江河源头地区选择生态位置重要、条件合适的地区作为国家级生态补偿试点，逐步建立上下游地区、开发地区与保护地区、受益地区与受损地区利益补偿机制。

# G.34
# 2010 年西部地区经济社会
# 发展和未来展望

唐明龙*

摘　要：2010 年，国家加大了西部地区投资，新开工了 18 项西部开发重大工程，西部地区积极加大基础设施、生态建设投入力度，努力提高产业竞争力，加强民生投入和社会失业保障，消除个人消费后顾之忧，西部地区经济社会发展形势良好，地区生产总值保持快速增长态势，增长速度超过 10%。为推动今后十年西部大开发，国家对深入实施西部大开发做出了全面部署，明确了两个五年规划的战略目标、重点任务和政策措施，提出了九大任务，指明了西部地区发展的方向。

关键词：西部　大开发　展望

2010 年，国家在保持宏观政策连续性和稳定性的同时，增强了政策的针对性和灵活性，实施了"有保有控"的政策微调。在宏观政策框架中，西部地区是国家推动加快发展的地区，也是政策确保的重点。2010 年西部地区经济增长保持较高速度，基础设施和生态建设不断加强，农业农村发展基础更趋牢固，迎接东部产业转移、社会事业发展不断向纵深发展。但是，西部地区发展受投资影响较大，消费和外贸拉动作用较小，民间投资比重较小，政府投资比重较大，自身发展的动力不足，发展的基础不稳，是今后西部开发需要逐步解决的问题。

* 唐明龙，经济学硕士、法律硕士，毕业于中国社会科学院研究生院。2001 年起从事西部开发工作。目前就职于国家发展改革委西部开发司。

# 一 西部地区经济平稳较快发展

## （一）经济增长速度保持较高水平

2010 年上半年，西部地区生产总值增长 15%，比东部地区高 2 个百分点，比东北地区高 0.4 个百分点，与中部地区持平。其中重庆、四川、陕西和宁夏增幅较高，分别为 17.6%、16.3%、16.1% 和 17.1%（见表 1）。预计西部地区全年经济增速超过 12%，高于东部地区，但低于中部地区。

表 1   2010 年西部地区生产总值

| 地 区 | 第 一 季 度 | | 上 半 年 | |
|---|---|---|---|---|
| | 绝对值（亿元） | 增速（%） | 绝对值（亿元） | 增速（%） |
| 重 庆 | 1698.85 | 19.3 | 3634.61 | 17.6 |
| 四 川 | 3451.83 | 17.7 | 7465.93 | 16.3 |
| 贵 州 | 700.92 | 12.2 | 1855.63 | 10.3 |
| 云 南 | 1490.06 | 15 | 3037.61 | 13.8 |
| 西 藏 | 86.73 | 8.9 | 202.98 | 11.1 |
| 陕 西 | 1936.87 | 18.2 | 4262.57 | 16.1 |
| 甘 肃 | 731.66 | 15.9 | 1565.64 | 13.3 |
| 青 海 | 239.76 | 13.5 | 566.65 | 14.3 |
| 宁 夏 | 281.97 | 19 | 655.99 | 17.1 |
| 新 疆 | 744.46 | 11.4 | 1718.06 | 10.7 |
| 内蒙古 | 1981.72 | 17.5 | 4690.29 | 15.8 |
| 广 西 | 1845.81 | 13.8 | 3833.21 | 13.6 |
| 西部合计 | 15190.64 | 16.4 | 33489.17 | 15.0 |

## （二）工业生产增长高位企稳

1~8 月，西部地区规模以上工业增加值同比增长 16.1%，增幅高于东部 0.2 个百分点，低于中部地区 3.2 个百分点。其中宁夏、重庆、四川增幅分别为 25.1%、25%、25.8%，分别居全国第 1、并列第 2 和第 3 位。与上年同期相比，除内蒙古工业增速同比降低 1.5 个百分点外，其他各省（区、市）均有不同程度提高，幅度在 5.3~18.4 个百分点之间。

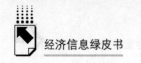
### （三）固定资产投资维持了较高增长

1~8月西部地区城镇固定资产投资完成 33835 亿元，同比增长 26.8%，高于全国水平 2.4 个百分点，高于东部地区 5.3 个百分点，低于中部地区 0.5 个百分点。

### （四）消费市场持续高速增长

1~8月，西部地区实现社会消费品零售总额同比增长约 18.5%，比全国水平高 0.3 个百分点，有 8 个省（区、市）社会消费品零售总额增速超过全国平均水平。分月份看，各月增幅基本稳定，起伏不大。西部地区城乡消费市场持续活跃的热点，依旧集中在食品、家电、汽摩、家具和金银珠宝等。

### （五）地方财政收入高速增长

1~8月，西部地区实现地方财政收入 4966 亿元，同比增长 29.4%，比上年同期增幅高 16.8 个百分点，相当于西部大开发最初投资较热年份的增长水平。西部地区财政增幅分别高于东、中部地区 5.1 个、4.8 个百分点。

西部地区总体保持快速稳定增长，但也存在着增长基础不牢的隐患：一是虽然固定资产投资、工业增加值、财政收入、工业企业经济效益等主要经济指标都在以较高速度增长，但增速下滑趋势也比较明显，特别是西部地区增长所依赖的固定资产投资下滑趋势明显。二是西部地区的支柱企业主要是一些资源类企业，受固定资产投资影响较大。如果 2011 年国家为控制通货膨胀而采取紧缩政策，西部地区经济将受到较大影响。三是西部地区地处偏远，加之交通基础设施还不够完善，与主要市场不能较好衔接，市场消费拉动经济的动力明显不足。四是西部地区工业企业技术水平较低，高耗能、高污染行业比重较大，在国家加大经济结构调整力度的情况下，西部地区经济也面临较大的压力。

## 二　2010 年加快西部地区发展的政策措施

### （一）加大基础设施投资带动经济发展

2010 年国家安排西部地区新开工 23 项重点工程，总投资额 6822 亿元，保守估计将带动 3 万亿元固定资产投资。23 项重点工程涉及 5 段铁路、3 条公路、2 个机场、4 个水利枢纽以及 9 个能源方面的项目（见表 2），主要目的是打通客运通道、煤运通道，加强区际干线、开发性新线的建设。完善国家高速公路网西部路段，建成西部开发骨干公路，优化西部地区机场布局，扩大综合交通网规模；强化骨干重点水利设施；完善宽带互联网、3G 网络等信息基础设施；强化油气管网、电网等能源基础设施，最终构建一个适度超前、功能配套、安全高效的现代化基础设施体系。

表 2　2010 年西部开发新开工重点工程名单

| 项目类别 | 项 目 名 称 |
| --- | --- |
| 铁路 5 项 | (1)沪昆客运专线长沙至昆明段；(2)成都至贵阳铁路乐山至贵阳段；(3)西安至成都客运专线西安至江油段；(4)宝鸡至兰州客运专线；(5)成都至重庆客运专线 |
| 公路 3 项 | (1)云南大理至丽江公路；(2)新疆库车至阿克苏公路；(3)甘肃雷家角至西峰公路 |
| 机场 2 项 | (1)贵州贵阳机场改扩建；(2)西部支线机场建设 |
| 电站、电网 7 项 | (1)广西防城港核电一期工程；(2)四川大渡河猴子岩和雅砻江桐子林水电站；(3)西部光伏电站建设；(4)西部风电基地建设；(5)西部农网改造升级工程；(6)青藏直流联网工程；(7)新疆电网与西北电网联网工程 |
| 煤炭 2 项 | (1)内蒙古胜利东二号露天煤矿二期工程；(2)新疆大井矿区南露天煤矿一期工程 |
| 水利 4 项 | (1)贵州黔中水利枢纽一期工程；(2)西藏旁多水利枢纽；(3)内蒙古海勃湾水利枢纽；(4)新疆兵团肯斯瓦特水利枢纽 |

## （二）加强生态保护与建设

为巩固退耕还林成果，国家安排基本口粮田 742 万亩、沼气 44 万口、生态移民 17.8 万人、补植补造 1478 万亩及后续产业等专项建设，中央财政投入专项资金 76.6 亿元。积极推进退牧还草工程，安排退牧还草任务 1 亿亩。继续推进天然林保护、三北防护林等重点生态工程，以及青海三江源、甘肃祁连山等生态区建设。加大环境保护、节能减排和环境综合治理力度。重点支持了甘肃、青海柴达木等省的循环经济示范区建设。

## （三）强化农业农村发展基础

重点实施了中型灌区配套改造和田头水柜、集雨水窖等小型微型水利设施建设，节水灌溉面积不断扩大，农业综合生产能力有所提高。积极推动农业产业化经营，建设特色农产品生产基地，配合巩固退耕还林成果，形成不少万亩核桃、茶叶、水果、养羊、养牛等种养殖业基地。加强了西部地区农产品市场升级改造，方便了农产品流通。试点西部地区农民创业促进工程，活跃了试点县的县乡经济。加大了农村"水电路气房"等基础设施建设投入，实施农牧民定居点、农村沼气、农村电网改造、饮水安全建设工程，促进新农村基础设施和生活环境改善。

## （四）推进特色优势产业发展

国务院出台了中西部地区承接产业转移的意见，推动西部地区调整产业结构，转变经济发展方式，增强区域自主创新能力。开工建设了中缅油气管道，核准云南、四川、重庆油气加工项目。加强西部地区矿产资源勘探，集约发展能源化工及矿产资源加工业，加快建设形成一批资源深加工产业基地。实施高技术产业化西部专项，发展西部地区节能环保、新能源、新材料、生物医药、信息网络等战略性新兴产业。深入挖掘历史、民族等文化资源，大力发展特色文化产业。加强旅游基础设施建设，培育和打造一批知名旅游景区和旅游线路。

## （五）提高西部公共服务水平

继续实施农村初中校舍改造工程、中小学校舍安全工程、特殊教育学校建设、中等职业教育基础能力建设等重大教育专项建设，义务教育教学条件进一步改善。提高公共医疗卫生服务和卫生应急处置能力，完善地市及以上重点中医院设施，建设基层全科医生队伍，扩大基本医疗保障覆盖面，提高城乡医疗补助水平。继续建设乡镇综合文化站等公共文化设施，发展公益性文化体育事业。加大对劳动密集型产业、服务业、中小企业以及大学生自主创业的支持力度，增加就业岗位。不断完善覆盖城乡居民的社会保障体系，扩大新型农村社会养老保险试点范围，实施城市保障性住房建设和农村危房改造。

## （六）扩大改革开放力度

深化资源性产品价格改革和农村综合改革，推进集体林权制度改革和草原基本经营制度改革。积极推动广西东兴、云南瑞丽、新疆喀什、内蒙古满洲里等重点开发开放试验区建设，支持有条件的沿边地区增设边境经济合作区，探索在条件成熟的地区设立跨境经济合作区，提高边境地区口岸基础设施建设水平。

# 三 今后十年西部大开发基本政策思路

## （一）今后十年西部地区发展目标

到 2015 年，特色优势产业体系初步形成，经济总量比 2008 年翻一番，基础设施不断完善，经济社会发展支撑能力进一步增强，重点生态区综合治理取得积极进展，单位 GDP 能耗明显降低，社会事业加快发展，基本公共服务能力显著提高，城乡居民收入加快增长，与其他地区经济发展速度的差距逐步缩小。

到 2020 年，基础设施符合西部发展的需要，现代产业体系基本形成，建成国家重要的能源基地、资源深加工基地、装备制造业基地和战略性新兴产业基地，综合经济实力进一步增强；生态环境恶化趋势得到遏制，与东部地区基本公共服务能力和水平的差距明显缩小，基本实现全面建设小康社会目标。

## （二）今后十年西部地区发展重点

第一，加快基础设施建设。强化与东中部地区和周边国家的交通联系，形成连通内外、覆盖城乡的综合交通运输网络。合理建设一批骨干水利工程和重点水利枢纽工程，加快大中型水库及城市水源工程建设，提高防洪抗旱、拦水蓄水及供水保障能力。加快建设成品油、原油管道，扩大西气东输管道输气能力。增加资源产地油气供给规模，满足当地生产生活需要。加强综合信息基础设施建设，推进"三网"融合发展，率先缩小信息服务领域区域差距。加强城市道路建设与改造，大力发展公共交通，加快重点城市轨道交通建设，实现市政公共设施基本配套。

第二，构筑全国生态安全屏障。着力推进西北草原荒漠化防治区、黄土高原水土保持区、青藏高原江河水源涵养区、西南石漠化防治区、重要森林生态功能区等五大重点生态区建设，加快退耕还林、退牧还草、石漠化治理等重点生态工程建设，开展生态文明示范工程试点，基本形成生态安全屏障体系。加强环境保护和地质灾害防治，重点推进长江、黄河、珠江、澜沧江上中游，三峡库区以及滇池水环境保护和治理。加强城乡饮用水源保护，确保饮用水安全。支持重点城市大气污染治理。强化矿山、工厂"三废"污染防治和资源综合利用。加强农业面源污染治理和农村环境综合整治。

第三，统筹城乡发展。大力发展特色农业，发展西北旱作节水农业，促进牧区畜牧业向集约化转变，发展设施农业，积极发展农村现代物流，加强农业科技推广服务体系建设。加强农村基础设施建设，实施水路电气房和优美环境"六到农家"工程。全面解决农村饮水安全问题，加快通乡通村道路建设，推进农村电气化建设，优化居民点布局，改善村容村貌。拓宽农民增收渠道，鼓励发展就业容量大的劳动密集型产业和劳务经济，引导农民就地就近转移就业。扎实推进城镇化，坚持大中小城市和小城镇协调发展。

第四，增强自我发展能力。建设国家能源基地。合理开发利用煤炭资源，实施石油天然气精细开发，积极发展石油天然气化工。有序推进重点流域大型水电项目建设，因地制宜建设中小型水电站。加快可再生能源开发利用。建设资源深加工基地。加强有色金属、稀土等资源的综合加工利用，形成一批深加工产业基地。建设装备制造业基地。发展清洁高效发电装备，输变电、石化、环保成套装备，轨道交通、钻井设备，大型机械、数控机床、汽车摩托车、重大医疗仪器设备等装备制造业。建设战略性新兴产业基地。发展新能源、新材料、节能环保、生物医药、信息网络、新能源汽车、航空航天等，加快物联网的研发应用。积极承接国内外产业转移，形成东中西部地区合理的产业分工格局。推进节能减排和发展循环经济，大力发展现代服务业。

第五，加强科技创新和人才开发。布局建立一批国家工程研究中心、国家工程实验室，强化国家地方联合创新平台建设，支持企业技术中心发展。加强新技术研发，着力突破优势资源开发利用、传统产业改造的关键技术，加快科技成果向现实生产力转化。发展军民两用技术，科学合理地使用好现有人才，加大各类人才培养力度，着力培养重点领域急需紧缺人才和少数民族人才，扩大干部交流规模，提高交流层次。鼓励和吸引各类人才到西部地区建功立业。

第六，提高公共服务水平。推进义务教育均衡发展，改善义务教育学校办学条件，保障义务教育经费。加快普及高中阶段教育，加强中等职业教育基础能力建设。办好一批高水平大学，支持民办高等教育发展。提高医疗卫生服务能力，巩固提高新型农村合作医疗、城镇职工基本医疗保险和城镇居民基本医疗保险参保率，加快农村三级卫生服务网络和城市社区卫生服务体系建设，提高突发公共卫生事件防控和应急能力，完善城乡医疗救助制度。千方百计扩大就业，大力拓宽就业渠道，加强公共就业服务体系建设，完善就业援助制度。提高社会保障水平，完善城乡居民社会保障体系，加快建设新型农村社会养老保险制度，建立健全城乡困难群体、特殊群体、优抚群体的社会保障机制。积极发展文化事业，弘扬主流文化和优秀传统文化，促进民族文化交流，建设中华民族共有的精神家园，保护文物和非物质文化遗产。

第七，加强重点经济区开发。坚持以线串点，着力培育经济基础好、资源环境承载能力强、发展潜力大的重点经济区，形成西部大开发战略新高地，辐射和带动周边地区发展，引导资源富集地区可持续发展。基本消除集中连片特殊困难地区绝对贫困现象，支持民族地区跨越发展。

### （三）推进西部地区发展的政策措施

第一，加大中央财政对西部地区均衡性转移支付力度，逐步缩小西部地区地方财政收支缺口，推进地区间基本公共服务均等化。中央财政已有的专项转移支付，重点向西部地区倾斜。通过多种方式筹集资金，加大中央财政资金支持西部大开发的投入力度。

第二，对设在西部地区的鼓励类产业企业减按 15％ 的税率征收企业所得税。企业从事国家重点扶持的公共基础设施项目投资经营所得，以及符合条件的环境保护、节能节水项目所得，可按税法规定享受企业所得税"三免三减半"优惠。推进资源税改革，增加资源产地地方财政收入。资源税分配要向资源产地基层政府倾斜。

第三，加大中央财政性投资投入力度，向西部地区民生工程、基础设施、生态环境等领域倾斜。专项建设资金要提高投入西部地区的比重。中央安排的公益性建设项目，取消西部地区县及县以下，以及集中连片特殊困难地区州、市级配套资金。加大对西部特色优势产业发展的支持力度。国际金融组织和外国政府优惠贷款继续向西部地区倾斜。

第四，进一步加大信贷对西部地区的支持力度。鼓励政策性金融机构加大对西部地区金融服务力度，探索利用政策性金融手段支持西部地区重点行业发展。

培育农村资金互助社等新型农村金融机构，逐步消除基础金融服务空白乡镇，进一步完善县域银行业金融机构新吸收存款主要用于当地发放贷款的政策。支持融资性担保机构从事中小企业担保业务，积极支持西部地区符合条件的企业上市，支持西部地区上市公司再融资。

第五，进一步完善建设用地审批制度，简化程序，保障西部大开发重点工程建设用地。实施差别化土地政策，在安排土地利用年度计划指标时，适度向西部地区倾斜，增加西部荒山、沙地、戈壁等未利用地建设用地指标。

第六，逐步在森林、草原、湿地、流域和矿产资源开发领域建立健全生态补偿机制。逐步提高国家级公益林生态效益补偿标准，开展草原生态补偿，研究开展对湿地的生态补偿。中央财政加大重点生态功能区的均衡性转移支付力度。继续完善用水总量控制和水权交易制度，建立资源型企业可持续发展准备金制度，用于环境恢复与生态补偿，发展接续替代产业等。制定并颁布关于生态补偿政策措施的指导意见和生态补偿条例。

第七，完善机关和事业单位人员的工资待遇政策。进一步加大对艰苦边远地区特别是基层的政策倾斜力度，研究完善留住人才、吸引各类人才到西部地区基层工作的优惠政策。进一步加强和推进对口支援西藏、新疆工作，建立包括经济援助、干部支援、人才交流、科技支持等的全面对口支援机制，广泛动员社会各界支持和参与西部大开发。

# 2010 年首都经济圈经济形势分析及 2011 年展望

崔岩*

**摘　要：** 首都经济圈作为环渤海地区的核心区，在全国区域生产力布局中占有重要的地位。本文从区域对比、内外部环境因素等角度对首都经济圈 2010 年经济运行状况进行分析和趋势描述，对影响 2011 年首都经济圈发展的各种因素进行分析，并作出区域经济增速的三方案预测，最后就保持首都经济圈长期健康发展提出了相关政策建议。

**关键词：** 首都经济圈　区域一体化　产业梯度　区位商

2010 年以来，随着世界和全国经济的逐渐转暖，在中央宏观调控和各省区市积极携手应对金融危机的努力下，后危机时代的首都经济圈呈现经济高开稳走、城市间协作紧密、区域一体化进程加快的良好发展态势。

## 一　2010 年首都经济圈经济运行基本态势

### （一）经济总量保持平稳增长，津、冀保持良好上升势头

进入 2010 年，首都经济圈与全国经济走势基本保持一致，总体上仍处于自 2009 年第一季度以来企稳回暖的快速上升通道中，但增速有所放缓趋稳。其中天津、河北各市增势不减，仍保持良好的上升势头，北京受国家房地产调

---

* 崔岩，管理学硕士，北京市经济信息中心经济研究和咨询部，研究领域：宏观经济、区域经济。

控、基础设施投资放缓等因素影响，进入第二季度后呈现减速平稳的运行态势，发展方向基本符合国家调控预期要求（见图1、表1）。值得关注的是，2010年上半年天津滨海新区经济规模（2231.28亿元）首次超过上海浦东新区（2226.63亿元），显示区域经济结构在进一步优化，经济增长的格局在发生变化。

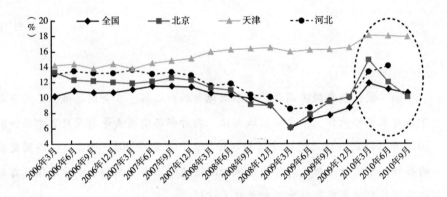

**图1 近五年首都经济圈地区与全国经济增速比较**

**表1 2010年上半年首都经济圈主要城市的经济发展情况**

| 地区/指标 | | GDP（亿元） | 第一产业（亿元） | 第二产业（亿元） | 第三产业（亿元） | 全社会固定资产投资（亿元） | 社会消费品零售总额（亿元） | 出口总额（亿美元） | 地方一般预算收入（亿元） |
|---|---|---|---|---|---|---|---|---|---|
| 北京市 | 绝对值 | 6372.6 | 43.5 | 1464.3 | 4864.8 | 1950.0 | 2902.2 | 260.0 | 1293.4 |
| | 增长（%） | 12.0 | 1.1 | 15.4 | 11.0 | 15.1 | 16.0 | 16.1 | 25.0 |
| 天津市 | 绝对值 | 4106.5 | 60.4 | 2252.3 | 1793.8 | 2728.1 | 1176.5 | 171.4 | 500.6 |
| | 增长（%） | 18.0 | 2.7 | 21.0 | 14.2 | 34.0 | 20.7 | 27.0 | 35.0 |
| 石家庄市 | 绝对值 | 1471.0 | 135.0 | 730.0 | 605.0 | 1406.2 | 614.5 | 26.4 | 84.5 |
| | 增长（%） | 14.1 | 1.7 | 16.6 | 13.5 | 25.3 | 18.2 | 35.9 | 30.3 |
| 唐山市 | 绝对值 | 2084.2 | 175.3 | 1248.7 | 660.1 | 1342.0 | 517.4 | 17.0 | 108.0 |
| | 增长（%） | 16.2 | 4.4 | 19.0 | 14.0 | 25.3 | 18.2 | 130.0 | 19.2 |
| 保定市 | 绝对值 | 924.0 | 130.4 | 505.0 | 288.7 | 718.4 | 394.6 | 18.1 | 47.3 |
| | 增长（%） | 13.9 | 4.8 | 18.1 | 11.1 | 32.6 | 17.8 | 63.2 | 32.8 |
| 秦皇岛市 | 绝对值 | 413.3 | 32.0 | 163.4 | 218.0 | 235.5 | 148.2 | 8.7 | 35.2 |
| | 增长（%） | 14.2 | 5.4 | 18.5 | 12.1 | 33.2 | 18.0 | -0.7 | 41.2 |
| 廊坊市 | 绝对值 | 620.2 | 63.2 | 370.6 | 186.4 | 581.5 | 210.6 | 9.6 | 61.5 |
| | 增长（%） | 14.3 | 1.6 | 16.1 | 14.8 | -15.1 | 17.9 | 55.0 | 57.9 |

续表 1

| 地区/指标 | | GDP（亿元） | 第一产业（亿元） | 第二产业（亿元） | 第三产业（亿元） | 全社会固定资产投资（亿元） | 社会消费品零售总额（亿元） | 出口总额（亿美元） | 地方一般预算收入（亿元） |
|---|---|---|---|---|---|---|---|---|---|
| 沧州市 | 绝对值 | 1038.4 | 87.9 | 503.9 | 446.6 | 554.5 | 261.4 | 6.5 | 46.1 |
| | 增长（%） | 16.3 | 6.5 | 18.2 | 15.8 | 35.5 | 18.0 | 22.6 | 50.5 |
| 张家口市 | 绝对值 | 364.6 | 29.4 | 171.2 | 164.0 | 340.2 | 141.4 | 0.9 | 29.3 |
| | 增长（%） | 12.9 | 8.4 | 18.3 | 8.5 | 45.4 | 17.6 | 19.0 | 18.3 |
| 承德市 | 绝对值 | 347.5 | 30.9 | 209.5 | 107.1 | 341.8 | 114.5 | 1.7 | 27.2 |
| | 增长（%） | 13.9 | 9.9 | 16.8 | 10.3 | 41.4 | 17.7 | 260.0 | 32.6 |

## （二）产业结构调整升级，产业梯度不断优化

2010 年 1～9 月数据显示，首都经济圈多年形成的产业梯度结构依然明显，其中北京市第三产业的区位商①达到 1.78，天津市第二产业的区位商达到 1.14，河北省第一产业的区位商为 1.25，各自的传统产业优势明显（见表 2）。但内部产业结构开始有所调整，如河北省工业尤其是重工业承接京津地区的工业产业转移得到了较快的发展，第二产业的区位商出现了小幅攀升态势；再如北京市第三产业增加值占 GDP 的比重在持续上升，但区位商优势逐渐减弱，说明首都服务业也有结构调整的要求。

表 2　2007 年至 2010 年 1～9 月首都经济圈主要城市产业区位商情况

| 年 份 | 北 京 市 | | | 天 津 市 | | | 河 北 省 | | |
|---|---|---|---|---|---|---|---|---|---|
| | 第一产业 | 第二产业 | 第三产业 | 第一产业 | 第二产业 | 第三产业 | 第一产业 | 第二产业 | 第三产业 |
| 2007 | 0.09 | 0.54 | 1.84 | 0.18 | 1.17 | 1.03 | 1.21 | 1.06 | 0.86 |
| 2008 | 0.10 | 0.53 | 1.83 | 0.17 | 1.24 | 0.95 | 1.12 | 1.12 | 0.83 |
| 2009 | 0.09 | 0.49 | 1.78 | 0.17 | 1.17 | 1.02 | 1.23 | 1.11 | 0.82 |
| 2010 年 1～9 月 | 0.09 | 0.49 | 1.78 | 0.15 | 1.14 | 1.03 | 1.25 | 1.22 | 0.81 |

① 产业区位商计算公式为 HQij =（Hij/Hi）/（Hj/H），其中，HQij 表示 i 地区 j 产业的区位商，Hij 表示第 i 个地区、第 j 个产业的产出，Hi 表示 i 地区的全部产出；Hj 表示全国 j 产业的全部产出，H 表示全国所有产业的总产出。一般来讲，当区位商超过 1 时，说明该产业在该地区拥有一定的比较优势。

### （三）"三驾马车"推动增长，经济效益显著回升

2009 年，投资在"保增长"的任务中起到主导作用。进入 2010 年，首都经济圈各省市外贸形势日趋好转，基本恢复到金融危机前的水平，同时各项上投资、促消费政策依然发挥着作用，"三驾马车"共同推动了区域经济的增长（见图 2）。

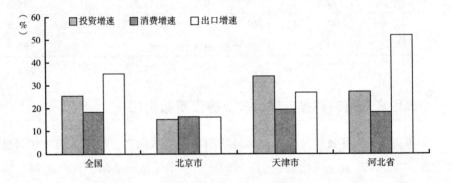

图 2　2010 年上半年全国和首都经济圈"三驾马车"的增速情况

从政府、企业和个人三个方面考察，受 2009 年基数较低影响，2010 年首都经济圈各省市的各项经济效益获得显著提升。2010 年 1～9 月，京津冀三地地方财政收入增速分别为 21%、33% 和 25%，工业企业利润增速分别为 38.8%、78.1% 和 51.3%，城镇居民人均可支配收入增速分别为 9%、12% 和 10%。

### （四）首都经济圈与长三角、珠三角经济现状比较

截至 2010 年上半年，从经济总量看，京津冀地区虽然仍落后于长三角和珠三角，但整体比重略有提高，已与珠三角相差无几（见表 3），经过多年的发展，京津冀地区已经形成北方最大的产业密集区，电子信息、汽车生产、装备制造、冶金和石油化工等产业发展势头良好；从经济外向度看，仍以较大的幅度落后于长三角和珠三角，显示经济活力略显不足；从经济发展质量看，人均 GDP 几年来首度超过了珠三角，并缩小了与长三角的差距；从区域合作一体化来看，受行政体制约束影响，京津冀地区一体化进程有所进展，合作效果开始显现，但河北省的综合经济实力与京津两市的巨大差距，为一体化进程带来了难度。

表3　2010 年上半年三大经济区主要指标比较情况

| 地　区 | | GDP(亿元) | 固定资产投资(亿元) | 出口总额(亿美元) |
|---|---|---|---|---|
| 首都经济圈 | 北京市 | 6372.6 | 1950.0 | 260.0 |
| | 天津市 | 4106.5 | 2728.1 | 171.4 |
| | 河北省 | 9083.5 | 6279.9 | 104.1 |
| | 小　计 | 19562.6 | 10958.0 | 535.5 |
| | 占全国比重(%) | 11.3 | 11.2 | 7.6 |
| 长三角 | 上海市 | 7980.2 | 1904.8 | 834.7 |
| | 浙江省 | 11924.0 | 3520.2 | 822.2 |
| | 江苏省 | 19000.0 | 7290.6 | 1224.8 |
| | 小　计 | 38904.2 | 12715.6 | 2881.7 |
| | 占全国比重(%) | 22.5 | 13.0 | 40.9 |
| 珠三角 | 广东省 | 19668.6 | 4922.8 | 1955.7 |
| | 占全国比重(%) | 11.4 | 5.0 | 27.7 |

## 二　2011 年首都经济圈发展的影响因素分析

### （一）有利因素

**1. 两项国家级规划将为区域发展带来重大机遇**

展望 2011 年，"十二五"规划进入开局之年，研究多年的《京津冀都市圈规划》亦将颁布。"十二五"规划建议稿中提出了"实施区域发展总体战略和主体功能区战略，完善城市化布局和形态，遵循城市发展客观规律，以大城市为依托，以中小城市为重点，逐步形成辐射作用大的城市群"，非常符合首都经济圈的发展趋势。《京津冀都市圈规划》则将更多着眼于统筹协调跨省市发展中亟待解决的重大问题，明确区域功能定位、发展目标、功能分区与总体布局，对区域城镇发展、重点产业发展、重大基础设施建设、水土资源配置与生态环境保护做出相应安排，为未来五年首都经济圈的发展指明方向。可以预计两项国家级规划的实施将为首都经济圈发展带来历史性机遇。

**2. 密集出台区域规划昭示区域发展将成为下一阶段经济发展的重要抓手**

2009~2010 年中央密集出台了一系列促进区域经济协调发展的政策，批复了包括长三角、珠三角、北部湾、海峡西岸、东北三省、黄三角等多个区域经济发展规划，可谓东中西部兼顾、全国遍地开花。从中清晰地看出区域发展已成为继4万亿投资和10大产业规划后，国家经济赖以复苏和发展转型第三张王牌的政策思路。随着一系列区域规划的实施，必将推动区域经济结构不断优化，形成区域轮动发展的新格局。尤其是"长三角、珠三角、西三角"几个大区域规划陆续出台，将有助于推动京津克服思想桎梏，加大与周边地区合作，带动京津冀和环渤海区域的发展，打造全国乃至世界最大的现代都市带和工业区。

**3. 京、津等特大城市在更大空间范围调整城市功能和产业布局的新需求，将为区域发展提供新的动力**

京、津人均 GDP 分别进入 10000、9000 美元的发展阶段后，也进入了加快内部结构转型升级、提升城市功能品质、控制城市粗放式发展的关键时期。加强区域合作，在更大空间范围内调整城市功能定位和产业结构布局，成为京、津等特大城市经济社会可持续发展的客观要求和必然选择。北京以第三产业的辐射力见长，天津以第二产业的高端制造见长，与区域内其他城市相比显示出较强的差异性和合作性。通过城市功能和产业布局的合理调整，将带动区域人口资源合理流动，进而缓解大城市的压力，推动区域协调发展。

**4. 经济补偿长效机制的建立有助于提高区域合作积极性**

京、津等特大城市通过建立支持周边地区发展的财政支持增长机制，使多元有序的区域补偿机制初步建立。实践证明，发展性补偿机制比直接给补偿费用更长远。2010 年，北京安排资金支持怀来县康祁公路改造升级工程，实施康祁公路北京衔接段的改造工程；未来两年，北京还将安排资金，支持丰宁、滦平、赤城、怀来 4 县营造生态水源保护林 20 万亩。

## （二）不利因素

**1. 内部发展不平衡现象仍较严重，制约区域一体化进程**

与长三角、珠三角的区域一体化进程相比，长期以来，首都经济圈以大城市极化效应为主，京津两大城市与广大腹地的矛盾更显突出。2009 年数据显示，①

---

① 一般学者将承德、张家口两市的全部县区（21 个）及保定的易县、涞水和涞源共计 24 个县区统称为"环京津贫困带"。

"环京津贫困带"地区农民人均收入、人均 GDP、县均地方财政收入仅为京津远郊区县的 1/3、1/4 和 1/10,贫困不仅表现为经济发展缓慢、个人经济收入水平低,还表现为交通、饮水、教育、医疗等基础设施薄弱、生态环境差和农民生计途径单一。因此对首都经济圈而言,尽快妥善解决"环京津贫困带"问题可谓当务之急。

**2. 区域产业梯度尚未形成,制约产业承载与转移**

由于区域开放度比较低,民营经济发展较慢,周边中小城市特色不突出,河北以能源、原材料和加工制造业为主,科技转化能力不强,北京的科技存量优势和天津的高端制造能力对河北的辐射带动能力和市场实现能力较弱,合作范围局限于产业链的低受益环节,很多先进制造业和高新技术产业的产品零配件在区域内没有形成配套,科研成果也难以近距离扩散,造成京津冀三地间产业分工与合作发展相对缓慢。

**3. 中小城市网络体系尚未建立,制约区域整体发展**

虽然京、津两大核心城市近年来的自身发展有目共睹,但在发挥增长极的带动作用方面,表现得并不突出,城市二元结构仍较明显,与长三角、珠三角相比,首都经济圈缺乏具有一定发展水平的中小城市作为大城市依托,导致京津的资金、技术出现跳跃式转移,影响资金、技术、人才、信息等要素跨区域流动,城市群建设的滞后已影响到整个区域的竞争力提升。

# 三 2011 年首都经济圈主要发展趋势预测

考虑到"十二五"时期区域经济面临着不确定性较大的宏观环境,根据经济运行趋势以及主要影响因素,初步测算了高、中、低三种不同的经济增速方案。

## (一) 高方案:宏观环境明显好转,区域合作获得明显进展,产业梯度形成基本雏形,区域经济平均增速达到 16% 左右

从国际看,全球应对危机的政策退出时机适当,欧洲债务危机没有进一步激化,就业状况有所好转,全球消费需求增加,贸易规模明显转好,经济复苏形势好于预期;从国内看,国家调控政策有所宽松,"十二五"规划的实施为经济注

入新动力,战略性新兴产业开始启动,政策重点向加快结构调整转变,投资、消费双轮驱动模式进一步加强;从区域看,"十二五"规划和《京津冀都市圈规划》对首都经济圈发展有重大政策支持,中心城市定位更加清晰,示范区和辐射源效应明显,中小城市产业梯度显现,资源要素流动更加合理,投资和消费继续保持较快增长,居民消费信心不断回升,区域进入全面提速发展阶段。在上述条件下,经济保持较快增长,乐观预计区域经济总量将达到43400亿元,平均增速达到16%左右。

### (二) 中方案:宏观经济平稳运行,新兴行业开始起步,区域合作和产业转移有所进展,区域经济平均增速达到13%左右

从国际看,全球经济衰退的趋势逐步好转,主要经济体既不出台金融二次刺激政策也不大力度紧缩财政,基本维持政策现状,世界经济缓慢复苏的可能性较大,再工业化趋势、科技创新和新能源、新材料等新兴行业发展势头显现;从国内看,积极的财政政策和货币政策进行适度微调,物价保持适度增长,国内经济重心将在保持经济稳定增长的前提下,围绕调整经济结构和转变发展方式稳步进行;从区域看,国家规划对京津冀发展有明确定位和支持,区域合作领域拓展,产业梯度初步形成,一批"十二五"规划重点项目集中开工,固定资产投资规模保持合理增长,收入分配和社保制度改革稳步推进。在上述条件下,区域经济保持平稳增长,预计区域经济总量将达到42300亿元,平均增速达到13%左右。

### (三) 低方案:国内外宏观环境趋紧,区域合作和产业转移进展缓慢,区域经济平均增速达到10%左右

从国际看,全球经济复苏不均衡,发达国家主权债务危机和财政压力等不利因素影响持续,全球主要经济体复苏乏力的迹象明显,全球贸易保护进一步强化和升级,世界经济呈减速迹象;从国内看,经济增长的国内外环境趋紧,国内出口出现反复,社会投资意愿不强,内生性增长动力不足,就业形势相对不容乐观,收入分配制度改革未见实质进展;从区域看,地方政府投资需求与融资能力的矛盾更加突出,投资增长缓慢,新的消费热点未有显现,出现较强通胀趋势,居民消费意愿不强。在上述条件下,区域经济有所放缓,预计区域经济总量将达到41200亿元,平均增速达到10%左右。

## 四 促进首都经济圈健康发展的政策建议

### （一）借助"十二五"规划和即将颁布的《京津冀都市圈规划》实施契机，尽快解决区域发展中的瓶颈问题

首都经济圈各省市应克服过去各自为战、自成体系的观念，依托"十二五"规划和即将颁布实施的《京津冀都市圈规划》实施契机，建立区域高层定期对话机制，主动将自身发展纳入首都经济圈乃至环渤海地区的更大空间范畴来统筹谋划。一方面积极争取中央支持和配套政策，充分发挥首都经济圈的科技和人才优势，加快二级城市群建设，提升区域整体竞争力；另一方面以基础设施建设、生态环境保护、产业转移为合作重点，充分发挥自身优势，努力寻找利益共同点，使京津冀合作产生"1＋1＋1＞3"效益，初步建立起区域合作协调互动机制，为"十二五"时期首都经济圈的发展创造良好的机制和政策环境。

### （二）借鉴世界城市发展经验，打造区域城市群支撑体系

从城市发展史看，纽约、伦敦和东京等世界城市的发展都离不开巨大区域腹地和中小城市群的支撑，较好地避免了超级大城市普遍面临的"孤岛模式"。京津等大城市的发展应充分借鉴国外区域发展的有益经验，既要注重发挥首位城市作用，更要开拓发展腹地经济，处理好中心城市的辐射作用和二级城市特色作用的关系。在整个区域范围内进行资源的合理配置，避免产业结构和城市功能的趋同化，城市间形成一种合理分工关系，实现城市群的规模效应，既有利于疏解京津的城市压力，也有利于形成河北新的经济增长极。

### （三）加快区域产业融合发展，共同打造"京津冀产业带"

一是推动中关村国家自主创新示范区和滨海新区开展深度合作。中关村国家自主创新示范区的定位是高技术产业研发，滨海新区的定位是现代制造业基地和研发转化基地，二者间具有深度合作的巨大潜力。中关村可着眼于滨海新区制造业的巨大需求，发挥科技、人才、资本的密集优势，提供高端科技研发服务。二是鼓励京津优势企业将一般性生产基地迁移到周边地区。通过政策引导，鼓励将

传统加工、建材、机械等不适合在京津发展的产业或生产环节向周边地区转移，利用周边的资源环境形成一批特色产业基地，形成高端制造、研发、营销在京津，一般性生产基地在冀的产业梯度分工的合理格局。三是加快河北的产业配套基地建设。京津周边的中小城市不要盲目追求产业高级化，应充分利用京津转移出来的生产能力，改造好传统产业，充当转移企业的加工基地，重点做好发展高附加值、高技术含量的产业，增强对中心城市产业配套能力。同一层次城市之间加强横向合作，减少和避免产业过剩导致的恶性竞争。

## （四）加强基础设施领域合作，构建交通运输、能源保障、生活必需品供应三大合作体系

环首都一小时交通圈：加快推进京张、京承、京秦客运专线建设；加快京承高速三期、京津第三条高速建成通车，届时可实现经济圈主要城市的高速公路连接；积极研究地铁八通线向燕郊、亦庄线向廊坊延伸工作，为推进区域一体化进程奠定良好交通基础。区域能源供应体系：推进建立京津冀能源协作互助机制，加强在电力、煤炭、新能源和可再生能源等领域的开发利用合作，加快推进三河电厂三期工程、曹妃甸 LNG 一期工程、抚宁电厂等项目前期工作，建成安全可靠、互联互通的区域能源合作系统。绿色农产品供应体系：积极鼓励京津农业龙头企业在周边地区建设绿色种植和养殖基地、农副产品加工及仓储配送企业，保障京津绿色农产品供应，带动周边地区各具特色的农产品种养和加工业快速发展。

## （五）制定切实可行的互惠补偿政策，打造"环首都生活圈"

设立"生态经济特殊扶贫示范区"。争取把"环京津贫困带"开发上升为国家扶贫战略，列为成方连片发展和生态补偿倾斜支持范围，同时加快京津冀之间的市场对接和产业融合，优先向环京津贫困地区实施产业转移，协调京津与贫困带建立定点帮扶机制。建设"环首都生态圈"。完善区域生态补偿机制，重点实施生态水源保护林工程、"稻改旱"、水资源环境治理合作、森林防火和病虫害防治联防等水和生态环境保护合作项目，保持中心城市和整个区域的生态环境承载能力。加强公共服务资源共享。积极发展联合办学、跨地区远程医疗和科技资源共享，加强养老、民办教育、住房保障、医疗服务等公共服务领域的合作，探

索高端人才京津冀自由落户，引导大城市人口向周边区域疏解。建设休闲度假和生活养老基地。在京津周边地区规划建设一批集农家游、旅游观光、生活体验于一体的现代观光园，打造大型旅游综合体，开发建设一批精品休闲旅游品牌；逐步建立与京津人口老龄化相适应、与经济社会发展相协调的养老服务体系和一批宜居生活基地。

**参考文献**

王一鸣：《中国区域经济政策研究》，中国计划出版社，1998。

左停、刘晓敏：《首都经济圈的贫困带成因与消除贫困的建议》，《乡镇经济》2008 年第 12 期。

贺晓波、邓杰：《京津在环渤海区域金融合作中的定位与发展》，《未来与发展》2009 年第 9 期。

宁越敏：《中外城市群发展趋势及对区域的引领作用》，《上海城市管理职业技术学院学报》2007 年第 1 期。

高瑞甫：《首都经济圈城市环境综合评价》，《当代经济》2008 年第 1 期。

# G. 36

# 2010 年广东省经济形势分析及
# 2011 年展望

蒙卫华 *

**摘 要：**2010 年，广东大力实施扩大内需战略，"三驾马车"共同作用，经济保持平稳较好增长，预计全年增长 11.1%。2011 年，世界经济仍面临众多的不稳定因素，复苏进程将较为缓慢和反复，全球经济增长预期低于 2010 年；国内总体发展环境利大于弊，有利于广东经济增长动力逐步由依赖外需回归到自主增长。综合判断，2011 年广东经济仍具备保持平稳较快增长的基础，初步预测经济增长 10.1%。

**关键词：**广东 经济环境 预测

## 一 2010 年广东经济运行主要特点

2010 年以来，广东积极应对国内外复杂的经济形势，大力实施扩大内需战略，深入实施《珠三角规划纲要》，经济保持平稳较快增长的良好态势，运行质量有所提高，民生有所改善。前三季度广东地区生产总值突破 3 万亿元，同比增长 11.6%。地方财政一般预算收入完成 3235.37 亿元，同比增长 20.9%。1～8 月规模以上工业企业实现利润 2473.41 亿元，增长 42.1%。城镇居民人均可支配收入 18101.1 元，增长 10.4%；农村居民人均现金收入 6391.4 元，增长 14.5%。经济运行呈现如下主要特点。

### （一）经济运行"前高后稳"，工业再次成为主动力

据我们研制的"广东经济景气监测系统"显示，第一季度广东综合经济景

---

* 蒙卫华，广东省发改委信息中心高级经济师。主要研究领域：宏观经济、数量经济。

气指数延续 2009 年回升态势，于 3 月达到年内景气高点，第二季度开始逐步回落，目前回落到正常区间且降幅趋缓（见图 1）。从九大监测指标看，除投资保持稳定增长、物价保持温和上升外，其他七大指标均呈回落态势。先行指标用电量和港口货物吞吐量均呈先冲高后平稳回落，预计全年经济运行将保持"前高后稳"走势。工产再次成为经济增长主要动力。前三季度，广东三次产业比例为 4.9∶51.7∶43.4，第二产业和第三产业比重同比分别上升 0.3 个和下降 0.2 个百分点。规模以上工业增加值增长 17.6%，增幅比上年同期提高 10.9 个百分点。

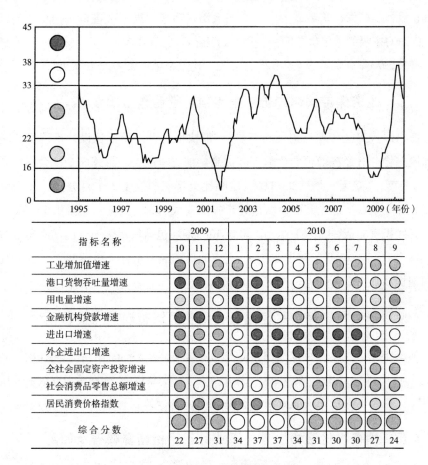

**图 1　广东综合景气走势图**

注：⬤（蓝灯），表示运行大大低于正常；◯（浅蓝灯），表示运行低于正常；

◉（绿灯），表示运行正常；◯（黄灯），表示运行高于正常；⬤（红灯），表示运行大大高于正常。原始数据来源于《广东统计月报》。

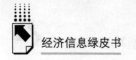

### （二）外贸保持恢复性增长，与东盟贸易逆差持续扩大

随着国际经济的缓慢复苏和中国—东盟自由贸易区的正式建成，广东进出口呈现较快的恢复性增长。前三季度广东进出口总额达 5594.6 亿美元，增长 31.0%，与全国平均增速的差距逐步缩小。其中出口增长 27.8%，进口增长 35.5%。8 月和 9 月单月进出口连创月度历史新高。一般贸易比重不断增加，机电、高新技术产品出口增速快于全省出口平均水平。传统市场与新兴市场齐头并进，其中，广东对东盟贸易量持续扩大，东盟成为广东第四大出口市场，第一大进口来源地。前三季度，广东对东盟的进出口总额为 580.6 亿美元，增长 32.5%；进口额为 352.8 亿美元，增长 39.3%；贸易逆差为 125 亿美元，比上半年扩大 47.3 亿美元。

### （三）投资保持快速增长，重点项目带动作用增强

广东深入实施《珠三角规划纲要》，加快推进重点项目建设，投资增长呈逐季加快态势，对经济增长的贡献不断提高。前三季度，广东完成全社会固定资产投资 10573.62 亿元，增长 24.1%，增幅比上半年提高 1.3 个百分点，比上年同期提高 6.2 个百分点。其中，城市建设投资完成 1531.77 亿元，增长 55.6%；房地产开发投资完成 2439.63 亿元，增长 30.6%。包括城市建设在内的省重点项目建成投产 16 个，新开工建设 26 个，完成的投资额占全社会投资的 25.3%，比上年同期提高 0.8 个百分点。

### （四）消费市场保持平稳增长，消费升级带动效应显著

前三季度，广东实现社会消费品零售总额 12698.08 亿元，同比增长 17.1%，比上年同期加快 1.0 个百分点。其中，限额以上批发零售类中汽车类增长 39.4%，与汽车消费相关的石油及制品类增长 30.8%。

### （五）消费物价温和上升，工业品出厂价格涨幅有所回落

前三季，广东居民消费价格指数上涨 2.8%，原材料燃料及动力购进价格上涨 7.3%，涨幅分别比上半年加快 0.2 个和 0.1 个百分点；工业品出厂价格上涨 3.2%，涨幅比上半年回落 0.3 个百分点。食品和居住类价格是拉动居民消费价格上涨的主要因素。1~8 月累计八大类商品价格中，食品和居住类价格共同拉高总

指数 2.5 个百分点, 对居民消费价格总指数的影响率达 92.6%。受美国量化宽松政策影响, 以美元计价的国际大宗商品市场价格振荡上行, 工业品出厂价格与原材料燃料、动力购进价格重现"剪刀差"现象且差距呈不断扩大趋势。前三季度, 原材料购进价格指数高于工业品出厂价格指数 4.1 个百分点, 比上半年扩大 0.4 个百分点。

## 二　经济运行中值得关注的几个问题

### (一) 经济增长的内需动力有所减弱

从近 20 年广东经济增长周期波动情况来看, 可分为两个周期 (见图 2), 第一个 10 年经济增长主要动力是内需, 经济增长与投资、消费增速相关系数分别达 0.86 和 0.9; 第二个 10 年经济增长主要动力是外需, 广东抓住 2000 年中国加入世贸组织后的机遇, 出口实现快速增长, 经济增长与出口增速相关系数为 0.88。现在处于第三个周期, 世界经济陷入低谷, 广东经济恢复较快增长将主要取决于内需能否快速增加。当前投资较快增长主要靠"亚运会"和"大运会"城建投资 (增长 55.6%) 和房地产开发投资 (增长 30.6%) 拉动, 扣除这两项, 投资增长为 16%。大规模城建投资不可持续, 房地产投资受国家抑制房价政策影响将有所回落, 投资较快增长难以持续。随着时间的推移, 国家和省出台的"家电下乡"、"以旧换新"等刺激消费政策效应在递减, 各种深层次的体制改革短期难以见效, 消费市场真正启动尚需时日。

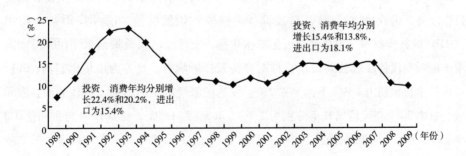

**图 2　广东地区生产总值增长走势**

资料来源:《广东统计年鉴 (2010)》。

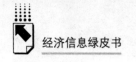
### （二） 通胀压力加大

一是成本推动。据统计局调查，2010 年以来，由于用工紧张及广东各市普遍上调最低工资标准，企业用工成本普遍提高 20% 左右。二是输入传导型通胀压力增大。2010 年气候异常影响全球大部分农作物减产，加上美国实施量化宽松货币政策导致全球资本流动性加剧，国际资本市场趁机疯狂炒作，粮食、玉米、棉花、糖等原材料价格持续上涨。

### （三） 发展面临的矛盾更为突出

一是广东经济发展受到土地资源制约的矛盾日趋突出和严重，不少重点项目建设因土地得不到落实而无法正常推进。二是企业用工紧张，特别是缺乏熟练技工的问题仍然突出。三是节能降耗后续压力增大。上半年广东单位 GDP 能耗下降 2.21%，低于全年下降目标 0.24 个百分点。

## 三　2011 年经济环境分析及主要指标预测

### （一） 国际经济仍将处于艰难复苏阶段，前景不容乐观

全球经济的领头羊美国国内需求仍然疲弱，失业率高企，逼近 26 年来的高位，为防止通缩，美国重启购买国债的计划即第二轮量化宽松政策。为阻止日元进一步升值和经济下滑，日本央行 10 月 5 日宣布将银行间无担保隔夜拆借利率从现行的 0.1% 降至 0 ~ 0.1%，这是日本央行时隔 4 年多再次实施零利率政策。欧盟各国为提振经济，仍在资本市场大举发债，主权债务仍然沉重。国际货币基金组织（IMF）最新公布的《世界经济展望》报告称，全球经济因政策尚未到位，民间需求未能顺利代替政府公共投资支撑对经济发挥影响力，复苏力度依然脆弱，2011 年经济增长预期由 4.3% 下调至 4.2%。发达国家经济复苏迟滞，预计美国、欧元区、日本 2011 年经济增长率分别为 2.3%、1.5% 和 1.5%，比 2010 年分别回落 0.3 个、0.2 个和 1.3 个百分点。

从短周期看，政策刺激效应递减，年初库存回补未能被需求所消化，企业订单增长放缓。从中周期看，产能仍然过剩，企业大规模设备更新投资缺乏动力。从长周期看，产生大量新需求的重大技术突破尚未出现。全球经济正处于“短、中、长”几种

经济周期下行的叠加期。因此，世界经济短期内应无法进入新一轮经济上升期。

综合判断，国际金融危机的深层次影响还没有完全消除，全球结构性失衡的问题尚未解决，美国、日本实施的量化宽松货币政策将引发全球资本流动加速和新兴经济体资产泡沫，2011 年世界经济面临的不稳定因素增多，复苏将较为反复和缓慢，不排除二次探底的可能，全球经济增速预期低于 2010 年。

### （二）国内环境总体将利大于弊

#### 1. "十二五"规划的实施将为经济发展注入活力

2011 年是"十二五"规划的开局之年，在中央通过的"十二五"规划建议中，强调以更大勇气推进各领域改革，进一步加快转变经济发展方式。规划提出今后五年经济社会发展主要目标，包括经济结构战略性调整取得重大进展，城乡居民收入普遍较快增加，社会建设明显加强。七大战略性新兴产业发展规划全面启动，将促进投资及产业结构的进一步优化，发挥更大的投资带动作用。随着收入分配体制改革的不断推进，就业和居民收入的增加将推动消费市场持续繁荣。内需带动作用将逐步增强，2011 年我国经济增长具有坚实的支撑。国内外权威机构对中国经济仍保持较为乐观的预测。IMF 预计，我国 2011 年 GDP 增长可达 9.6%，比 2010 年低 0.9 个百分点。国家信息中心预测，在国际经济缓慢复苏环境下，2011 年我国 GDP 将有望保持平稳较快增长，增长 9.5% 左右。中国社科院认为，在 2011 年财政政策不变、货币政策回归真正"适度宽松"的情景下，中国 GDP 增长 10% 左右。

#### 2. 广东继续以重大项目建设为抓手加快经济转型步伐

2011 年，广东将继续大力推进《珠三角规划纲要》确定的 73 个重大项目，"十二五"期间，广东将每年投入 20 亿元支持战略性新兴产业发展。这一系列重大项目的规划实施，为广东在 2011 年保持较快增长奠定了坚实基础。

#### 3. 经济发展面临一些制约因素

当前广东经济发展面临的不利因素：一是各种资源价格预期上调，加大通胀压力。根据国家部署，全国各地将在 2010 年底或 2011 年初实行居民生活用电阶梯电价，其他资源如水、气价格的调价措施也将出台，企业生产和居民生活成本提高，加上全球量化宽松政策导致全球农产品价格面临较大的上涨压力，通货膨胀预期日益增强；二是人民币升值及劳动力成本上升将给企业的生产经营带来负面的影响；三是我国对节能减排提出硬性目标，传统高能耗产业转型发展的压力更大。

### （三）2011 年主要经济指标预测

总体来看，世界经济前景仍不容乐观，我国及广东省将以更大决心推进各领域改革，为经济发展扫清各种体制障碍，通过加快战略性新兴产业发展和区域协调发展，积极扩大投资需求，加快推进城镇化，收入分配体制改革将进一步激发居民消费潜能，使经济增长动力逐步由依赖外需回归到自主增长，广东经济仍具备保持平稳较好增长的基础。根据以上判断，结合模型测算，初步预测 2011 年广东 GDP 将增长 10.1%，比 2010 年增速回落 1 个百分点左右。

2011 年是"十二五"开局之年，一批重点规划项目将集中开工建设，加上前两年大规模在建项目的后续投资，重大项目投资规模不会太低。此外，保障性住房建设力度加大，城镇化进程在加快，房地产开发投资也保有一定的增长，预计 2011 年全社会固定资产投资增速为 18.2%。

从历年数据看，消费增长往往滞后经济增长一段时间，2010 年经济较快增长为 2011 年消费保持稳定增长打下较好的基础。通胀预期增强，对即期消费有一定的刺激作用。随着收入分配机制改革的启动和社会保障制度的进一步完善，消费升级将持续加快。预计 2011 年消费增长 17.2%，扣除价格因素实际增长比 2010 年略有回落。

2011 年外贸增长面临的困难较大。世界经济复苏前景不容乐观，国际贸易保护主义进一步加剧，人民币升值预期增强，都将导致外贸企业经营难度加大。随着中国—东盟自由贸易区日益成熟，广东与东盟产品结构存在较大的互补性，有利于广东与东盟的贸易往来保持较快增长。预计 2011 年广东进出口增速将比 2010 年明显回落。初步预测，广东出口增长回落至 12.5%，进口增长回落至 14.8%。

在人民币升值预期增强引起资本流入加速和资源价格改革的影响下，2011 年居民消费价格预计将持续上涨，但消费品市场总体仍供大于求，涨价空间有限，初步预测广东居民消费价格上涨 3.6%。

## 四 保持广东经济健康发展的几点建议

2011 年全球经济前景不容乐观，"两头在外"的广东经济势必再次面临严峻的考验。广东应认真贯彻落实"十七届五中全会"精神，切实加快转变经济发展方式，加大体制改革推动力，增强内需驱动力，力促经济又好又快发展和经济结构调整优化。

### （一）加快完善内部市场环境，为落实扩大内需战略提供机制保障

"十二五"规划明确改革的重点在与现有经济基础不相适应的上层建筑，广东作为改革开放的发源地和最大受益者，应继续发扬改革开放精神，大力打造"广东信用"、"广东制造"品牌，加速营造与国际接轨的内部市场环境，为落实扩大内需战略提供机制保障。

### （二）提高人力素质，为产业转型升级提供人才保障

广东目前是全国经济和人口第一大省，但人力资源总体素质远不及江苏、浙江等地。在外地务工者纷纷回流时，提高本地人力资源素质以适应产业转型升级之需已是当务之急。德国、日本等国家应对经济危机的重要措施之一就是加大教育、科研和培训的投资，推动高新技术的发展，培养更多技术熟练的劳动后备军。广东可借鉴有关经验，有针对性地在基层组织开展各类义务短期技能培训，既解决企业用工紧张的困境，也减轻对社会就业和社会稳定的压力。

### （三）协助企业加快走进东盟，为广东发展谋求更大的空间

目前广东与东盟贸易方式以进口农产品、原材料等为主，应加快出台和完善有关政策，协助企业走进东盟，既能利用各地低廉的原材料和人力成本，化解人民币汇率升值的压力，更大限度地提高企业效益，又能避开国际贸易摩擦和壁垒，减少贸易逆差，为广东发展谋求更大的空间。

# G.37

# 2010 年东北地区经济形势分析与
# 2011 年展望

戴寅生[*]

**摘　要：** 2010 年东北三省深入贯彻落实科学发展观，积极推进经济发展方式转变和结构调整，国民经济继续朝着宏观调控的预期方向发展，经济实现平稳快速增长，增长质量稳步提高，经济增长正在向消费、投资、出口协调拉动转变，物价总水平保持基本稳定，呈现良好发展态势。2011 年支持国民经济保持稳定较快发展的有利因素较多，支撑经济快速增长的能力增强，工业化、城镇化进程加快推进，区域规划的实施为东北地区发展注入新动力，具有承接产业和资本转移的"后发优势"。同时，实现经济发展方式转变既十分迫切，又任重道远；外需对经济拉动十分有限；节能减排任务较为严峻，通货膨胀压力依然较大。2011 年东北三省经济将继续保持平稳较快增长，增速略低于 2010 年。

**关键词：** 东北经济　形势分析　展望

## 一　2010 年东北地区经济形势分析

2010 年是应对国际金融危机的关键之年，也是实施"十一五"规划的最后一年，宏观调控面临的形势极为复杂，经济工作任务艰巨而繁重。按照党中央、国务院确定的大政方针和工作部署，东北三省深入贯彻落实科学发展观，积极推进经济发展方式转变和结构调整，国民经济继续朝着宏观调控的预期方向发展，

---

* 戴寅生，吉林省经济信息中心经济预测部主任，高级经济师，长期从事经济预测与规划工作。

呈现良好发展态势。

**1. 经济平稳较快增长**

2010 年以来，东北三省经济实现平稳快速增长，农业生产在部分地区遭受洪涝灾害的情况下，仍然夺取粮食生产大丰收，吉林、黑龙江粮食产量创历史新高。工业经济保持了较快的发展势头，增速高于全国平均水平。服务业呈现稳步发展态势。1～9 月地区生产总值辽宁、吉林、黑龙江分别增长 14.4%、14.7% 和 13.4%。其中，第一产业辽宁、吉林、黑龙江分别增长 5.7%、2.6% 和 6.0%；第二产业辽宁、吉林、黑龙江分别增长 17.3%、20.2% 和 14.9%；第三产业辽宁、吉林、黑龙江分别增长 11.9%、9.2% 和 11.9%。1～9 月规模以上工业增加值辽宁、吉林、黑龙江分别增长 17.9%、20.8% 和 15.5%。预计，全年地区生产总值辽宁、吉林、黑龙江分别增长 14.0%、14.0% 和 13.1%。规模以上工业增加值辽宁、吉林、黑龙江分别增长 18.5%、17.5% 和 14.5%。

**2. 经济增长质量稳步提高**

在经济实现平稳较快发展的同时，经济增长质量稳步提高。工业企业经济效益显著提升，地方财政收入大幅增长，城乡居民收入稳步提高。1～9 月，规模以上工业企业效益综合指数吉林、黑龙江分别同比提高 25.4 个和 54.9 个百分点；实现利税分别增长 56.5% 和 47.8%。地方财政收入辽宁、吉林、黑龙江分别增长 30.0%、26.9% 和 45.6%。1～9 月城镇居民人均可支配收入辽宁、吉林、黑龙江分别增长 11.7%、9.6% 和 9.6%。农民人均现金收入分别增长 11.3%、10.6% 和 10.4%。预计，全年地方财政收入辽宁、吉林、黑龙江分别增长 26.0%、22.7% 和 38.0%。城镇居民人均可支配收入辽宁、吉林、黑龙江分别增长 12.3%、10.0% 和 9.8%。

**3. 三大需求趋向协调**

2010 年以来，消费、投资、出口这"三驾马车"并驾齐驱，都保持了较高增速，内部结构也进一步优化。1～9 月，社会消费品零售总额辽宁、吉林、黑龙江分别增长 18.3%、18.1% 和 19.0%。城镇固定资产投资辽宁、吉林、黑龙江分别增长 31.2%、25.5% 和 34.2%。进出口总额辽宁、吉林、黑龙江分别增长 37.2%、60.7% 和 53.9%，已超过国际金融危机前的同期水平。经济增长正在向消费、投资、出口协调拉动转变。预计，全年社会消费品零售总额辽宁、吉林、黑龙江分别增长 17.0%、17.3% 和 19.0%。城镇固定资产投资辽宁、吉林、

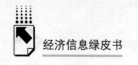

黑龙江分别增长 30.1%、23..0% 和 33.0%。进出口总额辽宁、吉林、黑龙江分别增长 25.0%、40.3% 和 65.0%。

**4. 物价总水平基本稳定**

按照中央的要求，东北三省坚持把管理好通胀预期放在宏观调控的重要位置，强化流动性管理，加大对粮食、生猪、蔬菜等农副产品市场的调控和监管力度，合理引导社会预期，保障了市场稳定供应和价格平稳运行。前 9 个月，居民消费价格指数辽宁、吉林、黑龙江分别上涨 2.4%、3.3% 和 3.5%，仍处在温和上涨区间。预计全年居民消费价格指数辽宁、吉林、黑龙江分别上涨 2.5%、3.5% 和 3.2%。

## 二 当前经济运行中存在的主要问题

在经济呈现良好运行态势的同时，我们也应看到制约东北地区经济发展的长期性与结构性问题仍很突出，经济发展中面临着一些新情况和一些不确定因素，需要我们慎重对待。

**1. 工业运行中不确定因素仍很多**

一是房地产降温的政策效果在未来时期内将逐渐显现，对钢铁、水泥、玻璃、化工等相关行业产业需求下降。二是受铁矿石、电价、煤价等资源类商品价格上涨的影响，企业生产成本增加，利润空间受挤，钢铁、装备制造、建材、化工等行业生产经营压力进一步加大。

**2. 居民消费能力提升困难**

扩大内需，尤其要扩大消费需求，但是东北地区城镇居民收入水平偏低，尤其是吉林、黑龙江两省居民收入长期处于全国下游水平，收入增长滞后于经济增长，居民消费能力提升困难。

**3. 对外贸易影响因素较多**

一是当前全球经济复苏的基础仍然较脆弱，欧债危机给全球经济复苏带来较大的不确定性，外部环境的不稳固对外贸形势产生不良影响。二是发达国家及发展中国家对我国频繁采取反倾销、反补贴等贸易保护措施，阻碍外贸出口。

## 三 2011 年东北地区经济展望

2011 年是我国"十二五"规划的开局之年，也是我国摆脱金融危机影响，从恢复走向稳定发展的关键时期。

**1. 影响因素分析**

从东北地区来看，支持国民经济保持稳定较快发展的有利因素较多：一是支撑经济快速增长的能力增强。经过近些年的振兴改造，国企改制，民企壮大，企业活力明显增强；基础设施建设翻倍增长，金融财税改革成效显著，为经济发展奠定了坚实基础。二是工业化、城镇化进程加快推进。产业集群化趋势将更加明显，产业集群的规模和数量将进一步提高。而伴随着工业化进程，城镇化进程将进一步加快，各城区建设和县域经济将有实质性的发展。三是区域规划的实施为东北地区发展注入新动力。从南至北正在隆起四大"黄金经济带"，即辽宁沿海经济带、沈阳经济区、长吉图先导区、哈大齐工业走廊，成为拉动东北经济加速开放发展和产业结构优化升级的新引擎。四是具有承接产业和资本转移的"后发优势"。全球制造业转移步伐将继续加快，东北地区土地资源相对宽裕，劳动力成本较低，在自然资源、生态环境、工业基础等方面具有比较优势。另外，国内"南资北上"的势头也不会减弱，这将为经济发展提供充足的资金保障。

同时，我们也应看到发展过程中面临的问题和挑战：一是实现经济发展方式转变既十分迫切，又任重道远。从产业结构看，东北三省仍处于重化工阶段，"传统"工业化有余，"新型"工业化不足，再工业化的任务十分繁重。二是外需对经济拉动十分有限。东北地区的产品出口结构主要以资源产品和初级加工产品为主，出口产品附加值不高，高技术产品占出口比重较小。人民币升值、国际需求萎缩、贸易摩擦加剧、国际市场竞争将更趋激烈等因素，使得扩大出口、提高外需对经济增长的贡献难度很大。三是节能减排任务较为严峻。由于东北地区的重型工业结构，经济发展过程中的高能耗和高污染物排放问题较为突出，淘汰落后产能、促进产业升级改造的任务依然任重道远。

**2. 国内政策环境**

第一，产业结构调整。虽然 2009 年的产业振兴计划将得到延续，但与以拉动投资增长为主的振兴计划不同的是，产业的合理布局和市场秩序的规范更被看重。促进传统产业的去产能化，推动更具竞争力的、创新型企业的发展成为今后政策的着力点，新能源、新材料、信息产业、新医药、生物育种、节能环保、电动汽车等战略性新兴产业战略实施将为 2011 年经济增长注入新的动力。第二，中央财政政策也将发生调整。2009 年中央资金重点投资的领域"铁公基"（铁路、高速公路、基础设施）将会失宠，取而代之的将会是民生、消费和社会事业。与过去笼统的"内需推动"不同的是，强调消费、投资、出口协调发展，经济增长驱动力的结构将发生根本的转变，政策将着力推动以消费增长为主的经济增长方式。第三，信贷结构也将发生改变。信贷支持从极度宽松转向注重信贷结构，强调针对性和灵活性，严格控制对高耗能、高排放行业和产能过剩行业的贷款。第四，积极稳妥推进城镇化、提升城镇发展质量和水平将成为 2011 年增加居民消费、扩大内需、调整经济结构的一个重要着力点。第五，涉及重大利益关系调整的改革也将是 2011 年工作重点。

**3. 经济运行环境**

通货膨胀压力依然较大。推动物价继续上涨的因素：一是全球范围内货币供应的超量发行；二是国际大宗商品价格上涨带来输入型通胀压力；三是国内劳动力工资和能源资源产品的价格调整形成的成本推动；四是自然灾害导致农产品供应存在不确定性。自 2010 年第二季度以来，国家为抑制通货膨胀而逐步收紧货币信贷政策，同时房地产调控和节能减排政策也抑制了资源类产品的需求，全国粮食丰收有助于平抑农产品价格继续上涨。综合来看，物价上涨在 2010 年 9、10 月份达到顶峰，此后，将缓慢回落。通胀压力将体现在 2011 年上半年，下半年将有望缓解，全年仍是温和上涨局面。预计，辽宁、吉林、黑龙江分别增长 2.6%、3.0% 和 3.0%。

**4. 三大需求及经济增长预测**

2011 年随着经济刺激计划中的公共项目逐步完成，政策效应递减，政府为了控制资产泡沫和通货膨胀而推行调控政策，也将压制投资需求增长，政府和国有企业的投资增速将逐步放缓。但由于固定资产投资有一定延续性，"十二五"规划实施带来一批新项目开工建设，"新 36 条"鼓励民间资本投资政策支持民营企业的投资稳步上升，固定资产投资增速虽然会相对下降，但绝对增速仍然可观。预计辽宁、吉林、黑龙江分别增长 20.5%、22% 和 35%。

消费继续稳步增长，但增速有所下降。由于政府刺激消费的税收优惠政策逐步退出，2011 年消费增速将有所下降，但由于经济形势较好，消费仍将维持增长势头。预计，消费品零售额辽宁、吉林、黑龙江分别增长 20.0%、16.1% 和 19.0%。

出口增速放缓。2010 年出口的大幅增长仍属于恢复性增长。2011 年世界各主要发达国家经济增长将较 2010 年放缓，影响中国对这些地区的出口。另外，出口成本将有所提高。人民币汇率升值将削弱出口产品的价格优势，企业的工资成本上升也将削弱出口的竞争力。预计，出口总额辽宁、吉林、黑龙江分别增长 16.5%、10.0% 和 55.0%。

综上所述，2011 年东北三省经济将继续保持平稳较快增长，增速略低于 2010 年。预计辽宁、吉林、黑龙江地区生产总值分别增长 13.2%、13.0% 和 13.0%。规模以上工业增加值辽宁、吉林、黑龙江分别增长 14.6%、16.0% 和 14.8%。地方财政收入辽宁、吉林、黑龙江分别增长 23.8%、20.0% 和 35.0%（详见附表 1、附表 2、附表 3）。

## 四　对策建议

面对新形势，必须加大工作力度，坚定不移地贯彻落实科学发展观和国家宏观调控政策，积极应对发展中出现的新情况、新问题，确保国民经济又好又快平稳发展。

一是加快转变经济发展方式。加大企业技术改造力度，全面提升自主创新能力，促进自主创新成果产业化。优化产业结构，构建现代产业体系。推动企业兼并重组，淘汰落后产能。推动装备制造、原材料、农副产品深加工等优势产业升级，支持高端制造业、新能源、节能环保、新材料、生物医药、生物工程等战略性新兴产业发展，大力发展金融、物流、旅游、文化等服务业产业。

二是推动内需持续稳定增长。发挥内需特别是消费需求对经济增长的拉动作用，对经济发展方式转变的促进作用，落实和完善扩大消费的政策。加快调整国民收入分配格局，努力增加城乡居民特别是中低收入者收入，落实好最低工资制度。进一步激发民间投资活力。重点是进一步拓宽民间投资的领域和范围，引导民间资本更多投向国家鼓励的产业和薄弱环节；鼓励民营企业通过参股、控股、资产收购等多种方式参与国有企业改制重组；建立健全民间投资服务体系，为民间投资创造良好环境。

三是进一步发挥东北农业优势。加快东北地区农业发展方式转变，建立现代农业产业体系。创新农业经营机制，完善农业市场流通体系，促进农业循环经济发展和生态保护。积极推进农垦系统改革。健全东北粮食主产区补偿制度。加大

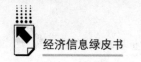

对粮食主产区的道路、农网、水利等基础设施建设支持。

四是下更大力气抓好节能减排工作。要继续淘汰落后、严控"两高",加强管理、强化监督,加快实施重点节能工程。加大对重点节能工程、重点行业烟气脱硫、节能环保能力建设的支持力度。抓好工业、建筑、交通三大重点领域节能。

五是进一步管理好通胀预期。特别是要保障粮食、蔬菜等重要农产品的市场供应和价格基本稳定。以农产品收购、流通等环节为重点,密切关注市场动态,加强对农产品市场交易和价格行为的监管;在房地产、教育、医药、涉企等领域,组织开展收费和价格专项检查,从严惩处囤积居奇、串通涨价等扰乱市场和价格秩序的违法违规行为。加强价格监测预警。进一步健全价格监测预警体系,把价格监测范围扩大到与民生相关、价格易于波动的小品种商品。

六是改善支撑保障条件。编制东北地区综合交通运输规划,完善和优化铁路路网,推进省际高速公路建设,加快发展支线机场。推进清洁能源建设和重点水利设施建设。着力保护好黑土地、湿地、林区和草原区。加强污染治理,以流域管理为核心,保护水资源和水环境。

七是加强社会事业和民生工程建设。继续搞好就业和社会保障工作,积极发展教育文化事业,推进医药卫生体制和医疗保险体制改革。扩大城镇保障性住房建设规模,继续做好棚户区改造工作。支持东北具备条件的城市新上热电联产项目,加快城市集中供热管网改造,解决好低保户冬季取暖问题。

**附表1 吉林省2010年及2011年主要经济指标预测**

| 指标名称 | 单位 | 2010年1~9月 | | 2010年全年预测 | | 2011年全年预测 | |
|---|---|---|---|---|---|---|---|
| | | 实际 | 同比增长（%） | 预计 | 同比增长（%） | 预计 | 同比增长（%） |
| 国内生产总值 | 亿元 | 5281.59 | 14.70 | 8560.00 | 14.00 | 10000.00 | 13.00 |
| 第一产业 | 亿元 | 442.36 | 2.60 | 1050.00 | 5.00 | 1130.00 | 5.00 |
| 第二产业 | 亿元 | 3013.45 | 20.20 | 4480.00 | 17.00 | 5450.00 | 15.50 |
| 第三产业 | 亿元 | 1825.78 | 9.20 | 3030.00 | 10.00 | 3420.00 | 11.00 |
| 工业增加值（规模以上） | 亿元 | 2750.37 | 20.80 | 3680.00 | 17.50 | 4500.00 | 16.00 |
| 城镇固定资产投资 | 亿元 | 5974.41 | 30.30 | 7330.00 | 23.00 | 8800.00 | 20.00 |
| 地方财政收入 | 亿元 | 443.38 | 27.30 | 600.00 | 22.70 | 720.00 | 20.00 |
| 地方财政支出 | 亿元 | 1036.78 | 24.90 | 1760.00 | 19.40 | 2015.00 | 14.50 |

续附表 1

| 指 标 名 称 | 单位 | 2010 年 1~9 月 | | 2010 年全年预测 | | 2011 年全年预测 | |
|---|---|---|---|---|---|---|---|
| | | 实际 | 同比增长（%） | 预计 | 同比增长（%） | 预计 | 同比增长（%） |
| 金融机构各项存款余额 | 亿元 | 9657.79 | 18.30 | 9900.00 | 17.80 | 11400.00 | 15.15 |
| 城乡居民储蓄存款余额 | 亿元 | 5119.41 | 14.80 | 5260.00 | 12.40 | 5890.00 | 12.00 |
| 金融机构各项贷款余款 | 亿元 | 7025.45 | 14.80 | 7190.00 | 14.10 | 8125.00 | 13.00 |
| 外贸进出口总额 | 亿美元 | 121.98 | 60.70 | 164.80 | 40.30 | 206.00 | 25.00 |
| 其中:进口总额 | 亿美元 | 92.29 | 55.80 | 123.00 | 43.20 | 160.00 | 30.00 |
| 出口总额 | 亿美元 | 29.69 | 44.00 | 41.80 | 33.50 | 46.00 | 10.00 |
| 社会消费品零售额 | 亿元 | 2497.78 | 18.20 | 3470.00 | 17.30 | 4030.00 | 16.10 |
| 居民消费价格指数 | 上年=100 | 103.40 | 3.40 | 103.50 | 3.50 | 103.50 | 3.50 |
| 工业品出厂价格 | 上年=100 | 105.70 | 5.70 | 104.50 | 4.50 | 104.00 | 4.00 |
| 城镇人均可支配收入 | 元 | 11493.14 | 9.60 | 15400.00 | 10.00 | 17000.00 | 10.40 |
| 农民人均现金收入 | 元 | 6308.78 | 8.20 | 8840.00 | 10.80 | 9750.00 | 10.30 |

**附表 2　辽宁省 2010 年及 2011 年主要经济指标预测**

| 指 标 名 称 | 单位 | 2010 年 1~9 月 | | 2010 年全年预测 | | 2011 年全年预测 | |
|---|---|---|---|---|---|---|---|
| | | 实际完成 | 同比增长（%） | 预计完成 | 同比增长（%） | 预计完成 | 同比增长（%） |
| 国内生产总值 | 亿元 | 13055.9 | 14.4 | 17500 | 14 | 20200 | 13.2 |
| 第一产业 | 亿元 | 803.1 | 5.7 | 1575 | 4 | 1757 | 4.6 |
| 第二产业 | 亿元 | 7150.3 | 17.3 | 8925 | 16.5 | 10161 | 13.6 |
| 第三产业 | 亿元 | 5102.5 | 11.9 | 7000 | 12.3 | 8282 | 13.2 |
| 工业增加值(规模以上) | 亿元 | — | 17.9 | 7855 | 18.5 | 8840 | 14.6 |
| 城镇固定资产投资 | 亿元 | 10709.9 | 31.2 | 15100 | 30.1 | 18200 | 20.5 |
| 地方财政收入 | 亿元 | 1469.3 | 30 | 2000 | 26 | 2476 | 23.8 |
| 地方财政支出 | 亿元 | 1864.6 | 20.4 | 3430 | 27.9 | 4343 | 26.6 |
| 外贸进出口总额 | 亿美元 | 597.8 | 37.2 | 787 | 25 | 908 | 15.5 |
| 其中:进口总额 | 亿美元 | 275.2 | 34.5 | 337 | 14.3 | 384 | 13.9 |
| 出口总额 | 亿美元 | 322.6 | 39.7 | 450 | 34.6 | 524 | 16.5 |
| 社会消费品零售额 | 亿元 | 4936.7 | 18.3 | 6800 | 17 | 8160 | 20 |
| 居民消费价格指数 | 上年=100 | 102.4 | 2.4 | 102.5 | 2.5 | 102.6 | 2.6 |
| 城镇人均可支配收入 | 元 | 13225 | 11.7 | 17700 | 12.3 | 20190 | 14.1 |
| 农民人均现金收入 | 元 | 8026 | 11.3 | 6700 | 12.5 | 7535 | 12.5 |

注：增加值增长率为可比价增速，其余指标未考虑价格因素。

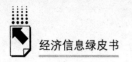

附表3　黑龙江省2010年及2011年主要经济指标预测

| 指 标 名 称 | 单位 | 2010 年 1～9 月 | | 2010 年全年预测 | | 2011 年全年预测 | |
|---|---|---|---|---|---|---|---|
| | | 实际完成 | 同比增长（%） | 预计完成 | 同比增长（%） | 预计完成 | 同比增长（%） |
| 国内生产总值 | 亿元 | 6450.50 | 13.40 | 10290.00 | 13.10 | 12148.00 | 13.00 |
| 第一产业 | 亿元 | 397.40 | 6.00 | 1330.00 | 6.00 | 1476.00 | 5.50 |
| 第二产业 | 亿元 | 3534.80 | 14.90 | 5090.00 | 14.00 | 6106.00 | 14.00 |
| 第三产业 | 亿元 | 2518.30 | 11.90 | 3870.00 | 13.00 | 4566.00 | 13.50 |
| 工业增加值（规模以上） | 亿元 | 2953.70 | 15.50 | 4065.00 | 14.50 | 4735.00 | 14.80 |
| 城镇固定资产投资 | 亿元 | 3374.50 | 34.20 | 6240.00 | 33.00 | 8424.00 | 35.00 |
| 地方财政收入 | 亿元 | 770.70 | 45.60 | 1222.00 | 38.00 | 1650.00 | 35.00 |
| 地方财政支出 | 亿元 | 1247.70 | 36.80 | 2682.00 | 28.00 | 3460.00 | 29.00 |
| 金融机构各项存款余额 | 亿元 | 12535.10 | 17.30 | 13227.00 | 20.00 | 16005.00 | 21.00 |
| 城乡居民储蓄存款余额 | 亿元 | 7077.20 | 10.80 | 7137.00 | 11.00 | 8422.00 | 18.00 |
| 金融机构各项贷款余额 | 亿元 | 6938.10 | 17.30 | 7485.00 | 25.00 | 9206.00 | 23.00 |
| 外贸进出口总额 | 亿美元 | 184.20 | 53.90 | 268.00 | 65.00 | 415.00 | 55.00 |
| 其中：进口总额 | 亿美元 | 67.30 | 60.00 | 92.00 | 50.00 | 138.00 | 50.00 |
| 出口总额 | 亿美元 | 116.90 | 50.60 | 161.00 | 60.00 | 250.00 | 55.00 |
| 社会消费品零售额 | 亿元 | 2438.70 | 19.00 | 4048.00 | 19.00 | 4817.00 | 19.00 |
| 居民消费价格指数 | 上年=100 | 103.50 | 3.50 | 103.20 | 3.20 | 103.00 | 3.00 |
| 工业品出厂价格 | 上年=100 | 117.30 | 17.30 | 113.00 | 13.00 | 115.00 | 15.00 |
| 城镇人均可支配收入 | 元 | 10187.00 | 9.60 | 13797.00 | 9.80 | 15177.00 | 10.00 |
| 农民人均现金收入 | 元 | 6581.00 | 10.40 | 9860.00 | 12.30 | 10994.00 | 11.50 |

图书在版编目（CIP）数据

中国与世界经济发展报告 . 2011/王长胜主编 . —北京：社会科
学文献出版社，2011. 1
（经济信息绿皮书）
ISBN 978 – 7 – 5097 – 2017 – 2

Ⅰ. ①中… Ⅱ. ①王… Ⅲ. ①经济发展 – 研究报告 – 中国 –
2010 ②经济发展 – 研究报告 – 世界 – 2010 ③经济预测 – 研究报
告 – 中国 –2011 ④经济预测 – 研究报告 – 世界 – 2011 Ⅳ. ①F11

中国版本图书馆 CIP 数据核字（2010）第 247560 号


**经济信息绿皮书**

## 中国与世界经济发展报告（2011）

主　　编／王长胜
副 主 编／范剑平　步德迎　阎娟荣　祝宝良

出 版 人／谢寿光
总 编 辑／邹东涛
出 版 者／社会科学文献出版社
地　　址／北京市西城区北三环中路甲 29 号院 3 号楼华龙大厦
邮政编码／100029
网　　址／http：//www. ssap. com. cn
网站支持／（010）59367077
责任部门／皮书出版中心　（010）59367127
电子信箱／pishubu@ ssap. cn
项目经理／邓泳红
责任编辑／任文武
责任校对／刘宏桥
责任印制／蔡　静　董　然　米　扬
品牌推广／蔡继辉

总 经 销／社会科学文献出版社发行部
　　　　　　（010）59367081　59367089
经　　销／各地书店
读者服务／读者服务中心（010）59367028
排　　版／北京中文天地文化艺术有限公司
印　　刷／北京季蜂印刷有限公司

开　　本／787mm×1092mm　1/16
印　　张／24
字　　数／410 千字
版　　次／2011 年 1 月第 1 版
印　　次／2011 年 1 月第 1 次印刷

书　　号／ISBN 978 – 7 – 5097 – 2017 – 2
定　　价／59. 00 元

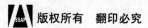

# 盘点年度资讯，预测时代前程

## 从"盘阅读"到全程在线，使用更方便品牌创新又一启程

### ·产品更多样

从纸书到电子书，再到全程在线网络阅读，皮书系列产品更加多样化。2010年开始，皮书系列随书附赠产品将从原先的电子光盘改为更具价值的皮书数据库阅读卡。纸书的购买者凭借附赠的阅读卡将获得皮书数据库高价值的免费阅读服务。

### ·内容更丰富

皮书数据库以皮书系列为基础，整合国内外其他相关资讯构建而成，下设六个子库，内容包括建社以来的700余种皮书，近20000篇文章，并且每年以120种皮书、4000篇文章的数量增加。可以为读者提供更加广泛的资讯服务；皮书数据库开创便捷的检索系统，可以实现精确查找与模糊匹配，为读者提供更加准确的资讯服务。

### ·流程更方便

登录皮书数据库网站www.i-ssdb.cn，注册、登录、充值后，即可实现下载阅读，购买本书赠送您100元充值卡。请按以下方法进行充值。

---

## 充值卡使用步骤：

### 第一步
· 刮开下面密码涂层
· 登录 www.i-ssdb.cn
点击"注册"进行用户注册

### 第二步
登录后点击"会员中心"进入会员中心。

### 第三步
· 点击"在线充值"的"充值卡充值"，
· 输入正确的"卡号"和"密码"，即可使用。

社会科学文献出版社 皮书系列
卡号：52198199746948
密码：

（本卡为图书内容的一部分，不购书刮卡，视为盗书）

如果您还有疑问，可以点击网站的"使用帮助"或电话垂询010-59367071。